顧寶田 注譯
葉國良 校閱

新譯穀梁傳

三民書局

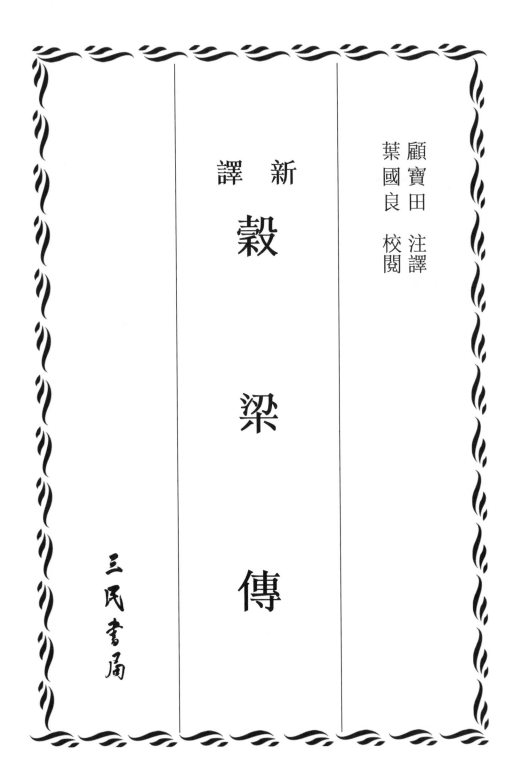

國家圖書館出版品預行編目資料

新譯穀梁傳／顧寶田注譯,葉國良校閱.－－二版二刷.－－臺北市：三民，2022
面；　公分.－－(古籍今注新譯叢書)

ISBN 978-957-14-6215-8（平裝）
1.穀梁傳 2.註釋

621.722　　105020587

古籍今注新譯叢書

新譯穀梁傳

注譯者　顧寶田
校閱者　葉國良

發行人　劉振強
出版者　三民書局股份有限公司
地　址　臺北市復興北路 386 號 (復北門市)
　　　　臺北市重慶南路一段 61 號 (重南門市)
電　話　(02)25006600
網　址　三民網路書店 https://www.sanmin.com.tw

出版日期　初版一刷 1998 年 4 月
　　　　　二版一刷 2016 年 11 月
　　　　　二版二刷 2022 年 3 月
書籍編號　S031570
ISBN　978-957-14-6215-8

三民書局

刊印古籍今注新譯叢書緣起

劉振強

人類歷史發展，每至偏執一端，往而不返的關頭，總有一股新興的反本運動繼起，要求回顧過往的源頭，從中汲取新生的創造力量。孔子所謂的述而不作，溫故知新，以及西方文藝復興所強調的再生精神，都體現了創造源頭這股日新不竭的力量。古典之所以重要，古籍之所以不可不讀，正在這層尋本與啟示的意義上。處於現代世界而倡言讀古書，並不是迷信傳統，更不是故步自封；而是當我們愈懂得聆聽來自根源的聲音，我們就愈懂得如何向歷史追問，也就愈能夠清醒正對當世的苦厄。要擴大心量，冥契古今心靈，會通宇宙精神，不能不由學會讀古書這一層根本的工夫做起。

基於這樣的想法，本局自草創以來，即懷著注譯傳統重要典籍的理想，由第一部的四書做起，希望藉由文字障礙的掃除，幫助有心的讀者，打開禁錮於古老話語中的豐沛寶藏。我們工作的原則是「兼取諸家，直注明解」。一方面熔鑄眾說，擇善而從；一方面也力求明白可喻，達到學術普及化的要求。叢書自陸續出刊以來，頗受各界的喜愛，使我們得到很大的鼓勵，也有信心繼續推廣這項工作。隨著海峽兩岸的交流，我們注譯的成員，也由臺灣各大學的教授，擴及大陸各有專長的學者。陣容的充實，使我們有更多的資源，整理更多樣化的古籍。兼採經、史、子、集四部的要典，重拾對通才器識的重視，將是我們進一步工作的目標。

古籍的注譯，固然是一件繁難的工作，但其實也只是整個工作的開端而已，最後的完成與意義的賦予，全賴讀者的閱讀與自得自證。我們期望這項工作能有助於為世界文化的未來匯流，注入一股源頭活水；也希望各界博雅君子不吝指正，讓我們的步伐能夠更堅穩地走下去。

新譯穀梁傳 目次

宣公

成公

導讀

《春秋》為儒家重要經典，按通行說法，是孔子根據魯國國史整理修訂而成。所記史事起於魯隱公元年（西元前七二二年），止於魯哀公十四年（西元前四八一年），歷隱、桓、莊、閔、僖、文、宣、成、襄、昭、定、哀十二公，共二百四十二年。它按年、時、月、日編排史事，記載魯國和其他諸侯國之大事件，開創中國編年史之先河。

孔子為什麼要編寫《春秋》？據《孟子・滕文公》說：「世衰道微，邪說暴行有作，臣弒其君者有之，子弒其父者有之，孔子懼，作《春秋》。」又據《史記・太史公自序》說：「周道衰廢，孔子為司寇，諸侯害之，大夫壅之，孔子知言之不用，道之不行也，是非二百四十二年之中，以為天下儀表，貶天子，退諸侯，討大夫，以達王事而已矣。子曰：『我欲載之空言，不如見之行事之深切著明也。』」就是說，孔子的政治主張得不到諸侯認同，沒有直接從政的機會，便通過編寫歷史，對天子、諸侯、大夫之行事加以評說，使後人知道那些言行是合乎禮義的，那些言行是違背禮義的，用以正名分，寓褒貶，懲惡揚善，影響世道人心，發揮輿論對社會進步的指導作用。

現行本《春秋》只有一萬六千字，時間跨度則有二百四十二年，平均每年六十多字，故其記事僅具綱目而已，沒有說明事情的因果和具體過程，無法使人了解事件全貌。如東漢思想家桓譚在《新論》中說：「經而無傳，使聖人閉目思之，十年不能知也。」《春秋》對歷史人物、事件的褒貶，並不直接說出，而是寓於獨特的筆法和用辭之中的。因此，讀《春秋》必須弄清史實和寓義，解《春秋》之傳就是在這兩方面用力的。據《漢書・藝文志》載，解《春秋》之傳主要有五種，即《左傳》卷三十，《公羊傳》卷十一，《穀梁傳》卷十一，《鄒氏傳》卷十一，《夾氏傳》卷十一，後兩種已佚，只有前三種保存至今。《左傳》詳於記事，《公羊傳》、《穀梁傳》則偏重於解釋、發明經義，因此朱熹說：「《左氏》是史學，《公》、《穀》是經學，史學者記得事都詳，於道理上便差；經學者，於義理上有功，然記事多誤。」（《朱子語類》卷八三）三傳解經各有側重，各有短長，又相互補充，成為儒家三部重要經典。

一、《穀梁傳》的時代、作者與傳承

《穀梁傳》和《公羊傳》一樣，開始都是師徒之間口耳相傳，未有文本，至西漢初年才用隸書寫成定本。通行說法是《穀梁傳》作者為穀梁赤，他是子夏弟子，戰國初年人。但有關此人的名字和時代，記載頗不一致。桓譚《新論》、應劭《風俗通義》以為名赤，王充《論衡・案書篇》以為名寘，寘同置，置與赤音近，或因音近而相混。阮孝緒《七錄》及《元和姓纂》引《尸子》語作「穀梁俶」，《漢書・藝文志》顏師古注以為名喜，錢大昭《漢書辨疑》認為喜應作嘉。又有人以為公羊、穀梁皆為卜商之轉音，當是子夏之別稱，等等，尚無定說。穀梁子為何時人，桓譚認為是《左傳》傳世後百餘年人，麋信以為秦孝公同時人，此二說相近，皆屬戰國中期，而應劭、楊士勛以為子夏弟子，戰國初人。又，隱五年《傳》、桓六年《傳》兩處稱引「尸子曰」，如果尸子指尸佼，則是戰國中期商鞅之師，如穀梁子為戰國初人，不應預引百年後人之語。又，隱八年《傳》，「交質子不及二伯」，此語與《荀子・大略》同，後者改「二伯」為「五伯」。考之先秦典籍，「二伯」先於「五伯」。如《論語・憲問》：「子曰晉文公譎而不正，齊桓公正而不譎。」《孟子・梁惠王》：「齊桓、晉文之事，可得聞乎？」「仲尼之徒無道桓、文之事者。」這些提法雖未直稱二伯，但把二人並稱，由之概括出二伯，當在孟子稍後之戰國中期，荀子改二伯為五伯，則為戰國後期秦漢之際的普遍稱謂。此亦《穀梁傳》成於戰國中期的又一佐證。《荀子》中有數處文字與《穀梁傳》相同或相近。據楊士勛〈穀梁傳序疏〉載，穀梁赤「受經于子夏，為經作傳，故曰《穀梁》。傳孫卿，孫卿傳魯人申公，申公傳博士江翁。」據此推斷，《穀梁傳》源起可能較早，至戰國中期已有相對穩定的傳本，再直接或間接傳於荀子，經荀子修訂而成確定的傳本，再傳至漢初寫成文字定本，並有了傳承系統。

據《漢書・儒林傳》載，漢代最早治《穀梁傳》者為魯人申公，他是荀卿弟子，繼有瑕丘江公受《穀梁春秋》和《詩》於申公，下傳子及孫，皆為博士。漢武帝時，江公與公羊學大師董仲舒同朝為官，武帝曾令二人辯論二傳得失，江公無口才，仲舒能言善辯，加上武帝偏愛公羊，故而《公羊傳》占上風。可是，武帝太子學公羊之後，「復私問《穀梁》而善之」。接著有魯人榮廣、皓星公受穀梁學。榮廣博學多聞，才思敏捷，與齊學《公羊傳》大師眭孟等人反覆論辯，多能勝之，從而擴大穀梁學的影響。榮廣傳蔡千秋、周慶、丁姓，蔡千秋還師事皓星公，治穀梁學，造詣頗深。至漢宣帝時，丞相韋賢、長信少府夏侯勝、侍中史高皆魯人，支持穀梁學，宣帝亦偏愛《穀梁傳》，召見蔡千秋，使與公羊學家論說二傳得失長短，千秋得勝，被任命為郎中戶將，選郎十人從學《穀梁傳》。千秋死後，宣帝又命江公之孫為博士。從千秋受穀梁學者還有著名學者尹更始等。蔡千秋後又經十多年發展，穀梁學已積聚一批人才，其影響亦日漸擴大。至宣帝甘露三年（西元前五一年），召開石渠閣會議，「平《公羊》、《穀梁》同異」（《漢書・儒林傳》）。參加會議的除漢宣帝劉詢和太子太傅蕭望之外，公羊學派有博士嚴彭祖、侍郎申挽、尹推、宋顯，穀梁學派有議郎尹更始、待詔劉向、周慶、丁姓。辯論中，穀梁派占上風，加上皇帝、重臣的支持，終使《穀梁傳》得立學官，周慶、丁姓為博士，穀梁學大盛，爭得與公羊學同等地位。

穀梁學何以興起？范甯〈序〉說：「廢興由於好惡，盛衰繼之辯訥。」意思是《穀梁傳》之興衰全由皇帝的好惡和治之者口才如何，這只說到表面現象，除此還有更深層的原因。漢武帝急於創建封建集權大帝國，要在文治武功方面大有作為，就必然喜好主張大一統，強調嚴格政令法治的公羊學；而宣帝時社會趨於安定，中央與地方矛盾比較緩和，因而傾向崇尚仁德，宣揚宗法等級和道德倫理的穀梁學。但從根本上說，二傳並無原則分歧，彼此是相輔相成的。東漢之後，《穀梁傳》之地位時有起落，唐代列為九經之一，並為科舉取士之教材，宋代列為十三經之一，在傳統文化中占有重要地位。

二、《穀梁傳》的釋義特色

三傳解《春秋》各有側重，各有所長，如宋胡安國《春秋傳》言：「事莫備於《左氏》，例莫明於《公羊》，義莫精於《穀梁》。」概而言之，確乎如此。譬如隱公元年《經》：「夏，五月，鄭伯克段于鄢。」《左傳》用六百六十字詳細記述事情的前因後果和具體過程，讀後使人對事情全貌，一目了然。《公》、《穀》則通過層層設問方式，對「克」、「段」、「于鄢」等詞進行深入細緻的辨析，以揭示和發明經文之寓義。

與《公羊傳》相較，《穀梁傳》更重義，但義也要通過例來揭示，不能憑空說義。范甯〈春秋穀梁傳序〉有「商略名例」之語，楊士勛〈疏〉稱其「別為略例百餘條」，雖未見單列於書，但有「傳例曰」字樣二十餘條，當是楊〈疏〉將例融入注釋中。清人許桂林撰《春秋穀梁傳時月日書法釋例》，歸納闡發《穀梁傳》解《春秋》之書法條例三十類，即正月、夏四月秋七月冬十月、閏月、朔晦、即位、公如、朝、盟、郊、烝嘗、嘉禮、大閱、侵、伐、戰、敗、潰、入、取、滅、入（指夫人歸，惡之稱入）、歸、奔、卒葬、弒、殺用、日食、旱雩不雨雨、災異、傳疑。此外，論述《春秋》及三傳釋例之書還有很多，皆可作為參照。

讀《穀梁傳》如何對待例，是個極為重要的方法論問題。《春秋》本無例，這些例都是治《春秋》

的人比較歸納出來的，只能大致相合，不會絕對貫通，董仲舒說「《春秋》無達例」，就是此意。如果不顧時間、地點、性質、內容等條件，一概納入同一例中加以解釋，必有削足適履之害；而完全拋開例，否定前人的研究成果而另立新說，也是片面的，行不通的。正確的作法是既重視例，又不為例所囿，要把例和歷史事實、相關內容進行縱橫比較，全面分析，才能得出合乎實際的正確認識。譬如文七年《經》：「宋人殺其大夫。」《傳》曰：「稱人以殺，誅有罪也。」此次事件內容是，宋昭公欲清除威脅其權位的群公子，遭到穆襄之族反對，他們起兵圍攻昭公，殺了保護昭公的大夫公孫固、公孫鄭。再如莊九年《經》：「齊人殺無知。」《傳》曰：「稱人以殺大夫，殺有罪也。」此次是因為公孫無知殺了齊襄公，因而被殺。兩條《傳》文大致相同，但被殺者有罪與否並不相同，說公孫無知有罪則可，說公孫固、公孫鄭有罪，則不宜，他們是為保衛自己的君主而死，怎能說有罪呢？

再如僖七年《經》：「鄭殺其大夫申侯。」《傳》曰：「稱國以殺大夫，殺無罪也。」意思是稱某國殺了它的大夫，表示被殺者是無罪的。就本條講，此例可通，因為鄭殺申侯是中了陳國轅濤塗的詭計，非申侯自身有罪（參見《左傳》）。可是，另有同樣記載，則不是這樣。如宣十三年《經》：「晉殺其大夫先穀。」昭二年《經》：「鄭殺其大夫公孫黑。」這二條《穀梁》無傳，如果按例去推，皆為「殺無罪」。但先穀對晉、公孫黑對鄭都可說罪惡深重，殺之罪有應得。類似情況並不少見，須認真分辨，不可拘執於例，而陷於誤解。

還有「及」字，作為通例為由尊及卑、後為前累之意，但也不能絕對化，須知及也有與、和等一般意義。如文九年《經》：「晉人殺其大夫士穀及箕鄭父。」《傳》曰：「鄭父累也。」史實是士穀與箕鄭父因「作亂」被殺，而在「作亂」過程中，箕父之地位、作用皆重於士穀，因此，不能說他被士穀所連累。此及字當作連詞。如此等等，皆須認真分辨。

三、《穀梁傳》的思想特點

《穀梁傳》論理比較平正，沒有如《公羊傳》中之淫邪妖妄可怪之論，它以弘揚儒家的仁義禮法為宗旨，注重對內心倫理道德意識的喚起與發揚，不重刑罰武力之強制和天命鬼神之鎮懾，因而更符合儒學的人文精神。概而言之，《穀梁傳》解《經》有以下特點：

(一)突出宗法等級和倫理情誼的「尊尊親親之義」

孔子在編定《春秋》時，是把仁義禮法等儒家道德倫理思想和宗法等級制度內容融入其中，用以作為判定歷史事件與人物的價值標準，以體現《春秋》之義。《穀梁傳》也力圖把握此宗旨並加以解釋和發揮。

譬如僖公八年載，周天王之代表與諸侯在洮結盟，天王代表列在諸侯之前。《傳》曰：「王人之先諸侯，何也？貴王命也。朝服雖敝，必加於上；弁冕雖舊，必加於首；周室雖衰，必先諸侯。」以體現尊周思想。而對諸侯、大夫不尊天子之僭越行為，則不厭其煩地予以譴責。如桓公元年，鄭國用祊田交換魯國之許田，《傳》曰：「禮，天子在上，諸侯不得以地相與也。」指責鄭、魯二國君臣不尊周天子之過。再如僖公二年，齊桓公率諸侯城楚丘以封建衛國。這本為興滅繼絕的仁德之舉，但《穀梁傳》仍然指出「非天子不得專封諸侯，諸侯不得專封諸侯。雖通其仁，以義而不與也。」批評齊桓公雖出於仁心，但其做法卻超越了諸侯權限，不合於義。

就「親親」而言，主要是按禮義規範處理好父子兄弟的關係。譬如隱公元年正月，未書「即位」，《穀梁傳》解釋說這是為了完成隱公將讓位桓公之志向。進而批評這做法是重私惠不重公義。指出「《春秋》貴義而不貴惠，信道而不信邪。孝子揚父之美，不揚父之惡」，隱公所行是「成父之惡」，廢兄弟之

「天倫」。「為子受之父，為諸侯受之君，已廢天倫，而忘君父，以行小惠，曰小道也。」批評隱公在倫理親情與禮義規範間出現矛盾時沒有把握好，而造成過錯。宣公十七年，《穀梁傳》讚美魯宣公之母弟叔肸為賢，因為叔肸既批評宣公殺太子赤奪君位之過，又顧念兄弟情誼而不忍心棄之而去，並「終身不食宣公之食」，以示高潔。幾方面關係都照顧到了，故而受到《穀梁傳》的稱讚。

㈡重民思想

以民為本，關注民生問題，這是儒家政治思想的重要方面，也是其精華所在。《論語》、《孟子》等儒學經典都反覆從各個角度和層面闡述這個道理，《左傳》中也滲透著民本思想之光。《穀梁傳》雖用詞簡約，但對此思想卻多次提到，講得比較充分。如桓公十四年，宋國借助齊、蔡、衛、陳之軍力攻伐鄭國，對此《穀梁傳》評論說：「民者，君之本也，使人以其死，非正也。」表示對諸侯驅民赴死的譴責。再如莊公二十八年《傳》曰：「山林藪澤之利，所以與民共也。虞之，非正也。」則是對諸侯壟斷山林的利益，用以肥己虐民的批評。至於對暴君酷吏苛刻害民之切責，對明君賢臣愛民、體恤民生之嘉獎，亦時有所見。如僖公二、三年，《經》有「不雨」之載，《傳》解為「勤雨」、「閔雨」、「閔雨者，有志乎民者也。」意思是有一季未降雨便記載「不雨」，這是表明諸侯能體察民情，擔憂不降雨會害農，是對僖公關心民生疾苦的表彰。

㈢宣揚婦女的從屬地位和貞操觀念

隱公二年《傳》曰：「婦人在家制於父，既嫁制於夫，夫死從長子。婦人不專行，必有從也。」這種說法與《大戴禮記・本命》、《儀禮・喪服傳》等儒家典籍所載基本相同，皆強調婦女之從屬地位。至於婦女的貞操觀念，據《左傳》所載，在春秋時期並不十分看重，《穀梁傳》注重貞操問題，是遵循儒家的思想體系。襄公三十年，伯姬居室著火，她遵循「傅母不在，宵不下堂」的女訓，寧肯燒死也不出外躲避，終死於火。對此，《穀梁傳》贊許說：「婦人以貞為行者也，伯姬之婦道盡矣。」這類觀念經儒家典籍的不斷宣傳和強化，逐漸積澱，演化為男尊女卑、三從四德的禮教，成為桎梏廣大婦女的精神枷鎖。

四、《穀梁傳》對後世的影響

在《春秋》三傳中，《穀梁傳》雖不如《左傳》、《公羊傳》影響之大，但唐代列為九經之一，宋代列為十三經之一，亦是儒家經典中頗具權威的一部，對中國古代思想文化有重要影響。

戰國後期、秦漢之際的一些典籍，如《荀子》、《韓非子》、《新語》、《春秋繁露》等，都吸收了《穀梁傳》部分的內容。如《荀子・大略》：「誥誓不及五帝，盟詛不及三王，交質子不及五伯」一段，就與隱公八年《穀梁傳》文同，只是變「二伯」為「五伯」，反映時代稍晚的稱謂。還有「貨財曰賻，與馬曰賵，衣服曰襚，玩好曰贈，玉貝曰含。」此段與隱公元年之《公》、《穀》傳文基本相同，說明《穀梁傳》在先秦時期已發生影響。漢代引用此書的典籍更為常見，如莊公三年《傳》有：「獨陰不生，獨陽不生，獨天不生，三合然後生。故曰母之子也可，天之子也可。尊者取尊稱焉，卑者取卑稱焉。」《春秋繁露・順命》引用了此段，只更動個別字眼。類似例證猶有，不再煩引。

《穀梁傳》還是注釋家用以注解經典的重要訓詁依據。如《尚書》、《詩經》、《左傳》、《禮記》之孔穎達疏，《周禮》、《儀禮》之賈公彥疏，《公羊傳》之徐彥疏，《論語》、《爾雅》之邢昺疏，《史記》三家注，《漢書》之顏師古注，《後漢書》之李賢注，《三國志》之裴松之注等，都廣泛引用《穀梁傳》文。

《穀梁傳》解《春秋》有其平正、精細、深入之優點，亦有刻意穿鑿、纏繞不清以及隨意發揮、違背史實之不足。如莊公十年解釋稱楚國為荊，《傳》曰：「荊者楚也，何為謂之荊？狄之也。何為狄之？聖人立，必後至；天子弱，必先叛。」實際上，稱楚國為荊，主要是因其地處荊州，其中並不含有把它作為夷狄之國而賤視之意。至於說楚國「聖人立，必後至；天子弱，必先叛」，亦無史實依據，屬臆測之詞。再如僖公十二年《經》曰：「楚人滅黃。」《傳》解曰：「貫之盟，管仲曰：『江、黃遠齊而近楚，楚為利之國也，若伐而不能救，則無以宗諸侯矣。』桓公不聽，遂與之盟。管仲死，楚伐江、滅黃，桓公不能救，故君子閔之也。」考之史實，管仲死在莊公十五年，十二年楚滅黃時尚健在，《傳》說與史實不符。再如文公九年《傳》曰：「天子志崩不志葬。」就是說《春秋》只記載天子之死，不記載其葬禮。考《春秋》所記共十四王，除去悼王立未踰年，敬王死於春秋之後，實為十二王，其中書崩者九王，內有五王書葬。由此可見天子死亦有不書崩者，亦非全不書葬，顯然，「天子志崩不志葬」與實際不合。對此類情況，應注意比較研究，認真鑒別，不可盲目信從。

五、本書注譯原則

本書之寫作體例，分為題解、原文、注釋、語譯、說明五個部分。

題解　以春秋時期魯國十二公為單元，每公作一題解。其內容包括：綜述該時期的大事件，注重關涉全局、標誌階段性的事件，但對各主要國家內部或國與國間發生的有影響事件，也概要介紹，所依據的史料主要是《左傳》和《史記》。對本書闡述、發明《春秋》之義，則予綜述。目的在幫助讀者從整體上把握該一歷史階段的概貌和以事明義的思想宗旨。

原文　以十三經注疏本《春秋穀梁傳注疏》為底本，其中有依據古今校勘成果所作個別文字更動，則作相應說明。《經》文與《傳》文之排列方式亦依照注疏本，取合排、分行，但在《經》文之上加一「*」號，使人易於區分。語譯排列亦與原文對應。

注釋　主要參照古注和清人及現代學者的研究成果，以及《左傳》、《公羊傳》、《史記》、三禮等書的相關資料，加以綜合比較，按照自己的理解，擇善而從。注文力求準確、簡明、通俗，不旁徵博引、羅列眾說，以適應中等程度之讀者。

語譯　主要是按原文直譯，一般不對原意有所增添或減少，以保持原作風貌。如直譯後語意迂曲不明，則在語序或表達方式上加以調整、改進，使其明白暢達。《經》、《傳》中個別錯字，在注釋中說明，語譯仍按原文，以保持統一。

說明　以年為單元，對該年《傳》提出的見解，或有不同看法，或與史實不符，或另有別說等，則加以辨析，並提出筆者認為正確的看法。對一些帶有普遍性或方法論意義的問題，如設定之例有所不合等，則進行縱橫比較、分析，提出恰當處理方法，以期收到舉一反三之效。因《傳》文比較平實、簡明，通過注釋、語譯的幫助，一般皆可通讀，需要特殊說明者不多，故本書並非每年之後都附有說明。

由漢至晉，為《穀梁傳》作注者有尹更始、唐固、麋信、孔衍、江熙、程闡、徐邈、徐乾、劉兆、胡訥之等人。尹更始撰有《穀梁章句》，已佚，清馬國翰《玉函山房輯佚書》輯有數條，其他人未有著述傳世。流傳至今之最早注本為東晉范甯之《春秋穀梁傳集解》。范甯字武子，順陽人，曾任餘杭令，遷豫章太守，所至興學校，推崇儒學，專治穀梁學。他認為漢魏以來，「釋《穀梁傳》者雖近十家，皆膚淺末學，不經師匠，辭理典據，既無可觀，又引《左氏》、《公羊》以解此傳，文義違反，斯害也已。於是乃商略名例，敷陳疑滯，博示諸儒同異之說」，又「與二三學士及諸子弟各記所識，並言其意。」（〈穀梁傳序〉）最後由范甯撰寫成這部著作。因輯有門生故吏子弟之說，並記姓名，故稱《集解》。《晉書・范甯傳》說此書「其義精審，為世所重」。此書一出，其他注《穀梁傳》各家皆廢，後世亦認為此書比何休之《公羊傳解詁》嚴密，是研讀《穀梁傳》之首要參考書。至唐代，有楊士勛為此書作注疏，名《春秋穀梁傳注疏》，列為九經之一。楊之事跡僅見孔穎達〈春秋左傳正義序〉：「與故四門博士楊士勛參定。」當是與孔同代，即貞觀時人。楊以一人之力完成此《注疏》，能作到條分縷析，刪削繁言曲說，對研讀《穀梁傳》作出重要貢獻。

清代治《穀梁傳》數家，較有影響的著作有侯康《穀梁禮證》、柳興恩《穀梁春秋大義述》、許桂林《穀梁釋例》、鍾文烝《穀梁補注》、柯劭忞《春秋穀梁傳補注》等，其中鍾書較詳明，有新義。與十三經中其他經典相比，古今治穀梁學之人數和成果都是比較少的，加之此書涉及禮法民俗和廣泛的歷史背景材料，都為注譯與研究增加難度，本人雖竭力為之，不當之處在所難免，懇請讀者諸君指正。

顧寶田 謹識

隱公

【題解】魯隱公名息姑，惠公之庶長子，周公之八世孫，在位十一年，為公子翬所殺。

隱公年間，周王室日漸衰微，而諸侯則日漸強大，已顯現諸侯爭霸的兆端。這一期間，比較活躍的是國土雖小而實力頗強的鄭國。從隱公元年鄭莊公平定共叔段之亂，安定內部之後，便頻繁與鄭國交戰、會盟，假周天子名義，聯合一些國家，攻打敵對之國。規模較大的有隱公九年，鄭莊公以宋公不朝見周王的名義，聯合齊、魯伐宋；十一年，又以許國不供王職為名，聯合齊、魯，攻陷許國都城。宋、衛、陳、蔡諸國則作為鄭國的對立面，時而交戰，時而言和，為求得自身的生存和發展，彼此進行複雜的軍事和外交鬥爭。各諸侯國內部爭奪君權的鬥爭也尖銳、激烈，弒君篡權之舉時有發生。如鄭莊公母弟共叔段之叛亂，衛祝吁弒桓公自立又被殺，魯隱公被殺，宋殤公被殺等。各國大夫的權勢也開始擴張，如魯之公子豫、公子翬都曾不遵君命與諸侯會盟；衛之石碏借助陳國之力殺掉祝吁，擁立新君等。

孔子作《春秋》，目的在於通過記載史事，用以正名分，寓褒貶，明善惡，弘揚周道，維護周禮，影響世道人心，垂法後世。其記事，詞微而義隱，把真義蘊含在獨特的筆法和通例中。其史事賴《左傳》以明，其寓義得《公羊》、《穀梁》以顯。因此，讀《穀梁傳》就要在搞清史實後，注意其對《春秋》筆法的揭示和闡發，以正確把握《春秋》之義。當然也要對各方面比照分析，不可盲從。

*元年❶，春，王正月❷。

雖無事，必舉正月，謹始❸也。公何以不言即位？成公志❹也。焉❺成之？言君之不取為公❻也。君之不取為公，何也？將以讓桓❼也。讓桓正❽乎？曰不正。《春秋》成人之美，不成人之惡。隱不正❾，而成之何也？將以惡桓❿也。其惡桓何也？隱將讓而桓弒之⓫，則桓惡矣。桓弒而隱讓，則隱善矣。善則其不正焉，何也？《春秋》貴義而不貴惠⓬，信道而不信邪⓭。孝子揚父之美，不揚父之惡。先君⓮之欲與桓，非正也，邪也。雖然，既勝其邪心⓯以與隱矣，已探先君之邪志而遂以與桓，則是成父之惡⓰也。兄弟，天倫⓱也，為子受之父，為諸侯受之君⓲，已廢天倫，而忘君父，以行小惠，曰小道⓳也。若⓴隱者，可謂輕千乘之國㉑，蹈道㉒則未也。

*三月，公及邾儀父㉓盟于眛㉔。

及者何？內為志㉕焉爾㉖。儀，字也。父猶傅㉗也，男子之美稱也。其不言邾子㉘，何也？邾之上古微㉙，未爵命㉚於周也。不日㉛，其盟渝㉜也。眛，地名也。

*夏，五月，鄭伯克段于鄢㉝。

克者何？能也。何能也？能殺也。何以不言殺？見段之有徒眾也㉞。段，鄭伯弟也。何以知其為弟也？殺世子母弟㉟，目君㊱；以其目君，知其為弟也。段，弟也，而弗謂弟，公子㊲也，而弗謂公子，貶之也。段失子弟之道㊳矣，賤段而甚鄭伯㊴也。何甚乎鄭伯？甚鄭伯之處心積慮㊵成於殺也。于鄢，遠㊶也，猶曰取之其母之懷中而殺之云爾㊷，甚之也。然則為鄭伯者宜奈何？緩追逸賊㊸，親親㊹之道也。

*秋，七月，天王使宰咺來歸惠公仲子之賵㊺。

母以子氏㊻，仲子者何？惠公之母，孝公㊼之妾也。禮，賵人之母㊽則可，賵人之妾則不可，君子以其可辭受之㊾，其志不及事㊿也。賵者何也？乘馬曰賵(51)，衣衾曰襚(52)，貝玉曰含(53)，錢財曰賻(54)。

*九月，及宋人盟于宿(55)。

及者何？內卑(56)者也。宋人，外卑(57)者也。卑者之盟，不日(58)。宿，邑名也。

*冬，十有二月，祭伯來(59)。

來者，來朝也。其弗謂朝，何也？寰內諸侯(60)，非有天子之命，不得出會諸侯，不正其外交(61)，故弗與朝(62)也。聘弓鍭矢不出竟場(63)，束脩(64)之肉不行竟中，有至尊者不貳(65)之也。

*公子益師卒(66)。

大夫日卒(67)，正(68)也；不日卒，惡也。

【注　釋】❶元年　西元前七二二年，周平王四十九年，齊僖公九年，晉鄂侯二年，衛桓公十三年，蔡宣公二十八年，鄭莊公二十二年，陳桓公二十三年，宋穆公七年，秦文公四十四年，楚武王十九年。❷王正月　周王正月，即周曆正月。春秋時期有三種曆法，即周曆、殷曆、夏曆。周曆以子月為歲首，稱建子；殷曆以丑月為歲首，稱建丑；夏曆以寅月為歲首，稱建寅。三種曆法相較，以夏曆為優，故孔子主張「行夏之時」，中國現行之舊曆即夏曆之延續。❸謹始　謹慎鄭重於一年之開始。《春秋》記事必標明四時，即使此季三個月無事可記，也要記上，春夏秋冬皆同，此為一通例。❹成公志　成全隱公之志向。通常新君即位要舉行即位大典，要告廟，要以策書通告諸侯，史官據以書即位於史冊。今未行即位大典，故不書即位，成全隱公將讓國之志向。❺焉　何。❻不取為公　不取得作諸侯之名分。公是諸侯中五等爵位之最高者。❼桓　魯桓公，名軌。惠公之子，隱公之弟，仲子所生。繼隱公為魯君，在位十八年。❽正　合乎正道；合乎禮。折中諸說認為，隱公與桓公皆為庶子，貴賤相等，而隱長桓幼，按禮隱應為君，讓桓為非禮。❾隱不正　隱公讓位作法不合乎禮。❿惡桓　顯示對桓公的憎惡。⓫隱將讓而桓弒之　據《左傳》載，隱公十一年，魯大夫公子翬表示，殺掉桓公以太宰為交換條件，隱公則說他就要把君位讓給桓公，自去菟裘地方養老。公子翬又反過來向桓公誣陷隱公，請殺隱公，得到默許後便把隱公殺掉了。⓬惠　私惠。先君惠公出於私欲要把君位授桓公，隱公欲成全父之邪心而讓位，是私惠，不合道義。⓭邪　邪辟不正。⓮先君　已故之君父。此指魯惠公，為隱、桓之父。⓯勝其邪心　言惠公最終能以道義禮法戰勝邪辟之私心，傳位給隱公。⓰成父之惡　惠公欲立桓本出邪惡之心，隱公照此奉行，讓位於桓，則是成全父之惡德。⓱天倫　天之倫序。兄先弟後是上天確定之倫序。⓲君　指周天子。諸侯領地為天子所封，新君即位要得到天子授命。⓳小道　迷執一端而忘大義。此道雖不無可取之處，如推及廣遠則滯塞不通。⓴若　如。㉑千乘之國　能出一千乘兵車的邦國。乘，用四匹馬拉的兵車。兵車數量標誌一個國家武裝力量和綜合國力的狀況。千乘之國在春秋時相當於中等國家，如稍後興起之晉國，有兵車四千乘。㉒蹈道　實踐大道。㉓邾儀父　邾國之君，名克，字儀父。稱字不稱名，有尊貴義。邾，又作「鄒」，國名，曹姓，當時為魯之附庸國。地在今山東鄒縣東南。㉔盟于眛　在眛地結盟。盟為諸侯在神前立誓締約之稱，是當時各國間外交活動的主要項目之一。眛，又作「蔑」，音近古通。即姑蔑，魯地，在今山東省泗水縣東四十五里。㉕內為志　按魯之意願結盟。內指魯。㉖焉爾　就這樣；於是如此。㉗傅　師傅。㉘子　爵位名。諸侯分公侯伯子男五等爵，由周天子授予。邾君應授子爵，稱邾子。㉙上古微　上古時期為微末小國，鮮為人知。上古，遠古，泛指無文字記載之神話傳說時代。㉚未爵命　未曾授給爵命。㉛不日　不記載結盟的具體日子，只有月份。《穀梁》以為經不書日，寓貶意，譏邾君不久即失信背盟，並以此為通例。考之《春秋》多有不合，不書日多為魯史缺文，不知其日，不一定寓貶意。㉜渝　變也。邾渝盟或指隱公七年，邾參與伐宋，招致魯伐之事。㉝鄭伯克段于鄢　鄭莊公在鄢地「克」共叔段。鄭伯即鄭莊公，姬姓，名寤生，伯爵。鄭為周厲王子友之封國，在今河南省鄭州市南，新鄭縣北。克，《穀梁》解為「能殺」，是不恰當的。因為莊公並未殺段。《左傳》隱公十一年，鄭莊公說：「寡人有弟不能和協，而使餬其口於四方。」《史記・衛世家》：「(衛桓公）十三年，鄭伯弟段攻其兄不勝，亡，而州吁求與之友。」都證明段失敗後流亡在外，未被殺。克應訓為以力勝之，較合實際。㉞克者何六句　此段《穀梁》解釋用「克」不用「殺」，是因為共叔段有徒眾。對一個人或幾個人可以言殺，對眾人則不可。此說亦牽強，不如解克為以力勝之為好。㉟世子母弟　世子，帝王、諸侯正妻所生之長子，為君位的法定繼承人。母弟，同母弟。㊱目君　稱君。目，稱；言。㊲公子　諸侯之子稱公子。共叔段為鄭武公之子，莊公之母弟，按禮應稱公子段，不稱公子為貶義。㊳段失子弟之道　段據大邑，擴充實力，直至舉兵叛亂，這種作法違父命、叛君兄，失去為子為弟之道。㊴甚鄭伯　認為鄭伯做得太過分。甚，超過；過頭。㊵處心積慮　蓄意已久。

㊶遠　指段逃離已遠。㊷云爾　如此而已。語末助詞。㊸逸賊　使賊逃跑。賊喻共叔段。㊹親親　愛其親人。儒家講仁，就是由親親作起，由親親而仁民，而愛物，是仁有次第的展開。㊺天王句　天王，指周平王。宰咺，宰為官職，咺為人名，此人為周天子使臣。歸，饋贈。惠公，魯惠公。仲子，《穀梁》以為惠公之母，《公羊》、《左傳》以為桓公母，惠公夫人。應從後說。賵，助喪之物，包括車馬、束帛等。㊻母以子氏　母親用兒子的謚號作自己的姓氏。《穀梁》以仲子為惠公母，故稱惠公仲子。㊼孝公　魯孝公，為惠公之父。㊽賵人之母　為人母之喪饋贈助喪物品。㊾君子以其可辭受之　君子根據可以之文辭來接受它。㊿不及事　饋送之賵未能趕上惠公仲子葬禮。經記此事含譏意。51乘馬曰賵　饋贈人四匹馬及所駕車助喪叫賵。此為分言之，統言之，車馬、束帛等助喪之物都可稱賵。52衣衾曰襚　贈給死者的衣被叫襚。衾即被子。53貝玉曰含　贈給死者的貝玉叫含，因為要將其放入死者口中含著。地位高下不同，所含之物亦不同。《公羊傳》文公五年：「含者何？口實也。」何注：「緣生以事死，不忍虛其口。天子以珠，諸侯以玉，大夫以碧，士以貝，春秋之制也。」54賻　贈送給喪家的財物。

55宿　國名，風姓，地在今山東省東平縣東南二十里。《穀梁》以為邑名。56內卑　主盟者為魯國地位較低的官員。57外卑　宋國主盟者也是地位較低之官員。宋對於魯而言為外，故稱外卑。58不日　不記日。《穀梁》以「卑者之盟不日」為通例，考之《春秋》多有不符。如本年三月，「公及邾儀父盟于眛。」隱公三年十二月，「齊侯、鄭伯盟于石門。」主盟者皆為國君，亦不書日，類此甚多。不書日為魯史缺文，無貶意。59祭伯來　祭伯來至魯國。祭伯，周王朝之卿士。祭為封地，伯為爵位。

60寰內諸侯　周天子畿內大夫有封地者之稱。據《禮記・王制》說，天子畿內有方百里之國九，七十里之國二十一，五十里之國六十三，這些封國的君就稱寰內諸侯。他們既是諸侯，又是周天子之臣，有些就在周王朝內供職，他們未奉王命而出境會見諸侯，不合乎禮。61不正其外交　他們與境外諸侯交往是不合正道的。《禮記・郊特牲》：「為人臣者無外交，不敢貳君。」即是此意。62弗與朝　不准許用「朝」字。63聘弓鍭矢不出竟場　不得越出邊境用弓矢與諸侯相聘問。聘，聘問，指諸侯間互派使臣通問修好。鍭矢，以金屬為箭頭，剪齊箭尾羽毛的箭。上古之人穴居野處，與野獸為伍，弓矢是自衛謀生的重要武器，故相互聘問，贈送弓矢，相沿而成禮俗。竟，同「境」。場，邊界。竟場即封國之邊界。64束脩　十條乾肉。為古代相互饋贈的常見禮品。65貳　相比並；相匹敵。66公子益師卒　公子益師，字眾父，魯孝公之子，為隱桓叔伯輩，事跡無考。卒，大夫死稱卒。67日卒　記載死亡之日。68正　正直；端正。《穀梁》以大夫死，正則書日，惡則不書日，作為通例。考之《春秋》亦不合，如本年注31。

【語譯】＊元年，春，周曆正月。

雖然沒有值得記載之事，也必定要列舉正月，謹慎對待一年之開始。對隱公為什麼不記載他即君位？是為了成全他的志向。如何成全隱公志向？就是表明其不想作魯君。隱公為什麼不想作魯君？因為將要把君位讓給桓公。讓君位給桓公合乎正道嗎？曰不合正道。《春秋》大義是助人為善，不助人為惡。隱公所為不合正道，而又成全他，為什麼？將用以顯示對桓公之憎惡。其憎惡桓公是為什麼呢？隱公將讓位而桓公卻殺了他，就是桓公之惡啊。桓公弒君而隱公讓位，則是隱公為善啊。既為善又說他不合正道，為什麼？《春秋》貴公義而不貴私惠，申明正道而不宣揚邪惡。孝子應弘揚父親之美德，不應傳播父親之惡行。先君惠公想把君位授給桓公，不是出於正道，而是出於邪心。雖然如此，先君最終還是戰勝邪心，把君位傳給了隱公。隱公已然探知先君之邪心，竟然還想把君位讓給桓公，這就是成全先父之惡行。兄在先，弟在後，這是上天之倫序。隱公作為兒子已受命於父親，作為國君已受命於周天子，其所行既廢棄上天之倫序，又忘記周天子和父親之命，而去施行小恩小惠，就叫做小道。像魯隱公這樣的人，可以說是看輕千乘之國的權位，卻未能履行大道。

＊三月，魯隱公及邾儀父在眛結盟。

「及」為何意？是說這次結盟是按魯之意願達成的。儀是邾君之字，父如傅字，為男子之美稱。不稱邾君為邾子，為什麼呢？邾在上古時為微末小國，至此尚未被周天子授與爵位。不記載結盟之日，是因為盟約遭背棄之故。眛，地名。

＊夏，五月，鄭伯在鄢地克共叔段。

「克」為何意？能的意思。能什麼？能殺。為什麼不直說殺？是為顯示共叔段有徒眾啊。共叔段，是鄭伯的弟弟。怎麼知道他是鄭伯的弟弟？因被殺者為太子的同母弟，稱鄭伯為君。因其稱鄭伯為君，知其為鄭伯之弟。段為鄭伯之弟而不稱弟，為先君武公之子而不稱公子，是貶責他。因為共叔段喪失為子為弟之道，經文是輕視段而又以為鄭伯做得太過分。鄭伯做得如何過分？鄭伯蓄謀已久促成殺弟之事，做得太過分了。說在鄢地，是共叔段逃離已遠，鄭伯就像從母親懷裡把幼子奪過來殺掉一般，實在做得太過分了。那麼作為鄭伯應該怎麼辦呢？應緩慢追趕，讓共叔段一伙叛賊逃掉，這才合乎親親之道。

＊秋，七月，周天王派使臣宰咺來魯國饋送惠公仲子的助喪之物。

母親用兒子的謚號作自己的姓氏。仲子是何人？魯惠公之母，孝公之妾。按禮制，天子贈送諸侯之母助喪之賵是可以的，贈送諸侯之妾助喪之賵則不可以。君子根據可以之文辭來接受它。《春秋》記載此事，是因為饋送助喪之物沒有趕上惠公仲子之喪事。助喪之賵是什麼？饋送喪家四匹馬和所駕車叫賵，衣服與被子叫襚，貝和玉叫含，錢財叫賻。

＊九月，魯人及宋人在宿地結盟。

「及」為何意？是說魯國主盟者地位較低。稱宋人，是說宋國參加主盟者也地位較低。地位低下者所主之盟會不記日。宿，為邑名。

＊冬，十二月，祭伯來到魯國。

來，就是來朝見。不稱來朝見，為什麼呢？因祭伯是周天子王畿內之諸侯，沒有周天子的命令，不得出境會見諸侯，他們與外面邦國交往不合正道，故而不准許用「朝」字。他們不得越出邊境用弓矢與諸侯私相聘問，也不許用一束乾肉為禮品在王畿內諸侯間相互饋送，因為有至尊至貴的周天子在，臣不可與其相匹敵。

*魯大夫公子益師死。

大夫死而書日，是因為他德行端正；不書日，是因為他品德醜惡。

【說明】三傳解《春秋》各有所長，如宋胡安國言：「事莫備於《左氏》，例莫明於《公羊》，義莫精於《穀梁》。」《穀梁傳》解《春秋》之義確有其精細獨到之處。其體例是就《春秋》之用詞採用層層設問方式，去深入追究經文之本義。如本年傳文對不書即位、及、克、來等的解說，即是如此。有些用詞還逐漸被歸納為通例，而適用於全書。這些就構成《穀梁傳》的基本內容，需要特別加以注意。當然，其中有些解釋難免有主觀臆測的成分，通例亦有與它書相違，或不能貫通處。這些本書在注釋部分力求給予簡要評說。《穀梁傳》是一部成書較早的古籍，它的解釋與通例，雖有不合，多數可以視為當時的一種說法，對研究那個問題具有一定的參照作用，而非出於造偽，不必忙於否定。

*二年，春，公會戎于潛❶。

會者，外為主❷焉爾。知者慮，義者行，仁者守，有此三者，然後可以出會。會戎，危公❸也。

*夏，五月，莒人入向❹。

入者，內弗受❺也。向，我邑❻也。

*無侅帥師入極❼。

入者，內弗受也。極，國也。苟焉以入人為志者❽，人亦入之矣。不稱氏❾

者，滅同姓⑩，貶也。

*秋，八月庚辰，公及戎盟于唐⑪。

*九月，紀履緰來逆女⑫。

逆女，親者⑬也，使大夫非正也⑭。以國氏者⑮，為其來交接於我⑯，故君子進之⑰也。

*冬，十月，伯姬歸于紀⑱。

禮，婦人謂嫁曰歸，反曰來歸⑲，從人者也。婦人在家制⑳於父，既嫁制於夫，夫死從長子。婦人不專行㉑，必有從也。伯姬歸于紀，此其如專行之辭，何也？曰：非專行也。吾伯姬歸于紀，故志之㉒也。其不言使㉓，何也？逆之道微㉔，無足道焉爾。

*紀子伯莒子盟于密㉕。

或曰紀子伯莒子㉖，而與之盟；或曰年同爵同㉗，故紀子以伯先㉘也。

*十有二月乙卯，夫人子氏薨㉙。

夫人薨，不地㉚。夫人者，隱之妻也。卒而不書葬㉛，夫人之義，從君㉜者也。

*鄭人伐衛㉝。

【注釋】❶公會戎于潛　魯隱公在潛地會見戎人。會，指禮節性聚會，不簽定盟約。戎，古族名。春秋時有己氏之戎、北戎、允姓之戎、伊洛之戎、驪戎、戎蠻、犬戎七種，以部族姓氏和地域得名。當時華戎雜處，沒有明確地域界限。春秋戰國時期，經過長期頻繁交往、融合，中原地區漸漸混化為一體的華夏族（漢族前身），而文化和經濟比較落後的所謂「四裔」，則逐漸退居周邊地區。戰國中後期乃有南蠻、北狄、東夷、西戎之分。潛，魯地名，約在今山東省濟寧市西南。❷外為主　按照戎人的意願。❸危公　使隱公處於危險中。❹莒人入向　莒人侵入向國。莒，國名，己姓，故址在今山東省莒縣。向，國名，姜姓，故址在今莒縣南七十里。稱人，指入侵者兵少將卑。稱入，指入而復出，未據有其地。❺內弗受　魯國不肯接受。❻我邑　言向為魯國城邑。《穀梁》認為向是魯邑，莒人侵入，魯國當然不接受。《左傳》則言向為姜姓之國，莒君娶向姜，向姜逃回，莒人帶兵入向，取向姜而歸。《穀梁》所說之向，或另有所指。❼無侅帥師入極　無侅率兵侵入極國。無侅，《左傳》作「無駭」，魯國之卿，公子展之孫，任魯國司空之職。極，魯之附庸小國，故地在今山東省金鄉縣南而稍東三十五里。❽苟焉以入人為志者　誠然把侵入他人之國作為自己志向的人。苟焉，誠然；確實。❾不稱氏　無侅為公子展之孫，應以其祖父字為氏，稱展無侅，今未稱其姓氏。❿滅同姓　滅掉同姓之國。⓫唐　魯地，約在今山東省曹縣東南四十里。⓬紀履緰來逆女　紀國大夫履緰來魯國迎娶魯女。紀，國名。履緰，紀國大夫，《左傳》作「裂繻」。逆，迎娶。紀君聘魯惠公女，命履緰前來迎娶。⓭逆女親者　迎娶妻子要親自前往。⓮使大夫非正也　派大夫代替國君迎娶，不合正道。親迎之禮還有一些說法，參見本年「說明」部分。⓯以國氏者　以國名作履緰之姓氏。⓰來交接於我　來與魯國交往。⓱君子進之　君子推崇他。⓲伯姬歸于紀　伯姬嫁往紀國。伯姬，當為魯惠公之長女。隨履緰前往與紀君成婚。⓳反曰來歸　為夫家休棄而返回娘家叫來歸。⓴制　支配管束之意。㉑專行　獨自行事，不聽命於人。㉒志之　記錄此事。㉓不言使　未講迎親之使者。㉔逆之道微　親迎之道未得顯揚。《穀梁》以為，紀君親自來魯迎娶，才合乎親迎之禮；派大夫代迎，則使親迎之禮微而不顯，此種作法無可稱道。㉕紀子伯莒子盟于密　紀君推莒君為長在密地結盟。此句「伯」，《左傳》作「帛」。杜預以為紀子帛為紀履緰之字，可備一說。密，莒地，故地當在今山東省昌邑縣東南之密鄉。㉖紀子伯莒子　紀君推莒君為長。㉗年同爵同　為君年限長短相同，爵位高低也相同。㉘紀子以伯先　紀君自以為年長而居先。結盟者在讀盟約告神完畢，要按事先排定的先後次序，歃血為誓。先，即排在前面之意。㉙夫人子氏薨　夫人子氏死。夫人子氏，杜預以為桓公之母仲子，《公羊》以為隱公之母聲子，《穀梁》以為隱公之妻，姑從後說。薨，諸侯之死稱薨，諸侯夫人或母夫人死亦稱薨。㉚不地　不記載死亡地點。㉛不書葬　不記載夫人之葬禮。㉜從君　依從國君。隱公被弒身死，事後不討賊，也不舉行葬禮。隱公夫人亦從君，不書葬禮。㉝鄭人伐衛　鄭軍攻伐衛國。據《左傳》，伐衛是討伐公孫滑之亂。公孫滑為鄭共叔段之子。段失敗後，滑奔衛，衛人助其伐鄭，取廩延。鄭為此伐衛。伐，凡出師有鐘鼓曰伐。

【語　譯】＊二年，春，魯隱公在潛地與戎人會見。

「會」的意思是，這次會見是按照戎人的意願。有聰明智慧者協助謀劃，有守義善斷者負責執行，有仁德愛民者擔當守衛，有了這樣三種人，然後君主才可以出去參加盟會。稱會見戎人，是說使隱公處於危險之中啊。

＊夏，五月，莒人率兵侵入向國。

稱入，是說魯國對此不予接受。向，是魯國的城邑。

＊無侅率軍侵入極國。

稱入，是說極國對此不肯接受。極，國名。誠然把侵入他人之國作為自己志向的人，別人也會侵入他的國家。不稱姓氏而直稱無侅，因其滅亡同姓之國，而貶抑他。

＊秋，八月庚辰日，魯隱公與戎人在唐地結盟。

＊九月，紀國大夫履緰代君前來迎娶魯女。

迎娶妻子要親自前往，使大夫代替不合正道。以國名作履緰之姓氏，因為他來與魯國交往，故而君子推崇他。

＊冬，十月，伯姬嫁往紀國。

依據禮，婦女出嫁叫歸，為夫家休棄返回娘家叫來歸，婦女是依從他人的人。婦女在家未嫁時聽從父親支配，出嫁後服從丈夫支配，丈夫死後服從長子。婦人不可以獨自行事，必須要有所依從。說伯姬嫁往紀國，這好像是獨自行事之辭，為什麼呢？回答說：不是獨自行事。我國伯姬嫁往紀國，故而記載了這件事。沒有說到使者，為什麼呢？娶婦親迎之道微而不顯，這件事沒有什麼值得稱道。

＊紀君推莒君為長在密地結盟。

有說這句話的意思是紀君推莒君為長，並與之結盟。有說這句話的意思是紀君與莒君為君年限相同，爵位也相同，因此紀君自以為年長而居先。

＊十二月乙卯日，夫人子氏死去。

夫人死，不記載死去之地點，夫人指隱公妻子。夫人死而不記其葬禮，依從國君隱公之故。

＊鄭軍攻伐衛國。

【說　明】本年傳言：「逆女，親者也，使大夫非正也。」《公羊傳》也有相同說法，意思就是諸侯娶婦要親自到女家迎接，這就是所謂「親迎」之禮。古代婚禮中確有「親迎」一項，就是新郎按約定日期去女家迎接新娘，行交拜合巹之禮。《禮記・哀公問》：「冕而親迎，親之也。」《儀禮・士昏禮》也詳細介紹了親迎的細節。但是，從天子、諸侯至士與庶民，是否結婚都要新郎到女家親迎，因禮無明文，各種典籍又記載不一，因而產生不同看法。《公羊》、《穀梁》認為皆須親迎，沒有例外，鄭玄亦主此說。而《左傳》則認為天子、諸侯不親迎，由卿代表。如文公四年《傳》：「逆婦姜于齊，卿不行，非禮也。」就是說諸侯娶婦，由卿出境迎接才合乎禮。因此，桓公三年娶婦，公子翬去齊迎接；宣公元年娶婦，公子遂去齊迎接；成公十四年娶婦，叔孫僑如去齊迎接等等。這些作法都被認為是合乎禮的。可是由於「公羊學」在中國歷史上影響深遠，其所主張之親迎說，長期以來幾乎沒有異議。北宋程頤始提出：「親迎者，迎于其所館，豈有委宗廟社稷而遠適他國以逆婦者？非唯諸侯，即卿大夫亦然。文王親迎于渭，周國自在渭旁，未嘗出疆也。況其時乃為公子，未為國君。」(轉引自傅隸樸《春秋三傳比義》第二九頁)此說頗有道理，與史實相合，得到清代學者顧棟高、方苞等支持。參見清江藩《隸經文・二・公羊親迎辯》。

＊三年，春，王二月己巳，日有食之❶。

言日不言朔，食晦日❷也。其日有食之，何也？吐者外壤❸，食者內壤❹，闕然不見其壤❺，有食之者也。有內辭❻也，或外辭❼也。有食之者，內於日❽也。其不言食之者，何也？知其不可知，知❾也。

*三月庚戌，天王崩❿。

高曰崩，厚曰崩，尊曰崩，天子之崩，以尊也。其崩之，何也？以其在民上，故崩之。其不名⓫，何也？大上⓬，故不名也。

*夏，四月辛卯，尹氏卒⓭。

尹氏者何也？天子之大夫也。外大夫不卒⓮，此何以卒之也？於天子之崩為魯主⓯，故隱而卒之⓰。

*秋，武氏子來求賻⓱。

武氏子者何也？天子之大夫也。天子之大夫，其稱武氏子何也？未畢喪⓲，孤未爵⓳。未爵使之，非正也。其不言使⓴，何也？無君㉑也。歸死者曰賵㉒，歸生者曰賻。曰歸之者正也，求之者非正也。周雖不求，魯不可以不歸；魯雖不歸，周不可以求之。求之為言，得不得未可知之辭也，交譏之㉓。

*八月庚辰，宋公和卒㉔。

諸侯日卒㉕，正也。

＊冬，十有二月，齊侯、鄭伯盟于石門㉖。

＊癸未，葬宋穆公㉗。

日葬㉘，故也㉙，危不得葬㉚也。

【注　釋】❶日有食之　日蝕。據今法推算，此次日蝕為西元前七二〇年二月二十二日之日全蝕。❷食晦日　日蝕發生在月末那一天。晦，農曆每月最後一天。❸吐者外壤　太陽未被遮住部分是外傷。吐，日蝕時太陽露在外面部分。壤，作傷解。❹食者內壤　日蝕時太陽被遮住部分是內傷。食指被遮部分。❺闕然不見其壤　空虛看不見其傷。亦即太陽全被遮住的日全蝕。闕然，空虛無物之狀。❻內辭　太陽被吞於內之辭。❼外辭　太陽被吐之於外之辭。❽內於日　把日吞於內。❾知　智；有智慧。聖人不講太陽被何物所食，因知這物是不可知的。知道這物不可知，而不妄加說解，就是有智慧。❿天王崩　周平王死。周平王名宜臼，為周朝第十三王。為避犬戎侵擾，於西元前七七〇年自鎬京東遷至王城（今河南省洛陽縣西），是為東周。在位五十一年。崩，天子之死稱崩。⓫不名　不記載死者之名。⓬大上　至尊至貴至高無上，無以言說。⓭尹氏卒　尹氏死。尹氏，周大夫。《左傳》作「君氏」。⓮外大夫不卒　魯國之外的大夫，經不記載其死。⓯為魯主　尹氏詔告相助魯國君臣為周王治喪。⓰隱而卒之　因為對尹氏之死深為痛惜，而將其記載下來。⓱武氏子來求賻　周大夫武氏之子來魯國索求助喪用之財物。賻，助喪之財物。據鄭玄說，賻屬喪事中正禮之外的加禮，魯已行正禮，周又派人索求加禮，為非禮，故經記以譏之。⓲未畢喪　平王之喪禮尚未結束。⓳孤未爵　武氏子尚未授予爵位。無父曰孤。武氏已死，適逢平王之喪，新君未即位，尚未授給其子爵位。⓴不言使　不稱其為使臣。㉑無君　沒有君主。平王喪禮未竟，嗣子未即位，故稱無君。㉒歸死者曰賵　饋贈給死人之物叫賵。㉓交譏之　對魯國和周王室交相譏刺。㉔宋公和卒　宋公和死。宋公和，宋穆公名和。《禮記・曲禮》：「天子曰崩，諸侯曰薨，大夫曰卒。」此為通例。《春秋》例，魯君死書薨，其他諸侯死書卒，用以別內外也。㉕日卒　記載死亡之日。㉖齊侯鄭伯盟于石門　齊侯、鄭伯在石門結盟。齊，國名，姜姓，太公之後，都於營丘，即今山東臨淄。石門，齊地，在今山東省長清縣西南七十里。㉗葬宋穆公　安葬宋穆公。據《左傳》隱公元年載，天子死七月而葬，諸侯五月而葬，大夫三月而葬。諸侯之葬禮，同盟各國都要派使臣前往參加會葬。㉘日葬　記載安葬之日。㉙故也　發生了變故。據《公羊傳》：「當時而日，危不得葬也。」宋穆公十二月安葬，合乎諸侯五月而葬之禮。所謂五月是首尾月合起來夠五個月即可，從八月至十二月恰好五個月，合乎諸侯葬禮時限。本不應書日而書日，是因為宋國發生了變故。據《史記·宋世家》載，穆公死前傳位於兄宣公之子與夷，是為宋殤公，而使己子馮出居鄭國。殤公即位後為除掉政敵，在衛州吁蠱惑下一起伐鄭。宋之變故蓋指此。㉚危不得葬　宋發生危難，不得安葬。危難指同衛伐宋之事。

【語　譯】＊三年，春，周曆二月己巳日，日蝕。

稱己巳日而不稱初一，是說日蝕發生在月末那天。稱「日有食之」，是什麼意思呢？日蝕時太陽未被遮住部分是外傷，被遮住部分是內傷，完全被遮住空無所見，就是「日有食之」。有太陽被吞入內之說，有太陽被吐於外之說。「有食之」就是把太陽完全吞沒了。經不言吞食太陽之物，為什麼呢？因為知道該物是不可知的，知其不可知而不言，就是有智慧。

＊三月庚戌日，周平王逝世。

高峻可以稱崩，厚重可以稱崩，尊貴可以稱崩，周天子死而稱「崩」，是因其尊貴。用「崩」來稱呼天子之死，為什麼呢？因為他高居民眾之上，故而用「崩」來稱呼。不稱死者之名，為什麼呢？因為他至尊至貴至高無上，因而不稱其名。

＊夏，四月辛卯日，尹氏死。

尹氏是何人？是周天子的大夫。魯國以外的大夫死，經不記載，這裡為什麼記載其死呢？因為在周平王喪禮期間尹氏詔告輔助魯國君臣為周王治喪，故而痛惜其死而將其記載下來。

＊秋，周大夫武氏之子來魯國索求助喪之財物。

武氏之子是什麼人呢？是周天子之大夫。既是周天子大夫，又稱他為武氏子，為什麼？因為平王喪事尚未結束，武氏子還未授與爵位。沒有授與爵位就命他為使者，不是正道。經不稱其為使臣，為什麼呢？因為當時周沒有君主。饋送給死者之物叫賵，饋送給生者之物叫賻。饋送賵賻為正道，索求賵賻非正道。周之使者雖不來索求，魯國卻不可不去饋送；魯國即使不去饋送，周也不可派人索求。因為索求是表示能不能得到尚未可知之辭，經記載此事是對魯國和周王室交相譏刺。

*八月庚辰日，宋公和死。

記載諸侯死亡之日，因其生前所行合乎正道。

*冬，十二月，齊侯、鄭伯在石門結盟。

*癸未日，葬宋穆公。

記載諸侯安葬之日，因為宋國發生了變故，有危難不得安葬。

*四年，春，王二月，莒人伐杞❶，取牟婁❷。

傳❸曰：言伐言取，所惡❹也。諸侯相伐取地，於是始，故謹而志之❺也。

*戊申，衛祝吁弒其君完❻。

大夫弒其君以國氏❼者，嫌❽也。弒而代之❾也。

*夏，公及宋公遇于清❿。

及者，內為志焉爾⓫，遇者，志相得⓬也。

*宋公、陳侯、蔡人、衛人伐鄭⓭。

*秋，翬帥師會宋公、陳侯、蔡人、衛人伐鄭⓮。

翬者何也？公子翬也。其不稱公子何也？貶之也。何為貶之也？與于弒公⓯，故貶也。

*九月，衛人殺祝吁于濮⑯。

稱人以殺⑰，殺有罪也。祝吁之挈⑱，失嫌⑲也。其月謹之⑳也，于濮者，譏失賊㉑也。

*冬，十有二月，衛人立晉㉒。

衛人者，眾辭㉓也。立者，不宜立者㉔也，晉之名惡㉕也。其稱人以立之，何也？得眾也。得眾則是賢也，賢則其曰不宜立，何也？《春秋》之義，諸侯與正而不與賢㉖也。

【注釋】❶莒人伐杞　莒國出兵攻伐杞國。杞，國名，姒姓。商湯時已封之舊國，周武王滅商後，尋夏禹之後，得東樓公，封於杞。初都於杞，即今河南省杞縣。後東遷，春秋時遷至淳于，即今山東省安丘縣東北三十里之杞城。後為楚滅。❷取牟婁　奪取牟婁。用取字是表示奪取比較容易。牟婁，古地名，在今山東省諸城縣西之婁鄉。❸傳　當時簡冊所載，非得於師說也。❹所惡　所憎惡。❺謹而志之　謹慎地記載下來。❻衛祝吁弒其君完　衛國祝吁殺掉其國君完。祝吁，《左傳》、《公羊》作「州吁」，音近可通假。祝吁，衛莊公庶子，受寵而好兵，後殺桓公自立，不久亦被殺。弒，以下殺上曰弒。多指臣殺君、子殺父之類。完，衛桓公名完。❼以國氏　用國名為其姓氏。❽嫌　嫌疑。指篡奪君位的嫌疑。❾弒而代之　殺掉君主而取代他。❿遇于清　在清地相遇。遇，不是事先約定的會見。《穀梁》另有解說。清，地名，約在今山東省東阿縣南約三十里處。⓫內為志焉爾　此次相遇出於魯國意願。⓬遇者志相得　兩君相遇被記載，表明彼此相契合。⓭宋公陳侯蔡人衛人伐鄭　宋、陳、蔡、衛四國聯合攻伐鄭國。稱宋公、陳侯，是指兩國國君親自率兵前往；稱蔡人、衛人，則是由兩國大夫率兵出征。蔡，國名，周武王弟蔡叔度封國。此時都上蔡，即今河南省上蔡縣西。據《春秋傳說彙纂》稱，「此諸侯會伐之始，亦東諸侯分黨之始。」⓮翬帥師會宋公陳侯蔡人衛人伐鄭　魯大夫公子翬率兵會同宋、陳、蔡、衛國之軍攻伐鄭國。據《春秋傳說彙纂》稱，「此大夫會伐之始」。《左傳》載，此次出兵伐鄭，隱公不准，而公子翬擅自作主，專兵獨行，故書「翬帥師」，未加「公子」，以表示對他不聽公命的憎惡。⓯與于弒公　參與殺害魯隱公。公子翬殺害隱公在十一年，當時尚未發生，言其「與于弒公」而先事為貶，恐不妥。⓰濮　陳國地名，其地當在今安徽省亳縣南。⓱稱人以殺　稱由人將其殺掉。⓲祝吁之挈　對祝吁直提其名。挈，提出。⓳失嫌　喪失國家之嫌疑。指為國人所棄。⓴其月謹之　記載殺祝吁之月份，是謹慎鄭重對待此事。㉑于濮者譏失賊　稱在濮地（殺祝吁），是譏刺衛國沒能及時討賊。㉒衛人立晉　衛國人立公子晉為君。晉，桓公之弟，當時尚在邢國。桓公被殺，國人又殺祝吁，迎公子晉回國，立為君，是為宣公。㉓衛人者眾辭　稱衛人，是表示出於眾人意願之辭。㉔立者不宜立者　稱立是說不應立其為君。㉕晉之名惡　直稱晉之名，是因其不是嫡長子，不是君位的合法繼承人。惡，不正。指其非嫡長子，繼君位不正。㉖諸侯與正而不與賢　諸侯傳位給嫡長子而不是傳位給賢德之人。

【語　譯】＊四年，春，周曆二月，莒國出兵攻伐杞國，奪取了牟婁。

依據簡冊說：稱攻伐，稱奪取，表示人所憎惡也。諸侯之間相互攻伐奪取土地，從此開始，因此謹慎地記載下來。

＊戊申日，衛國祝吁殺掉國君完。

大夫殺掉自己國君，又用國名稱其姓氏，是因為他有篡奪君位之嫌。他殺掉君主又要取而代之也。

＊夏，隱公及宋殤公在清地相遇。

稱「及」，是因為此次相遇出於魯國的意願。兩君相遇被記載，表明魯、宋彼此相契合。

＊宋、陳、蔡、衛四國聯合出兵攻伐鄭國。

＊秋，翬率兵會同宋、陳、蔡、衛國之軍攻伐鄭國。

翬是何人？魯大夫公子翬也。不稱他公子，為什麼？貶抑他呀。為什麼要貶抑他？因為他後來參與殺害隱公，故而貶抑他。

*九月，衛國人在濮地殺了祝吁。

稱人把他殺了，是表示殺了有罪之人。對祝吁直稱其名，因其有喪失國家之嫌。記載殺祝吁月份，是謹慎鄭重對待此事；稱在濮地，是譏刺衛國沒能及時討賊。

*冬，十二月，衛國人立晉為君。

稱衛人，是表示出自眾人意願之辭。稱立，是表示不應立其為君；直稱晉之名，因其不是嫡長子，繼君位不正。稱衛人立他為君，為什麼？是說他受眾人擁戴。得眾人擁戴就是賢德，既然賢德又說不該立他為君，為什麼？因為《春秋》之大義是，諸侯傳位給嫡長子，而不是傳位給賢德之人。

【說　明】本年傳解經有與他說不合者，如「公及宋公遇于清」，傳解作「遇者，志相得也」，與通常解遇為不是事先約定的會見，不期而遇不同。當是專就此事作解，並不表示其與通常解說對立，如隱公八年傳就有「不期而會曰遇」，與常解合。

再如「翬帥師」，傳解直稱翬，不加公子，是貶其「與于弒公」，則不如《左傳》解作對其不聽從公命的憎惡更較合理。與此相類情況，所在多有。我們要根據具體情況進行深入細緻地比較辨析，才能得出正確認識。

*五年，春，公觀魚于棠❶。

傳曰：常事曰視❷，非常曰觀❸。禮，尊不親小事，卑不尸大功❹。魚，卑者之事也，公觀之，非正也。

*夏，四月，葬衛桓公。

月葬，故也❺。

*秋，衛師入郕❻。

入者，內弗受❼也。郕，國也。將卑師眾❽曰師。

*九月，考仲子之宮❾。

考者何也？考者成之❿也，成之為夫人⓫也。禮，庶子為君為其母築宮，使公子主其祭⓬也。於子祭⓭，於孫止⓮。仲子者惠公之母，隱孫而脩之⓯，非隱⓰也。

*初獻六羽⓱。

初，始也。穀梁子⓲曰：「舞夏⓳，天子八佾⓴，諸公六佾，諸侯四佾。初獻六羽，始僭樂㉑矣。」尸子㉒曰：「舞夏，自天子至諸侯皆用八佾。初獻六羽，始厲樂㉓矣。」

*邾人、鄭人伐宋㉔。

*螟㉕。

蟲災也。甚則月㉖，不甚則時㉗。

*冬，十有二月辛巳，公子彄卒㉘。

隱不爵命大夫㉙，其曰公子彄何也？先君之大夫也。

*宋人伐鄭，圍長葛㉚。

伐國不言圍邑㉛，此言圍何也？久之也。伐不踰時㉜，戰不逐奔㉝，誅不填服㉞。苞㉟人民，毆㊱牛馬曰侵；斬樹木，壞宮室曰伐。

【注釋】❶公觀魚于棠　隱公在棠地觀看捕魚。觀，《左傳》作「矢」，陳列。魚，《史記・魯世家》作「漁」，捕魚。古時二字可通假。棠，魯地名，今山東省魚臺縣新治西南有觀魚臺舊址。❷常事曰視　關注常規事務叫視。❸非常曰觀　關注非常規之事叫觀。常規之事指國家大事，古時把軍旅之事和祭祀之事視為大事，所謂國之大事在祀與戎，君主所應關注之事即在此。非常規之事指臣民百工所為之事。❹卑不尸大功　卑下者不主大事。卑為相比較而言，君與臣較，君尊臣卑；官與民較，官尊民卑等等。尸，主。❺故也　發生變故。按禮諸侯五月而葬，衛桓公死於隱公四年三月，至此一年有餘，緩葬原因是發生了祝吁之亂。❻衛師入郕　衛國軍隊侵入郕國。郕，國名，為周文王子成叔武封國，故城當在今山東省濮縣廢縣東南。❼內弗受　郕國不肯接受。❽將卑師眾　主帥地位較低，軍隊人數眾多。將卑，指主帥非卿。❾考仲子之宮　為仲子所建廟落成並舉行祭典。考，成也。古時宗廟宮室或重要器物初成，必行祭禮，即所謂考也。宮，安放、祭祀神主之廟。❿考者成之　考的意思就是建成。⓫成之為夫人　廟建成後以夫人之禮祭仲子。仲子為惠公之母，孝公之妾。孝公已有元妃附祭祖廟，諸侯不得有二嫡，仲子不能以夫人資格附祭祖廟，故另修廟安其神主，以享夫人之祭祀。⓬使公子主其祭　命先君之子主持祭祀。先君之子即指惠公。就是說建仲子廟並祭祀應由仲子之子惠公完成，不該等到其孫隱公。⓭於子祭　作為兒子可以主祭。⓮於孫止　作為孫子卻應停止。⓯隱孫而脩之　隱公為仲子之孫而修廟祭祀她。⓰非隱　責難隱公。以其違禮也。⓱初獻六羽　初次獻上六佾樂舞。指仲子神主入廟祭典，獻上六佾樂舞。六羽，即六佾。古代樂舞以八人為一列，稱一佾。羽指雉雞羽，文舞執翟，翟即用雉羽製成的道具，為舞者所持。古代禮制，天子八佾，諸侯六佾，大夫四佾，士二佾。魯為周公之後，特許用天子禮樂，前此皆用八佾，此次始用六佾。⓲穀梁子　姓穀梁名赤。傳說為子夏弟子，《春秋穀梁傳》之首傳者。⓳舞夏　持五色雉羽跳舞。夏，即夏翟，用五色雉羽製成的舞蹈道具。⓴八佾　八列。每列八人，計六十四人。㉑始僭樂開始僭越樂舞之禮制。按穀梁子意，魯本諸侯，用四佾，隱公始越禮用六佾。㉒尸子　名佼，戰國後期晉國人，為秦相商鞅賓客。商鞅被誅後，逃入蜀地，從事著述，著有《尸子》二十卷，原書已佚，現有清章宗源、孫星衍、汪繼培等輯本。㉓始厲樂　開始降低樂舞規格。厲，有垂義，引申為降低。㉔邾人鄭人伐宋　此次軍事行動，為邾欲報復宋侵奪其田，故聯鄭伐宋。邾雖附庸小國，因為是發起者，故列鄭前。㉕螟　螟蛾幼蟲，為食稻心之害蟲。凡《春秋》加以記載的，都是造成災害的。㉖甚則月　災害嚴重就記載發生的月份。㉗時　發生的季節。㉘公子彄卒　公子彄死。公子彄，字子臧，魯孝公之子，隱公叔父。又稱臧僖伯，臧是其後代以其字為姓。此人曾諫止隱公去棠觀捕魚。㉙隱不爵命大夫　隱公不曾賜命大夫。只有正式即位之諸侯才可任命大夫，隱公居攝，故未也。㉚圍長葛　包圍長葛。長葛，鄭國邑名，其地當在今河南省長葛縣東北二十里。㉛伐國不言圍邑　既攻伐其國就不再說包圍其城邑。因為伐國重於圍邑，舉其重者大者。此言圍邑，因包圍時間過長，由五年冬圍，至六年冬始取之。責其暴師經年，貪利忘義，無惻隱之心。㉜伐不踰時　攻伐別國不超過一個季節。亦即三個月。㉝戰不逐奔　交戰中不追逐逃跑之敵。㉞誅不填服　誅殺時不殺戮降服之人。填，王引之讀作「殄」，殺戮之意。㉟苞　王念孫讀曰「俘」，俘獲之意。㊱毆　驅趕。

【語　譯】＊五年，春，隱公在棠地觀看捕魚。

簡冊上說：關注常規事務叫視，關注非常規之事叫觀。按禮，尊貴者不親臨小事，卑下者不主大事。捕魚，是卑下者所做之事，隱公去觀看，不是正道。

＊夏，四月，安葬衛桓公。

記載安葬月份，因為衛國發生變故。

＊秋，衛國軍隊侵入郕國。

稱「入」的意思是說，郕國不肯接受。郕，邦國之名。主帥地位較低，軍隊人數眾多叫師。

＊九月，為仲子所建廟落成並舉行祭典。

「考」是什麼意思呢？考就是廟建成了，廟建成後就以夫人之禮祭祀仲子。按禮，庶子作了國君，為他的母親建廟，要命先君之子主持祭祀。作為兒子可以主祭，作為孫子則應停止。仲子是惠公的母親，作為孫子的隱公去修廟祭祀她，就該責難隱公。

＊初次獻上六佾樂舞。

初，就是開始。穀梁子說：「持五色雉羽跳舞，天子之舞者是八列，諸公六列，諸侯四列。初次獻上六佾樂舞，開始僭越樂舞之禮制。」尸子說：「持五色雉羽跳舞，從天子到諸侯都用八列。初次獻上六佾樂舞，開始降低樂舞規格。」

＊邾國和鄭國聯合攻伐宋國。

＊發生螟蟲之災。

發生蟲災。災害嚴重記載月份，不嚴重只記季節。

＊冬，十二月辛巳日，公子彄死。

隱公不曾任命大夫，他稱公子彄，為什麼呢？這是先君任命之大夫。

＊宋人攻伐鄭國，包圍了長葛。

既攻伐其國就不再說包圍城邑，這裡說包圍城邑，是何意呢？因為圍城時間太久了。攻伐別國不超過三個月，交戰中不追逐逃跑之敵，誅殺不殺戮降服之人。俘獲人民，驅趕牛馬叫侵；砍伐樹木，毀壞房屋叫伐。

【說　明】本年有以下幾個問題需要作簡要闡述。

一是傳文出現「穀梁子曰」、「尸子曰」，這就涉及《穀梁傳》的作者和成書時間問題。因為此書如果是穀梁赤所作，書中就不該出現自引己說的現象。且穀梁赤既為子夏弟子，便是戰國初年人，不可能見到戰國後期的尸佼，並引用其語。由此推斷，穀梁赤作傳之說很難成立。且漢唐多種典籍載穀梁名亦不統一，言其作傳事更加語焉不詳。此或為假託之名，借以自重，非實有其人。

二是由「初獻六羽」引出的不同說解，如何遵循的問題。穀梁子認為，天子樂舞八佾，諸公六佾，諸侯四佾，用六佾為開始僭越。又引尸子說，天子至諸侯皆八佾，用六佾為開始降格。二說對立而並存，未置可否。而《左傳》則稱「天子用八，諸侯用六，大夫四，士二。」三說相較，《左氏》較通行，較合理，可從。

三是解「宋人伐鄭圍長葛。」講到「伐國不言圍邑，此其言圍何也？久之也。伐不踰時，戰不逐奔，誅不填服。苞人民，毆牛馬曰侵；斬樹木，壞宮室曰伐。」這段話作為通例看，不一定能普遍貫通，但卻反映了對戰亂的譴責，及對民眾所受災難的同情，表達了作者的民本主義思想傾向。

*六年，春，鄭人來輸平❶。

輸者墮❷也，平之為言以道成❸也。來輸平者，不果成❹也。

*夏，五月辛酉，公會齊侯盟于艾❺。

*秋，七月❻。

*冬，宋人取長葛。

外取邑不志，此其志何也？久之也。

【注釋】❶來輸平　來求和解而未能達成。隱公為公子時，與鄭交戰被俘，後逃歸，因而與鄭結仇。後來魯又多次參與伐鄭，兩國仇怨更深。去年鄭伐宋，宋向魯求救，魯公未許。故鄭莊公派人來尋求和解。輸，《左傳》作「渝」。渝平，變仇怨為和好之意。❷墮　毀壞之意。❸以道成　按照道義和解。❹不果成　未能達成和解。❺艾　地名。位於齊、魯之間，其地在今山東省新泰縣西北約五十里。❻秋七月　本月無事，也要記下。按《春秋》例，某一季節無事，亦必書其首月，四時具備，方為一年。各季首月為春正月，夏四月，秋七月，冬十月。

【語譯】*六年，春，鄭國派人來尋求和解，未能達成。

輸就是毀壞，平的意思是按照道義達成和解。來輸平就是未能達成和解。

*夏，五月辛酉日，隱公與齊侯在艾地相會並訂立盟約。

*秋，七月。

*冬，宋國人奪取了長葛城。

魯國之外諸侯相互奪取城邑，通常不記載，此處作了記載，為什麼呢？因為圍城時間太久也。

*七年，春，王三月，叔姬歸于紀❶。

其不言逆，何也？逆之道微❷，無足道焉爾。

*滕侯卒❸。

滕侯無名❹，少曰世子，長曰君，狄道❺也。其不正者名❻也。

*夏，城中丘❼。

城為保民為之也。民眾城小則益城，益城無極❽。凡城之志❾，皆譏也。

*齊侯使其弟年來聘❿。

諸侯之尊，弟兄不得以屬通⓫。其弟云者，以其來接於我，舉其貴者⓬也。

*秋，公伐邾。

*冬，天王使凡伯來聘⓭。戎伐凡伯于楚丘以歸⓮。

凡伯者何也？天子之大夫也。國而曰伐，此一人而曰伐，何也？大天子之命⓯

也。戎者，衛也⑯。戎衛者，為其伐天子之使，貶而戎之⑰也。楚丘，衛之邑也。以歸，猶愈乎執⑱也。

【注　釋】❶叔姬歸于紀　叔姬嫁往紀國。叔姬，魯國伯姬之妹。古代諸侯嫁女，以其妹妹與姪女陪嫁。伯姬出嫁時，叔姬可能由於年紀尚幼，未與同行，六年後始行。❷逆之道微　前來迎娶之人地位低微。❸滕侯卒　滕侯死。滕，國名，周文王子錯叔繡之封國。地在今山東省滕縣西南之古滕城。❹滕侯無名　滕侯沒有名字。❺狄道　奉行戎狄之道。❻其不正者名　那些不是嫡長子的子弟才有名字。❼城中丘　修繕中丘城牆。中丘，魯故城，地在今山東省臨沂縣東北。❽益城無極　增加築城是沒有止境的。❾凡城之志　凡是築城之記載。❿年來聘　年來聘問。年，即夷仲年，齊侯同母弟。聘，訪問。天子對諸侯、諸侯對諸侯之間相互派卿大夫執玉帛訪問，以繼好、結信、謀事、補過，以增進相互關係，稱聘。⓫以屬通　以家屬身分與外界交往。⓬舉其貴者　舉出其高貴的地位。⓭天王使凡伯來聘　周天子派遣凡伯來魯訪問。天王，周桓王。凡伯，凡本國名，周公之後。世代為周王室卿士，食邑於凡。凡城在今河南省輝縣西南二十里。⓮戎伐凡伯于楚丘以歸　戎人在楚丘攻伐凡伯一行，並把他劫持回去。楚丘，地名。有二，一為戎地，春秋時為己氏之邑，地處曹、宋之間。在今山東省曹縣東南。一為衛邑，地在今河南省滑縣南。此楚丘當指前者。⓯大天子之命　尊大天子之使命。以天子使者等同於諸侯之國。⓰戎者衛也　所說戎人就是指衛國人。⓱貶而戎之　貶抑衛君而稱他為戎人。⓲猶愈乎執　好像比說被劫持回去體面一些。「以歸」的說法在於為尊者諱，把被劫持說得含蓄點。

【語　譯】*七年，春，周曆三月，叔姬嫁往紀國。

經不書前來迎娶之人，為什麼？前來迎娶者地位較低，沒有什麼值得稱道的。

*滕侯死。

滕國國君沒有名字，年少時稱世子，年長了就稱君，奉行的是戎狄之道。那些不是嫡長子的子弟才有名字。

*夏，修繕中丘城牆。

城牆是為保護民眾安全建造的。因民眾人數增多而城牆狹小，就要增加建造，增加建城是沒有止境的。凡是建城之記載，都寓有譏刺之意。

*齊侯派他的母弟年來魯國訪問。

諸侯地位尊貴，他的弟兄不得以其家屬身分與外界交往。這裡稱之為齊侯弟，因其前來與魯交往，故而舉出其高貴地位。

*秋，魯隱公率兵攻伐邾國。

*冬，周天子命凡伯來魯國訪問。戎人在楚丘攻伐凡伯一行，並將他帶回去。

凡伯是什麼人呢？周天子的大夫。對一個邦國，可以叫伐，這只是一個人而稱伐，為什麼？尊大天子之使命。所謂戎人，即指衛國人。稱衛為戎，因為其攻伐天子之使臣，貶抑他而稱之為戎人。楚丘，衛國之城邑。把他帶回去的說法，好像比說被捉了去好一些。

【說明】關於「滕君無名」。經載「滕侯卒」，未稱其名。傳解為滕行狄道，國君皆沒有名字，故無名可書。《左傳》以為，「不書名，未同盟也。」只有與魯同盟之國，諸侯死以名告，才書名。據杜預《世族譜》載錄，滕君有宣公名嬰齊，昭公名毛伯，文公名繡，成公名原，悼公名寧，頃公名結，隱公名虞毋等等，可見滕君亦有名字。「滕君無名」之說不知所據。

關於「城中丘」。傳言「凡城之志，皆譏也。」此說可從，但易被誤解為對所有築城之舉的否定。《左傳》解為「城中丘，書不時也。」指出譏此次築城的原因止在於「不時」，不是在農隙時進行，妨礙農作。此種解釋於《春秋》築城之載，皆可貫通。

還有「戎伐凡伯于楚丘以歸」。傳以戎指衛，楚丘為衛邑。考之《左傳》，此次事件是由前此戎人朝周，凡伯不以貴賓之禮相待，由此結怨而引起報復。事情發生在戎邑楚丘，本與衛國無關。傳把戎之楚丘誤作衛之楚丘，並認為是衛人攻伐劫持天子大夫，因而貶之為戎人。此種解釋恐不合實際。

＊八年，春，宋公、衛侯遇于垂❶。

不期而會曰遇，遇者，志相得也。

＊三月，鄭伯使宛來歸邴❷。

名宛，所以貶鄭伯，惡與地❸也。

＊庚寅，我入邴。

入者，內弗受❹也。日入❺，惡入者也。邴者，鄭伯所受命於天子，而祭泰山之邑也。

＊夏，六月己亥，蔡侯考父❻卒。

諸侯日卒，正也。

＊辛亥，宿男卒❼。

宿，微國也，未能同盟❽，故男卒❾也。

＊秋，七月庚午，宋公、齊侯、衛侯盟于瓦屋❿。

外盟不日，此其日何也？諸侯之參盟於是始，故謹而日之也。誥誓不及五帝⓫，盟詛不及三王⓬，交質子不及二伯⓭。

＊八月，葬蔡宣公。

月葬，故也。

＊九月辛卯，公及莒人盟于包來⓮。可言公及人，不可言公及大夫。

＊螟。

＊冬，十有二月，無侅卒⓯。無侅之名⓰，未有聞焉。或曰隱不爵大夫也，或說曰故貶之⓱也。

【注釋】❶遇于垂　在垂地相遇。遇，見隱四年注❿。垂，地名，衛地，在今山東省曹縣北之句陽店。❷鄭伯使宛來歸邴　鄭伯派宛來魯送交邴邑。邴，《左傳》作「祊」，實為一地，當在今山東省費縣東約三十七里。為周宣王賜與鄭桓公之地，作為鄭君陪天子祭泰山之湯沐邑。宛，鄭大夫，不稱大夫，《穀梁》以為貶意。❸惡與地　憎惡其將土地送與別國。據《左傳》，鄭送魯邴地，是為交換魯之許田。❹內弗受　邴地人不肯接受。❺日入　記載入邴之日。❻蔡侯考父　考父，《史記・管蔡世家》作「措父」。蔡雖未與隱公結盟，但與隱公父惠公結盟，故訃告而書名。❼宿男卒　宿君死。宿在隱公元年與魯結盟，其君死何以不書名？杜預以為宿國來的訃告未名，故經不書。❽未能同盟　未能與魯結盟。則傳以元年「盟于宿」之宿為邑名，非國名。❾男卒　死時只稱男爵，無名。❿瓦屋　周地名，地在今河南省溫縣西北。⓫誥誓不及五帝　五帝時不行誥誓。誥誓為《尚書》中兩種體式，誥是訓誡告令，誓是誓詞，都帶有強制性，要求臣民必須聽從，否則就要給予制裁。五帝之世民風淳厚，不須誥誓，皆可守信。五帝，有多種說法，通常指黃帝、顓頊、帝嚳、帝堯、帝舜。⓬盟詛不及三王　三王時不事盟誓。盟詛，猶盟誓，大事曰盟，小事曰詛。祈求神靈監督誓言的遵守執行，懲罰背盟者。三王，指夏禹、商湯和周文王。⓭交質子不及二伯　二伯不交換人質。二伯，指齊桓公、晉文公。上述三語又見《荀子・大略》，「二伯」作「五伯」。伯，通「霸」。⓮包來　《左傳》作「浮來」，紀邑，地在今山東省莒縣西。⓯無侅卒　無侅死。侅，《左傳》作「駭」。無侅已見隱公二年。⓰無侅之名　直稱無侅之名，不稱氏。⓱故貶之　有意貶抑他。理由同隱二年。

【語譯】*八年，春，宋公、衛侯在垂地相遇。

不是事先約定的會面叫遇，兩君相遇被記載，表明彼此相契合。

*三月，鄭伯派宛來魯送交邴邑。

直稱其名宛，是用以貶抑鄭伯，憎惡其將土地送與別國。

*庚寅日，魯人進入邴邑。

入的意思是邴邑人不肯接受。記載進入日期，是表示對進入者的憎惡。邴邑是鄭伯受封賜於周天子，用作陪天子祭祀泰山的湯沐邑。

*夏，六月己亥日，蔡侯考父死。

記載諸侯死亡之日，是為常例。

*辛亥日，宿君死。

宿為微末小國，未能與魯結成同盟，故而死時只稱爵位而無名。

*秋，七月庚午日，宋公、齊侯、衛侯在瓦屋這個地方結盟。

魯國以外諸侯結盟不記載日子，此處記載日子，為什麼？因為諸侯三國結盟從這裡開始，故而謹慎鄭重地記載日子。五帝時不行誥誓，三王時不事盟誓，二伯不交換人質。

*八月，葬蔡宣公。

記載葬禮月份，因為發生了變故。

*九月辛卯日，隱公及莒人在包來結盟。

可以稱隱公與某人結盟，不可以稱隱公與某大夫結盟。

*發生了螟蟲之災。

*冬，十二月，無侅死。

直稱無侅之名的理由，未曾聽說過。或者由於隱公沒有任命大夫，或者是有意貶抑他。

【說　明】本年傳曰：「誥誓不及五帝，盟詛不及三王，交質子不及二伯。」這段話《荀子・大略》亦引，只是改「二伯」為「五伯」。考之先秦典籍，二伯先於五伯。如《論語・憲問》：「子曰晉文公譎而不正，齊桓公正而不譎。」在春秋末年已將齊桓、晉文並論。到戰國前期更為普遍，如《孟子・梁惠王上》，就有齊宣王問孟子「齊桓、晉文之事，可得聞乎？」孟子回答「仲尼之徒無道桓、文之事者」等等。雖未見直稱二伯，但將此概括為二伯，當在孟子之後出現。而戰國後期荀子引用此語，改二伯為五伯，則是當時已有五伯的提法，以後秦漢之際典籍，則多稱五伯或五霸。依據這條材料提供的信息，可否推測《穀梁傳》成書於戰國中期，孟子後荀子前這一段呢？略備一見。

＊九年，春，天王使南季❶來聘。

南氏姓也，季字也。聘，問也。聘諸侯非正❷也。

＊三月癸酉，大雨震電。

震，雷也；電，霆❸也。

＊庚辰，大雨雪❹。

志疏數❺也。八日之間，再有大變❻，陰陽錯行❼，故謹而日之也。雨月志❽，正也。

＊俠卒❾。

俠者，所俠❿也。弗大夫者，隱不爵大夫也。隱之不爵大夫，何也？曰不成為君⓫也。

＊夏，城郎⓬。

＊秋，七月。

無事焉，何以書？不遺時⓭也。

＊冬，公會齊侯于防⓮。

會者，外為主⓯焉爾。

【注釋】❶南季　天子大夫。南為氏，季為字。❷聘諸侯非正　天子派大夫聘問諸侯，不是正道。❸霆　閃電。❹大雨雪　降大雪。《左傳》：「平地尺為大雪。」雨作動詞降下之意。❺志疏數　記載災變之遠近。遠為疏，近為數。❻八日之間再有大變　八天之內，再次發生大災變。癸酉至庚辰為八日。❼陰陽錯行　陰陽運行錯亂。據漢劉向說，周曆三月即夏曆正月，當是雨雪相雜季節，而雷電卻不應出現，既出現雷電就不該再降大雪。雷電為陽，雨雪為陰，出非其時即為陰陽錯行，為災異之象徵。漢劉向以之與隱公被弒相聯繫，是為漢代天人感應理論之運用。❽雨月志　記載下雨的月份。❾俠卒　叫作俠的人死去。俠之姓氏事跡未詳。或以為未任命之魯大夫。❿所俠　所為氏，俠為名。⓫不成為君　不想成為國君。⓬城郎　在郎地築城。此郎當為魯都曲阜近郊之邑，與《左傳》隱公元年費伯所城之郎非一地。⓭不遺時　不遺漏每一個季節。四時備方成一年。⓮防　魯地，當在今山東省費縣東北四十餘里處。⓯外為主　按照齊侯的主意。據《左傳》，此次是「公會齊侯于防，謀伐宋也。」當是魯公為主動。

【語譯】＊九年，春，周天子派大夫南季來魯聘問。

南為姓氏，季為其字。聘，就是聘問。天子派大夫聘問諸侯，不合正道。

＊三月癸酉日，天降大雨，並伴有雷電。

震，就是打雷；電，就是閃電。

＊庚辰日，又降大雪。

先癸酉後庚辰，記載災變由遠而近。八天之內，再次出現大災變，陰陽運行錯亂，因此慎重記下發生之日子。記載下雨的月份，表示合於天時。

＊名叫俠的人死去。

名叫俠的人，就是所俠。不稱其為大夫，因為隱公沒有爵命大夫。隱公不爵命大夫，為什麼？因為他不想成為國君。

＊夏，在郎地築城。

＊秋，七月。

沒有值得記載之事，為什麼還要寫上？為了不遺漏每一個季節。

＊冬，隱公在防地會見齊侯。

稱會的意思，是說此次會見是依照齊侯的主意。

＊十年，春，王二月，公會齊侯、鄭伯于中丘❶。

＊夏，翬帥師會齊人、鄭人伐宋❷。

＊六月壬戌，公敗宋師于菅❸。

內不言戰❹，舉其大者也。

＊辛未取郜❺。辛巳取防❻。

取邑不日，此其日何也？不正其乘敗人而深為利❼，取二邑，故謹而日之也。

＊秋，宋人、衛人入鄭。

＊宋人、蔡人、衛人伐載❽。鄭伯伐取之❾。

不正其因人之力而易取之，故主其事❿也。

＊冬，十月壬午，齊人、鄭人入郕⓫。

入者，內弗受也。日入，惡入者也。郕，國也。

【注釋】❶中丘　魯地，見隱七年注❼。❷翬帥師會齊人鄭人伐宋　翬，魯大夫公子翬，字子羽。齊人、鄭人，考之《左傳》，實為齊僖公、鄭莊公。蓋魯僖公前，經文多稱某國君為某人。❸菅　宋國地名，或在今山東省單縣北。❹內不言戰　魯國戰勝他國，不直稱戰。❺取郜　奪取郜地。郜，地名，在今山東省成武縣東南十八里。❻防　地名，在今山東省金鄉縣西南六十里。魯有二防邑，此為西防，近宋。❼深為利　貪婪地掠取私利。譏刺隱公乘人之危，貪利忘義之行。❽載　古國名，地在今河南省民權縣東北四十五里。載，《左傳》作「戴」。❾伐取之　攻伐而奪取了載。凡稱取某國，實際上就是滅掉某國之意。❿主其事　作為此事的首惡。⓫郕　見隱五年注❻。

【語譯】＊十年，春，周曆二月，隱公在中丘會見齊侯、鄭伯。

＊夏，魯公子翬率軍會合齊國、鄭國之軍攻伐宋國。

＊六月壬戌日，隱公在菅地打敗宋軍。

魯戰勝他國，不直稱戰，只列舉其大的結局。

＊辛未日，取得郜邑。辛巳日，又取得防邑。

奪取城邑不記載日期，此處記載日期，為什麼？因為隱公乘打敗別國的機會貪婪地掠取私利，連奪二邑，不合正道，故而慎重記下日期。

*秋，宋人、衛人入侵鄭國。

*宋人、蔡人、衛人聯合攻伐載國。鄭伯率軍乘機奪取了載國。鄭伯借助他國武力輕易奪取載國，不合正道，故而以他為這次事件的首惡。

*冬，十月壬午日，齊人、鄭人侵入郕國。入的意思是，郕國人不肯接受。記載入侵日期，表示憎惡入侵者。郕，國名。

*十有一年，春，滕侯、薛侯來朝❶。

天子無事❷，諸侯相朝，正也。考禮脩德❸，所以尊天子也。諸侯來朝，時❹，正也。犆言同時❺也，累數皆至❻也。

*夏，五月，公會鄭伯于時來❼。

*秋，七月壬午，公及齊侯、鄭伯入許❽。

*冬，十有一月壬辰，公薨❾。

公薨不地❿，故也⓫，隱之不忍地⓬也。其不言葬何也？君弒，賊不討，不書葬，以罪下⓭也。隱十年無正⓮，隱不自正⓯也。元年有正，所以正隱⓰也。

【注釋】❶滕侯薛侯來朝　滕侯、薛侯來魯朝見。滕侯，見隱七年注❸。薛侯，薛國君主。薛為任姓小國，本居薛城，在今山東省滕縣南四十里。後又遷下邳、上邳等地。朝，有多義。諸侯朝見天子，臣朝見君，諸侯彼此相見，都可稱朝。❷事天子之事，指巡守、崩葬、兵革之類大事。❸考禮脩德　考究禮制，修養德行。❹時　記載季節。❺犆言同時　犆，同「特」，單獨之意。單獨記述，就是諸侯同一時期而非同日到達。❻累數皆至　統括言說就是諸侯一起來朝。如本季之滕侯、薛侯來朝，即屬累數皆至。❼時來　地名，當在今河南省鄭州市北三十里。❽許　姜姓國，為堯時四岳伯夷之後，與齊國同祖。周武王封其苗裔文叔於許，故城在今河南省許昌市東三十六里。後又多次遷移。❾公薨　隱公死。公子翬與桓公密謀，乘隱公出祭鍾巫，宿於寪氏宅，派人殺之。詳見本年《左傳》。❿不地　不記載死亡地點。⓫故也　發生了變故。⓬隱之不忍地　哀痛君死不忍心記其地。隱，哀痛之意。⓭罪下　歸罪於臣下。⓮隱十年無正　隱公為君十年不記載正月。即從二年至十一年，十年中皆無正月之記載。⓯隱不自正　隱公不自居正式國君之位。⓰所以正隱　用以表明隱公應為正式國君。

【語　譯】＊十一年，春，滕侯、薛侯來魯朝見。

周天子如果沒有大事，諸侯之間相互朝見，是合於正道的。彼此考究禮制，修養德行，用以推尊周天子。諸侯來朝見，記載季節，合於正道。單獨記載，就是表明諸侯同一時期但不是同一天到達。統括言說，就表明諸侯同時來朝。

＊夏，五月，隱公在時來會見鄭伯。

＊秋，七月壬午日，隱公與齊侯、鄭伯一起入侵許國。

＊冬，十一月壬辰日，隱公死。

隱公死不記載死亡地點，是因為發生了變故，哀痛君死不忍心記其地。經不記載葬禮，為什麼？國君被殺，叛賊還未討伐，不記載葬禮，用以表示歸罪臣下。隱公為君十年不記載正月，表明隱公不自居正式國君之位。隱公元年記載正月，用以表示隱公應為正式國君。

桓公

【題解】桓公名軌，《史記・魯世家》作允，惠公之子，隱公之弟，仲子所生。在位十八年，為齊人所殺，桓為謚號。

在此時期，周王室繼續走向衰弱。桓五年，周王因鄭不朝，率蔡、陳、衛之師伐鄭，慘敗，被射中肩膀。接著盟、向等地也為鄭所奪。桓十五年，天子派人來魯求車，傳譏之曰：「有辭讓而無徵求，求車非禮也。」雖然如此，周王室在當時仍具有很高權威和號召力。

鄭國益強，桓二年合諸侯之師成宋亂以服宋，五年大敗王師，六年救齊敗戎師，七年伐取盟、向，十年與齊、衛、宋盟於惡，成為實際上的小霸主。十三年，鄭莊公死，諸子爭位而內亂，開始走下坡路。

魯國自桓公即位，努力改善與鄭、齊等國的關係，頻繁與諸侯交往，調解宋、鄭之間和齊、紀之間的矛盾，使其講和，在當時頗有影響。齊國亦多次作諸侯征伐、盟會的首腦，為公認的強國。晉國還處在分裂局面，曲沃武公實力較強，多次伐翼，尚未統一。南方楚國武王當政，敗隨、鄧、鄖、絞諸國，與貳、軫等國結盟，勢力不斷擴張，對北方諸侯形成潛在威脅。

各國內爭權奪位事件不斷發生，如宋華督殺大司馬孔父與宋殤公；鄭祭足逐昭公、厲公，高渠彌殺昭公；衛宣公殺急子、壽子，左、右公子逐惠公，立黔牟；齊殺魯桓公等。這些事件多由各國卿大夫發動，他們實力日強，可以左右邦國政局和君主廢立。

傳結合此段具體史事，繼續發揮《春秋》正名分、寓褒貶、獎善罰惡的宗旨，對魯桓公弒君之惡及稱即位、成宋亂、假許田、取郜鼎，反覆誅伐。對齊侯踰境送女、曹伯派世子來朝等違禮事件，也進行譴責。對魯「平而脩戎事」，崇尚武備，表示憎惡。

*元年❶，春，王❷。

桓無王❸，其曰王，何也？謹始也。其曰無王，何也？桓，弟弒兄，臣弒君，天子不能定❹，諸侯不能救，百姓不能去❺，以為無王之道，遂可以至焉爾。元年有王，所以治桓❻也。

*正月，公即位❼。

繼故❽，不言即位，正也❾。繼故不言即位之為正，何也？曰：先君不以其道終，則子弟不忍即位也。繼故而言即位，則是與聞❿乎弒也。繼故而言即位，是為與聞乎弒，何也？曰：先君不以其道終，己正即位之道而即位，是無恩於先君也。

*三月，公會鄭伯于垂⓫。

會者，外為主焉爾。

*鄭伯以璧假許田⓬。

假不言以⓭，言以非假也。非假而曰假，諱易地⓮也。禮，天子在上，諸侯不得以地相與也。無田則無許⓯可知矣。不言許，不與許⓰也。許田者，魯朝宿之邑⓱也；邴⓲者，鄭伯之所受命而祭泰山之邑也。用見魯之不朝於周，而鄭之不祭泰山也。

*夏，四月丁未，公及鄭伯盟于越⑲。

及者，內為志焉爾。越，盟地之名也。

*秋，大水⑳。

高下有水災，曰大水。

*冬，十月。

無事焉，何以書？不遺時也。《春秋》編年㉑，四時具而後為年。

【注釋】❶元年　西元前七一一年，周桓王九年，齊僖公二十年，晉哀侯七年，曲沃武公五年，衛宣公八年，蔡桓公四年，鄭莊公三十三年，曹桓公四十六年，陳桓公三十四年，宋殤公九年，秦寧公五年，楚武王三十年。❷王　經書王字，稱王正月。❸桓無王　桓公為君經不書王。考桓元年、二年、十年、十八年書王，餘十四年不書王。據傳意，桓無王是言其不奉王命。又據朱彝尊說：「書王不書王，本據舊史之周月魯月為定，在舊史所紀用周正，則書王，舊史所紀非周正，則不書王。」❹定　討桓公之罪以平定魯亂。❺百姓不能去　百官不能除去亂賊。百姓指百官。❻所以治桓　用以懲戒桓公，使奉王命。❼公即位　桓公就魯君之位。即位指先君死後，繼位之君於次年正月，祭祀宗廟時改元，序定百官，正君之位，而後為正式國君。❽繼故　繼承被弒之君。❾正也　常例。如閔公、僖公繼被弒之君，皆不書即位。❿與聞　參預聞知。⓫垂　地名。見隱八年注❶。⓬以璧假許田　用玉璧暫借許田。隱公八年，鄭伯欲以邴換魯之許田，尚未落實。此次藉桓公登位急於與鄭結好之機，又在邴外加玉璧，來換取魯之許田，終於成交。璧，平圓形，中間有孔的玉器，亦泛指玉。⓭假不言以　暫借不應說用玉璧。用付給玉璧為條件就不是暫借而是交換了。⓮諱易地　避諱直言互相交換土地。⓯無田則無許　沒有許田就沒有許邑。邑與田是不能分的。⓰不與許　不是把許邑全部給與鄭國。只稱許田，或只指許邑範圍內一部分土地。⓱朝宿之邑諸侯朝見天子住宿齋戒沐浴之邑，在天子之郊。⑱邴　地名。見隱八年注❷。⑲越　地名，當在今山東省曹縣附近。⑳大水　發生大水災。《左傳》：「凡平原出水為大水。」㉑編年　以年為綱記述歷史。中國現存最早的編年體史書為《春秋》和《竹書紀年》。

【語譯】＊元年，春，王。

桓公為魯君時期經不書王，此處書王，為什麼？是表示謹慎對待即位的開始。稱桓公不書王，為什麼？桓公作為弟弟謀殺兄長，作為臣謀殺君，周天子不能討其罪以平定魯亂，諸侯不能制止叛亂以救魯難，百官不能除去亂賊，桓公作出不遵奉王命之行，於是達到現在的地步。元年書有王字，用以懲戒桓公。

＊正月，桓公就魯君之位。

繼承被弒之君，不稱即位，此為常例。把繼承被弒之君不稱即位定為常例，為什麼？回答說：先君不得善終，則子弟不忍心行即位典禮。繼承被弒之君而稱即位，就是此人參預弒君之事。繼承被弒之君而稱即位，即是說他參預弒君之事，為什麼？回答說：先君不得善終，自己卻按常規即位方式行即位典禮，是對先君無憐愛之心啊。

＊三月，桓公在垂地會見鄭伯。

會的意思是，此次會見出於鄭國意願。

＊鄭伯用玉璧借魯之許田。

暫借不應說用玉璧，說用玉璧就不是暫借了。不是暫借而稱暫借，避諱直言交換土地。按禮，天子在上，諸侯不得把分封之地私下相送。沒有許田便沒有許邑，這是可想而知的。此次不單稱許，不是把許邑全部給與鄭國。許田是魯君朝見天子時住宿齋戒沐浴之邑；邴邑是鄭伯受封賜於周用作陪天子祭泰山之邑。經用以表現魯國不朝見周王，鄭國不陪祭泰山。

＊夏，四月丁未日，桓公及鄭伯在越地結盟。

及的意思是，此次結盟是出於魯之意願。越，結盟之地的地名。

*秋，發生大水災。

高處和低處都發生水災，稱大水。

*冬，十月。

無事可記，為什麼還要寫上？為了不遺漏季節。《春秋》以年為綱記述歷史，四季完全具備而後成為一年。

*二年，春，王正月戊申，宋督弒其君與夷❶，桓無王，其曰王何也？正與夷之卒❷也。

*及其大夫孔父❸。

孔父先死❹，其曰及❺，何也？書尊及卑，《春秋》之義也。孔父之先死，何也？督欲弒君，而恐不立❻，於是乎先殺孔父，孔父閑❼也。何以知其先殺孔父也？曰：子既死，父不忍稱其名；臣既死，君不忍稱其名。以是知君之累之❽也。孔氏父字，謚也❾；或曰其不稱名，蓋為祖諱❿也，孔子故宋⓫也。

*滕子來朝。

*三月，公會齊侯、陳侯、鄭伯于稷⓬，以成宋亂⓭。

以者，內為志焉爾⓮。公為志乎成是亂也。此成矣，取不成事之辭而加之焉⓯，於內之惡⓰，而君子無遺焉爾⓱。

＊夏，四月，取郜大鼎⑱于宋，戊申，納于太廟⑲。

桓內弒其君，外成人之亂，受賂而退，以事其祖，非禮也。其道以周公為弗受也。郜鼎者，郜之所為也。曰宋，取之宋也。以是為討之鼎⑳也。孔子曰：名從主人㉑，物從中國㉒，故曰郜大鼎也。

＊秋，七月，紀侯來朝。

朝時㉓，此其月，何也？桓內弒其君，外成人之亂，於是為齊侯、陳侯、鄭伯討㉔，數日以賂㉕。己即是事而朝之㉖，惡之㉗，故謹而月之也。

＊蔡侯、鄭伯會于鄧㉘。

＊九月，入杞㉙。

我入之也。

＊公及戎盟于唐㉚。

＊冬，公至㉛自唐。

桓無會㉜，而其致㉝，何也？遠之也㉞。

【注釋】❶宋督弒其君與夷　宋國之華父督殺死其君主與夷。宋督，華父督，為宋國之太宰。與夷，宋殤公名。❷正與夷之卒　為宋君與夷之死主持正義。❸孔父　名嘉，正考父之子，孔丘之祖先，為宋國之大司馬，主掌軍事。❹孔父先死　孔父嘉先於殤公而死。據《左傳》載：「宋華父督見孔父之妻于路，目逆而送之，曰：『美而艷。』二年春，宋督攻孔氏，殺孔父而取其妻。公怒，督懼，遂弒殤公。」實則華督殺孔父不僅為奪妻，更深層的原因是權力的爭奪。❺及　表示由尊貴及於低下之詞。孔父雖先死，但比之殤公地位低下，故稱及。❻恐不立　恐公子馮不能立為新君。因為華督弒殤公是想以公子馮取而代之，如果孔父不死而為宋執政之官，則公子馮恐怕難即君位。這才是殺孔父的根本原因。❼閑　捍衛；防禦。❽累之　從之；連累延及之。❾孔氏父字諡也　孔為姓氏，父為字，又是其諡號。古禮有以字為諡之制。又說父為名，不為字。因禮有父前子名，君前臣名之說，已列君名於前，不得字其臣於後。❿為祖諱　為祖先避諱。不直稱祖宗之名而稱字。對此，不同見解以為，《春秋》為魯史，不是孔氏家傳，怎麼可以為祖先隱諱。姑從傳。⓫孔子故宋　孔子本為宋國人。⓬稷　宋地，當在今河南省商丘縣內。⓭以成宋亂　以助成宋亂。四國聚會，沒有懲治宋國弒君製造叛亂者，而是接受了既成事實，等於支持、助成宋亂。⓮內為志焉爾　此次會見出於魯公意願。⓯取不成事之辭而加之焉　取未成事實之辭加給桓公。此語專就「以」字發，以表示事尚未成桓公就有貪賂成亂之心，是為誅心之言。⓰於內之惡　對魯君內心之惡意。⓱無遺焉爾　於此沒有遺漏。⓲郜大鼎　郜國所鑄大鼎。郜國，姬姓，周文王之子初封，地在今山東省成武縣東南。郜國早已為宋所滅，鼎亦歸宋所有。此次宋用以賄賂魯國。⓳納于太廟　安放在太廟中。太廟，魯周公之廟。⓴討之鼎　討伐宋所得賄賂之鼎。㉑名從主人　名稱郜是依從主人。㉒物從中國　物稱大鼎是依從中原諸國之稱謂。㉓朝時　諸侯來朝記載季節。㉔為齊侯陳侯鄭伯討　為齊侯、陳侯、鄭伯所討伐。三國討魯，因三國伐宋，因魯而止，而魯公獨受宋賄，故三國來討。㉕數日以賂　柯劭忞《春秋穀梁傳注》以為「數日乃責字傳寫之誤」，並舉敦煌石室《穀梁傳》殘帙作「責」為證。責以賂，責魯受宋賄賂，取去郜大鼎之類。㉖己即是事而朝之　紀君就在此事發生時而來魯朝見。己即是紀。㉗惡之　憎惡這件事。指三國伐魯，責魯受賂事。㉘鄧　蔡國地名，或即今河南省郾城縣東南之鄧城。㉙入杞　侵入杞國。不稱主帥之名，則率兵者非卿。入，入其國不有其地，入而復出。㉚唐　地名，見隱二年注⓫。㉛公至　凡魯公出行返國，有書公至有不書至者，書公至者皆指返回後告於祖廟者，不告廟則不書至。㉜桓無會　桓公參加盟會返回時不敢將其事祭告祖廟。桓公有篡弒之罪，不當列於諸侯，沒有資格參加盟會。經載桓公參加盟會十五次。㉝致　祭告祖廟。㉞遠之也　與戎會盟，遙遠而危險，故得祭告祖廟。

【語　譯】＊二年，春，周曆正月戊申日，宋國華父督殺死其君主與夷，

桓公為君時期經不書王，此處書王，為什麼？為宋君與夷之死主持正義。

＊和他的大夫孔父。

孔父先於殤公而死，此處稱及，為什麼？先書尊貴者再及於低下者，是《春秋》之義例。孔父先殤公死，為什麼？華督想殺掉宋君，又怕孔父在位使公子馮不得立為君，於是先殺死孔父，孔父是捍衛國君之人。怎麼知道華督先殺死孔父呢？回答說：子已死，父不忍心稱他的名字；臣已死，君不忍心稱他的名字。由此得知宋君是隨從孔父而死的。孔為氏，父為字，以字為謚號；有人說不稱孔父之名，大概是孔子為祖先避諱，孔子本是宋國人。

＊滕國君主來朝見。

＊三月，桓公在稷地與齊侯、陳侯、鄭伯會見，以助成宋國之叛亂。

以的意思是，此次會見出於魯公意願。魯公存心助成此次叛亂。此次叛亂已然造成，取未成事實之辭加給魯公，對魯公內心之惡念，君子揭示沒有遺漏。

＊夏，四月，把郜大鼎從宋國取回來，戊申日，安置到太廟中。

桓公內殺其君主，外助成別國叛亂，接受賄賂而返回，並用這些東西供奉祖先，不合於禮也。其所作所為周公是不會接受的。所說郜鼎，是郜國所鑄造的。稱宋，是說取之於宋國。以此為討伐宋亂所得之鼎。孔子說：名稱郜是依從主人，物稱大鼎是依從中原諸國之統一稱謂，故而叫作郜大鼎。

＊秋，七月，紀國君主來朝見。

諸侯來朝見只記載季節，此處記載月份，為什麼？桓公在國內殺害君主，在國外助成他國之叛亂，於是遭到齊侯、陳侯、鄭伯的聯合討伐，指責魯君收受宋國賄賂。紀君就是在此事發生時來魯朝見，由於憎惡這件事，故此謹慎地記載月份。

＊蔡侯、鄭伯在鄧地會見。

＊九月，侵入杞國。

魯軍侵入杞國。

*魯桓公及戎人在唐地結盟。

*冬，桓公從唐地返回並祭告祖廟。

桓公參加盟會回來不將其事告廟，而此次祭告祖廟，為什麼？由於此次盟會遙遠而危險之故。

*三年，春，正月，公會齊侯于嬴❶。

*夏，齊侯、衛侯胥命于蒲❷。

胥之為言猶相❸也。相命而信諭❹，謹言而退，以是為近古❺也。是必一人先，其以相言之，何也？不以齊侯命衛侯也。

*六月，公會杞侯于郕❻。

*秋，七月，壬辰朔，日有食之，既❼。

言日言朔，食正朔❽也。既者盡也❾，有繼❿之辭也。

*公子翬如齊逆女。

逆女，親者也⓫，使大夫非正也。

*九月，齊侯送姜氏于讙⓬。

禮，送女，父不下堂⓭，母不出祭門⓮，諸母兄弟不出闕門⓯。父戒之曰：謹慎從爾舅⓰之言。母戒之曰：謹慎從爾姑⓱之言。諸母般申⓲之曰：謹慎從爾父母之言。送女踰竟⑲，非禮也。

*公會齊侯于讙。

無譏乎⑳？曰：為禮也。齊侯來也，公之逆而會之，可也。

*夫人姜氏至自齊。

其不言翬之以來，何也？公親受之于齊侯也。子貢㉑曰：冕而親迎㉒，不已重乎㉓？孔子曰：合二姓之好，以繼萬世之後，何謂已重乎？

*冬，齊侯使其弟年㉔來聘。

*有年㉕。

五穀皆熟為有年也。

【注釋】❶嬴　地名，故址在今山東省萊蕪縣西北。❷胥命于蒲　在蒲地申明約言，互相表示信守。胥命，相命之意。諸侯會見，申明約言，互表信守，但不行歃血儀式，稱為胥命。蒲，衛地，在今河南省長垣縣治稍東。❸猶相　如同互相。❹相命而信諭　相互申明約言並表示信守。❺近古　近似古代作法。古指五帝時代。因傳言「誥誓不及五帝」，此止「謹言而退」，不須誥誓，故為五帝遺風。❻郕　地名，見隱五年注❻。❼既　盡，指日全蝕。❽食正朔　日蝕發生在初一這一天為正常。❾既者盡也　稱既就是太陽全被遮住了。❿有繼　又繼續重新出現。⓫逆女親者也　迎娶妻子必須親往女家。舊禮，除天子外，娶妻必親迎。但《春秋》無諸侯出境迎娶夫人記載。蓋諸侯親迎不出國境，出境由卿代理。⓬讙　魯國地名，當在今山東省寧陽縣北而稍西三十里。⓭父不下堂　女從夫行，拜辭父親於堂上，從西階下堂，父不降階相送。⓮祭門　廟門。⓯闕門　廟門前兩邊的望樓，兩相對稱，稱闕門。⓰爾舅　你的公公。⓱爾姑　你的婆婆。⓲諸母般申　庶母反覆申說。⓳踰竟越出國境。⑳無譏乎　經載此事沒有譏刺之意嗎。㉑子貢　姓端木名賜，字子貢，孔子弟子。春秋時衛國人。能言善辯，善經商，家累千金，所至之處與王侯分庭抗禮。曾任魯、衛相。是孔子門中最傑出的外交家。據《史記・仲尼弟子列傳》載，齊國田常要征伐魯國，孔子派子貢去各國進行外交活動，很快收到「存魯、亂齊、破吳、強晉而霸越，十年之中，五國各有變」的顯著效果。㉒冕而親迎　身著禮服而親自迎娶。冕，天子、諸侯、卿大夫的禮帽。此指禮服，貴族舉行吉禮所穿著。㉓不已重乎　不是太隆重了嗎。㉔年　齊侯母弟。㉕有年　大豐收之年。《春秋》止此與宣公十六年兩書有年，餘皆不書。何以如此？宋胡安國說：「緣此二公，獲罪於天，宜得水旱凶災之譴，今乃有年，則是反常也，故以為異特存爾。」程頤亦有相似看法。何休則認為，「桓公之行，諸侯所當誅，民人將去。賴得五穀皆有，使百姓安土樂業，故喜而書之。」

【語　譯】＊三年，春，正月，魯公在嬴地會見齊侯。

＊夏，齊侯、衛侯在蒲地互相申明約言，表示信守。

胥這個詞的意思如同互相。互相申明約言表示信守，鄭重說明後返回，人們認為這近似古代的作法。這件事必定是一人先倡導，此處用互相來表述，為什麼呢？表示並非齊侯命衛侯如此。

＊六月，魯公在郕地會見杞侯。

＊秋，七月，壬辰為朔日，發生日蝕，為日全蝕。

稱日又稱朔，是說日蝕發生在初一，合乎常規。稱既就是太陽全被遮住了，又繼續重新出現之辭。

＊魯公子翬去齊國為君迎娶夫人。

迎娶必須親迎，派大夫代行不合正道。

＊九月，齊侯送姜氏於魯之讙地。

按禮，送出嫁女，父親不走下堂，母親不出廟門，庶母和兄弟不出闕門。父親告誡女兒說：小心恭敬地聽從你公公的話。母親告誡女兒說：小心恭敬地聽從你婆婆的話。庶母反覆申說：小心恭敬地聽從你父母的話。送出嫁女越出國境，不合乎禮制。

＊魯公在讙地會見齊侯。

經書此處沒有譏刺之意嗎？回答說：桓公按禮而行。齊侯前來，桓公迎接並會見他，是可以的。

*夫人姜氏由齊國來到魯國。

這裡不說公子翬與姜氏一同前來，為什麼？因為魯公親自從齊侯那裡接受了姜氏。子貢說：「身著禮服又親自迎娶，其禮儀不是過分隆重了嗎？」孔子說：「合兩姓之好，以延續子孫萬代之後，怎麼能說是太隆重呢？」

*冬，齊侯派其母弟年來魯聘問。

*大豐收之年。

五穀都成熟豐收，稱為有年。

*四年，春，正月，公狩于郎❶。

四時之田❷，皆為宗廟之事❸也。春曰田，夏曰苗❹，秋曰蒐❺，冬曰狩❻。

四時之田，用三焉❼。唯其所先得，一為乾豆❽，二為賓客❾，三為充君之庖❿。

*夏，天王使宰渠伯糾⓫來聘。

【注釋】❶公狩于郎　魯公在郎地狩獵。狩，冬獵曰狩，亦泛指打獵。郎，地名，當在今山東省魚臺縣舊治東北十里。❷四時之田　一年四季之田獵。田，打獵。古稱結網捕獸為田。又說，因禽獸害稼穡，捕禽獸為田除害，故稱田。❸宗廟之事　宗廟祭祀諸事。宗廟，天子、諸侯祭祀祖先的處所。❹夏曰苗　夏季打獵叫苗。之所以稱苗，一說為保護禾苗不受禽獸損害；一說不捕殺孕獸，以保留其後代，不使滅絕。❺秋曰蒐　秋獵稱蒐。蒐為搜索選擇，捨小取大。❻冬曰狩　冬獵稱狩。狩，圍獵。❼用三焉　四季之田獵，平時只用其中之三，遇有特殊緊急情況，方用夏苗。因為四時田獵是與軍事訓練結合在一起的，屬戎事，平時行其三者則可。❽一為乾豆　一等的充作祭祀用品。乾為乾肉；豆為放置祭品的器物。古代祭禮把乾肉放入豆中祭祀天地祖先。❾二為賓客　次一等的充作招待賓客。❿充君之庖　充實君主之庖廚。供君食用。⓫宰渠伯糾　宰，官名。渠伯糾，人名，為周天子大夫。

【語　譯】＊四年，春，正月，魯公在郎地狩獵。

一年四季之田獵，都是為宗廟祭祀諸事。春獵稱田，夏獵稱苗，秋獵稱蒐，冬獵稱狩。四季之田獵，平時只用其中之三，不用夏苗。對那些先得到的獵物，一等的充作祭祀用品，二等的充作宴會賓客，三等的用作充實君主之庖廚。

＊夏，周天王派宰臣渠伯糾來魯聘問。

【說　明】傳曰：「四時之田，皆為宗廟之事也。」據此意，好像是說四時田獵，僅只為供應宗廟祭祀。考之其他典籍，則未為詳備。《白虎通》言：「王者諸侯所以田獵者何？為田除害，上以供宗廟，下以簡集士眾也。」所謂「簡集士眾」，即是集合士兵進行檢閱訓練之意。可見田獵具有為農田除害，為宗廟祭祀提供祭品，以及集合士卒、練兵習武多種作用。古時寓兵於農，田獵與練兵習武合一，於農隙時進行。春獵在播種後進行，秋獵在收割完作物登場後進行，冬獵在農事完畢進行。如果有所違背，則《春秋》書以譏之。

傳又說：「春曰田，夏曰苗，秋曰蒐，冬曰狩。」此或為經師舊說。《周禮》、《爾雅》作春蒐、夏苗、秋獮、冬狩，《左傳》隱五年傳同。《周禮》、《左傳》說較通行，《穀梁》之說或別有所本，因典籍散亡，無從確考。

《春秋》通例，不遺漏四時，無事亦書首月，四時備而成年。本年卻無秋冬，按例缺「秋七月」、「冬十月」六字，原因何在呢？何休說：「桓無王而行，天子不能誅，反下聘之，故去二時以見貶。」程子也以為是「天王失刑」所致。但桓五年亦有天王使來聘，卻有秋冬；七年無天王使來聘，卻無秋冬，又作何解釋呢？何說難通。杜預以為「不書秋冬首月，史闕文也。」此說較為可信。

*五年，春，正月，甲戌己丑❶，陳侯鮑卒。

鮑卒何為以二日卒之？《春秋》之義，信以傳信，疑以傳疑。陳侯以甲戌之日出❷，己丑之日得，不知死之日，故舉二日以包也。

*夏，齊侯、鄭伯如紀❸。

*天王使任叔之子❹來聘。

任叔之子者，錄父以使子❺也。故微其君臣而著其父子❻，不正父在子代仕❼之辭也。

*葬陳桓公❽。

*城祝丘❾。

*秋，蔡人、衛人、陳人從王伐鄭❿。

舉從者⓫之辭也。其舉從者之辭何也？為天王諱伐鄭也。鄭，同姓之國也，在乎冀州⓬，於是不服，為天子病⓭矣。

*大雩⓮。

*螽⓯。

螽，蟲災也。甚則月，不甚則時。

＊冬，州公如曹⑯。

外相如不書，此其書何也？過我⑰也。

【注釋】❶甲戌己丑　甲戌為上年十二月二十一日，己丑為本年正月六日，相差半月。陳侯死，何以有二日，說法不一。據《左傳》，則因當時陳國發生內亂，政令不一，兩次發出訃告，故分別記之，皆放本年正月起文。而《公》、《穀》另有說。❷甲戌之日出　甲戌這一天出走。綜合《公》、《穀》之說，則是陳侯得狂病，甲戌日出走，半個月後之己丑日才找到屍體，不知死於那一天，故舉兩日以包括之。此說似乎更有道理。❸如紀　到紀國去朝見。《春秋》於外諸侯間相互朝見不書，此處則因兩個強國之君一道去朝見一個弱小國家之君，背後另有圖謀，故書。❹任叔之子　任叔的兒子。任叔為周大夫，在朝任職，或以老病，令尚無爵位的兒子代其行事。❺錄父以使子　記錄父親名字而任用兒子。❻微其君臣而著其父子　遮蔽其君臣關係，彰顯其父子關係。❼不正父在子代仕　父親尚在，兒子代替他的職事，是不合乎正道的。❽陳桓公　即陳侯鮑。❾祝丘　地名，故城當在今山東省臨沂縣稍東約三十五里。❿伐鄭　此次周桓王伐鄭，是由於周王剝奪鄭莊公治理王政之權，鄭由此不朝而引起。鄭伯為周王卿士，專任王政，後又與虢公分治，現又被完全剝奪，故而周、鄭交惡而引發此戰。⓫舉從者　列舉隨從者。⓬冀州　古代九州之一，最初範圍甚大，漢以後縮小，所轄地區包括河北、河南北部，州治亦時有變動。冀州又指天下之中央，天子所居處。鄭國地近王畿，故稱在冀州。⓭病　恥辱。周天子不能推行親親之道，而舉兵伐同姓之不服者，便為恥辱。⓮大雩　舉行祈雨祭祀。祈雨有求之於山川者，稱雩；有求於上帝者，稱大雩。⓯螽　會飛的蝗蟲，為害甚大。⓰州公如曹　州國君主去曹國朝見。州，國名，姜姓，都淳于，地在今山東省安丘縣東北之淳于城。曹，姬姓國，都曹丘，故城在今山東省定陶縣西南七里。⓱過我　經過魯國。

【語譯】＊五年，春，正月，甲戌日、己丑日這兩天，陳侯鮑死。

陳侯鮑死為何記載兩個日子？《春秋》之義例，信實便傳達信實，疑問便傳達疑問。陳侯甲戌日出走，己丑日得知其死訊，不知死於那一天，故而舉二日加以包括。

＊夏，齊侯、鄭伯去紀國朝見。

＊天王派任叔之子來魯聘問。

稱任叔之子，是指記錄父親名字而任用兒子。此種作法故意遮蔽了君臣關係，彰顯了父子關係。父親尚在，兒子取代其職事，是不合正道的。

＊舉行陳桓公葬禮。

＊在祝丘築城。

＊秋，蔡國人、衛國人、陳國人隨同周桓王討伐鄭國。

此為列舉隨從者的說法。經用列舉隨從者的說法，為什麼呢？為了替周天子隱諱討伐鄭國之事。鄭為周王同姓之國，位處冀州之地，在此時不服從周王，為周天子的恥辱啊。

＊舉行祈雨祭祀。

＊發生蝗蟲災。

書螽，是說發生了蝗災。災情嚴重則書發生之月份，不嚴重則只書季節。

＊冬，州國君主去曹國朝見。

魯國之外諸侯國之君主相互朝見，經不記載，這裡卻記載了，為什麼呢？因為州國君主經過魯國之故。

＊六年，春，正月，寔來❶。

寔來者，是來也❷。何謂是來？謂州公也。其謂之是來何也？以其畫我❸，故簡言之也。諸侯不以過相朝也。

＊夏，四月，公會紀侯于郕❹。

*秋，八月壬午，大閱❺。

大閱者何？閱兵車❻也。脩教明諭❼，國道也。平而脩戎事❽，非正也。其日，以為崇武，故謹而日之。蓋以觀婦人❾也。

*蔡人殺陳佗❿。

陳佗者，陳君也。其曰陳佗，何也？匹夫行⓫，故匹夫稱之也。其匹夫行奈何？陳侯憙獵⓬，淫獵于蔡⓭，與蔡人爭禽⓮，蔡人不知其是陳君也，而殺之。何以知其是陳君也？兩下相殺不道⓯。其不地⓰，於蔡也。

*九月丁卯，子同生⓱。

疑⓲，故志之。時曰同乎人⓳也。

*冬，紀侯來朝。

【注釋】❶寔來　此人來魯。寔，作是，代詞。此句與五年經末句「冬，州公如曹」相接，是所代之人即為州公。《左傳》以「寔」為「實」，實來，言州公常住魯，不再返國。❷是來也　這個人來了。❸畫我　路過魯國。❹郲　地名，見隱五年注❻。❺大閱　檢閱兵車和駕車馬匹。❻閱兵車　檢閱兵器戰車。❼脩教明諭　修治先王教化以明達於民眾。❽平而脩戎事　在四時田獵以外還修治武備。❾蓋以觀婦人　或許此次檢閱是為給夫人觀看。婦人，指桓公夫人文姜。❿陳佗　陳文公之子，桓公之異母弟。桓公死，陳亂，陳佗殺太子免而自立為君，是為陳厲公。⓫匹夫行　其行事如平民一樣。或其微行越境出獵，遺失徒眾如平民。⓬憙獵　喜好打獵。⓭淫獵于蔡　在蔡國恣意放縱於打獵。⓮禽　泛指獵物。包括飛禽與走獸。⓯兩下相

殺不道　兩個身分低下的人相殺，經不記載。下指臣民之類身分較低的人。⑯不地　沒有記下死亡地點。關於蔡人殺陳佗事，據《史記・陳杞世家》：「厲公取蔡女，蔡女與蔡人亂，厲公數如蔡淫。七年，厲公所殺桓公太子免之三弟，長曰躍，中曰林，少曰杵臼，共令蔡人誘厲公以好女，與蔡人共殺厲公。」⑰子同生　桓公太子同出生。同即後來即位之魯莊公。⑱疑　有懷疑。桓公夫人文姜，未出嫁前即與其兄齊襄公私通，嫁魯後或有暗中往來，故懷疑此子非出於桓公，或為齊襄公之私生子。⑲時曰同乎人　當時人說這孩子相貌與某人相同。

【語　譯】＊六年，春，正月，這個人來魯。

「寔來」的意思，就是這個人來。這個人來是說誰呢？是說州國之君。稱他這個人來是為何呢？因為他只是路過魯國，故而用簡略語言稱謂他。諸侯之間不以路過相朝見。

＊夏，四月，魯公在郕地與紀侯會見。

＊秋，八月壬午日，檢閱兵車和駕車馬匹。

「大閱」是什麼意思呢？是檢閱兵器和戰車。修治先王教化以明達於民眾，為治理國家之正道。在四時田獵之外還要修治武備，不是正道。記載「大閱」的日子，認為這是崇尚武力，故而謹慎記下日子。或許此次檢閱兵車只是為了給夫人觀賞。

＊蔡國人殺了陳佗。

陳佗就是陳國君主，稱陳佗，為什麼？因其所行有如平民，因此用平民來稱呼他。其所行如平民，怎麼樣呢？陳侯喜好打獵，在蔡國恣意放縱田獵，與蔡國人爭奪獵物，蔡國人不知道他是陳國君主，就殺了他。怎麼知道他是陳國君主呢？因為兩個身分低下的人相殺經不記載。不記載他的死亡地點，因為是死在蔡國。

＊九月丁卯日，桓公太子同出生。

有懷疑，故記載下來。當時人說這孩子相貌與某人同。

＊冬，紀國君主來朝見。

【說　明】經曰：「九月丁卯，子同生。」傳解曰：「疑，故志之。時曰同乎人也。」認為經載此事，表示存疑，即不能確定這孩子的真正父親是誰。且引時人議論，此子相貌與某人同，以影射齊襄公。考之史籍，儘管文姜出嫁前與齊襄公私通，但嫁魯後四年生子，其間並無去齊、出會之記載，也就是說二人並無接觸機會，懷疑文姜私通齊侯生子沒有根據。

《左傳》在此條下，詳述舉行太子之禮，及命名儀式，極為隆重。《公羊傳》以為魯「久無正」，即沒有嫡長子出生，今「喜有正」，故載之。二傳皆不以為譏，亦無疑，較合情理。《穀梁》之說或別有所本，可備一家言。

＊七年，春，二月己亥，焚咸丘❶。

其不言邾咸丘，何也？疾其以火攻❷也。

＊夏，穀伯綏❸來朝，鄧侯吾離❹來朝。

其名，何也？失國❺也。失國，則其以朝言之，何也？嘗以諸侯與之接矣，雖失國，弗損吾異日❻也。

【注釋】❶焚咸丘　焚燒咸丘。咸丘，地名，杜預以為魯地。在今山東省巨野縣東南。❷疾其以火攻　憎惡魯以火攻城。《公羊》、《穀梁》二傳皆以咸丘為邾邑，魯攻打咸丘城，首次採用火攻方法。經書之以示憎惡。與杜說異。❸穀伯綏　穀國君主名綏。穀，國名，不知何姓，故城在今湖北省穀城縣西北。直稱國君之名，《左傳》以為「賤之也」。當是因其國僻陋，禮儀不足而受輕慢，而直書其名。❹鄧侯吾離　鄧國君主吾離。鄧，曼姓國，魯莊公十六年為楚文王所滅。鄧故城在今河南省鄧縣。❺失國　喪失了自己的邦國。君主逃奔他國，亦可稱失國，並不一定指國滅。❻弗損吾異日　不降低從前接待他們的禮數。

【語譯】＊七年，春，二月己亥日，焚燒咸丘。

經不稱邾國之咸丘，為什麼呢？憎惡魯用火攻方法攻打邾之咸丘。

＊夏，穀國君主綏來魯朝見，鄧國君主吾離來魯朝見。

記載二國君主名字，為什麼？因為他們喪失邦國。既失去邦國，又稱他們來朝見，為什麼？因為曾經以諸侯身分與他們交往，雖然他們現今失去邦國，也不應降低從前接待他們的禮數。

＊八年，春，正月己卯，烝❶。

烝，冬事也。春興之，志不時也。

＊天王使家父❷來聘。

＊夏，五月丁丑，烝。

烝，冬事也。春夏興之，黷祀❸也。志不敬也。

＊秋，伐邾。

＊冬，十月，雨雪❹。

＊祭公來❺，遂逆王后于紀❻。

其不言使焉，何也？不正其以宗廟之大事即謀於我❼，故弗與使❽也。遂，繼事之辭❾也。其曰遂逆王后，故略之❿也。或曰天子無外⓫，王命之則成⓬矣。

【注 釋】❶烝 祭祀之通稱，又特指冬祭，此為後義。烝，眾也。冬季萬物皆成，可選擇眾物來祭祀宗廟，稱烝祭。❷家父 周天子大夫。❸黷祀 頻繁祭祀。此為對祭祀，也就是對神靈、祖先的褻瀆、侮慢。❹雨雪 降雪。周曆十月為夏曆八月，此時降雪，氣候反常，書以記異。❺祭公來 祭公來魯。祭公，周天子之三公，此次來魯辦理為周王迎娶王后事。古時通婚，講究男女雙方地位相稱。周室雖卑弱，畢竟有天子名分，地位高於諸侯，不能自行主婚，而託同姓諸侯代為主持。此次由魯主婚，先迎王后至魯，再同周王派來之公卿迎王后直返京師。❻遂逆王后于紀 接著去紀國迎娶王后。❼不正其以宗廟之大事即謀於我 周王室以宗廟大事與我謀劃是不合正道的。娶王后奉宗廟之祀，繼子孫後嗣，故為宗廟大事。❽弗與使 不贊同稱其為使。與，贊同；同意。❾繼事之辭 接續作某事，不須再請示的一種說法。❿故略之 簡略言之。即對迎娶過程，繁瑣禮儀，皆一語帶過。故，俞樾以為衍文，可從。⓫天子無外 周天子沒有國內國外之分。按當時禮則，女在父母之邦稱女，入夫家之國乃稱夫人。此直稱王后，因天子無國界，女在本國，亦屬王朝。⓬王命之則成 周王賜命紀女為王后之時，她就成為王后了。

【語 譯】＊八年，春，正月己卯日，舉行烝祭。

烝祭是冬季的祭祀。春天舉行烝祭，記載下來，表明不合時令。

＊周天王派家父來魯聘問。

＊夏，五月丁丑日，又舉行烝祭。

烝祭是冬季的祭祀，春季和夏季連續舉行，為頻繁祭祀。記載下來，表明對祭祀褻瀆不敬。

＊秋，征伐邾國。

＊冬，十月，開始降雪。

＊祭公來魯國，接著去紀國迎娶王后。

經不稱祭公出使於魯，為什麼？因周王室以宗廟大事與我魯國謀劃是不合正道的，因此不贊同稱其為使。所謂遂，就是接續作某事的一種說法。稱接著迎娶王后，為簡略述說此事。有人說周天子沒有國內國外之分，周王賜命紀女為王后之時，她就成為王后了。

*九年，春，紀季姜歸于京師❶。為之中者❷，歸之❸也。

*夏，四月。

*秋，七月。

*冬，曹伯使其世子射姑❹來朝。朝不言使❺，言使非正也。使世子伉諸侯之禮❻而來朝，曹伯失正矣。諸侯相見曰朝。以待人父之道待人之子，以內❼為失正矣。內失正，曹伯失正，世子可以已矣❽，則是故命❾也。尸子❿曰：「夫已多乎道⓫。」

【注釋】❶紀季姜歸于京師　紀國之季姜出嫁至於周之京師。紀季姜，紀為國名，季為姊妹排行第四，姜為母家姓。歸，女子出嫁曰歸。❷為之中者　魯作周王娶后之中間主婚人。❸歸之　嫁出紀季姜。❹世子射姑　曹君太子名射姑。世子，諸侯正妻所生長子，通稱太子。因曹伯在位五十餘年，年老多病，故令世子來魯朝見。❺朝不言使　朝見不能稱遣派。❻伉諸侯之禮　與諸侯行對等之禮。❼內　指魯國。❽已矣　停止不行。❾故命　常命。❿尸子　見隱五年注㉒。⓫夫已多乎道　停止來魯朝見，使多方合乎正道。因曹世子來朝，使曹、魯及世子自身皆不合道，停止來朝是完滿的作法。

【語譯】*九年，春，紀國之季姜出嫁至於周之京師。

魯作周王娶后之中間主婚人，故稱嫁紀季姜。

*夏，四月。

*秋，七月。

*冬，曹伯遣派他的太子射姑來朝見。

朝見不稱遣派，稱遣派不合正道。使曹太子與諸侯行對等之禮而來朝見，曹伯就喪失了正道。諸侯之間相見曰朝。用對待父親的作法對待他的兒子，從魯國一面來說也為失去正道。魯國失正道，曹伯失正道，世子可以停止來魯朝見，這樣就是遵循常命。尸子說：「停止來朝，就會使多方合於道。」

*十年，春，王正月庚申，曹伯終生卒。

桓無王，其曰王何也？正終生之卒❶也。

*夏，五月，葬曹桓公。

*秋，公會衛侯于桃丘❷，弗遇❸。

弗遇者，志不相得也。弗，內辭❹也。

*冬，十有二月丙午，齊侯、衛侯、鄭伯來戰于郎❺。

來戰者，前定之戰❻也。內不言戰❼，言戰則敗也。不言其人❽，以吾敗也。不言及者❾，為內諱❿也。

【注釋】❶正終生之卒　在曹伯死時正其不遵王法之罪。其罪指前一年使世子來魯朝見。❷桃丘　地名，在今山東省東阿縣安平鎮東八十里。❸弗遇　沒有相遇。魯、衛相約會於桃丘，後衛君接受齊、鄭伐魯之請，違約不赴會，故未能相遇。❹弗內辭　「弗」的意思是為魯公隱諱之辭。此會衛君不赴，拒與魯公會，為魯之恥。用「弗」字，表示我不欲見，是為魯公諱。❺郎　魯地名，在魯都曲阜附近。❻前定之戰　以前約定日期之會戰。❼內不言戰　經對魯國不稱戰。一般只書交戰結果，如果稱戰，就是魯國被打敗的一種隱諱說法。❽不言其人　不言魯軍主帥之名。此次交戰魯方主帥為桓公，不稱其名，為君諱也。❾不言及者　不言交戰對方。❿為內諱　為魯國戰敗隱諱。

【語譯】＊十年，春，周曆正月庚申日，曹伯終生死。

桓公為君時期經不書王，此處書王，為什麼呢？為了在曹伯死時正其不遵從王法之罪。

＊夏，五月，舉行曹桓公葬禮。

＊秋，魯公去桃丘會見衛侯，沒有相遇。

沒有相遇，表明兩國君主志向不相契合。不相遇，是為魯公隱諱的說法。

＊冬，十二月丙午日，齊侯、衛侯、鄭伯率軍來到郎地，與魯國交戰。

來交戰，是說此次作戰是事前約定的。經對魯國不稱戰，凡說戰就是被打敗了。不言魯國統帥之名，因為魯國戰敗了。不言交戰對方，為魯國戰敗隱諱也。

＊十有一年，春，正月，齊人、衛人、鄭人盟于惡曹❶。

＊夏，五月癸未，鄭伯寤生❷卒。

＊秋，七月，葬鄭莊公。

＊九月，宋人執鄭祭仲❸。

宋人者，宋公也。其曰人何也？貶之❹也。

＊突歸于鄭❺。

曰突，賤之也。曰歸，易辭❻也。祭仲易其事❼，權在祭仲❽也。死君難，臣道也。今立惡而黜正❾，惡祭仲也。

*鄭忽出奔衛❿。

鄭忽者，世子忽也。其名，失國⓫也。

*柔會宋公、陳侯、蔡叔盟于折⓬。

柔者何？吾大夫之未命者也。

*公會宋公於夫鍾⓭。

*冬，十有二月，公會宋公于闞⓮。

【注釋】❶惡曹　地名，或為烏巢之異名，地在今河南省延津縣東南。❷鄭伯寤生　鄭莊公名。❸宋人執鄭祭仲　宋人扣押了鄭國的祭仲。祭仲，又名祭足。祭是氏，仲為排行第二，足為名，鄭卿。莊公死，立太子忽為君，是為昭公。宋人誘執祭仲，強迫他立宋雍姞之子突為君，祭仲被迫屈從。❹貶之　貶抑宋公。以其誘執脅迫祭仲，非君子所為也。❺突歸于鄭　鄭公子突由宋返回鄭國。突，鄭莊公子，宋大夫女雍姞所生，原在宋，由祭仲接回鄭國，立為君，是為厲公。❻曰歸易辭　稱歸，是說返回鄭國很容易。因為祭仲已經接受，鄭國亦不再拒絕。❼易其事　以廢立君主為輕而易舉之事。❽權在祭仲　鄭國大權操在祭仲之手。❾立惡而黜正　立惡人為君而廢黜了嫡長子。❿鄭忽出奔衛　鄭忽出逃到衛國。鄭忽，太子忽，已立為君，又被逐奔衛。⓫其名失國　經書其名，因其喪失邦國。⓬柔會宋公陳侯蔡叔盟于折　柔與宋公、陳侯、蔡叔會見，並在折地結盟。柔，魯大夫。此為內大夫與諸侯結盟之始。蔡叔，蔡桓侯之母弟。一說蔡大夫。折，地名，所在無考。⓭夫鍾　地名。今山東省汶上縣治東北有夫鍾里，或即古夫鍾。⓮闞　魯地，今山東省汶上縣西有闞亭，在今南旺湖中，或即古闞地。

【語譯】*十一年，春，正月，齊人、衛人、鄭人在惡曹結盟。

*夏，五月癸未日，鄭伯寤生死。

*秋，七月，舉行鄭莊公葬禮。

*九月，宋人扣押鄭國的祭仲。

所謂宋人，就是指宋公。這裡稱人，為什麼？貶抑他呀。

*突返回鄭國。

直稱其名為突，是輕視他。稱歸，意思是返回鄭國很容易。祭仲以廢立君主為輕而易舉之事，因為鄭國大權操縱在他的手中。為君難而赴死，是為臣之道。而今祭仲立惡人為君而廢黜了嫡長子，書此表明對祭仲的憎惡。

*鄭忽出逃到衛國。

鄭忽就是太子忽。經直稱其名，因其失去了邦國。

*柔與宋公、陳侯、蔡叔會見，並在折地結盟。

柔是何人？魯國尚未任命的大夫。

*魯公在夫鍾與宋公會見。

*冬，十二月，魯公在闞地與宋公會見。

*十有二年，春，正月。

*夏，六月壬寅，公會紀侯、莒子，盟于曲池❶。

*秋，七月丁亥，公會宋公、燕人❷，盟于穀丘❸。

*八月壬辰，陳侯躍❹卒。

*公會宋公于虛❺。

*冬，十有一月，公會宋公于龜❻。

*丙戌，公會鄭伯，盟于武父❼。

*丙戌，衛侯晉❽卒。

再稱日，決日義❾也。

*十有二月，及鄭師伐宋❿。丁未，戰于宋。

非與所與伐戰⓫也。不言與鄭戰，恥不和⓬也。於伐與戰⓭，敗也。內諱敗，舉其可道者⓮也。

【注釋】❶曲池　魯地名，在今山東省寧陽縣東北。❷燕人　燕，國名，有北燕、南燕。《史記・燕召公世家》所說為北燕。此為南燕國，姞姓，黃帝之後，為小國，不知其君號謚。其都城故址當在今河南省延津縣東北約四十五里。❸穀丘　《左傳》作「句瀆之丘」，音近，實為一地。宋地名，地在今河南省商丘縣東南四十里。一說在今山東省菏澤市句陽店。❹陳侯躍　陳厲公。❺虛　宋地名，在今河南省延津縣東。❻龜　宋地名，或在今河南省睢縣境內。❼武父　鄭地名，在今山東省東明縣西南。❽衛侯晉　衛宣公。外諸侯死，唯此書日。❾決日義　分一日作兩日書，是合宜的。決，判別；分別。因前一丙戌日，只是敘事；後一丙戌日，含對衛侯貶意。貶衛侯晉非嫡長子，即君位為不正。❿及鄭師伐宋　魯軍與鄭軍聯合攻伐宋國。宋因扶助鄭厲公奪位有功，不斷向鄭索取財物，使鄭不堪忍受，造成兩國關係緊張。魯國從中調解，魯公於本年七月、八月、十一月三次會見宋公，推動兩國和好，還是遭到宋國拒絕，於是引發此次魯、鄭聯合伐宋之戰。⓫非與所與伐戰　責備魯與和他結盟的國家攻伐交戰。非，責備非難。此句解經「戰于宋」為魯與鄭戰。考桓十三年二月，魯公會見紀侯、鄭伯，並聯合而與齊、宋、衛、燕聯軍交戰。如果魯、鄭失和交戰，不會只過一個多月即聯手對敵。⑫恥不和　與盟國不和為恥辱。⑬於伐與戰　在聯合伐宋期間與鄭國開戰。⑭舉其可道者　選擇比較好聽一點的話來說。說戰比說失敗更好聽一些。

【語譯】＊十二年，春，正月。

＊夏，六月壬寅日，魯公會見紀侯、莒子，並在曲池結盟。

＊秋，七月丁亥日，魯公會見宋公、燕人，並在穀丘結盟。

＊八月壬辰日，陳侯躍死。

＊魯公在虛地會見宋公。

＊冬，十一月，魯公在龜地會見宋公。

＊丙戌日，魯公會見鄭伯，在武父結盟。

＊丙戌日，衛侯晉死。

再次稱丙戌日，一日分別作兩日記載，是合宜的。

＊十二月，魯軍與鄭軍聯合攻伐宋國。丁未日，在宋交戰。

責難魯與和他結盟之國攻伐交戰。不說與鄭國開戰，因為與盟國不和是可恥的。在聯合伐宋期間稱與鄭交戰，實際是被戰敗。對魯國諱言敗，選擇戰這種好聽的說法罷了。

＊十有三年，春，二月，公會紀侯、鄭伯。己巳，及齊侯、宋公、衛侯、燕人戰，齊師、宋師、衛師、燕師敗績❶。

其言及者，由內及之❷也。其曰戰者，由外言之❸也。戰稱人，敗稱師，重眾❹也。其不地❺，於紀也。

*三月，葬衛宣公。

*夏，大水。

*秋，七月。

*冬，十月。

【注釋】❶敗績　軍隊潰敗逃散。❷由內及之　由魯國及於其他諸侯國。❸由外言之　從魯國以外諸侯國角度言說。❹重眾　重視打敗眾多敵軍。❺不地　沒有記載交戰地點。

【語譯】*十三年，春，二月，魯公會見紀侯、鄭伯。己巳日，三國聯軍與齊、宋、衛、燕之軍交戰，齊、宋、衛、燕之軍潰敗逃散。

此處言及的意思是，由魯國及於其他諸侯國。這裡稱戰，是從魯以外諸侯國角度說的。說到參戰者稱人，對戰敗者稱師，表示對戰敗眾敵軍的重視。此次沒有記載交戰地點，因為就在紀國也。

*三月，舉行衛宣公葬禮。

*夏，發生大水災。

*秋，七月。

*冬，十月。

*十有四年，春，正月，公會鄭伯于曹❶。

*無冰❷。

無冰，時燠也❸。

*夏五❹，鄭伯使其弟禦❺來盟。

諸侯之尊，弟兄不得以屬通。其弟云者，以其來我，舉其貴者也。來盟，前定者也❻。不日，前定之盟不日。孔子曰：「聽遠音者，聞其疾而不聞其舒❼；望遠者，察其貌而不察其形❽。立乎定哀以指隱桓❾，隱桓之日遠矣。夏五，傳疑❿也。」

*秋，八月壬申，御廩災⓫。乙亥嘗⓬。

御廩之災不志，此其志何也？以為唯未易災之餘而嘗⓭可也，志不敬也。天子親耕⓮，以共粢盛⓯；王后親蠶，以共祭服。國非無良農工女也，以為人之所盡事其祖禰⓰，不若以己所自親者也。何用見其未易災之餘而嘗也？曰：甸粟而內之三宮⓱，三宮米⓲而藏之御廩，夫嘗必有兼甸之事⓳焉。壬申御廩災，乙亥嘗，以為未易災之餘而嘗也。

*冬，十有二月丁巳，齊侯祿父⓴卒。

*宋人以㉑齊人、蔡人、衛人、陳人伐鄭。

以者，不以者也㉒。民者，君之本也，使人以其死㉓，非正也。

【注　釋】❶曹　指曹國都城定陶或曹境內某地。魯、鄭之會在曹國舉行，曹君當亦參加。❷無冰　沒有結冰。此無冰未書月，但在正月後，當不外一、二月，相當於夏曆十一、十二月，此時尚未結冰，說明氣候過暖，不正常。❸時燠也　氣候過暖。燠，暖熱。❹夏五　此句下有闕文。本著「疑以傳疑」原則放此，不作臆測。❺禦　人名，《左傳》作「語」。鄭莊公子，厲公弟。❻前定者也　事先已經商定的。❼聞其疾而不聞其舒　能聽到高亢的聲音，而不能聽到舒緩的聲音。❽察其貌而不察其形　能看清其外貌，而不能看清其容色。❾立乎定哀以指隱桓　站在定公、哀公之世，來指稱隱公、桓公時代事。❿傳疑　傳下存疑之處。⓫御廩災　儲藏諸侯用作祭祀穀物的倉庫發生火災。諸侯貯藏珍寶的庫房亦稱御廩。災，天火曰災。天火指雷電或自燃引起之火災。⓬嘗　秋祭名。秋季新穀開始成熟，讓天子嘗新，並用以祭祀祖先，舉行嘗祭。⓭唯未易災之餘而嘗　唯有用未更換的火災餘下的穀物舉行嘗祭。⓮天子親耕　天子親自耕種。古代帝王每年春季於南郊舉行一次耕籍田的儀式。天子率領三公、六卿、諸侯、大夫到場，親自掌犁推行三周，即所謂「三推」之禮。天子、諸侯皆有籍田，親耕籍田，用其穀物祭祀宗廟，此種作法更實際的作用則是勸勉農作。⓯粢盛　祭品。指盛在祭器內的黍稷。⓰祖禰　祖先。禰，父死以神主入廟供奉稱禰。⓱甸粟而內之三宮　田官把籍田收穫的穀物交納給宮中諸侯夫人。甸，指甸師，掌管田事朝貢之官。《周禮・天官・甸師》：「掌帥其屬而耕耨王藉，以時入之，以共齍盛。」諸侯當亦有相類官員。三宮，諸侯夫人有三宮。⓲三宮米　諸侯夫人將穀物舂成小米。祭祀之粢盛，必須由君親自耕種，由夫人舂成小米；祭祀之禮服，必須由夫人親自養蠶製成，才算是恭敬。⓳夫嘗必有兼甸之事　舉行秋祭必須有二十天準備工作。甸，又作「旬」，旬為十日。⓴齊侯祿父　即齊僖公。㉑以　指揮。杜預注：「凡師能左右之曰以」。即主戰國對參戰之軍隊能統一指揮、調遣。經書以僅三次。㉒以者不以者也　用指揮一詞的意思就是不該受其指揮。㉓使人以其死　驅使眾人去送死。

【語　譯】＊十四年，春，正月，魯公在曹地會見鄭伯。

＊沒有結冰。

沒有結冰，表明氣候過暖。

＊夏五，鄭伯派他的弟弟禦來魯訂立盟約。

諸侯地位尊貴，他的弟兄不得用諸侯親屬身分相互通問。此次稱鄭伯之弟，因為他來到我國，特舉出他的尊貴身分。前來訂盟，是說此事事先已經商定。不記載日期，事先商定之盟不記日。孔子說：「聽遠處聲音，能聽到高亢的，聽不到舒緩的；往遠處看，能看清物之外貌，看不清其容色。站在定公、哀公之世，去指稱隱公、桓公時代事，隱公、桓公時代就已經很久遠了。『夏五』的記載，就是傳下可疑之處。」

＊秋，八月壬申日，儲藏諸侯用作祭祀穀物的倉庫發生火災。乙亥日，舉行秋祭。

儲藏祭祀穀物倉庫失火不記載，這裡作了記載，為什麼？因為魯人認為唯有用未更換的火災餘下的穀物舉行嘗祭是可行的，記載此事表示其對祭祀不恭敬。天子親自耕種，以供給祭祀之穀物；王后親自養蠶，以供給製作祭服。國中不是沒有優良的農夫、織女，因為讓別人盡力事奉自己的祖先，不如由自己親自事奉更好。怎麼知道他們用未更換的火災餘下的穀物進行秋祭？回答說：甸師把籍田收穫的穀物交納給諸侯夫人，諸侯夫人將其舂成小米再儲存到專用作儲藏祭祀穀物的倉庫，可見舉行秋祭必須有二十天的準備才行。壬申日儲存祭祀穀物倉庫發生火災，乙亥日舉行秋祭，中間只相隔二日，故此認為是用未更換的火災餘下的穀物進行秋祭。

＊冬，十二月丁巳日，齊侯祿父死。

＊宋國人指揮齊、蔡、衛、陳之軍攻伐鄭國。

用指揮一詞的意思就是不該受其指揮。民眾是國君的根本，驅使民眾去送死，不合正道。

＊十有五年，春，二月，天王使家父❶來求車。

古者諸侯時獻于天子以其國之所有，故有辭讓而無徵求，求車非禮也，求金甚矣。

＊三月乙未，天王❷崩。

*夏，四月己巳，葬齊僖公。

*五月，鄭伯突出奔蔡❸。

譏奪正❹也。

*鄭世子忽復歸于鄭❺。

反正❻也。

*許叔入于許❼。

許叔，許之貴者也。莫宜乎許叔❽。其曰入，何也？其歸之道非所以歸也❾。

*公會齊侯于蒿❿。

*邾人、牟人、葛人⓫來朝。

*秋，九月，鄭伯突入于櫟⓬。

*冬，十有一月，公會宋公、衛侯、陳侯于袲⓭，伐鄭。

地而後伐，疑辭⓮也，非其疑也。

【注　釋】❶家父　周天子大夫。❷天王　周桓王。在位二十三年死。❸鄭伯突出奔蔡　鄭伯突出逃到蔡國。據《左傳》，鄭祭仲專權，鄭伯密令雍糾殺之，事泄而失敗，鄭伯出奔。❹奪正　奪取嫡長子忽之君位。❺鄭世子忽復歸于鄭　鄭世子忽又返回鄭國。忽為莊公太子，莊公死曾立為君，隨即被逐奔衛。此次鄭國內亂，厲公出奔，祭仲又將忽迎回鄭國為君，即鄭昭公。對此人杜預評曰：「忽為太子，有母氏之寵，宗卿之援，有功于諸侯，此太子之盛者也。而守介節以失大國之助，知三公子之強，不從祭仲之言，修小善，絜小行，從匹夫之仁，忘社稷之大計，故君子謂之善自為謀，然不能謀國也。」講得頗有道理。❻反正　使嫡長子復歸君位。❼許叔入于許　許叔進入許國都城。許叔，許莊公弟，名新臣。隱十一年，齊、魯、鄭入許，許君出奔，鄭莊公命許大夫百里奉許叔居許之東偏。鄭莊公死後，許叔入居許都為君，是為許穆公。❽莫宜乎許叔　沒有比許叔更適宜作許國國君的了。❾其歸之道非所以歸也　其歸國之道並非當歸之正道。即是說非由王命和自主，是受強國支配的，不算歸國之正道。❿蒿　《左傳》作「艾」，或指同地。艾，見隱六年注❺。⓫邾人牟人葛人　三國國君來朝，因國小而稱「人」。牟，國名，今山東省萊蕪縣東二十里之牟城，當即其故國。葛，嬴姓國，故城在今河南省寧陵縣北十五里。⓬櫟　鄭之大邑，即今河南省禹縣。在鄭都西南九十里。⓭袲　地名，在今安徽省宿縣西。⓮疑辭　猶疑不定之辭。

【語　譯】＊十五年，春，二月，周天王派使臣家父來魯國索求車輛。

古時諸侯把本國所產之物按時進獻給天子，故而天子只有推辭謙讓，沒有徵收尋求，索求車輛不合禮制。索求錢財就更過分了。

＊三月乙未日，周天子死去。

＊夏，四月己巳日，舉行齊僖公葬禮。

＊五月，鄭伯突出逃到蔡國。

記此以譏刺其奪取嫡長子忽之君位。

＊鄭世子忽又返回鄭國。

以嫡長子復歸正位。

＊許叔進入許國都城。

許叔是許國地位最尊貴之人。沒有比許叔更適合作許國國君的人了。此處稱「入」，為什麼？因為他歸國之道並非當歸之正道。

＊魯公在蒿地會見齊侯。

*郲國、牟國、葛國君主來魯朝見。

*秋，九月，鄭伯突進入鄭之櫟邑。

*冬，十一月，魯公在袲地會見宋公、衛侯、陳侯，然後攻伐鄭國。先書會見地點，再書攻伐，此為表明與會國猶疑不定之辭，這種猶疑是不應該的。

*十有六年，春，正月，公會宋公、蔡侯、衛侯于曹。

*夏，四月，公會宋公、衛侯、陳侯、蔡侯伐鄭。

*秋七月，公至❶自伐鄭。

桓無會❷，其致❸何也？危之也❹。

*冬，城向❺。

*十有一月，衛侯朔出奔齊❻。

朔之名，惡也❼，天子召而不往也❽。

【注釋】❶公至　見桓二年注㉛。❷桓無會　桓公參加諸侯盟會，返回時不敢將其事祭告祖廟。未得祖宗認可，有盟會同於無盟會。參桓二年注㉜。❸致　祭告祖廟。❹危之也　危險之事也。桓公再次助篡奪之鄭突，伐嫡長子鄭忽，此為危險之事。桓公外出返回告廟只有兩次，一為桓二年會戎，由於遙遠，此次則由於危險。❺城向　修繕向之城牆。向，小國名。見隱二年注❹。向原屬莒，今屬魯。經書此，合於時，恰是冬季農閒之時。❻衛侯朔出奔齊　衛侯朔出逃到齊國。衛侯朔，衛惠公，立於桓公十三年，因衛亂而出奔。詳見本年《左傳》。❼朔之名惡也　經直稱朔之名，因其有惡行。惡行指其不遵奉王命。❽天子召而不往也　天子召見而不肯前往。

【語譯】＊十六年，春，正月，魯公在曹地會見宋公、蔡侯、衛侯。

＊夏，四月，魯公會同宋公、衛侯、陳侯、蔡侯，聯合攻伐鄭國。

＊秋，七月，魯公由伐鄭返回告廟。

魯公參加諸侯盟會返回不告廟，這一次告廟，為什麼？因為此次是危險之事呀。

＊冬，修繕向之城牆。

＊十一月，衛侯朔出逃到齊國。

經直書朔之名，因其有惡行，天子召見他，而他拒不前往。

＊十有七年，春，正月丙辰，公會齊侯、紀侯，盟于黃❶。

＊二月丙午，公及邾儀父盟于趡❷。

＊夏，五月丙午，及齊師戰于郎❸。

內諱敗，舉其可道者也。不言其人❹，以吾敗也。不言及之者❺，為內諱也。

＊六月丁丑，蔡侯封人卒。

＊秋，八月，蔡季自陳歸于蔡❻。

蔡季，蔡之貴者也；自陳，陳有奉焉爾❼。

＊癸巳，葬蔡桓侯。

及宋人、衛人伐邾。

*冬，十月朔，日有食之。

言朔不言日，食既朔也❽。

【注　釋】❶黃　地名。其地或在今山東省淄川鎮東北。❷趡　魯地名，當在今山東省泗水縣與鄒縣之間。❸郎　《左傳》作「奚」。郎，見桓四年注❶。奚在今山東省滕縣南六十里奚公山下，在齊、魯邊界。此次交戰為兩國局部邊界之爭，或在奚地為是。❹不言其人　不言魯國統兵之人。❺不言及之者　不言與齊國交戰一方。❻蔡季自陳歸于蔡　蔡季由陳國返回蔡國。蔡季，蔡桓侯之弟，避難去陳。蔡桓侯死後，由陳回國立為君，是為哀侯。❼陳有奉焉爾　陳國護送回來的。❽食既朔也　日蝕發生在朔日之盡，也就是朔日第二天，即初二日。既，盡。朔，初一。據《左傳》認為只書朔，未用干支標出具體日子，是天子日官失誤所致。此說較通行。

【語　譯】*十七年，春，正月丙辰日，魯公會見齊侯、紀侯，並在黃地結盟。

*二月丙午日，魯公與邾君儀父在趡地結盟。

*夏，五月丙午日，與齊軍在郎地交戰。

對內諱言戰敗，而選出好聽的詞來說它。不言魯國統兵之人，因為我們戰敗了。不指明與齊國交戰一方，是為魯之戰敗隱諱也。

*六月丁丑日，蔡侯封人死。

*秋，八月，蔡季由陳國返回蔡國。

蔡季，蔡國地位高貴之人；稱其從陳國，因為是陳國護送回來的。

*癸巳日，舉行蔡桓侯葬禮。

與宋人、衛人一起攻伐邾國。

*冬，十月初一日，發生日蝕。

只言朔不指明具體日子，是說日蝕發生在朔日第二天。

*十有八年，春，王正月，公會齊侯于濼❶。公與夫人姜氏遂如齊❷。

濼之會，不言及夫人，何也？以夫人之伉❸，弗稱數❹也。

*夏，四月丙子，公薨于齊❺。

其地，於外也❻。薨稱公，舉上也。

*丁酉，公之喪至自齊❼。

*秋，七月。

*冬，十有二月己丑，葬我君桓公。

葬我君，接上下也❽。君弒賊不討，不書葬，此其言葬何也？不責踰國而討于是❾也。桓公葬而後舉諡❿，諡所以成德⓫也，於卒事乎加之矣。知者慮，義者行，仁者守，有此三者備，然後可以會⓬矣。

【注　釋】❶濼　地名，即今山東省濟南市西北之洛口。❷遂如齊　於是同時去齊國。❸伉　傲慢驕橫。❹弗稱數　不符合禮數。❺公薨于齊　桓公死於齊國。薨，周代諸侯死稱薨。《春秋》以魯君及君夫人、母夫人死稱薨，以外諸侯死稱卒。據《史記·齊太公世家》：「齊襄公故嘗私通魯夫人。魯夫人者，襄公女弟也，自釐公時嫁為魯桓公婦，及桓公來而襄公復通焉。

魯桓公知之，怒夫人，夫人以告齊襄公。齊襄公與魯君飲，醉之，使力士彭生抱上魯君車，因拉殺魯桓公，桓公下車則死矣。」❻其地於外也　記載他死亡地點，因其死於外國也。諸侯被弒，死於國內則不地，如隱公；死於國外則地，如桓公。❼公之喪至自齊　魯桓公之遺體由齊國送回魯國。喪，死者之遺體。❽葬我君接上下也　稱安葬我國君，是把君主與臣民連為一體。❾不責踰國而討于是　不督責越出國境去討伐弒君之人。因當時齊強魯弱，不具備討敵復仇條件，只能留待時日。❿葬而後舉諡　安葬而後選定諡號。諡，帝王、諸侯、大臣死後，依據其生前行事之善惡確定其諡號，用以勸善戒惡。⓫成德　完善品德。⓬知者慮五句　已見隱公二年。此處重申之，以明桓公不具備所列三項，故出會齊國而見弒。

【語　譯】＊十八年，春，周曆正月，魯公在濼地會見齊侯。魯公與夫人姜氏接著一同去齊國。

在濼地會見，沒有提到魯公與夫人同往，為什麼？因為夫人之傲慢驕橫，不合於禮數。

＊夏，四月丙子日，桓公死於齊國。

記載他死亡地點，因為死在外國。死而稱公，以推舉其爵位之高上。

＊丁酉日，桓公之遺體由齊國送回魯國。

＊秋，七月。

＊冬，十二月己丑日，舉行我國國君桓公之葬禮。

稱安葬我國國君，是把國君與臣民連為一體。國君被弒，而弒君之賊未討伐，則不書葬禮，此處書葬禮，為什麼？表明不想立即督責越出國境去討伐弒君之賊。桓公安葬後選定他的諡號，立諡號以完善品德，在葬禮完畢後加給他。有聰明智慧之人幫助謀劃，有守義善斷之人負責執行，有仁德愛民之人擔當守衛，這三種人齊備了，然後君主才可以出國盟會。

莊公

【題解】莊公名同，桓公子，母文姜，在位三十二年病死。莊公時期，魯國力量還比較強。九年魯納公子糾於齊，因無備而失敗，但次年卻在長勺大敗齊師。接著宋、齊聯合侵魯，魯又敗宋師於乘丘。十三年與齊和好，多次參加諸侯盟會，發揮重要作用。

齊國在併吞近鄰紀國之後，不斷擴張勢力。特別是齊桓公即位，國力日強。假周天子之命，平宋、服鄭、伐衛、伐戎，多次召集諸侯盟會，聯合中原諸國，與南方之楚、北方之戎狄對抗，開始發揮霸主作用。

楚國勢力不斷增強，伐隨、伐申、伐鄧。莊公十年開始向北發展，敗蔡師，虜蔡侯，十四年滅掉息國，十六年伐鄭，二十六年又以兵車六百乘伐鄭，齊、魯、宋等國聯合救鄭，揭開楚國向中原爭霸的序幕。

晉獻公用士蔿之謀，除掉桓、莊族之群公子，消除公族勢力，使君權得到穩固和加強。只是此時期尚未與諸侯交往，故經傳尚無記載。

這一時期，許多國家發生爭權篡弒之亂。周王室發生五大夫立子頹逐惠王之亂。齊國公孫無知殺襄公，諸子爭位，最後小白殺公子糾，奪得君位，是為齊桓公。衛惠公借助齊、宋之力，返國復位，放逐公子黔牟，殺左、右公子。宋南宮萬殺閔公，立子游，而蕭叔大心及戴、武、宣、穆、莊族聯合曹師伐之，立桓公，殺子游及南宮萬等。陳、魯亦有內亂發生。

傳仍堅持既定宗旨，對夫人文姜參預謀殺桓公，事後又多次會見齊侯，不守婦道，傳反覆指責其「不正」。對莊公介入齊國君位之爭，支持公子糾，失敗後又迫於齊威，將公子糾處死。傳對此評曰：「十室之邑，可以逃難；百室之邑，可以隱死；以千乘之魯而不能存子糾，以公為病矣。」（九年傳）傳還對違禮之行予以譴責，如指出莊公入齊納幣為「非禮」，粉飾桓宮楹柱為「非禮」等。還反映了愛民反戰思想，提出：「善為國者不師，善師者不陳，善陳者不戰，善戰者不死，善死者不亡。」這種理論頗有深度和戰略價值。傳對齊桓公即位雖有微詞，但對其所行還是肯定的、贊許的，這與孔子的看法基本一致。

*元年❶，春，王正月。

繼弒君，不言即位，正也。繼弒君不言即位之為正，何也？曰：先君不以其道終❷，則子不忍即位也。

*三月，夫人孫于齊❸。

孫之為言猶孫❹也。諱奔❺也。接練時❻，錄母之變❼，始人之也❽。不言氏姓，貶之也。人之於天也，以道受命；於人也，以言受命。不若❾於道者，天絕之❿也；不若於言者，人絕之也。臣子大受命⓫。

*夏，單伯逆王姬⓬。

單伯者何？吾大夫之命乎天子者也⓭。命大夫，故不名也。其不言如⓮，何也？其義不可受於京師也。其義不可受於京師，何也？曰：躬君弒於齊⓯，使之主婚姻⓰，與齊為禮，其義固不可受也。

*秋，築王姬之館于外⓱。

築，禮也；于外，非禮也。築之為禮，何也？主王姬者必自公門出⓲，於廟則已尊⑲，於寢則已卑⑳。為之築，節矣㉑。築之外，變之正㉒也。築之外變之為正，何也？仇讎之人㉓，非所以接婚姻也；衰麻㉔，非所以接弁冕㉕也。其不言齊侯之來逆，何也？不使齊侯得與吾為禮也。

＊冬，十月乙亥，陳侯林卒。

諸侯日卒，正也。

＊王使榮叔來錫桓公命㉖。

禮有受命，無來錫命，錫命非正也㉗。生服之㉘，死行之㉙，禮也。生不服，死追錫之，不正甚矣。

＊王姬歸于齊。

為之中者㉚，歸之也。

＊齊師遷紀郱鄑郚㉛。

紀，國也；郱、鄑、郚，國也。或曰遷紀于郱、鄑、郚。

【注　釋】❶元年　西元前六九三年，周莊王四年，齊襄公五年，晉緡公十四年、曲沃武公二十三年，衛惠公七年、黔牟四年，蔡哀侯二年，鄭厲公八年、子儀元年，曹莊公九年，陳莊公七年，宋殤公十八年，秦武公五年，楚武王四十八年，許穆公五年。❷不以其道終　不得善終。不以其道，不能盡其天年，即被弒。終，死，對死之敬稱。❸夫人孫于齊　夫人逃奔齊國。夫人，桓公夫人、莊公之母文姜。桓公被殺，文姜有直接責任，回國後或因受魯人指責，或因與齊侯舊情難捨，又再次奔齊。孫，同「遜」，遜有遁義，諱奔而稱孫。❹猶孫　猶如遜讓。❺諱奔　諱言私自逃奔，而用孫字。❻接練時　接近練祭之時。練，父母死後一週年的祭禮稱練，又名小祥。因主人以練布（白色熟絹）為冠，故稱練。練祭要在死後一週年舉行，也就是在本年四月，今才三月，故稱接練，鄰近練祭之意。❼錄母之變　記錄母親之變故。❽始人之也　開始以人子之情對待她。❾不若　不順。❿天絕之　老天使他滅絕。⓫臣子大受命　作為臣子既要受命於天，又要受命於人。⓬單伯逆王姬　單伯迎接王姬來魯待嫁。單伯，單，姓；伯，字，本傳以為魯大夫。楊樹達《積微居金文說・揚毀跋》則以為天子之卿，單為采邑，伯為爵名。逆，《左傳》作「送」。王姬，周王之女通稱王姬，此為周平王孫女。天子嫁女於諸侯，因尊卑不對等，己不主婚，由同姓諸侯代為主婚。此次天子嫁女於齊，由魯主婚，故迎王姬來魯。⓭吾大夫之命乎天子者也　由周天子授命的魯國大夫。《禮記・王制》：「大國三卿皆命於天子，次國三卿，二卿命於天子，一卿命於君，小國二卿皆命於君。」則單伯當是魯國命於天子之卿。⓮不言如　不言往京師迎王姬。⓯躬君弒於齊　魯桓公被殺於齊。⓰使之主婚姻　使莊公為周王與齊侯兩家主婚。⓱築王姬之館于外　在魯國都城外面為王姬建造行館。⓲主王姬者必自公門出　主持王姬婚禮的人必須從朝庭外門出來迎接。公門，朝之外門。⓳於廟則已尊　讓王姬住在王宮之前殿，就過於高貴了。⓴於寢則已卑　讓王姬住在諸侯所居之小寢，又太卑下了。㉑節矣　合於節度。不尊不卑，符合身分。㉒變之正　變動常禮而合乎禮本義。㉓仇讎之人　仇人，指齊侯。㉔衰麻　喪服。當時莊公尚在服喪期間，雖過小祥，尚在大祥。父母之喪要三年乃除。㉕弁冕　古代男子參加吉禮所戴之冠。㉖王使榮叔來錫桓公命　周天王派榮叔來追命桓公，褒獎其功德。榮叔，周天子大夫。㉗錫命非正也　錫命不合乎正道。《公》、《穀》皆以錫命為賜予禮服。人死已下葬，方賜禮服，確實不合正道。㉘生服之　生時穿著。㉙死行之　死後隨葬。㉚為之中者　魯為中間主婚人。㉛齊師遷紀郱鄑郚　齊軍迫使紀、郱、鄑、郚諸國之民遷出。郱，在今山東省安丘縣西。鄑，在今山東省昌邑縣西北二十里。郚，在今山東省安丘縣西南六十里。

【語　譯】＊元年，春，周曆正月。

繼承被殺之國君，不稱即位，這是常例。繼承被殺國君不稱即位之為常例，為什麼？回答說：先君不得善終，其子不忍心舉行即位典禮。

＊三月，夫人姜氏逃往齊國。

孫的意思如同遜讓，用以諱言夫人私自逃奔。在接近舉行練祭的時候，記錄下莊公母親的變故，開始用人子之情對待她。不稱夫人的姓氏，是為貶抑她。人對於上天，是從天道那裡接受它的命令；人對於人，是從聖言那裡接受他的命令。不順於天道的人，上天要滅絕他；不順於聖言的人，人們要棄絕他。作為臣子，既要受命於天，又要受命於人。

＊夏，單伯迎接王姬來魯待嫁。

單伯是何人？是由周天子授命的魯國大夫。因為是天子授命的大夫，故不書名而書字，以貴之也。此不言往京師迎王姬，為什麼？因為不可以在京師接受主婚之命。不可以在京師接受主婚之命，為什麼？回答說：魯桓公被殺於齊，使他的兒子莊公為周王與齊侯兩家主婚，與齊侯相見以禮，這從道義上是根本不能接受的。

＊秋，在魯國都城外面為王姬建造行館。

為王姬造行館，是合於禮制的；建造在城外，則不合於禮。為王姬造行館合於禮制，為什麼？因為主持王姬婚禮的人必須從朝庭外門出來迎接，讓王姬住在王宮之前殿，就過於高貴了，讓王姬住在諸侯所居之小寢，又太卑下了。為其建造行館，就能合乎節度。在城外建行館，變動常禮卻合乎禮之本義。在城外建館，變動常禮又合於禮之本義，為什麼？因為仇敵之人不可以用來承辦婚事；服喪之人不可以接待穿吉服之賓客。這裡不說齊侯親自來迎娶，為什麼？為了不使齊侯得與魯君以禮相待。

＊冬，十月乙亥日，陳侯林死。

諸侯死書日，此為常例。

＊周天王派榮叔來追命桓公，褒其功德。

按禮，只有諸侯前往受命，沒有派人來賜命的，派人賜命不合乎正道。賜命之禮服生前穿著，死後隨葬，是合於禮的。生前沒有穿著，死後追賜給他，極不符合正禮。

＊王姬嫁往齊國。

魯君為王姬之中間主婚人，故稱嫁之。

＊齊國軍隊迫使紀國和郱、鄑、郚國之民遷出。

紀是一個邦國；郱、鄑、郚都是邦國。又有人說，把紀國之民遷至郱、鄑、郚三個地方。

【說　明】錫命指什麼？《公》、《穀》皆以為指賜予禮服，並以此為據，批評周天子在桓公死後一年半方來賜命為「非禮」。並提出「禮有受命，無來錫命，錫命非正也」之例。考之史籍，錫命不限於禮服，來賜之例亦有。如《左傳》僖公九年載，周王派宰孔來葵丘賜齊侯胙，並加後命，「加勞，賜一級，無下拜」。踐土之會，周王命策晉文公為侯伯，賜弓矢秬鬯等。皆為來賜，且無貶意，賜命內容亦多種。關於追命，杜預言：「追命桓公，褒其功德，若昭七年追命衛襄之比。」《左傳》昭公七年載，周王使簡成公去衛弔喪，追命衛襄公，其辭曰：「叔父陟恪，在我先王之左右，以佐事上帝。」意思是叔父死後，恭敬盡職，在我先王左右，輔佐事奉上帝。皆屬褒獎祝願之辭。可見我們對賜命、追命要有更廣泛了解，不要被一說所囿。

對「齊師遷紀郱鄑郚」一句，傳解曰：「紀，國也；郱、鄑、郚，國也。或曰遷紀于郱、鄑、郚。」郱、鄑、郚為國、為地，傳尚未確定，其二說皆欠妥。按通例，遷其民，取其地，即是滅其國，但當時紀國並未被滅。莊公三年，經載「紀季以酅入于齊」，只是把紀國一部分獻給齊國。同年《左傳》還記載魯公為救紀，會見鄭伯，鄭伯「辭以難」。直到莊公四年，齊伐紀，紀侯「大去其國」，紀方為齊所滅，那是四年後之事。可見元年遷紀之說不合史實。杜預說：「齊欲滅紀，故徙其三邑之民而取其地。」以郱、鄑、郚為紀國之邑，當時即為齊所取，此說較合實際。

＊二年，春，王二月，葬陳莊公❶。

＊夏，公子慶父帥師伐於餘丘❷。

國而曰伐❸。於餘丘，邾之邑也，其曰伐，何也？公子貴❹矣，師重❺矣，而敵人之邑❻，公子病❼矣。病公子，所以譏乎公也。其一曰：君在而重之❽也。

＊秋，七月，齊王姬卒❾。

為之主者，卒之也❿。

＊冬，十有二月，夫人姜氏會齊侯於禚⓫。

婦人既嫁不踰竟，踰竟非正也；婦人不言會，言會非正也，饗甚矣⓬。

＊乙酉，宋公馮卒。

【注釋】❶陳莊公　陳侯林也。❷公子慶父句　公子慶父，莊公之母弟。《史記・魯世家》：「莊公有三弟，長曰慶父，次曰叔牙，次曰季友。」後來此三家把持魯政。於餘丘，《公》、《穀》以為邾邑。但《春秋》例，未有伐人之邑不繫國者，故杜預、孔穎達皆以為國名。其地當在今山東省臨沂縣境內。❸國而曰伐　對一個邦國而言叫伐。❹公子貴　公子慶父身分高貴。❺重　人數眾多。❻敵人之邑　與他國之邑相敵。❼病　恥辱。❽君在而重之　因邾君在此邑中，故用伐字以表重視敵人。❾齊王姬卒　齊王姬死。有說此王姬為齊襄公母，非去冬嫁往齊國之王姬。❿為之主者二句　魯為王姬主婚，待之如己女，故記其死。又據《禮記・檀弓》：「齊穀（告）王姬之喪，魯莊公為之大功。」故書卒。出嫁姊妹死為其服大功之服。⓫禚　齊國地名，處齊、魯、衛三國分界之地。或在今山東省長清縣境內。⓬饗甚矣　設宴款待更加嚴重違禮。

【語譯】＊二年，春，周曆二月，舉行陳莊公葬禮。

＊夏，公子慶父率軍攻伐於餘丘。

對一個邦國可以稱伐，於餘丘是邾國之城邑，這裡稱伐，為什麼？因為公子慶父身分高貴，軍隊人數眾多，而去和他國之一邑相對敵，對公子慶父是一種恥辱。公子之恥辱，就是對莊公的譏刺。另一種解釋說，因邾國君主在此邑中，故用伐字表示重視敵人。

*秋，七月，齊王姬死。

魯為王姬主婚，待之如己女，故記其死。

*冬，十二月，夫人姜氏在禚地與齊侯會見。

婦人已經出嫁之後不可以越出國境，越出國境不合正道；婦人不可以稱會見，稱會見不合正道，設宴款待更加嚴重違禮。

*乙酉日，宋公馮死。

*三年，春，王正月，溺會齊師伐衛❶。

溺者何也？公子溺也。其不稱公子，何也？惡其會仇讎而伐同姓，故貶而名之也。

*夏，四月，葬宋莊公。

月葬，故也❷。

*五月，葬桓王❸。

傳❹曰：改葬❺也。改葬之禮，緦❻，舉下緬❼也，或曰卻尸以求諸侯❽。天子志崩不志葬，必其時❾也。何必焉❿？舉天下而葬一人，其義不疑⓫也。志葬，故也，危不得葬⓬也。曰近不失崩⓭，不志崩⓮，失天下⓯也。獨陰不生，獨陽不生，獨天不生，三合然後生。故曰母之子也可，天之子也可。尊者取尊稱焉，卑者取卑稱焉，其曰王者，民之所歸往也。

＊秋，紀季以酅入于齊⑯。

酅，紀之邑也。入于齊者，以酅事齊⑰也。入者，內弗受⑱也。

＊冬，公次于郎⑲。

次，止也，有畏也，欲救紀而不能⑳也。

【注釋】❶溺會齊師伐衛　魯大夫公子溺會同齊軍攻伐衛國。溺專命而行，違背魯人意願，故直書其名，以表明對其憎惡。❷月葬故也　記載安葬月份，因有變故。❸葬桓王　安葬周桓王。桓王死於桓公十五年三月，至今已七年多乃葬，當是改葬之意。❹傳　解說經文的典籍。此或指《公羊傳》。❺改葬　指已行安葬之禮，後又重新安葬。改葬原因各有不同，《左傳》隱元年載改葬魯惠公，是因為「惠公之薨也，有宋師，太子少，葬故有闕，是以改葬。」桓王改葬原因，據鄭玄推斷，墳墓以他故崩壞，將亡失尸柩，則改葬。或是之。❻緦　即緦麻，喪服名。喪服有斬衰、齊衰、大功、小功、緦麻五種，親屬關係較遠者死，服緦麻三月。緦麻，用疏織細麻布製成的孝服。❼舉下緬　舉五服中最下一等，因為時間太久遠了。緬，遙遠。❽卻尸以求諸侯　推辭安葬以求得諸侯前來會葬。卻，卻退推辭之意。推辭七年下葬，不合情理，應取改葬之說。❾必其時　葬禮必定是按時舉行的。❿何必焉　為什麼必定按時舉行。⓫其義不疑　這是君臣大義，不容置疑。⓬危不得葬　有危難不得如禮安葬。如魯惠公之例。⓭近不失崩　魯國去京師不遠，正常情況不會得不到天子崩逝訃告。⓮不志崩　不記載天子崩逝。此言不志崩不是指周桓王，因桓王之崩，桓公十五年已書。而是指以後之周莊王、周僖王。因天子失權，諸侯專擅，等於失去天下。⓯失天下　周天子失去對天下的統治權。以後周惠王、襄王書崩，則是出現齊桓公為霸主，使天下諸侯復尊周王。⓰紀季以酅入于齊　紀季把酅邑歸入齊國。紀季，紀侯之弟。酅，紀國邑名，其地當在今山東省臨淄鎮東，與壽光縣鄰近。⓱以酅事齊　以酅為齊之附庸國。⓲內弗受　酅邑之民不肯接受。⓳公次于郎　魯公駐紮在郎地。次，停留。指行軍停留一地超過兩宿，亦指一般止宿。郎，地名，見桓四年注❶。⑳欲救紀而不能　想援救紀國又無能為力。

【語　譯】＊三年，春，周曆正月，魯大夫公子溺會同齊軍攻伐衛國。

溺為何人？魯國大夫公子溺也。此不稱公子，為什麼？憎惡他會同仇敵之軍攻伐同姓之國，故貶抑他而直稱其名。

＊夏，四月，安葬宋莊公。

＊五月，安葬周桓王。

記載安葬月份，因為發生了變故。

解說經文的典籍說：此為改葬。改葬之禮，服緦麻之服，舉五等喪服中最後面一種，因為時間很久遠了。也有人說，推辭葬禮是為求得諸侯前來會葬。對周天子只記載崩逝，不記載葬禮，因為葬禮必定是按時舉行的。為什麼必定按時舉行？因為全天下諸侯都要來會葬周天子，這是君臣大義，勿庸置疑。此記載葬禮，因發生變故，有危難不得安葬之故。魯國距京師不遠，正常情況不會得不到天子崩逝的訃告，沒有記載周天子崩逝，是因為周天子喪失了對天下的統治權。宇宙萬物只有陰不能生出，只有陽不能生出，只有天也不能生，只有三者合和而後才能生出。因此，說是母親的兒子可以，說是天的兒子可以。尊貴者取尊貴之名稱呼他，卑賤者取卑賤之名稱呼他，所說的王者，就是民眾所歸往之意也。

＊秋，紀季把酅邑歸入齊國。

酅為紀國之城邑。歸入齊國，就是以酅為齊之附庸國。入的意思是說，酅邑之人不肯接受。

＊冬，魯公駐屯在郎地。

次，就是停止，表明有所畏懼，想救援紀國又力不從心。

【說　明】傳曰：「獨陰不生，獨陽不生，獨天不生，三合然後生。故曰母之子也可，天之子也可。尊者取尊稱焉，卑者取卑稱焉，其曰王者，民之所歸往也。」這段話作為對天人關係的表述，還比較迂曲與笨拙，但其基本宗旨是可以把握的，這就是以宇宙生成論把天人王聯繫起來。把這段話作適當充實和通俗化，可作如下解釋：世間萬物由陰陽構成形體，由天賦予精神、本性，三者結合而為完備的人和物。從形體角度講，可以叫母之子，從精神、本性角度講，可以叫天之子。秉賦形體而精神不夠完善，即為低賤者；秉賦形體而精神完善，即是高貴者。高貴者中最突出為天下人所歸往者便是王。確立這一系統之後，王、天子便是天意的完美體現，在自然界與人類社會的運轉中，發揮調解主宰作用，以保持其動態平衡。臣民們服從他，即是服從上天，服從本性。這種理論模式與董仲舒建構的天人一體宇宙論是基本一致的，故而董仲舒《春秋繁露·順命篇》引用本文，只在個別字上有所更動。這也反映公羊學與穀梁學具有同一性的方面。

＊四年，春，王二月，夫人姜氏饗齊侯于祝丘❶。

饗，甚矣❷。饗齊侯，所以病齊侯❸也。

＊三月，紀伯姬卒❹。

外夫人不卒❺，此其言卒，何也？吾女也。適諸侯❻，則尊同，以吾為之變，卒之也。

＊夏，齊侯、陳侯、鄭伯遇于垂❼。

＊紀侯大去其國❽。

大去者，不遺一人之辭也，言民之從者四年而後畢❾也。紀侯賢，而齊侯滅之，不言滅，而曰大去其國者，不使小人加乎君子❿。

*六月乙丑，齊侯葬紀伯姬⓫。

外夫人不書葬，此其書葬何也？吾女也，失國，故隱而葬之⓬。

*秋，七月。

*冬，公及齊人狩于郜⓭。

齊人者，齊侯也，其曰人何也？卑公之敵⓮，所以卑公也。何為卑公也？不復讎而怨不釋⓯，刺釋怨也。

【注釋】❶夫人姜氏饗齊侯于祝丘　夫人姜氏在祝丘燕享齊侯。饗，兩君相見之禮，烹太牢以飲賓，規格極高。祝丘，魯地。諸侯燕享，經皆不書，此書以譏其非禮無忌憚。❷甚矣　嚴重違禮。❸所以病齊侯　用以羞辱齊侯。❹紀伯姬卒　紀伯姬死。紀伯姬，魯君之長女，隱二年嫁往紀國為紀君夫人。❺外夫人不卒　魯國之外諸侯夫人不記載其死。❻適諸侯　嫁給諸侯。適，女子出嫁。❼遇于垂　在垂地相遇。遇，不期而會。垂，地名，見隱八年注❶。❽大去其國　離開自己的國家永不返回。❾言民之從者四年而後畢　就是說紀國民眾追隨紀侯四年，最後都隨他而去。四年，從元年齊遷紀邑之民，至今四年。畢，盡。❿加乎君子　凌駕在君子之上。⓫齊侯葬紀伯姬　紀侯已去國，齊侯以紀國夫人之禮安葬伯姬，以安撫、籠絡歸服者。⓬隱而葬之　為她哀痛而書其葬禮。⓭公及齊人狩于郜　魯公與齊人在郜地進行冬獵。郜，《左傳》作「禚」。郜為宋邑，在今山東省成武縣東南。地處魯之西南，與齊相距甚遠。而禚在魯齊之間。魯公與齊人不可能去宋國境內狩獵，故「郜」當為「禚」之誤。⓮卑公之敵　貶低與魯公相匹敵之人。⓯怨不釋　仇怨不能開釋。

【語譯】*四年，春，周曆二月，夫人姜氏在祝丘燕享齊侯。燕享齊侯，嚴重違禮。記載燕享齊侯，用以羞辱齊侯。

*三月，紀伯姬死。

魯國以外諸侯夫人死不加記載，此處作了記載，為什麼？因為她是魯君之女。嫁給諸侯，則尊貴地位與諸侯夫人同，因其為魯君之女而為之變通，故記載其死。

*夏，齊侯、陳侯、鄭伯在垂地相遇。

*紀侯離開自己國家永不返回。

大去其國的意思，就是沒有留下一個人的一種說法，就是說紀國民眾跟隨紀侯四年，最後都隨他而去。紀侯賢德，而齊侯滅亡其國，不直言滅國，而說大去其國，是不讓小人凌駕於君子之上。

*六月乙丑日，齊侯舉行紀伯姬的葬禮。

魯國以外諸侯夫人死不書葬禮，此處書紀伯姬葬禮，為什麼？因為她是魯君之女，國家被滅亡，故此為她哀痛而記載其葬禮。

*秋，七月。

*冬，魯公與齊人在郜地進行冬獵。

所說齊人，就是指齊侯，將其稱作人，為什麼？貶低與魯公相匹敵之人，用以貶低魯公。為什麼貶低魯公？沒有復仇，仇恨就不能開釋，譏刺魯公開釋齊仇而與齊侯共獵。

*五年，春，王正月。

*夏，夫人姜氏如齊師。

師而曰如，眾也❶。婦人既嫁不踰竟，踰竟非禮也。

*秋，郳犁來❷來朝。

郳，國也。犁來，微國之君未爵命者❸也。

＊冬，公會齊人、宋人、陳人、蔡人伐衛❹。是齊侯、宋公也，其曰人何也？人諸侯所以人公也❺。其人公何也？逆天王之命❻也。

【注釋】❶師而曰如眾也　往軍中去而稱如，因為軍中人數眾多。❷郳犁來　郳，小國名，即小邾國。犁來，國君之名。郳，在今山東省滕縣東六里。❸未爵命者　周天子未賜予封爵之小國君主。❹伐衛　衛惠公朔為齊女宣姜所生，魯桓公十六年，在衛亂中被逐逃齊，七年後齊侯會諸侯之師護送其返國即位，伐衛即指此。❺人諸侯所以人公也　用人來稱呼諸侯是為了用人來稱呼魯公。❻逆天王之命　違背周天子的命令。則是衛亂，惠公朔被逐，天子命立黔牟為君，今五國諸侯立朔，違逆王命。

【語譯】＊五年，春，周曆正月。

＊夏，夫人姜氏前往齊國軍中。

往軍中而稱如，因軍中人數眾多。婦女已經出嫁不可以越出國境，越出國境便為非禮。

＊秋，郳國君主犁來來朝見。

郳，國名。犁來，是微小國家的君主未被周天子賜予封爵者。

＊冬，魯公會同齊人、宋人、陳人、蔡人攻伐衛國。

齊人、宋人是指齊侯、宋公，此處稱人是為什麼？用人稱呼諸侯是為了用人來稱謂魯公，為什麼？因為魯公的作法違背了周天王的命令。

＊六年，春，王三月，王人子突救衛❶。

王人，卑者也。稱名，貴之也，善救衛也❷。救者善，則伐者不正矣。

＊夏，六月，衛侯朔入于衛。

其不言伐衛納朔，何也？不逆天王之命也❸。入者，內弗受也。何用弗受也？為以王命絕之❹也。朔之名，惡❺也。朔入逆❻，則出順矣。朔出入名❼，以王命絕之也。

＊秋，公至自伐衛。

惡事不致❽，此其致何也？不致則無用見公之惡事之成也。

＊螟。

＊冬，齊人來歸衛寶❾。

以齊首之，分惡於齊❿也。使之如下齊而來我然⓫，惡戰則殺矣⓬。

【注釋】❶王人子突救衛　周王室官員子突救援衛國。❷善救衛也　以救衛為善。❸不逆天王之命也　不違背周天子的命令。不言伐衛納朔，只言「朔入于衛」，則如朔自入，與諸侯無涉，諱言諸侯逆王命。❹以王命絕之　用周王命令拒絕朔入衛。❺朔之名惡　直稱朔之名，表示對他憎惡。❻朔入逆　朔入衛國違背王命。❼朔出入名　朔出奔和進入衛國都直書其名。❽惡事不致　作惡事返回，不祭告祖廟。❾歸衛寶　向魯君饋送衛國所獻寶器。齊侯以諸侯之師助惠公朔返國即位，惠公獻寶器酬謝，齊侯轉送一部分給魯國。❿分惡於齊　分違抗王命之罪惡給齊國。⓫使之如下齊而來我然　使其如同卑下的齊國而來我國饋送寶物。⓬惡戰則殺矣　魯與周天子軍隊作戰的罪責就可以減輕了。

【語譯】＊六年，春，周曆三月，王室官員子突救援衛國。

王室官員，指官爵較低的人。稱他名字，是尊貴他，以他救援衛國為善。救衛之人為善，則攻衛者自然不合正道。

＊夏，六月，衛侯朔進入衛國。

此不稱攻伐衛國以納朔，為什麼？為了不違背周天子的命令。稱入，表明衛人不肯接受朔。衛人為什麼不肯接受朔？為遵奉周天王命令而拒絕他。直書朔之名，表示憎惡。朔進入衛國違背王命，離開就是順從王命。可是，朔出奔和進入都直書其名，這是遵奉王命拒絕他。

＊秋，魯公從伐衛返國。

作惡事返國，不祭告祖廟，此次祭告祖廟，為什麼？因為不祭告祖廟就無法顯現魯公作惡事已經完成。

＊發生螟蟲之災。

＊冬，齊人來饋送衛國所獻寶器。

齊國是此次戰事的首惡，故而分違抗王命之罪責給齊國。使其如同地位卑下之國來魯國饋送寶物一般，這樣魯與周天子之師作戰的罪責就可以減輕了。

＊七年，春，夫人姜氏會齊侯于防❶。

婦人不會，會非正也。

＊夏，四月辛卯昔❷，恆星不見❸。

恆星者，經星❹也。日入至於星出謂之昔。不見者，可以見也❺。

＊夜中，星隕如雨❻。

其隕也如雨，是夜中與？《春秋》著以傳著❼，疑以傳疑。中之幾❽也，而曰夜中，著焉爾❾。何以見其中也？失變而錄其時❿，則夜中矣。其不曰恆星之隕，何也？我知恆星之不見，而不知其隕也。我見其隕而接於地者，則是雨說⓫也。著於上，見於下，謂之雨；著於下，不見於上，謂之隕，豈雨說⓬哉！

＊秋，大水，無麥苗⓭。

高下有水災曰大水。麥苗同時⓮也。

＊冬，夫人姜氏會齊侯于穀⓯。

婦人不會，會非正也。

【注釋】❶防　魯邑，當在今山東省費縣東北四十里。夫人與齊侯在魯地相會出於齊侯，在齊地相會出於夫人，此次相會為齊侯之志。❷昔　《左傳》作「夜」。昔，即夕。❸恆星不見　常見之星看不見了。恆星，常見之星。夜晚看不見常見之星，《左傳》解作「夜明」。如和隕石雨聯繫起來，隕石雨發生時，伴隨巨大聲響和強烈光亮，一度掩沒星光是可能的。❹經星　經常見到之星辰。❺不見者可以見也　不見之意是說本來可以看見，卻看不見了。❻星隕如雨　流星紛紛降落如同下雨。隕，落。此為一次隕石雨記載。法國天文數學家俾俄推斷為西元前六八七年三月十六日所發生的流星雨，是世界上最古之天琴座流星雨記錄。(見陳遵嬀《中國古代天文學簡史》)❼著以傳著　明顯就傳述明顯。以，副詞，作就、便解。❽中之幾　差不多是午夜之時。幾，差不多；近乎。❾著焉爾　明顯呵。❿失變而錄其時　失於記錄星變開始時間卻記錄了流星隕落時間。⓫雨說　用降雨比喻說明。⓬豈雨說　豈能用降雨加以解說。⓭無麥苗　麥與禾苗同被淹沒。⓮麥苗同時　麥與禾苗同時被水淹死。⑮穀　齊地，在今山東省東阿縣舊治東阿鎮。

【語　譯】＊七年，春，夫人姜氏在防地會見齊侯。

婦人不可以出外會見，出外會見不合正道。

＊夏，四月辛卯日晚，常見之星看不見了。

所謂恆星，就是經常見到的星宿。從太陽落到星星出來這段時間叫昔。所謂不見，是說本來可見之星現在看不見了。

＊午夜時，流星降落如同下雨。

流星隕落如同降雨，是在午夜時分嗎？《春秋》記事，明顯者傳述明顯，疑惑者傳述疑惑。星隕發生在近於午夜之時，而稱為午夜，取其明顯呵。何以見得是發生在午夜？雖然失於記錄星變開始時間，卻錄下了流星隕落時間，那個時候就是午夜。此不說恆星隕落，為什麼？因為魯人只知道恆星看不見，而不知它是否隕落。魯人見流星隕落到地面上，就用降雨來比喻它。顯明於天上，著見於地下，就稱之為雨；顯明於地下，不見於天上，就稱之為隕，豈能用降雨來解說它呀！

＊秋，發生大水災，麥與禾苗皆被淹沒。

地勢高處和低處都遭受水災叫大水。麥與禾苗同時被水淹沒。

＊冬，夫人姜氏在穀地會見齊侯。

婦人不出外會見，出外會見不合正道。

＊八年，春，王正月，師次于郎❶，以俟陳人、蔡人❷。

次，止也。俟，待也。

*甲午，治兵❸。

出曰治兵，習戰也。入曰振旅❹，習戰也。治兵而陳、蔡不至矣。兵事以嚴終❺，故曰善陳者不戰❻，此之謂也。善為國者不師❼，善師者不陳❽，善陳者不戰，善戰者不死❾，善死者不亡❿。

*夏，師及齊師圍郕⓫。郕降于齊師。

其曰降于齊師何？不使齊師加威於郕⓬也。

*秋，師還。

還者，事未畢⓭也，遯⓮也。

*冬，十有一月癸未，齊無知弒其君諸兒⓯。

大夫弒其君，以國氏者⓰，嫌⓱也，弒而代之也。

【注釋】❶師次于郎　魯軍駐紮在郎地。郎，地名，見桓四年注❶。❷以俟陳人蔡人　而待陳、蔡之軍到來。俟，等待。范甯以為，陳、蔡欲伐魯，故魯師駐郎以待。杜預以為魯與陳、蔡約期伐郕，至期二國未至，故而魯軍駐郎等待。孔穎達也以為，如拒敵陳、蔡，應用禦字，不應用俟字。且魯與陳、蔡相距遙遠，中間阻隔重重，彼此亦未嘗構怨，伐魯無由。宜從杜、孔說。❸治兵　有多義，一般指出征前在城外舉行軍事演習，或定期的軍事訓練，又常用作兩國交戰的外交用語。❹入曰振旅　作戰凱旋或訓練結束，整頓部伍，進入都城，稱入而振旅。振，整也。旅，眾也。❺兵事以嚴終　治軍以軍容嚴整為終極目標。❻善陳者不戰　善於排兵布陣者不戰而勝。❼善為國者不師　善於治國者不憑藉武力。如上古三皇之時，教而不誅，無師旅而成善政。❽善師者不陳　善於治軍者不須列陣而屈敵。如齊桓公伐楚，未列陣而楚服罪之類。❾善戰者不死　善於指揮作戰的人可以使士卒避免死亡。❿善死者不亡　善於與敵人拼死決戰的人，他的國家就不會滅亡。⓫郕　見隱五年注❻。⓬加威於郕　對郕國施加欺淩。⓭事未畢　圍郕戰事未結束。⓮遯　逃遁。⓯齊無知弒其君諸兒　齊國無知殺掉他的國君諸兒。無知，齊僖公母弟夷仲年之子，為襄公叔伯兄弟。諸兒，齊襄公名。⓰以國氏者　用國名作姓氏。⓱嫌　嫌疑。

【語　譯】*八年，春，周曆正月，魯軍駐紮在郎地，等待陳、蔡之軍到來。

次，停止。俟，等待。

*甲午日，舉行軍事演習。

出征前操練兵馬叫治兵，就是練習作戰。交戰得勝整頓師旅進入都城叫振旅，也是練習作戰。演練兵馬嚴陣以待，陳、蔡之軍沒有來犯。治軍以軍容嚴整為終極目標，所以說善於排兵布陣者不戰而勝，就是講的這個道理。善於治國者不憑藉武力，善於治軍者不須列陣而屈敵，善於排兵布陣者不戰而勝，善於指揮作戰者可以避免士卒戰死，善於和敵人拼死相鬥者他的國家不會滅亡。

*夏，魯軍與齊軍包圍郕國。郕國向齊軍投降。

此言向齊軍投降，為什麼？為了不使齊軍對郕國施加欺淩。

*秋，魯師返回本國。

還的意思是說，圍郕戰事尚未完全結束，魯軍就自行逃回了。

*冬，十一月癸未日，齊國無知殺害他的國君諸兒。

大夫殺害他的國君，用國名作他的姓氏，是表明他有篡位嫌疑，是想殺害國君而取代之。

*九年，春，齊人殺無知。

無知之挈❶，失嫌❷也。稱人以殺大夫，殺有罪也。

＊公及齊大夫盟于暨❸。

公不及大夫❹。大夫不名，無君也❺。盟納子糾❻也。不日，其盟渝❼也。當齊無君，制在公❽矣。當可納而不納，故惡內❾也。

＊夏，公伐齊，納糾。

當可納而不納，齊變而後伐❿，故乾時之戰⓫不諱敗，惡內也。

＊齊小白⓬入于齊。

大夫出奔反，以好曰歸⓭，以惡曰入⓮。齊公孫無知弒襄公，公子糾、公子小白不能存，出亡。齊人殺無知而迎公子糾於魯，公子小白不讓公子糾，先入，又殺之于魯，故曰齊小白入于齊，惡之也。

＊秋，七月丁酉，葬齊襄公。

＊八月庚申，及齊師戰于乾時，我師敗績⓯。

＊九月，齊人取子糾殺之。

外不言取⓰，言取，病內⓱也。取，易辭也。猶曰取其子糾而殺之云爾⓲。十室之邑⓳，可以逃難；百室之邑，可以隱死⓴；以千乘之魯㉑而不能存子糾，以公為病矣。

*冬，浚洙㉒。

浚洙者，深洙㉓也，著力不足㉔也。

【注釋】❶無知之挈　對無知直提其名。挈，提出。❷失嫌　喪失國家之嫌疑。❸公及齊大夫盟于暨　魯公與齊大夫在暨地結盟。因當時齊國無君，故魯公與齊大夫相盟。此大夫為公子糾一派代表，相盟武裝護送公子糾歸國即位事。暨，《左傳》作「蔇」，魯地，在今山東省蒼山縣西北。❹公不及大夫　魯公不與外諸侯之大夫相盟。按《春秋》義例，魯大夫可以會盟諸侯，魯公卻不可會盟外大夫，所以明尊卑定內外也。此因齊無君，變通行權也。❺大夫不名無君也　齊大夫不稱名，因為當時齊無君。按禮，君前臣名，無君故大夫不名。❻盟納子糾　此次結盟為護送公子糾歸國即位。子糾，公子糾。齊僖公庶子，襄公弟，魯女所生。齊亂，管仲、召忽奉之奔魯。❼其盟渝　此次所訂盟約後遭背棄。指魯公納子糾失敗，迫於齊威，交子糾給齊國處死。❽制在公　控制齊國局面在於魯公。❾惡內　憎惡莊公，以其失掉納子糾時機，為小白一派搶了先。❿齊變而後伐　齊國形勢發生變化之後，又前往攻伐。齊變，指小白先入，受高氏、國氏支持，已被擁立為君，可以行使君權，與前此之混亂狀態完全不同。⓫乾時之戰　魯軍納公子糾，在乾時與齊交戰。乾時，齊地。時，即時水，今稱烏河，在山東省博興縣南，其支流旱則乾涸，稱乾時。魯軍戰敗之處當在今山東省臨淄鎮西南。⓬小白　齊僖公庶子，襄公弟。齊亂前已奔莒。及無知被殺，搶先歸國即位，打敗魯國護送子糾之軍，是為齊桓公。⓭以好曰歸　國人以其為善稱歸。⓮以惡曰入　國人以其為惡稱入。⓯敗績　軍隊潰敗。⓰外不言取　外國對魯不稱取。⓱病內　對魯是一種恥辱。⓲云爾　如此而已。語尾助詞。⓳十室之邑　十戶人家的小城邑。⓴隱死　隱蔽犯有死罪的人。㉑千乘之魯　擁有千乘兵車的魯國。㉒浚洙　疏浚洙水。洙水由曲阜城北流過，與泗水匯合。疏浚洙水，保護魯都以防齊。㉓深洙　把洙水河道挖深。㉔著力不足　昭示其實力不足。

【語譯】*九年，春，齊人殺掉無知。

直提無知之名，因為他有喪失國家的嫌疑。稱人而殺大夫，表明殺掉的是有罪之人。

*魯公與齊大夫在暨地結盟。

魯公不與外諸侯之大夫相盟。未書齊大夫之名，因為齊國當時沒有君主。結盟是為護送公子糾歸國即位。沒有記載結盟日期，因為此盟約後遭背棄。訂盟當時齊國沒有君主，控制齊國局面就在於魯公。當可以護送子糾回國時卻沒有護送，因此而憎惡魯莊公。

＊夏，魯公攻伐齊國，護送公子糾。

當可以護送時而不護送，齊國形勢發生變化後，又前往攻伐，因此乾時之戰失敗，經不予隱諱，以表明憎惡魯莊公。

＊齊小白進入齊國。

大夫出逃後返國，國人以其為善稱歸，國人以其為惡稱入。齊公孫無知殺害齊襄公，公子糾、公子小白不能留下來，都出逃國外了。齊人殺掉公孫無知而去魯國迎接公子糾，公子小白不肯謙讓公子糾，而搶先入齊國，後又把子糾殺死在魯國，因此書「齊小白入于齊」，表明對他的憎惡。

＊秋，七月丁酉日，安葬齊襄公。

＊八月庚申日，魯軍與齊軍在乾時交戰，魯軍潰敗。

＊九月，齊人取去公子糾，殺掉他。

外國對魯不稱取，稱取，表明此為魯國之恥辱。取，輕易可以得到之辭。就像說把那子糾取來，然後殺了他，如此而已。十戶人家的小邑，可以供人逃避危難；百戶人家的城邑，可供犯有死罪的人隱蔽；而擁有一千乘兵車的魯國，卻不能保存子糾生命，認為是魯公的羞恥。

＊冬，疏浚洙水。

疏浚洙水，就是挖深洙水河道以防齊，這顯示魯國實力不足。

＊十年，春，王正月，公敗齊師于長勺❶。

不日，疑戰❷也。疑戰而曰敗，勝內❸也。

*二月，公侵宋❹。

侵時，此其月，何也？乃深其怨於齊❺，又退侵宋，以眾其敵，惡之，故謹而月之。

*三月，宋人遷宿❻。

遷，亡辭也。其不地❼，宿不復見也。遷者，猶未失其國家以往者❽也。

*夏，六月，齊師、宋師次于郎❾。公敗宋師于乘丘❿。

次，止也，畏我⓫也。不日，疑戰也。疑戰而曰敗，勝內也。

*秋，九月，荊敗蔡師于莘⓬，以蔡侯獻武歸⓭。

荊者楚也，何為謂之荊？狄之也⓮。何為狄之？聖人立，必後至⓯；天子弱，必先叛，故曰荊，狄之也。蔡侯何以名也？絕之⓰也。何為絕之？獲⓱也。中國不言敗⓲，此其言敗何也？中國不言敗，蔡侯其見獲乎？其言敗何也？釋蔡侯之獲⓳也。以歸，猶愈乎執⓴也。

*冬，十月，齊師滅譚㉑，譚子奔莒。

【注　釋】❶長勺　魯地，在今山東省曲阜縣北境。❷疑戰　沒有約定日期的交戰。❸勝內　勝利在魯國一方。齊、魯長勺之戰，創造了以弱勝強的典型戰例。本年《左傳》有極精采的敘述。❹公侵宋　魯國入侵宋國。侵，凡出師有鐘鼓曰伐，無曰侵。❺深其怨於齊　與齊國加深怨恨。去年伐齊，納子糾，今年又敗齊師於長勺，結怨日深。❻遷宿　迫使宿人遷出而據其地。❼不地　沒有記載宿人遷往之地點。❽猶未失其國家以往者　好像並未喪失自己的國家，只是遷往他處。遷是對滅國的委婉說法。❾郎　地名，見桓四年注❶。❿乘丘　地名，在今山東省兗州縣境。⓫畏我　畏懼魯軍。當是魯敗齊師於長勺，二國心有餘悸。⓬荊敗蔡師于莘　楚軍在莘地打敗蔡軍。荊，即楚國。莘，蔡國地名，當在今河南省汝南縣境。⓭以蔡侯獻武歸　把蔡侯獻武帶回國。⓮狄之也　把它作夷狄之國看待。⓯聖人立必後至　聖明君主當政之世，楚必後來朝見。⓰絕之　斷絕其在諸侯之列。因其被楚俘獲，辱沒諸侯之尊嚴。⓱獲　被俘獲。⓲中國不言敗　中原諸侯與夷狄之國交戰，諱言失敗。⓳釋蔡侯之獲　解釋蔡侯之所以被俘獲。⓴以歸猶愈乎執　帶回國的說法似乎比被捉去好聽一些。㉑滅譚　滅掉譚國。滅國有二義，一指占有其土地，斷絕其對社稷之神的祭祀。一指以重兵相加，迫使其順服。此為後義。譚，國名，故址在山東省濟南市之舊譚城。

【語　譯】＊十年，春，周曆正月，魯公在長勺打敗齊軍。

未書交戰日期，因為這是一次沒有約定日期之戰。沒有約定日期之戰又說敗齊軍，因為魯國取得勝利。

＊二月，魯公入侵宋國。

通常入侵只記載季節，此次記載月份，為什麼？這是因為已加深齊國的怨恨，返回來又入侵宋國，用以增多魯國之敵，因此憎惡魯公，而謹慎記載其月份。

＊三月，宋人迫使宿人遷走。

遷走，即是滅亡其國的文辭。沒有記載遷往之地點，因為宿國以後未再出現。用遷走一辭，好像說並未喪失國家，只是遷往他處。

＊夏，六月，齊師、宋師駐紮在郎地。魯公在乘丘打敗宋軍。

次，就是停止，因為畏懼魯軍。乘丘之戰不書日，因為是沒有約定日期之戰。沒有約定日期之戰又說打敗宋軍，是因魯國得勝了。

*秋，九月，楚國軍隊在莘地打敗蔡軍，把蔡侯獻武帶回國。

荊，就是楚國，為什麼稱之為荊？是把它作夷狄之國看待。為何把它作夷狄之國看待？聖明君主當政之世，楚必後來朝見；天子柔弱之世，楚必最先反叛，因此稱它曰荊，把它作夷狄看待。對蔡侯為什麼直稱其名？表明斷絕其在諸侯行列。為什麼斷絕他在諸侯行列？因為他被楚國俘獲。中原諸侯與夷狄交戰諱言失敗，此處書「荊敗蔡師」，為什麼？中原諸侯不言失敗，不失敗蔡侯豈能被楚俘獲？此處言敗，為什麼？為了解釋蔡侯被俘獲的原因。稱蔡侯被帶回楚國，比說被捉去似乎好聽一點。

*冬，十月，齊國以重兵滅掉譚國，譚國君主逃往莒國。

【說明】楚國稱荊，《穀梁》以為「狄之也」。但荊與狄有何聯繫，何以稱荊就表明將其視為夷狄？則未加解釋，不知所據何典。考諸史籍與甲骨金文，西元一九七七年四月，周原遺址中發現周初甲骨文有「楚子來告」，可見周初即有楚國之名。後來記載中有稱楚，有稱荊，如《貞毀》：「貞從王伐荊。」《左傳》昭公二十六年：「不穀震蕩播越，竄在荊蠻。」據《春秋》經文，莊公之世皆稱荊，僖公元年始稱楚。還有並稱荊楚的，如《詩・商頌》：「奄伐荊楚」，「維女荊楚」等，其所指皆為同一國家。

楚所以稱荊，據《左傳》昭公十二年：「昔我先王熊繹，辟在荊山。」熊繹為西周成王時人，他始受周封，開闢荊山一帶，繁衍後代，逐漸發展為強大的楚國。楚人視熊繹為先祖，也就視荊山為發祥地，此當是楚國稱荊的原由。由此推斷，《穀梁》以稱荊為「狄之」之說恐不妥。

*十有一年，春，王正月。

*夏，五月戊寅，公敗宋師于鄑❶。

內事不言戰，舉其大者❷。其日，成敗之也❸，宋萬之獲❹也。

＊秋，宋大水❺。

外災不書，此何以書？王者之後❻也。高下有水災，曰大水。

＊冬，王姬歸于齊。

其志，過我❼也。

【注釋】❶鄑　魯地，處宋、魯之間，當在今山東省西南部，與莊公元年之鄑非一地。❷舉其大者　列舉交戰之重要結局。❸成敗之也　通過正規交戰打敗宋國。成，按范甯說，指約定日期，列成陣式，不用詐術偷襲的正規交戰。而《左傳》記此事則說：「宋師未陳而薄之，敗諸鄑。」正是採用突然襲擊戰術取勝的，兩說相反。《左傳》直書其事。《穀梁》與范注則是拘於書日之例，未能關注史實，其說欠妥。❹宋萬之獲　宋萬被魯俘獲。宋萬，宋大夫南宮長萬，南宮為氏，萬是名，長是字。在乘丘之役中，被魯公射傷後被俘。❺宋大水　一般情況，外諸侯國受災，不予記載，此為特例，《左傳》以為魯公派人前往慰問，故作記載，較合情理。❻王者之後　殷王的後代。❼過我　經過魯國。

【語譯】＊十一年，春，周曆正月。

＊夏，五月戊寅日，魯公在鄑地打敗宋軍。

經書內事不稱交戰，只列舉交戰的大結局。記載此次交戰日期，因為是通過正規交戰打敗宋國，並俘獲了宋萬。

＊秋，宋國發生大水災。

外諸侯國受災不記載，此處為什麼作了記載？因為宋國是殷王的後代。高處和低處都發生水災，叫大水。

＊冬，王姬出嫁到齊國。

記載此事，因為經過魯國。

*十有二年，春，王三月，紀叔姬歸于酅❶。

國而曰歸，此邑也，其曰歸何也？吾女也。失國，喜得其所，故言歸焉爾。

*夏，四月。

*秋，八月甲午，宋萬弒其君捷及其大夫仇牧❷。

宋萬，宋之卑者也，卑者以國氏。及其大夫仇牧，以尊及卑❸也。仇牧閑也❹。

*冬，十月，宋萬出奔陳。

【注釋】❶紀叔姬歸于酅　紀叔姬投奔到酅邑。紀叔姬，魯公之女嫁往紀國為紀侯夫人。莊公四年，齊滅紀，叔姬暫依魯國母家，今由魯至酅，投奔紀侯弟紀季處棲身。酅，地名，見莊三年注⑯。❷宋萬弒其君捷及其大夫仇牧　宋萬殺了他的國君捷和他的大夫仇牧。捷，宋閔公名。仇牧，宋大夫，聞君被難，帶兵往救，為宋萬所殺。❸以尊及卑　由尊貴者及於卑下者。指經記此事由君捷及於大夫仇牧。❹仇牧閑也　仇牧為捍衛其君之人。閑，防禦；捍衛。《史記·宋世家》：「大夫仇牧聞之，以兵造公門。萬搏牧，牧齒著門闔死。」

【語譯】*十二年，春，周曆三月，紀叔姬投奔到酅邑。

對國而言可稱歸，此為城邑，也稱歸，為什麼？因為是魯公之女也。紀叔姬失去她的國家，今喜得安身之所，因此稱歸。

*夏，四月。

*秋，八月甲午日，宋萬殺了國君捷及其大夫仇牧。

宋萬，宋國職位低下之人，職位低下之人用國名作他的姓氏。「及其大夫仇牧」，表明由尊貴者及於低下者。仇牧是捍衛其君之人。

＊冬，十月，宋萬出逃到陳國。

＊十有三年，春，齊人、宋人、陳人、蔡人、邾人會于北杏❶。

是齊侯、宋公❷也，其曰人何也？始疑之❸。何疑焉？桓非受命之伯❹也，將以事授之者也，曰可矣乎？未乎❺？舉人❻，眾之辭也。

＊夏，六月，齊人滅遂❼。

遂，國也。其不日，微國也。

＊秋，七月。

＊冬，公會齊侯盟于柯❽。

曹劌之盟❾也，信齊侯也。桓盟雖內與不日❿，信也。

【注釋】❶北杏　齊地，當在今山東省東阿縣境。由齊桓公主持的諸侯北杏之會，目的在於平定宋國發生宋萬弒君之亂。❷是齊侯宋公　經文之「齊人、宋人」應是齊侯、宋公。《左傳》作「齊侯、宋人」。其實稱人之國可能都是國君赴會。❸始疑之　開始懷疑齊桓公。❹桓非受命之伯　齊桓公不是受命周天子的諸侯霸主。❺可矣乎未乎　這樣作可以呢還是不可以。❻舉人　稱齊侯為齊人，表明是眾人推舉之辭也。❼遂　媯姓國，虞舜之後代。其地當在今山東省寧陽縣西北，與肥城縣接界地域。❽柯　齊邑，故城當在今山東省陽穀縣東北五十里之阿城鎮。❾曹劌之盟　曹劌參加了此次盟會。《公羊傳》稱曹劌為曹子，對其在會上的活動作了詳細敘述。曹劌首見於《左傳》莊公十年長勺之戰，莊公採納他的意見，以弱勝強，打敗齊軍。

❿桓盟雖內與不日　齊桓公主持的這次盟會雖然是魯公參與，卻沒有記載日期。

【語譯】＊十三年，春，齊人、宋人、陳人、蔡人、邾人在北杏會見。

所說「齊人、宋人」，是指齊侯、宋公，此處稱人，為什麼？因為開始對齊桓公有懷疑。為什麼懷疑他？因為他不是周天子授命的諸侯霸主，只是把一些事交給他去辦，他作霸主可以呢？還是不可以？把齊侯稱為齊人，表明是眾諸侯推舉的一種說法。

＊夏，六月，齊人滅掉遂國。

遂，國家名。滅遂國不書日，因為是小國。

＊秋，七月。

＊冬，魯公會見齊侯，並在柯地結盟。

曹劌參加了此次盟會，齊侯很守信。齊桓公主持的這次盟會雖是魯公參與，卻沒有記載日期，因為守信故不記日。

＊十有四年，春，齊人、陳人、曹人伐宋❶。

＊夏，單伯會伐宋❷。

會，事之成❸也。

＊秋，七月，荊入蔡❹。

荊者楚也，其曰荊何也？州舉之❺也。州不如國❻，國不如名，名不如字。

*冬，單伯會齊侯、宋公、衛侯、鄭伯于鄄❼。

復同會也。

【注　釋】❶伐宋　攻伐宋國。去年冬，宋違背北杏之盟，故今春齊人率諸侯之師來伐。❷單伯會伐宋　單伯會同諸侯之師攻伐宋國。單伯，周大夫。據《左傳》言，此次伐宋，「齊請師于周」，蓋齊欲尊崇天子，假王命以示大順，故請師。周派單伯來會伐，表示支持。會，表示諸侯伐宋已經完成，單伯才到來。❸事之成　伐宋之事已經完成。❹荊入蔡　楚軍入侵蔡國。有關此次楚軍入蔡緣由，見本年及莊十年《左傳》。❺州舉之　用州名舉稱國名。莊十年傳以楚稱荊為「狄之」，此則以所處州名舉稱國名，應以此為是。❻州不如國　以州名代國名不如直稱國名。❼鄄　衛國地名，故城當在今山東省鄄城縣西北。此次周大夫與諸侯會見，因宋國服罪。

【語　譯】*十四年，春，齊人、陳人、曹人攻伐宋國。

*夏，單伯會同諸侯之師伐宋。

會之意表示伐宋之戰事已然完成。

*秋，七月，楚師侵入蔡國。

荊就是楚國，此處稱荊，為什麼?是用州名舉稱國名。用州名代國名不如直稱國名，直稱國名不如稱國君之名，稱國君名不如稱國君之字。

*冬，單伯在鄄地會見齊侯、宋公、衛侯、鄭伯。

又一次共同聚會。

*十有五年，春，齊侯、宋公、陳侯、衛侯、鄭伯會于鄄❶。

復同會也。

*夏，夫人姜氏如齊。

婦人既嫁不踰竟，踰竟非禮也。

*秋，宋人、齊人、邾人伐郳❷。

*鄭人侵宋❸。

*冬，十月。

【注釋】❶會于鄄　去冬諸侯會鄄，以周大夫單伯為主，此次以齊侯為首，則是諸侯信服齊桓公，推之為霸主。故《左傳》稱此會為「齊始霸」之標誌，是符合實際的。❷郳　宋之附庸國，其地無考。因叛宋而被伐。❸鄭人侵宋　鄭人入侵宋國。鄭乘宋師與諸侯伐郳之隙，入侵宋國。

【語譯】*十五年，春，齊侯、宋公、陳侯、衛侯、鄭伯在鄄地會見。

又一次共同聚會。

*夏，夫人姜氏去往齊國。

婦女出嫁後不越出國境，越出國境不合乎禮。

*秋，宋人、齊人、邾人攻伐郳國。

*鄭人入侵宋國。

*冬，十月。

【說明】魯莊公九年，齊國內亂，齊襄公庶子小白奪得君位，是為齊桓公。當時的形勢是，南方楚國日漸強大，不斷向北擴張，與中原諸國發生衝突。戎狄勢力也很強，從北方、西方向中原進犯，對中原各國構成嚴重威脅。正如《公羊傳》所描述的，「南夷與北狄交，中國不絕若線」（僖四年）。因此，中國諸侯為求自身的生存與發展，亟需一位有威望的領袖，把大家團結起來，共同對抗夷狄，保衛中原文化，這一歷史重任就落在齊桓公頭上。

從本年起，桓公成為諸侯霸主，在位四十三年，對這一時期錯綜紛紜的歷史進程，發揮了主宰支配作用。他任用管仲為相，銳意改革，國力日強。以尊周室、攘夷狄為號召，協同中原諸侯的力量，一致對外。助燕國打敗北戎，營救邢國和衛國，阻止戎狄對中原的進犯。聯合中原諸國對抗楚國，和楚國訂立召陵之盟。還安定周王室之亂。多次與諸侯盟會，所謂九合諸侯，一匡天下，成為春秋時代第一位聲名顯赫、大有作為的霸主。桓公與管仲開創的齊文化，具有沿海文化的開放性和注重功利、法制的特點，可以和魯文化形成互補，是中國傳統文化的重要組成部分。

＊十有六年，春，王正月。

＊夏，宋人、齊人、衛人伐鄭❶。

＊秋，荊伐鄭❷。

＊冬，十有二月，會齊侯、宋公、陳侯、衛侯、鄭伯、許男、曹伯、滑伯、滕子同盟于幽❸。

同者有同也❹，同尊周也。不言公，外內寮一疑之也❺。

＊邾子克卒。

其曰子，進之❻也。

【注　釋】❶伐鄭　此次伐鄭，宋為兵主，是對上年鄭侵宋之報復。❷荊伐鄭　楚師攻伐鄭國。鄭厲公歸國，告楚較晚，楚以為不敬而伐之。❸會齊侯句　此句「會」字前無主語，有說「公」字被省略，有說魯公未與此會，尚無定說。滑伯，滑國君主。滑，姬姓國，都於費，又稱費滑。費之故址當在今河南省偃師縣之緱氏鎮。幽，宋地。❹同者有同也　同的意思是表明有相同目的，即共同尊周。此為解釋「同盟于幽」中「同」字之義。❺外內寮一疑之也　遠近諸侯都一致懷疑魯公是否能擁戴齊桓公。寮，同「僚」。諸侯之間互為同僚。外內僚指遠處和近處之諸侯。❻進之　把爵位封贈給郳君。

【語　譯】＊十六年，春，周曆正月。

＊夏，宋人、齊人、衛人攻伐鄭國。

＊秋，楚國攻伐鄭國。

＊冬，十二月，會合齊侯、宋公、陳侯、衛侯、鄭伯、許男、曹伯、滑伯、滕子一同在幽地結盟。同的意思是表明有相同目標，就是共同尊周室。沒提到魯公參加盟會，因為遠近諸侯都一致懷疑魯公能否擁戴齊桓公。

＊郳國君主克死去。此處稱郳君爵位「子」，表明周王把爵位進封給他。

＊十有七年，春，齊人執鄭詹❶。

人者，眾辭也；以人執❷，與之辭也。鄭詹，鄭之卑者，卑者不志，此其志何也？以其逃來，志之也。逃來則何志焉？將有其末❸，不得不錄其本❹也。鄭詹，鄭之佞人❺也。

*夏，齊人殲于遂❻。

殲者盡也，然則何為不言遂人盡齊人也？無遂之辭也。無遂則何為言遂？其猶存遂❼也。存遂奈何？曰齊人滅遂，使人戍之，遂之因氏❽飲戍者酒而殺之，齊人殲焉。此謂狎敵❾也。

*秋，鄭詹自齊逃來❿。

逃義曰逃⓫。

*冬，多麋⓬。

【注　釋】❶齊人執鄭詹　齊人拘捕了鄭國之鄭詹。鄭詹，一說為鄭國執政大臣，因伐宋，不朝齊，故詣齊被執。一說為鄭之卑微者，因佞被執。❷以人執　稱由人拘捕他。❸將有其末　將要記載他的結局。❹本　事之起始。❺佞人　善於花言巧語阿諛奉承之人。❻齊人殲于遂　齊人在遂地被全部殲滅。殲，殺盡。❼其猶存遂　這就好像還存在遂國。❽因氏　遂國之故家舊族。據《左傳》，參與此事者有「因氏、頜氏、工婁氏、須遂氏」。❾狎敵　輕敵。❿逃來　逃到魯國來。⓫逃義曰逃　逃避正義之懲處叫作逃。⓬多麋　多麋鹿為害莊稼。周曆之冬相當夏曆之秋，成熟穀物為麋鹿破壞。麋，麋鹿，俗稱四不像，當時此種野獸極普遍。

【語　譯】*十七年，春，齊人拘捕了鄭國之鄭詹。

人的意思是表明人數眾多之辭。稱由人拘捕他，是表示贊許之辭。鄭詹，鄭國官爵較低下之人，經對官爵低者不記載，此處作了記載，為什麼？因為他逃到魯國來，而加以記載。逃來魯國為何就要記載？將要記載其結局，不得不記載其起始。鄭詹是鄭國善於花言巧語阿諛奉承之小人。

＊夏，齊人在遂地被全部殺光。

殲的意思是殺盡，那麼為什麼不說遂國人殺光了齊國人呢？這是沒有遂國的一種說法。沒有遂國為什麼還要稱遂？這就好似還存在遂國。存在遂國又怎樣呢？回答說：齊人滅亡遂國，派人去戍守，遂之舊族因氏招待齊國戍守兵士飲酒而把他們殺死，齊人被殲滅。這是由齊人輕敵造成的。

＊秋，鄭詹由齊國逃來魯國。

逃避正義之懲治叫作逃。

＊冬，多麋鹿為害莊稼。

＊十有八年，春，王三月，日有食之❶。

不言日，不言朔，夜食❷也。何以知其夜食也？曰：王者朝日❸，故雖為天子，必有尊❹也；貴為諸侯，必有長❺也。故天子朝日，諸侯朝朔❻。

＊夏，公追戎于濟西❼。

其不言戎之伐我，何也？以公之追之，不使戎邇於我也。于濟西者，大之❽也。何大焉？為公之追之也。

＊秋，有蜮❾。

一有一亡❿曰有。蜮，射人者也。

【注　釋】❶日有食之　此次為西元前六七六年四月十五日之日全蝕。全蝕發生在十六時二十二分，非在夜間。未書日與朔，為「官失之」。（據楊伯峻《春秋左傳注》）❷夜食　日蝕發生在夜裡。此說屬臆測。❸王者朝日　古代帝王有祭日之禮。《禮記・玉藻》：天子「玄端而朝日於東門之外，聽朔於南門之外。」在日始出時進行朝日之禮，發現日蝕虧缺處尚未復原，由此得知日蝕是發生在夜裡。此層意思《穀梁》並未直接說出，而是由范甯、鄭玄補足的。這些說法並未提出可靠依據，皆為推測之辭。❹必有尊　必定有所尊奉。如朝日之類。❺必有長　必定有所崇尚。❻朝朔　每年季冬，諸侯在太廟聽天子頒布明年十二月之朔日，諸侯受而藏於祖廟，遵照奉行。❼濟西　濟水以西的地域。濟水，古與江、淮、河四瀆並稱。濟水源出河南濟源縣王屋山，其故道本過黃河而南，東流至山東，與黃河並行入海，後下游為黃河所奪，唯河北發源處尚存。❽大之　戎人兵力強大。❾有蜮　發生蜮之災害。蜮有二說：一說為食苗的害蟲。《呂氏春秋・任地》：「大草不生，又無螟蜮。」高誘注：「蜮或作螣，食心曰螟，食葉曰蜮。」另說為古代傳說中一種能以氣射人的小動物。張華《博物志・異蟲》：「江南山溪水中，有射工蟲，甲蟲之類也。長一二寸，口中有弩形，以氣射人影，隨所著處發瘡，不治則殺人。」❿一有一亡　時有時無。

【語　譯】＊十八年，春，周曆三月，發生日蝕。

沒有記載日子，也沒有記載初一，因日蝕發生在夜間。怎麼知道日蝕發生在夜間？回答說：帝王有祭日之禮，因此，雖然是天子，也必定有所尊奉；貴為諸侯，也必定有所崇尚。因此天子要行祭日典禮，諸侯要行朝朔之禮。

＊夏，魯公在濟水以西一帶追逐入侵之戎人。

沒有記載戎人攻伐魯國，為什麼？因為魯公率師追逐他們，不使他們靠近魯國。在濟水以西追逐戎人，是說戎人兵力強大。何以知道戎人兵力強大？因為魯公親自領兵追擊他們。

＊秋，發生蜮之災害。

時有時無稱有。蜮，一種能射人致病的動物。

*十有九年，春，王正月。

*夏，四月。

*秋，公子結媵陳人之婦于鄄❶，遂及齊侯、宋公盟。

媵，淺事❷也，不志，此其志何也？辟要盟❸也。何以見其辟要盟也？媵，禮之輕者也；盟，國之重也，以輕事遂乎國重❹，無說❺。其曰陳人之婦，略之❻也。其不日，數渝❼，惡之也。

*夫人姜氏❽如莒。

婦人既嫁不踰竟，踰竟非正也。

*冬，齊人、宋人、陳人伐我西鄙❾。

其曰鄙，遠之也。其遠之何也？不以難邇我國❿也。

【注釋】❶公子結媵陳人之婦于鄄　魯大夫公子結護送魯女陪嫁陳君夫人到鄄地。公子結，魯大夫。媵，古時諸侯娶於一國，二國以庶出之女陪嫁稱媵。此為衛女嫁於陳侯為夫人，魯送女陪嫁。鄄，衛國地名，見莊十四年注❼。❷淺事　微末小事。❸辟要盟　迴避要求結盟本意。蓋魯公欲與齊、宋結盟，又恐不許而失體面，故命公子結以送女陪嫁為名，與齊、宋接觸，相機行事。❹以輕事遂乎國重　用辦理小事名義而去專主國家重大事情。❺無說　沒有作另外解說。❻略之　忽略她。❼數渝　很快改變。指公子結與齊、宋所訂盟約很快遭到背棄。數，快。❽夫人姜氏　文姜，莊公之母。❾西鄙　魯西部邊界之地。❿不以難邇我國　沒有使災難靠近魯國都城。

【語譯】＊十九年，春，周曆正月。

＊夏，四月。

＊秋，魯大夫公子結護送魯女陪嫁陳君夫人到鄄地，於是和齊侯、宋公結盟。送女陪嫁是微末小事，不該作記載，此處作了記載，為什麼？用以迴避要求與齊、宋結盟真意也。何以見得這是要迴避要求結盟之意？因為送女陪嫁，是禮儀中輕微小事；而與諸侯結盟，卻是國家重大事情。用辦理小事名義而去專主國家大事，又沒有作另外說明，可見是迴避要求結盟之意。稱作陳人之婦，是忽略不看重之意。此次結盟沒有書日，因為盟約很快被背棄，表示對背盟之事的憎惡。

＊夫人姜氏到莒國去。婦女出嫁後不能越出國境，越出國境不合於正道。

＊冬，齊人、宋人、陳人攻伐魯國西部邊境。稱為鄙，是那個地方很遙遠。那地方很遙遠又怎樣呢？就是還沒有使災難逼近魯國都城。

＊二十年，春，王二月，夫人姜氏如莒。婦女既嫁不踰竟，踰竟非正也。

＊夏，齊大災❶。其志，以甚也。

＊秋，七月。

＊冬，齊人伐我❷。

【注釋】❶齊大災　齊國發生大災害。考《春秋》稱災多指火災，此亦當為火災。❷我　《左傳》作「戎」。「我」字當為「戎」字之誤，詳見鍾文烝《穀梁補注》。

【語譯】*二十年，春，周曆二月，夫人姜氏去往莒國。婦女出嫁後不越出國境，越出國境不合正道。

*夏，齊國發生大災害。記載此事，因為災情特別嚴重。

*秋，七月。

*冬，齊人攻伐戎人。

*二十有一年，春，王正月。

*夏，五月辛酉，鄭伯突卒。

*秋，七月戊戌，夫人姜氏薨。婦人弗目❶也。

*冬，十有二月，葬鄭厲公。

【注釋】❶弗目　不記載死於何地。

【語譯】*二十一年，春，周曆正月。

*夏，五月辛酉日，鄭伯突死。

*秋，七月戊戌日，夫人姜氏死。

婦人不記載死於何地。

＊冬，十二月，安葬鄭厲公。

＊二十有二年，春，王正月，肆大眚❶。

肆，失❷也；眚，災❸也。災紀也❹，失故也❺，為嫌天子之葬也❻。

＊癸丑，葬我小君文姜❼。

小君，非君也，其曰君何也？以其為公配❽，可以言小君也。

＊陳人殺其公子禦寇❾。

言公子而不言大夫，公子未命為大夫也。其曰公子何也？公子之重視大夫❿，命以執公子⓫。

＊夏，五月。

＊秋，七月丙申，及齊高傒盟于防⓬。

不言公，高傒伉⓭也。

＊冬，公如齊納幣⓮。

納幣，大夫之事也。禮有納采⓯，有問名⓰，有納徵⓱，有告期⓲，四者備而後娶，禮也。公之親納幣，非禮也，故譏之。

【注釋】❶肆大眚　赦免有大罪之人。❷失　通「逸」。放掉、赦免之意。❸災　罪惡。此指犯罪之人。❹災紀也　犯罪之人應繩之以法紀。❺失故也　赦免犯罪者是有原因的。❻為嫌天子之葬也　為避免夫人葬禮有違背天子所定葬禮之嫌疑。意思是諸侯國大赦罪人必稱天子之命令，夫人有罪亦在當赦之列。既已被赦，則為其舉行葬禮便不違禮。❼葬我小君文姜　舉行我小君文姜之葬禮。小君，諸侯夫人之稱。❽配　配偶。❾公子禦寇　陳宣公太子，宣公有嬖姬生子款，欲立為君，乃殺其太子禦寇。陳人諱殺太子，以公子訃告於魯，故書為公子禦寇。❿公子之重視大夫　公子地位之重可視為與大夫相比並。⓫命以執公子　受命之大夫可以按照公子之禮對待。⓬及齊高傒盟于防　及齊國高傒在防地結盟。高傒，齊國太公後嗣公子高之孫，以高為氏，又稱高敬仲。高氏、國氏世代為齊上卿。防，地名，當在今山東省費縣東北四十里。⓭伉　傲慢驕橫。有輕侮魯君之意。⓮納幣　古代婚禮有六禮，即納采、問名、納吉、納徵（又稱納幣）、請期、親迎。納幣者，納吉之後，男方擇日具書，派人送聘禮於女家，女家受物覆書，婚姻乃定。⓯納采　經男方向女方提親，女方同意後，男方備好禮品，派人送往女家，作為正式求婚之禮儀。⓰問名　男方具書派人到女方家，問女之名，女方覆書，具告女之出生年月和生母姓氏。⓱納徵　即納幣。⓲告期　又稱請期。男方卜得迎娶吉期，備禮派人告於女家。為尊重女家，男家不直接告以吉期，而是先請得女家同意，然後告知，故稱請期。

【語譯】*二十二年，春，周曆正月，赦免犯有大罪之人。

肆的意思就是赦免，眚的意思就是犯罪。犯罪之人本該繩之以法紀，赦免他們是有原因的，是為避免夫人葬禮有違背天子所定葬禮之嫌疑。

*癸丑日，舉行我小君文姜之葬禮。

小君，不是國君，又稱之為君，為什麼？因其為國君之配偶，可以稱她為小君。

*陳國人殺了他們的公子禦寇。

稱公子而不稱大夫，因為公子禦寇尚未被任命為大夫。稱他公子，為什麼？因為公子地位之重可視為與大夫相比並，受命之大夫可以按公子之禮對待。

＊夏，五月。

＊秋，七月丙申日，及齊國高傒在防地結盟。

沒有提到魯公，因為高傒態度傲慢驕橫，輕侮魯公。

＊冬，魯公去齊國饋送訂婚聘禮。

饋送聘禮，這是大夫的職事。婚禮有納采，有問名，有納徵，有告期，這四項都做得完備而後迎娶，才合乎禮。魯公親自去齊國饋送聘禮，不合禮，故書以譏刺他。

＊二十有三年，春，公至自齊。

＊祭叔來聘❶。

其不言使何也？天子之內臣❷也，不正其外交❸，故不與使也。

＊夏，公如齊觀社❹。

常事曰視，非常曰觀❺。觀，無事之辭❻也。以是為尸女❼也，無事不出竟。

＊公至自齊。

公如往時，正也❽。致月，故也❾。如往月致月❿，有懼焉爾。

＊荊人來聘⓫。

善累而後進之⓬，其曰人何也？舉道不待再⓭。

*公及齊侯遇于穀⑭。

及者，內為志焉爾。遇者，志相得⑮也。

*蕭叔朝公⑯。

微國之君，未爵命者。其不言來，於外⑰也。朝於廟，正也；於外，非正也。

*秋，丹桓宮楹⑱。

禮，天子諸侯黝堊⑲，大夫倉⑳，士黈㉑，丹楹非禮也。

*冬，十有一月，曹伯射姑卒。

*十有二月甲寅，公會齊侯盟于扈㉒。

【注釋】❶祭叔來聘　祭叔來魯聘問。祭叔，天子畿內諸侯，不在周王朝任職。❷內臣　周天子王畿內之諸侯稱為內臣，以與畿外諸侯相別。❸不正其外交　他們自行與諸侯交往不合正道。❹觀社　觀看祭祀社神。祭祀社神為齊國大型綜合性民俗活動，有宗教祭祀、軍事演練、男女相聚遊觀等活動。❺常事曰視二句　見隱五年注❷、❸。❻觀無事之辭　觀是表明沒有什麼重要事情的文辭。❼以是為尸女　由此得知魯公此行主要在於與齊女私會。尸，主。❽公如往時正也　如記載公出行季節，就表明一切正常。❾致月故也　記載回國後祭告祖廟月份，就表明發生了變故。❿如往月致月　如果記載出行月份和回來祭告祖廟的月份。⓫荊人來聘　楚國派人來魯聘問。楚與魯交通由此始。⓬善累而後進之　善行積累而後才薦舉他。⓭舉道不待再　薦舉其遵行大道不必等待再一次。意為楚國派人來聘問，表明其嚮往禮義，有此表現就應薦舉，不用等再一次。⓮穀　齊地，即今山東省東阿縣舊治。⓯志相得　彼此心志相契合。⓰蕭叔朝公　蕭叔朝見魯公。蕭，宋之附庸國，其地在今安徽省蕭縣。蕭叔又名蕭叔大心，蕭國之君，其事跡《左傳》莊公十二年有載。⓱於外　在魯國都城以外地方朝見。⓲丹

桓宮楹　用朱紅色漆塗飾魯桓公廟之楹柱。丹，塗飾成朱紅色。桓宮，魯桓公廟。楹，廳堂前柱。⓳黝堊　黑色楹柱，白色牆壁。黝，黑色。堊，白土，用作塗牆。⓴倉　青色。㉑黈　黃色。㉒扈　鄭地。

【語　譯】＊二十三年，春，魯公由齊國返回。

＊祭叔來魯聘問。

此不稱使為什麼？因為祭叔是天子之內臣，他自行與諸侯交往不合正道，故不用使字。

＊夏，魯公去齊國觀看祭祀社神。

關注常規之事稱視，關注非常規之事稱觀。觀是表明沒有什麼重要事情的文辭。由此得知魯公此行主要在與齊女私會，國君沒有重要事情不可以越出國境。

＊魯公從齊國返回。

魯公出行如記載季節，就表明一切正常。記載返國祭告祖廟月份，表明發生了變故。如果記載出行月份和返回祭告祖廟月份，則表明有所危懼。

＊楚國派人來魯聘問。

善行積累而後才薦舉他，此處稱楚人，為什麼？薦舉遵行大道之人不必等待第二次。

＊魯公及齊侯在穀地相遇。

及的意思是說此次相遇是出於魯公的意願。遇的意思是雙方心志相契合。

＊蕭叔朝見魯公。

蕭叔是微小國家的君主，周天子未授予爵命。此處沒有說來魯，因為是在都城以外地方朝見的。在祖廟行朝見之禮，才合乎正道；在外地朝見，不合正道。

＊秋，用朱紅色漆塗飾魯桓公廟之楹柱。

按禮制，天子諸侯廟堂前柱漆成黑色，牆壁塗成白色，大夫廟楹柱漆成青色，士廟楹柱漆成黃色，將楹柱漆成朱紅色是不合禮制的。

*冬，十一月，曹伯射姑死。

*十二月甲寅日，魯公會見齊侯，並在扈地結盟。

*二十有四年，春，王三月，刻桓宮桷❶。

禮，天子之桷斲之礱之❷，加密石焉❸；諸侯之桷，斲之礱之；大夫斲之，士斲本❹，刻桷非正也。夫人所以崇宗廟也，取非禮與非正而加之於宗廟，以飾夫人❺，非正也。刻桓宮桷，丹桓宮楹，斥言桓宮❻，以惡莊也。

*葬曹莊公。

*夏，公如齊逆女❼。

親迎❽，恆事也，不志，此其志何也？不正其親迎於齊也❾。

*秋，公至自齊。

迎者行見諸❿，舍見諸⓫，先至非正也⓬。

*八月丁丑，夫人姜氏入⓭。

入者，內弗受⓮也。日入，惡入者也。何用不受也？以宗廟弗受也。其以宗廟弗受何也？娶仇人子弟以荐舍於前⓯，其義不可受也。

*戊寅，大夫宗婦覿⑯，用幣⑰。

覿，見也。禮，大夫不見夫人⑱。不言及，不正其行婦道⑲，故列數之⑳也。男子之贄㉑，羔鴈雉腒㉒；婦人之贄，棗栗鍛脩㉓。用幣，非禮也。用者不宜用者也㉔。大夫國體㉕也，而行婦道，惡之，故謹而日之也。

*大水。

*冬，戎侵曹，曹羈出奔陳㉖，赤歸于曹郭公㉗。

赤蓋郭公也，何為名也？禮，諸侯無外歸之義，外歸非正也。

【注釋】❶刻桓宮桷　把桓公廟之方椽雕刻成紋飾。刻，雕刻。桷，方形房椽。❷斲之礱之　砍削和磨光。❸加密石焉　在上面鑲嵌細石。❹士斲本　士之椽只須對木料加以砍削，使兩端粗細相應即可。❺以飾夫人　用以誇耀夫人。❻斥言桓宮　斥責對桓宮的非禮雕飾。❼女　齊襄公女哀姜，嫁與魯莊公為夫人。❽親迎　古代婚禮六禮之一。夫婿於親迎日公服至女家，迎新娘入室，行交拜合巹之禮，稱親迎。❾不正其親迎於齊也　以魯公親自去齊國迎娶不合正道。憎惡莊公娶仇家之女且親迎，書以譏之。❿迎者行見諸　迎娶者在道路上可以看見她。諸，即之，代表新娘。迎娶者的車子隨新娘車後。⓫舍見諸　住宿時可以看見她。⓬先至非正也　魯公先回，沒有和夫人同至，不合於禮。⓭夫人姜氏入　夫人姜氏入魯國。姜氏，莊公夫人哀姜。入，桓三年文姜用「至」，此用「入」，《公》、《穀》對此皆有說。實際入與至恐怕沒有什麼分別，以此立說多屬臆測。⓮內弗受　魯人對哀姜不願接受。⓯荐舍於前　進獻安放祭品於桓公神主前。⓰大夫宗婦覿　同宗大夫妻子前來相見。大夫宗婦，同姓大夫之正妻。同姓中之遠支為同姓，近支為同宗。宗婦則是與君關係較近同姓大夫之正妻。覿，相見。⓱用幣　用玉帛之類作為見面禮品。⓲大夫不見夫人　大夫不私下與君夫人相見。《穀梁》解「大夫宗婦」為大夫和宗婦。⓳不正其行婦道　以大夫私見君夫人為不合正道。大夫見君夫人即是男行婦道。⓴列數之　不分男女尊卑，並列敘述他們。㉑贄禮物之總稱。贄，本作「摯」，古人相見，手摯禮物表示誠敬，所執禮物按身分高低貴賤各有不同。㉒羔鴈雉腒　卿執羔羊，大夫執雁，士執雉。腒，乾雉，士夏季用腒備腐臭也。㉓腶脩　把果肉果仁等搗碎加薑桂製成的果脯。㉔用者不宜用者也　用字意思是表示不該用。此釋「用幣」，按禮，諸侯執玉，諸侯太子與孤卿執帛。幣為玉帛，只有諸侯及其太子、孤卿才有資格執此禮物，大夫宗婦不可用此。㉕國體　國家的體面。㉖曹羈出奔陳　曹羈出逃到陳國。曹羈，曹君世子，一說曹之賢大夫。㉗赤歸于曹郭公　赤投奔到曹國，郭公。此句經有闕文，故解說不一。《公羊傳》以赤為郭公之名，郭公為失地之君主。《穀梁》亦以此說為是，並作了補充說明。賈逵以為赤是戎人之外孫，戎人侵曹，逐羈而立赤。郭公，學者多以為史之闕文，如桓十四年「夏五」同類，應本「疑以傳疑」之旨，不強為說解。

【語譯】＊二十四年，春，周曆三月，把桓公廟之方椽雕刻成紋飾。

按禮制，天子宮廟之方椽，要經過砍削磨光，在上面鑲嵌細石；諸侯廟之方椽只須砍削磨光，大夫之椽只須砍削成方形，士之椽只須把木料砍削成兩端粗細相應即可，在方椽上雕刻紋飾不合乎禮。夫人將來是要尊奉宗廟的，採取不合乎禮、不合乎正道作法加給宗廟，用以誇耀夫人，不是正禮。雕飾桓公廟之方椽，把桓公廟楹柱漆成朱紅色，記此以斥責對桓宮的雕飾，用以表明對莊公之憎惡。

＊安葬曹莊公。

＊夏，魯公去齊國迎娶齊女。

親自迎娶，本屬常事，不需記載，此作了記載，為什麼？以魯公親往齊國迎娶仇家之女不合正道。

＊秋，魯公由齊國返回。

迎娶者在途中可以看見新娘，住宿時可以看見新娘，魯公先回，未和夫人同回，不合於禮。

＊八月丁丑日，夫人姜氏進入魯國。

入的意思是表明魯人對哀姜不願接受。記載進入魯國之日子，表示憎惡她進入。魯人為什麼不願接受她？因為宗廟不肯接受她。宗廟不肯接受她，為什麼？娶仇人女兒來進獻擺放祭品於桓公神主之前，這在道義上是不能接受的。

*戊寅日，同宗大夫之正妻來與夫人相見，用玉帛作為見面禮品。覿就是相見。按禮制，大夫不可以私下與君夫人相見。此處不稱大夫及夫人，以大夫行婦道為不正，因此不分男女尊卑，並列敘述他們。男子所執禮物有羔羊、大雁、野雞和乾雉肉，婦女所執禮物有大棗、栗子和果肉果仁加薑桂製成的果脯。用玉帛為禮物，不合乎禮。用字意思是表示不應該用。大夫代表國家的體面，卻按婦女之禮行事，為表明對此憎惡，故而謹慎地記載其日期。

*發生大水災。

*冬，戎人侵犯曹國，曹羈出逃到陳國，赤投奔到曹國郭公。

赤也許就是郭公名，為什麼稱名？按禮，諸侯沒有投奔外國之義，投奔外國不合正道。

*二十有五年，春，陳侯使女叔❶來聘。

其不名何也？天子之命大夫也。

*夏，五月癸丑，衛侯朔卒。

*六月辛未，朔，日有食之，鼓❷，用牲于社❸。

言日言朔，食正朔也。鼓，禮也；用牲，非禮❹也。天子救日，置五麾❺，陳五兵五鼓❻；諸侯置三麾，陳三鼓三兵；大夫擊門，士擊柝❼，言充其陽❽也。

*伯姬歸于杞❾。

其不言逆，何也？逆之道微❿，無足道焉爾。

*秋，大水。鼓，用牲于社、于門⓫。

高下有水災，曰大水。既戒鼓而駭眾⓬，用牲可以已矣。救日以鼓兵⓭，救水以鼓眾。

*冬，公子友如陳⓮。

【注釋】❶女叔 陳國之卿，女為其氏，叔為表字。不稱其名而稱字，表示嘉許之意。❷鼓 擊鼓。按禮，日蝕時天子伐鼓於社，諸侯用幣於社，伐鼓於朝。❸用牲于社 在社稷壇用犧牲舉行祭祀。按禮，日蝕時諸侯只能用玉帛不能用犧牲祭祀於社壇。❹用牲非禮 用犧牲祭於社壇不合於禮。❺置五麾 以五色旗幡置於社壇五方。❻五兵五鼓 五兵，五種兵器，一般指矛、戟、鉞、盾、弓矢。五鼓，東方青鼓、南方赤鼓、西方白鼓、北方黑鼓、中央黃鼓。❼柝 巡夜人敲擊之木梆。❽充其陽 充實太陽之陽氣。古人以為聲音可以壯陽抑陰。❾伯姬歸于杞 伯姬嫁往杞國。伯姬，魯莊公長女，嫁給杞成公為夫人。❿逆之道微 迎娶之道微而不顯。⓫鼓用牲于社于門 擊鼓，在社壇和城門用犧牲祭祀。按禮只有發生日蝕、月蝕才擊鼓，發生水旱災只用玉帛為祭，不用犧牲。上述作法皆不合於禮。⓬戒鼓而駭眾 用擊鼓警戒驚動民眾躲避水災。⓭救日以鼓兵 援救太陽擊鼓以陳列兵器。⓮公子友如陳 魯公子友去陳國。是對陳女叔來聘之回訪。公子友，桓公幼子，莊公弟，字季，其後嗣以季為氏，世專魯政。

【語譯】*二十五年，春，陳侯派女叔來魯聘問。

沒有稱他的名字，為什麼？因為他是天子賜命的大夫。

*夏，五月癸丑日，衛侯朔死。

*六月辛未日，初一，發生日蝕。擊鼓，在社稷壇用犧牲進行祭祀。

既稱日又稱初一，表明日蝕正發生在初一。擊鼓是合乎禮的，用犧牲不合乎禮。天子援救日，把五色旗幡安置於社壇五方，陳列五種兵器和五色鼓；諸侯安置三色旗幡，陳列三種兵器和三色鼓；大夫敲擊門扉，士敲擊木梆，說這是為了充實太陽之陽氣。

＊伯姬嫁往杞國。

此未言迎娶之事，為什麼？因為迎娶之道微而不顯，沒有什麼值得稱道的。

＊秋，發生大水災。擊鼓，在社壇和城門用犧牲進行祭祀。

高處和低處都受水災，稱為大水。既然已經擊鼓驚動民眾躲避水災，用犧牲祭祀就可以停止了。援救太陽擊鼓以陳列兵器，援救水災擊鼓以驚眾。

＊冬，公子友到陳國去。

＊二十有六年，春，公伐戎。

＊夏，公至自伐戎。

＊曹殺其大夫。

言大夫而不稱名姓，無命大夫❶也。無命大夫而曰大夫，賢也，為曹羈崇也❷。

＊秋，公會宋人、齊人伐徐❸。

＊冬，十有二月，癸亥朔，日有食之。

【注釋】❶無命大夫　沒有受命於周天子的大夫。曹為小國，二卿皆命於君，無命於天子者。❷為曹羈崇也　為推崇曹羈。按傳意，被殺者即是曹羈，因其賢而稱大夫。據孫覺《春秋經解》言，《春秋》所載殺大夫三十八次，不名三次，並非因賢，而是因「史失之也」。《左傳》文七年又說殺非其罪者不名，應以此說當之。❸徐　國名，嬴姓。相傳周穆王封徐偃王子宗為徐子，其封國為徐。故址在今安徽省泗縣西北五十里。

【語譯】＊二十六年，春，魯公攻伐戎人。

＊夏，魯公由伐戎返國。

＊曹人殺掉其大夫。

稱大夫而不稱名姓，因其不是受命周天子的大夫，未受命周天子大夫而稱為大夫，因其賢德，是為了推崇曹羈。

＊秋，魯公會同宋人、齊人攻伐徐國。

＊冬，十二月，癸亥日，初一，發生日蝕。

＊二十有七年，春，公會杞伯姬于洮❶。

＊夏，六月，公會齊侯、宋公、陳侯、鄭伯，同盟于幽❷。

同者有同也❸，同尊周也，於是而後授之諸侯❹也。其授之諸侯何也？齊侯得眾也。桓會不致❺，安之也；桓盟不日，信之也。信其信，仁其仁，衣裳之會十有一❻，未嘗有歃血之盟也❼，信厚也。兵車之會四❽，未嘗有大戰也，愛民也。

＊秋，公子友如陳，葬原仲❾。

言葬不言卒，不葬者也❿。不葬而曰葬，諱出奔也⓫。

＊冬，杞伯姬來⓬。

＊莒慶來逆叔姬⓭。

諸侯之嫁子於大夫，主大夫以與之⓮。來者接內⓯也，不正其接內，故不與夫婦之稱也。

*杞伯來朝。

*公會齊侯于城濮⓰。

【注　釋】❶公會杞伯姬于洮　魯公在洮地會見杞伯姬。杞伯姬，魯公長女嫁與杞侯為夫人，此為父女會面。洮，魯地，一說在今山東省舊濮陽縣西南五十里。一說在山東省泗水縣之桃墟。❷幽　宋地。莊公十六年幽之會，齊桓公始霸，諸侯還有懷疑不信任者，今則一致擁戴其為霸主。❸同者有同也　同的意思是有共同目標。❹於是而後授之諸侯　從此以後把統領諸侯之權授給他。❺桓會不致　魯公與齊桓公為首之諸侯聚會，返回時不記載其祭告祖廟。❻衣裳之會十有一　諸侯間以禮交好的聚會有十一次。據范甯注，十一次會為莊十三年會北杏、十四年會鄄、十五年又會鄄、十六年會幽、二十七年又會幽、僖元年會檉、二年會貫、三年會陽穀、五年會首戴、七年會寧毋、九年會葵丘。中間有幾次會，說法不一，不煩述。❼歃血之盟也　諸侯微飲牲血，或以牲血塗口旁表示信誓，由此結盟為歃血之盟。❽兵車之會四　出動兵車，為征伐而會，有四次。據范甯注，四次為僖八年會洮、十三年會鹹、十五年會牡丘、十六年會淮。❾葬原仲　安葬原仲。原仲，陳大夫。外大夫之葬，經不書，此所以書是為公子友去陳提出根據。❿不葬者也　不該記載其葬禮之人。⓫諱出奔也　諱言公子友出奔，用參加原仲葬禮掩飾。據《公羊傳》載，公子慶父、公子牙、公子友皆為莊公母弟，慶父、牙與夫人哀姜私通，威脅莊公地位。公子友無力制止，又不忍心坐視而出逃。⓬杞伯姬來　杞伯姬回母家省親。⓭莒慶來逆叔姬　莒慶來魯國迎娶叔姬。莒慶，莒大夫。叔姬，莊公女。大夫為自己迎娶稱女之字，為君迎娶稱女，此是莒慶自為迎娶也。⓮主大夫以與之　由本國大夫為他們主婚。因男女雙方有君臣之別，故由大夫主婚。⓯來者接內　稱來是表示來魯國與魯君為禮。⓰城濮　衛地，故地在今河南省范縣南。

【語　譯】*二十七年，春，魯公在洮地會見杞伯姬。

*夏，六月，魯公會見齊侯、宋公、陳侯、鄭伯，共同在幽地結盟。

同的意思是有共同目標，即共同尊奉周天子，從此以後把統領諸侯之權授給齊桓公。把統領諸侯之權授給齊桓公，為什麼？因為他得到眾多諸侯之擁戴。魯公與齊桓公為首的諸侯聚會，返回時不記載祭告祖廟，表明此會很安全；魯公與桓公結盟不記載日期，因為都能守信。諸侯信賴桓公之信義，喜愛桓公之仁德。齊桓公倡導的諸侯間以禮交好的聚會有十一次，其中不曾有過歃血為盟之事，因為信義深厚。出動兵車為征伐而會有四次，也未曾有過大規模交戰，以愛惜民眾。

*秋，公子友到陳國去，參加原仲之葬禮。

只書安葬不書死亡，表明他是不該記載葬禮之人。不該書葬而又書葬，是為了諱言公子友出逃陳國。

*冬，杞伯姬回母家省親。

*莒慶來魯國迎娶叔姬。

諸侯嫁女給他國大夫，由本國大夫為他們主婚。稱來的意思是表明來魯與魯君為禮，大夫與君為禮不合正禮，因此不用夫婦稱謂。

*杞伯來魯朝見。

*魯公在城濮會見齊侯。

*二十有八年，春，王三月甲寅，齊人伐衛❶。

*衛人及齊人戰，衛人敗績。

於伐與戰，安戰也❷？戰衛❸。戰則是師也，其曰人何也？微之❹也。何為微之也？今授之諸侯，而後有侵伐之事，故微之也。其人衛何也？以其人齊，不可不人衛也。衛小齊大，其以衛及之何也？以其微之，可以言及也。其稱人以敗何也？不以師敗於人也。

＊夏，四月丁未，邾子瑣卒。

＊秋，荊伐鄭。

荊者楚也，其曰荊，州舉之也。

＊公會齊人、宋人救鄭。

善救鄭也。

＊冬，築微❺。

山林藪澤之利，所以與民共也。虞之❻，非正也。

＊大無麥禾❼。

大者有顧之辭❽也，於無禾及無麥也。

＊臧孫辰告糴于齊❾。

國無三年之畜，曰國非其國也。一年不升❿，告糴諸侯。告請也，糴糴⓫也。不正，故舉臧孫辰以為私行⓬也。國無九年之畜曰不足，無六年之畜曰急，無三年之畜曰國非其國也。諸侯無粟，諸侯相歸粟⓭，正也。臧孫辰告糴于齊，告然後與之，言內之無外交⑭也。古者稅什一⑮，豐年補敗⑯，不外求而上下皆足也。雖累凶年⑰，民弗病⑱也。一年不艾⑲而百姓饑，君子非之。不言如，為內諱⑳也。

【注釋】❶齊人伐衛　齊人攻伐衛國。此次齊伐衛是遵奉周惠王命令而為。《左傳》莊二十七年冬，「王使召伯廖賜齊命，且請伐衛，以其立子頹也。」為此，齊於二十八年伐衛。惠王所以要命齊伐衛，是因莊十九年，衛、燕曾以武力介入周之內亂，驅逐惠王，擁立子頹。故惠王借齊侯力給予懲戒。❷安戰也　在何地交戰。安，哪裡；何處。❸戰衛　在衛國都城外交戰。❹微之　賤視他；卑視他。傳以為稱「齊人」是表明對齊侯侵衛之卑視，但伐衛是遵王命伐有罪，不在《春秋》當貶之例，傳之解不妥。❺築微　在微地築城。微，《左傳》作「郿」，二字本相通假。郿在今山東省壽張廢縣治南。❻虞之　設置山林沼澤之官加以看管。築微城的目的或即為虞人看管山林沼澤，禁民入內之用。❼大無麥禾　麥和穀類皆無收成。禾，黍稷稻菽粱統稱禾。❽有顧之辭　有所等待之文辭。麥無收成，又待禾無收成，方用「大」字。❾臧孫辰告糴于齊　臧孫辰向齊國請求購買糧食。臧孫辰，魯大夫，又名臧文仲，為魯孝公後代。告，請。糴，購買穀物。❿一年不升　一年沒有收成。升，穀物成熟。⓫糴糴　糴的意思就是買入穀物。⓬私行　私自行動，不是奉君命而為。臧孫辰告糴於齊雖是奉君命，經諱言之，因魯一年無收成就向鄰國購糧，這是君之恥辱。⓭歸粟　饋送糧食。⓮內之無外交　魯公與鄰國沒有友好交往。魯饑，諸侯無有饋送糧食者，要請求後才給與。⓯古者稅什一　古時實行什一之稅。什一稅即十分取一的納稅制度。《孟子・滕文公上》：「夏后氏五十而貢，殷人七十而助，周人百畝而徹，其實皆什一也。」詳見宣公十五年注⑭「初稅畝」。⓰豐年補敗　豐收之年補足災荒之年。敗，凶年；災年。⓱累凶年　連續遭遇災年。⓲病　困窮。⓳艾　收穫。⓴為內諱　為魯公失政隱諱。

【語譯】＊二十八年，春，周曆三月甲寅日，齊人攻伐衛國。

＊衛人和齊人交戰，衛人潰敗。

齊軍攻伐衛國，與衛軍交戰，戰場在何地呢？在衛國都城外面。交戰必是軍隊交鋒，此稱人，為什麼？表明對齊侯之卑視。為什麼卑視齊侯？因為剛剛把諸侯交給他，隨後就發生侵伐他國之事，因此卑視他。其對衛國也稱人，為什麼？因為對齊國稱人，對衛國不可不稱人。衛國弱小，齊國強大，此稱衛人及齊人，為什麼？因為卑視齊侯，就可以說及齊人。此稱衛人敗，為什麼？表明不是眾多軍隊為齊所敗。

＊夏，四月丁未日，邾子瑣死。

＊秋，荊國攻伐鄭國。

荊即是楚國，此曰荊，是舉州名以稱謂其國。

＊魯公會同齊人、宋人援救鄭國。

記載此事表明對救鄭之贊許。

＊冬，在微地築城。

山林沼澤之物產，是用來與民眾共享的。設置虞人加以看守，不合正道。

＊麥和穀類都沒有收成。

大的意思是有所等待之辭，就是待穀類和麥類都絕收時才用大字。

＊臧孫辰向齊國請求購入糧食。

國家如果沒有三年糧食積蓄，叫作國非其國。魯國僅僅一年沒有收成，就向諸侯請求購糧。告就是請求，糴就是購入糧食。魯國作法不合正道，因此舉出臧孫辰來，好像購入糧食是他私自行動。國家沒有九年的糧食儲備，就叫不豐足；沒有六年儲備，叫作危急；沒有三年儲備，就叫國非其國。一個諸侯國沒有糧食，其他諸侯國就饋送給他，這是合乎正道的。臧孫辰向齊國請求購糧，請求之後才給予他，這就說明魯公與鄰國沒有友好外交。古時候實行什一之稅，用豐收之年補足災荒之年，不須向外求購糧食而上下豐足。雖連續遭遇災年，民眾也不會困窮。魯國只一年沒有收穫而百姓飢餓，因此君子非難莊公。不稱臧孫辰去某國，為魯公失政隱諱。

*二十有九年，春，新延廄❶。

延廄者，法廄❷也。其言新，有故也。有故則何為書也？古之君人者，必時視民之所勤❸。民勤於力，則功築罕❹；民勤於財，則貢賦少；民勤於食，則百事廢❺矣。冬築微，春新延廄，以其用民力已悉❻矣。

*夏，鄭人侵許。

*秋，有蜚❼。

一有一亡曰有。

*冬，十有二月，紀叔姬卒。

*城諸及防❽。

可城❾也，以大及小❿也。

【注釋】❶新延廄　重新建造延廄。廄，馬棚。新，原物已壞，不可用，重新更造之意。延，馬棚名。❷法廄　法定之馬廄。據《周禮・夏官・校人》：「天子十有二閑（馬廄），馬六種；邦國六閑，馬四種；家（卿大夫采邑）四閑，馬二種。」延廄即為魯國法定六閑。❸所勤　所勞苦之事。❹功築罕　動用民力的土木工程建築，如築城之類就應該減少。❺百事廢　君臣服食之事，一切從儉。《禮記・玉藻》：「年不順成，君布衣搢本，關梁不租，山澤列而不賦，土功不興，大夫不得造車馬。」以示與民休戚與共，節儉度荒。❻悉　竭盡。❼有蜚　發生蜚蟲之災。蜚，害蟲名，屬蜻類，體輕如蚊，形橢圓，會飛，發惡臭，群集食稻花，令稻不實。❽城諸及防　在諸地和防地築城。諸，魯邑，故城在今山東省諸城縣西南三十里，石屋山東北，濰河南。防，魯邑，在今山東省費縣東北四十餘里。❾可城　可以築城。冬季為農閒季節，不違農時，築城是可以的。❿以大及小　由大邑到小邑。諸邑比防邑大，故先諸後防。

【語　譯】＊二十九年，春，重新建造延廄。

延廄就是魯國法定之馬廄。此言重新建造，是說原本有舊廄。有舊馬廄今重造，為什麼要記載呢？古代為人之君的人，必須時時考察民眾所勤苦之事。民眾苦於勞力，則土木工程建築之類就要減少；民眾苦於無財，則貢物賦稅就應減輕；民眾苦於無食，則君臣上下服食之類一切從儉。去冬在微地築城，今春又新造延廄，其使用民力已近竭盡了。

＊夏，鄭人入侵許國。

＊秋，有蜚蟲之災。

時而有時而無的事物出現了，就稱有。

＊冬，十二月，紀叔姬死。

＊在諸地和防地築城。

此季節可以築城。先說諸後說防，是由大邑到小邑也。

＊三十年，春，王正月。

＊夏，師次于成❶。

次，止也，有畏❷也，欲救鄣而不能❸也。不言公，恥不能救鄣也。

＊秋，七月，齊人降鄣❹。

降猶下❺也，鄣，紀之遺邑也。

*八月癸亥，葬紀叔姬。

不日卒而日葬，閔紀之亡❻也。

*九月庚午朔，日有食之。鼓用牲于社❼。

*冬，公及齊侯遇于魯濟❽。

及者，內為志焉爾；遇者，志相得也。

*齊人伐山戎❾。

齊人者，齊侯也，其曰人何也？愛齊侯乎山戎❿也。其愛之何也？桓內無因國⓫，外無從諸侯，而越千里之險，北伐山戎，危之也。則非之乎？善之也。何善乎爾？燕，周之分子⓬也，貢職不至⓭，山戎為之伐⓮矣。

【注釋】❶師次于成　魯師駐紮在成地。成，魯北境近齊之邑，在今山東省寧陽縣北。❷有畏　有所畏懼。懼齊之強大。❸欲救鄣而不能　想救援鄣邑而力所不能。鄣，本為紀國之邑，故地在今山東省東平縣東，與成邑鄰近。紀滅亡後，鄣附於魯。齊將併鄣，魯欲救援，懼齊而止。❹降鄣　使鄣歸降。❺下　攻下之意。❻閔紀之亡　憐憫紀國之滅亡。❼鼓用牲于社　擊鼓，在社稷壇用犧牲祭祀社神。❽魯濟　濟水在春秋時流經齊、魯、曹、衛諸國，流經今山東省巨野縣、廢壽張縣、東平縣一段，穿過曹、魯之境，稱魯濟。❾山戎　北狄之一支，約活動在今河北省東部遷安、盧龍、灤縣一帶。❿愛齊侯乎山戎　愛護身處山戎之地的齊侯。愛惜齊侯，不肯使其孤軍涉險，故稱人，好像是地位較低者領兵前往。⓫內無因國　在山戎內沒有依靠之國。⑫燕周之分子　燕國是周室之後代子孫。燕為姬姓國，為周太保召康公之後，成王所封。⑬貢職不至　進貢之職責不能上達周室。⑭山戎為之伐　因山戎伐燕，使燕與周王室阻隔不通，齊為此而伐山戎。

【語譯】＊三十年，春，周曆正月。

＊夏，魯師駐紮在成地。

次的意思就是停止，表明有所畏懼，想去救援鄣邑而又力所不能。不說是魯公，是以不能救援鄣邑為恥。

＊秋，七月，齊人迫使鄣邑歸降。

降的意思如同攻下。鄣，為紀國之遺邑。

＊八月癸亥日，安葬紀叔姬。

沒有記載叔姬死亡之日，卻記載其安葬之日，這是表示憐憫紀國之滅亡。

＊九月庚午日，初一，發生日蝕。擊鼓，並在社壇用犧牲祭祀社神。

＊冬，魯公與齊侯在魯濟相遇。

及的意思是表明此次相遇是出於魯公的意願，遇的意思是說雙方意願相契合。

＊齊人攻伐山戎。

齊人指的就是齊侯，此稱齊人，為什麼？是愛護身處山戎之地的齊侯。為什麼愛護齊侯？因為齊桓公在山戎內沒有可依靠之國，又沒有其他諸侯之師從行，而孤軍跨越千里險途，北伐山戎，是危險之事呀。那麼這是責難他嗎？是嘉獎他。為什麼要嘉獎他？因為燕國是周王室之後代子孫，因受山戎侵擾而貢職不達於周室，齊國為此而伐山戎。

＊三十有一年，春，築臺于郎❶。

＊夏四月，薛伯卒。

*築臺于薛❷。

*六月，齊侯來獻戎捷❸。

齊侯來獻捷者，內齊侯❹也。不言使，內與同❺，不言使也。獻戎捷，軍得曰捷，戎菽❻也。

*秋，築臺于秦❼。

不正罷民三時❽，虞山林藪澤之利。且財盡則怨，力盡則懟❾，君子危之，故謹而志之也。或曰倚諸桓❿也。桓外無諸侯之變，內無國事，越千里之險，北伐山戎，為燕辟地。魯外無諸侯之變，內無國事，一年罷民三時，虞山林藪澤之利，惡內也。

*冬，不雨⓫。

【注釋】❶築臺于郎　在郎地築臺。郎，在魯都南郊之邑。臺，高而上平的建築物，供眺望和觀賞之用。❷薛　魯邑，其地不詳。❸獻戎捷　奉獻戰勝戎人之所獲。❹內齊侯　把齊侯視為自家人。內與外相比較而言，內本國外諸夏，則是以魯為內；內中國外夷狄，則齊亦為內也。❺內與同　伐山戎之役，魯公與齊侯共同謀劃。去冬魯公與齊侯遇於魯濟，即是謀伐山戎。齊來獻捷亦與此相關。據《說苑・權謀》載，齊欲伐山戎，請魯同往，魯許之而不行。齊得勝回來欲討魯，管仲說：「不可。諸侯未親，今又伐遠而還誅近鄰，鄰國不親，非霸王之道也。君之所得山戎之寶器者，中國之所鮮也，不可以不進周公之廟乎！」桓公乃分寶獻魯云云，可作此參照。❻戎菽　戎地之豆類，俗稱胡豆。❼秦　今山東省范縣舊城南古有秦亭，當即指此。❽罷民三時　在春夏秋三季疲勞民力。罷，同「疲」。三時指春夏秋農作之季節。❾對　怨恨。❿倚諸桓　與桓公所行相異。倚，通「畸」。異也。⓫不雨　沒有降雨。

【語譯】＊三十一年，春，在郎地築臺。

＊夏，四月，薛伯死。

＊在薛地築臺。

＊六月，齊侯來奉獻戰勝戎人之所獲。

說齊侯來獻捷，是把齊侯作自家人看待。不稱派使臣來，因為魯公與齊侯共同謀劃，故不稱使臣。獻戎捷，軍隊所獲之物品稱捷，有胡豆之類也。

＊秋，在秦地築臺。

在春夏秋三季節疲勞民力，設置虞人看守山林沼澤之物產，不合於正道。而且財物竭盡民眾就要抱怨，民力耗盡民眾就要怨恨，君子對此危懼，故而謹慎地加以記錄。有人說魯公與齊桓公所行相異。桓公外面沒有諸侯擾亂，內部沒有國事紛爭，能跨越千里險地，北伐山戎，為燕國開闢疆土。魯國外無諸侯擾亂，內無國事紛爭，卻在一年四季中三個季節疲勞民力，設虞人看守山林沼澤物產，記此表明對莊公之憎惡。

＊冬，沒有降雨。

＊三十有二年，春，城小穀❶。

＊夏，宋公、齊侯遇于梁丘❷。

遇者，志相得也。梁丘在曹、邾之間，去齊八百里，非不能從諸侯而往也❸。辭所遇❹，遇所不遇❺，大齊桓也。

*秋，七月癸巳，公子牙卒❻。

*八月癸亥，公薨于路寢❼。

路寢，正寢也。寢疾❽居正寢，正也。男子不絕于婦人之手❾，以齊終❿也。

*冬，十月乙未，子般卒⓫。

子卒日正⓬也，不日故也，有所見則日⓭。

*公子慶父如齊。

此奔也⓮，其曰如何也？諱莫如深⓯，深則隱，苟有所見，莫如深也。

*狄伐邢。

【注釋】❶小穀　魯邑，曲阜西北有小穀城，當指此。《左傳》：「城小穀，為管仲也。」以為齊邑，恐不合經意。❷梁丘　宋邑，在今山東省成武縣東北三十里，其地今有梁丘山。❸非不能從諸侯而往也　不是不能使諸侯聽從而要親自前往。據《左傳》載：齊侯要召集諸侯盟會，報復楚之伐鄭，宋公想先與齊侯相見，故齊侯親往梁丘。齊侯為霸主，本可令宋公前來，他親自前往表示對諸侯之尊重，不擺霸主架子，正表明齊侯之賢。❹辭所遇　辭謝途中所遇諸侯，不與相見。❺遇所不遇　去與未相遇之宋公相見。❻公子牙卒　公子牙死。公子牙，魯莊公母弟，因欲立慶父為嗣君，引起莊公不滿，莊公謀於公子季友，季友派人毒死叔牙，立其子為叔孫氏。❼路寢　天子、諸侯之正寢，寢即居室。諸侯有三寢，正寢一，燕寢二，平日居燕寢，齋戒及疾病居路寢。莊公死於路寢為善終。❽寢疾　臥病。❾男子不絕于婦人之手　男子不死於婦人之手。此為古人慎終之義，就是說男人病重一定要送往正寢，由男人服侍他死去，臨終時不可用女人服侍，以免褻瀆其靈魂。❿齊終　身心整潔而死。齊，通「齋」。齋戒。⓫子般卒　子般死。子般，魯莊公子。其母孟任，為莊公所愛，欲立其子為君，莊公死後，季友立之，不久即為慶父派人所殺。⓬子卒日正　諸侯之子死記載日期，表明死得其正。⓭有所見則日　有所預見則書日。子般被弒非得正，本不應書日，此書日則是有所預見之事將要發生，即指稍後之閔公被弒事。⓮此奔也　這是畏罪逃亡。考之魯史，子般被弒後，季友奔陳，慶父立叔姜子開為君，其去齊當是尋求霸主的支持，並非逃亡。⓯諱莫如深　諱言之事莫如深深隱瞞，不使人知。

【語　譯】＊三十二年，春，在小穀築城。

＊夏，宋公、齊侯在梁丘相遇。

遇的意思是雙方心意契合。梁丘在曹國和邾國之間，距離齊國約八百里，齊侯不是不能使諸侯聽從而要親自前往。他辭謝途中諸侯不見，專程去與未相遇之宋公相見，這種記載是尊崇齊侯。

＊秋，七月癸巳日，公子牙死。

＊八月癸亥日，魯公逝於正寢。

路寢就是正寢。臥病時居住在正寢，是合於正道的。男子不死於婦人之手，要身心整潔而死。

＊冬，十月乙未日，子般死。

諸侯之子死記載日期，表明死得其正；不記載日期，說明發生變故。有所預見之事要發生，亦書日。

＊公子慶父去往齊國。

這本是畏罪逃亡，此稱如，為什麼？諱言之事莫如深深隱藏，深藏則能隱密，如果有所顯現，也不如深藏得其義。

＊狄人攻伐邢國。

閔公

【題解】閔公名啟方，《史記．魯世家》名開，莊公之子，哀姜之妹叔姜所生。即位時約八歲，在位二年為慶父所弒，諡號閔公，《史記》作湣公。

魯莊公夫人哀姜無嗣，莊公死後，季友遵先君遺願立子般為君，不久即為慶父所殺。慶父另立閔公，二年又殺之。公子季友立僖公，殺慶父，使魯亂平定。

此時期狄人頻繁入侵，伐邢又伐衛，齊侯援衛救邢，發揮霸主的重要作用，威望日高。晉國實力不斷增強，開始在諸侯爭霸中顯露頭角。

*元年❶，春，王正月。

繼弒君，不言即位，正也。親之非父❷也，尊之非君❸也，繼之如君父也者，受國❹焉爾。

*齊人救邢。

善救邢也❺。

*夏，六月辛酉，葬我君莊公❻。

莊公葬而後舉諡❼，諡所以成德也，於卒事乎加之矣❽。

*秋，八月，公及齊侯盟于洛姑❾。

盟納季子❿也。

*季子來歸。

其曰季子，貴之也。其曰來歸，喜之也。

*冬，齊仲孫來⓫。

其曰齊仲孫，外之⓬也。其不目⓭，而曰仲孫，疏之也。其言齊，以累桓⓮也。

【注釋】❶元年　西元前六六一年，周惠王十六年，齊桓公二十五年，晉獻公十六年，衛懿公八年，鄭文公十二年，曹昭公班元年，陳宣公三十二年，杞惠公十二年，宋桓公二十一年，秦成公三年，楚成王十一年，許穆公三十七年。❷親之非父　從親緣關係講不是父親。子般為閔公之庶兄。❸尊之非君　從尊卑關係講不是國君。子般即位不久被殺，莊公未葬，不得稱君。閔公未受其封，無君臣之分。❹受國　從他那裡接受國家權力。❺善救邢也　嘉許齊人救邢之舉。❻葬我君莊公　諸侯五月而葬，莊公死於去年八月，至今已十月，因魯亂之故，是以緩葬。❼舉謚　選定謚號。參見桓十八年注❿。❽於卒事乎加之矣　在葬禮完畢後加給他。❾洛姑　齊地，在今山東省平陰縣境。❿盟納季子　公與齊侯洛姑之盟，為接納季子回魯國。季子即公子季友，又稱成季，當時出逃在陳。季子，是一種尊貴之稱謂。⓫齊仲孫來　齊國仲孫來魯。仲孫，齊大夫仲孫湫，不稱其名，表示尊崇。來魯是為探問魯國之難。⓬外之　把他視為外人。《公》、《穀》皆以仲孫為慶父，因其連殺二君，不把他視為國人。⓭不目　不把他看作公子慶父。⓮以累桓　以此連累齊桓公。因齊容留赦免魯之罪人慶父，亦有罪責。

【語譯】*元年，春，周曆正月。

繼承被弒之君不稱即位，這是常例。從血統關係講，子般不是閔公之父；從尊卑關係講，子般不算國君，閔公之所以像繼承君父一樣繼承子般，因為是從他那裡接受國家權力呀。

＊齊人援救邢國。
表明贊許齊人救邢之舉。
＊夏，六月辛酉日，舉行魯莊公之葬禮。
安葬莊公而後選定他的謚號，謚號是用來完善美德，在葬事完畢後加給他。
＊秋，八月，魯公與齊侯在洛姑相盟。
相盟目的是接納季子回魯國。
＊季子回到魯國。
稱其為季子，表示尊貴。稱其為來歸，表示歡迎他。
＊冬，齊國仲孫來魯國。
稱慶父為齊仲孫，是把他視為外國人。不把他作慶父看，而稱他作仲孫，是表示疏遠他。此言齊仲孫，用以連累桓公，表示對桓公之譴責。

【說　明】本年八月，魯公與齊侯盟於洛姑，目的是接納季友歸國。對此史事看法大體一致。但閔公當時只有八、九歲，內政主於哀姜，外政操縱於慶父，閔公年幼，沒有自行決策的見解與權力，此次盟會如何而起呢？綜合推斷可能是季友請求陳國出面，徵得齊侯同意，由齊侯召魯公而相盟的。以後發生齊仲孫湫來魯探究魯難真相，回報稱「不去慶父，魯難未已」。以及慶父殺閔公、齊侯殺哀姜等事件，把這些聯繫起來分析，說明齊侯是支持季友一派，反對慶父的，也證明洛姑之盟起因於齊侯。

關於仲孫身分問題，《左傳》以為齊大夫仲孫湫，《公》、《穀》以為公子慶父，為此引發種種紛爭，各有理由，莫衷一是。考之《春秋》，魯莊三十二年載：「冬，公子慶父如齊。」隔年對同一人稱齊仲孫，次年又稱「公子慶父出奔莒」，如此不統一，豈不是自造混亂嗎？且當時魯國政局動盪，人心不穩，慶父是左右局面的人物，怎能放心離開一年之久。慶父又名共仲，其後代稱仲孫氏，為魯國最有權勢三家之一，但稱慶父為仲孫卻無先例。《左傳》所載與史實、情理皆能相合，應從之。

*二年，春，王正月，齊人遷陽❶。

*夏，五月乙酉，吉禘于莊公❷。

吉禘者，不吉者也❸。喪事未畢而舉吉祭，故非之也。

*秋，八月辛丑，公薨❹。

不地，故也。其不書葬，不以討母葬子❺也。

*九月，夫人姜氏孫于邾❻。

孫之為言猶孫也，諱奔也。

*公子慶父出奔莒。

其曰出，絕之❼也，慶父不復見矣。

*冬，齊高子來盟❽。

其曰來，喜之也。其曰高子，貴之也。盟立僖公也。不言使何也？不以齊侯使高子❾也。

*十有二月，狄入衛❿。

＊鄭棄其師⓫。

惡其長也⓬，兼不反其眾⓭，則是棄其師也。

【注　釋】❶齊人遷陽　齊人迫使陽人遷徙而據其地。陽，姬姓國，故城在今山東省沂水縣西南。❷吉禘于莊公　為莊公神主入廟舉行大祭。吉禘，古禮三年之喪，二十五月而畢，舉行大祭，把新死者之神主送入祖廟，把遠主遷入太廟，審定昭穆之序，標誌喪服解除，稱為吉禘。莊公死於去年八月，至本年八月方合二十五月，可行吉禘，而於五月提前行之，不合於禮。❸吉禘者不吉者也　此記載吉禘是表明不吉之意。因為莊公死未滿二十五月，三年之喪未畢就提前舉行吉祭，是提早斷絕親情，不合孝道，故稱不吉。❹公薨　魯閔公死。閔公是被慶父與哀姜謀殺的。《史記・魯世家》：「湣公二年，慶父與哀姜通益甚。哀姜與慶父謀殺湣公而立慶父。慶父使卜齮襲殺湣公於武闈。……魯人欲誅慶父，慶父恐，奔莒……哀姜恐，奔邾。」❺不以討母葬子　不用討母之罪來完備子之葬禮。按《春秋》之例，君弒賊未討，不得書葬。參與殺害閔公的哀姜和慶父相繼被處死。但哀姜雖非閔公、僖公生母，卻是嫡母，為顧全母子人倫，不用討母罪來行子之葬禮，故不書葬。❻孫于邾　逃到邾國。孫，同「遜」。遜讓，逃走的一種隱諱說法。❼絕之　斷絕其與魯關係。❽齊高子來盟　齊國高子來魯相盟。高子，齊卿高傒，稱高子，尊貴之也。❾不以齊侯使高子　不把高子來魯結盟視為是受齊侯派遣前來。因為此次結盟目的是立僖公為魯君，如果高子以齊國使臣身分參加，則意味魯君之立是奉齊侯之命，是魯之恥，故諱之。❿狄人衛　狄人侵入衛國。衛懿公荒淫無道，人不為戰，故為狄人所殺，衛亦被滅。賴齊桓公援救，才得以復國。⓫鄭棄其師　鄭國遺棄了自己的軍隊。鄭文公討厭高克，命他率師駐守黃河邊，長久不召回，致使軍隊潰散，高克逃亡。記此事，譏刺鄭君臣離心，貽誤國事。⓬惡其長也　厭惡軍隊之首長。長指高克。⓭不反其眾　不召回他的兵眾。

【語　譯】＊二年，春，周曆正月，齊國迫使陽人遷徙而占有其地。

＊夏，五月乙酉日，為莊公神主入祖廟舉行大祭。

此記載吉禘是表明不吉之意。喪事還未完畢就舉行吉祭，因此責備他。

＊秋，八月辛丑日，魯閔公死。

沒有記載死亡地點，因為是被弒而死的。沒有記載他的葬禮，因為不能用討母之罪來完備兒子的葬禮。

＊九月，夫人姜氏逃到邾國去。

孫的意思如同說遜讓，是諱言逃亡的一種說法。

＊公子慶父出逃到莒國去。

稱出，表明斷絕與魯國聯繫，魯人不再與慶父相見。

＊冬，齊國高子來魯結盟。

稱來，表示歡迎他。稱高子，表示尊貴他。此次結盟是為立僖公為魯君事。不稱高子為使，為什麼？為了不把高子來魯視為受齊侯派遣。

＊十二月，狄人侵入衛國。

＊鄭國遺棄了自己的軍隊。

厭惡軍隊的官長，又不召回他的部眾，就是遺棄他的軍隊。

僖公

【題解】魯僖公名申，莊公之子，成風所生，為閔公庶兄，在位三十三年。

在此時期，由於各諸侯國發展不平衡和內外因素的作用，發生了大的動盪分化和組合，圍繞霸主的爭奪和更迭，演繹成豐富壯觀的歷史過程。《春秋》所確立的基本原則，也通過更多的歷史事件被揭示出來。

齊桓公繼續發展其霸業。北伐山戎以救燕，兩次伐狄救邢，助邢遷都築城，得以安定。又幫助被狄滅亡之衛復國，收到「邢遷如歸，衛國忘亡」的效果。還幫助周襄王穩定王位。面對不斷向北滲透之強楚，桓公組成諸侯聯盟，於僖四年伐蔡攻楚，雙方由春至夏，相持數月，迫使楚主動求和，訂立召陵之盟，抑制楚之北進勢頭。桓公晚年沉迷女色，死後諸子爭位，齊之霸主地位衰落。

繼之而起的宋襄公，聯合衛、曹、邾，以納太子為名攻齊成功，於是驕橫跋扈，以霸主自居。執滕君，殺鄫子，圍曹國，遭到諸侯反對。在泓之戰中，為楚所傷而死。

晉國在滅虢、虞二國後，勢力日強。接著發生驪姬之亂，使晉國動盪近二十年。晉文公復位後，在一批遠見卓識政治家、軍事家協助下，很快使晉國成為當時最強大的國家。藉平定周王室叛亂，安定襄王之機，提高威望。楚國在齊桓公死後，不斷向北推進，晉國要爭得霸主地位，與楚之戰勢所難免。僖二十八年，晉、楚之間發生城濮大戰，楚國大敗，晉文公之霸業達到頂峰。

秦國由於東進受阻，在西戎地方謀求發展，亦獲得很大成功。

此時尊王仍然是頗具號召力的旗幟，為霸主所高舉，為諸侯所遵奉。如僖八年洮之盟，把王人列在諸侯之首，「周室雖衰，必先諸侯」，「貴王命也」。如僖二十八年城濮戰後，晉文公召請周王參加踐土之盟，在與會者中不列周王，「諱會天王也」，把被召說成「天王守于河陽」，以尊周也。

對夷狄則取敵視態度，如僖二十一年，楚執宋公，派宜申來魯獻捷，經書「楚人使宜申來獻捷」，不提宋國。傳解曰：「其不曰宋捷，何也？不與楚捷於宋也。」因視楚為夷狄，故不贊許其勝宋。

對傳統禮制進行維護，對違禮僭越之行為進行譴責，仍是其一貫宗旨，不具體列舉。

*元年❶，春，王正月。

繼弒君，不言即位，正也。

*齊師、宋師、曹師次于聶北❷，救邢。

救不言次❸，言次非救也。非救而曰救，何也？遂❹齊侯之意也。是齊侯與❺？齊侯也。何用見其是齊侯也？曹無師，曹師者曹伯也。其不言曹伯，何也？以其不言齊侯，不可言曹伯也。其不言齊侯何也？以其不足乎揚❻，不言齊侯也。

*夏，六月，邢遷于夷儀❼。

遷者，猶得其國家以往者也；其地，邢復見❽也。

*齊師、宋師、曹師城邢。

是向之師❾也，使之如改事然❿，美齊侯之功也。

*秋，七月戊辰，夫人姜氏薨于夷⓫。

夫人薨不地，地故也⓬。

＊齊人以歸⑬。

不言以喪歸⑭，非以喪歸也。加喪焉⑮，諱以夫人歸也。其以歸，薨之也⑯。

＊楚人伐鄭⑰。

＊八月，公會齊侯、宋公、鄭伯、曹伯、邾人于檉⑱。

＊九月，公敗邾師于偃⑲。

不日，疑戰⑳也。疑戰而曰敗，勝內也。

＊冬，十月壬午，公子友帥師敗莒師于麗㉑，獲莒挐㉒。

莒無大夫㉓，其曰莒挐何也？以吾獲之目之㉔也。內不言獲㉕，此其言獲何也？惡公子之紿㉖。紿者奈何？公子友謂莒挐曰：「吾二人不相說，士卒何罪？」屏左右而相搏㉗，公子友處下。左右曰：「孟勞㉘！」孟勞者，魯之寶刀也，公子友以殺之。然則何以惡乎紿也？曰：棄師之道也。

＊十有二月丁巳，夫人氏之喪至自齊㉙。

其不言姜，以其殺二子，貶之也。或曰為齊桓諱殺同姓也。

【注釋】❶元年　西元前六五九年，周惠王十八年，齊桓公二十七年，晉獻公十八年，衛文公元年，蔡穆公十六年，鄭文公十四年，曹昭公三年，陳宣公三十四年，杞惠公十四年，宋桓公二十三年，秦穆公元年，楚成王十三年，許穆公三十九年。

❷聶北　齊地，約在今山東省聊城市西北。❸救不言次　救援不稱駐紮。因救援是急事，所謂救兵如救火，次則是停止，逗留觀望，用次含譏意。❹遂　順。❺是齊侯與　齊師是指齊侯嗎。❻不足乎揚　不值得宣揚。因諸侯之師遲疑觀望，救援不及時，不足稱揚。❼夷儀　邢地，故地在今山東省聊城縣西十二里。❽其地邢復見　記載遷往地點，因邢國以後還要出現。❾是向之師　是以前救邢之諸侯軍隊。向，從前、往昔之意。❿使之如改事然　使他們好像重新作了一件善事一樣。前者救邢不及時有貶意，今城邢，扶助滅國，則是彰其功績。⓫夫人姜氏薨于夷　夫人姜氏死於夷地。夫人姜氏，魯莊公夫人哀姜。夷，齊地。⓬地故也　記載死亡地點，表明被殺。哀姜為齊桓公之妹，因其與慶父通姦，謀殺閔公，為桓公召而酖殺之。⓭齊人以歸　齊人把哀姜遺體帶回都城。⓮不言以喪歸　不稱成喪而歸。《穀梁》以為歸是歸魯。齊國以哀姜罪重，處死後未行喪禮儀式，僅將遺體歸還魯國。⓯加喪焉　加成喪之禮於死者。⓰其以歸薨之也　加成喪之禮於死者，再歸於魯，才可以書薨。《穀梁》注重對喪字的辨析發揮，忽視史實過程，其說迂曲難通。可遵《左傳》之說。⓱楚人伐鄭　此前楚多稱荊，此後多稱楚。⓲檉　宋地，其地當在今河南省淮陽縣西北。此次諸侯集會是謀劃救鄭抗楚事。⓳偃　邾地，其地當在今山東省費縣南。⓴疑戰　不約定日期，突然偷襲之戰。此為魯軍要擊邾由虛丘撤防之兵。㉑麗　魯地。㉒獲莒挐　俘獲莒挐。獲，得敵之大夫，不論生死皆稱獲。莒挐，莒君之弟。㉓莒無大夫　莒國沒有受命天子之大夫。莒為小國，二卿皆命於君，無命於天子之卿，按例不當書莒挐之名於經。㉔目之　把他當大夫看待。旨在尊大季友之功績。㉕內不言獲　諸侯之間內戰不稱俘獲，稱獲則表示憎惡。㉖惡公子之紿　憎惡公子友之欺瞞行為。紿，欺騙。㉗相搏　相互徒手搏鬥。㉘孟勞　魯國寶刀名。㉙夫人氏之喪至自齊　夫人姜氏之遺體由齊送回魯國。七月哀姜被處死，停喪於齊。至十二月，魯國形勢穩定，魯僖公欲外結齊好，內存母子不絕之義，乃請還哀姜喪而葬之。

【語　譯】＊元年，春，周曆正月。

繼承被弒之君，不稱即位，是為常例。

＊齊軍、宋軍、曹軍駐紮在聶北，準備救援邢國。

救援不稱駐紮，稱駐紮就不是救援。不是救援而稱救援，為什麼？為了順齊侯之心意也。齊師是指齊侯嗎？是指齊侯。何以見得是指齊侯呢？因為此次曹國本無軍隊派出，曹師就是指曹伯。此不稱曹伯而稱曹師，為什麼？因為不稱齊侯，不可以稱曹伯。此不稱齊侯，為什麼？因為此事不值得宣揚，所以不稱齊侯。

＊夏，六月，邢國遷徙到夷儀去。

遷的意思如同使整個國家前往，記載遷往地點，表明邢國以後還要出現。

＊齊軍、宋軍、曹軍幫助邢國築城。

是以前救邢之軍，使他們好像重新作了一件善事，以此讚美齊侯之功績。

＊秋，七月戊辰日，夫人姜氏死於夷地。

夫人死不記載地點，記載地點表明非正常死亡。

＊齊人把哀姜遺體帶回齊都。

不言行喪禮而後歸還魯國，是沒行喪禮而還也。後來加成喪之禮於死者，諱言夫人未成喪而歸也。因加成喪之禮而歸，才可以書薨。

＊楚人攻伐鄭國。

＊八月，魯公在檉地與齊侯、宋公、鄭伯、曹伯、邾人相見。

＊九月，魯公率軍在偃地打敗邾國軍隊。

沒有記載交戰日期，因為是未約定日期的偷襲。偷襲而稱打敗邾軍，由於魯國取勝了。

＊冬，十月壬午日，公子友率軍在麗地打敗莒軍，俘獲莒挐。

莒國沒有受命於天子的大夫，本不應書名，此書莒挐，為什麼？因其被魯俘獲而把他當大夫看待。諸侯之間內戰不稱俘獲，此稱俘獲，為什麼？憎惡公子友之欺騙也。公子友是如何進行欺騙呢？公子友對莒挐說：「我們兩人不相和好，士兵們有什麼罪過？」於是屏退周圍之人，二人徒手相搏，公子友被壓在底下。隨從他的人喊：「孟勞！」孟勞是魯國寶刀名，公子友就用寶刀殺死莒挐。既然這樣，為什麼憎惡公子友之欺詐呢？回答說：這是拋棄軍隊的做法。

＊十二月丁巳日，夫人氏之遺體由齊國返回。

此不稱姜氏，因為她殺死二個兒子，而貶抑她。又有人說這是諱言齊桓公殺害同姓者。

*二年，春，王正月，城楚丘❶。

楚丘者何？衛邑也。國而曰城，此邑也，其曰城何也？封衛❷也。則其不言城衛何也？衛未遷也。其不言衛之遷焉，何也？不與齊侯專封❸也。其言城之者，專辭❹也。故非天子不得專封諸侯，諸侯不得專封諸侯。雖通其仁❺，以義而不與也。故曰仁不勝道❻。

*夏，五月辛巳，葬我小君哀姜。

*虞師、晉師滅夏陽❼。

非國而曰滅，重夏陽也。虞無師，其曰師何也？以其先晉，不可以不言師也。其先晉何也？為主乎滅夏陽也。夏陽者，虞、虢之塞邑❽也。滅夏陽而虞、虢舉❾矣。虞之為主乎滅夏陽何也？晉獻公❿欲伐虢，荀息⓫曰：「君何不以屈產之乘⓬、垂棘之璧⓭而借道乎虞也？」公曰：「此晉國之寶也，如受吾幣而不借吾道，則如之何？」荀息曰：「此小國之所以事大國也，彼不借吾道，必不敢受吾幣。如受吾幣而借吾道，則是我取之中府而藏之外府⓮，取之中廄而置之外廄⓯也。」公曰：「宮之奇⓰存焉，必不使受之也。」荀息曰：「宮之奇之為人也，達心而懦⓱，又少長於君⓲。達心則其言略，懦則不能彊諫，少長於君則君輕之。且夫玩好在耳目之前，而患在一國之後⑲，此中知以上乃能慮之，臣料虞君中知以下也。」公遂借道而伐虢。宮之奇諫曰：「晉國之使者，其辭卑而幣重，必不便於虞⑳。」虞公弗聽，遂受其幣而借之道。宮之奇諫曰：「語曰脣亡則齒寒，其斯之謂與！」挈其妻子以奔曹。獻公亡虢五年，而後舉虞㉑。荀息牽馬操璧而前曰：「璧則猶是也，而馬齒加長矣。」

*秋，九月，齊侯、宋公、江人、黃人盟于貫㉒。

貫之盟，不期而至者江人、黃人也。江人、黃人者，遠國之辭也。中國稱齊、宋，遠國稱江、黃，以為諸侯皆來至矣。

*冬，十月，不雨。

不雨者，勤雨㉓也。

*楚人侵鄭。

【注釋】❶城楚丘　在楚丘築城。衛國在狄人攻擊下，君死國滅。齊桓公率諸侯城楚丘，助衛復國。楚丘，衛地，在今河南省滑縣東。❷封衛　封建衛國。天子封建諸侯，分與土地，確立疆界，聚土為封以為標記，稱封國。衛雖為舊國，但君死國滅，如同重建，稱封衛。❸不與齊侯專封　不許齊侯專擅封建諸侯之權。因為只有周天子有此權力。❹專辭　專主之辭。指齊侯專主其事。❺通其仁　就仁而論事可通行。衛被滅，城楚丘，封衛以存之，體現齊桓公存亡繼絕之仁心，從這方面講，此事可行。❻仁不勝道　仁愛不能超越大道。因為大道是仁義禮之綜合，偏重於仁，忽略禮義，則不可。❼夏陽　又作「下陽」，虢國之邑，其地在今山西省平陸縣東北三十五里。❽塞邑　邊界上地勢險要之城邑。❾舉　攻克拔取。❿晉獻公　晉武公之子，名詭諸。其在位期間，用士蔿之謀，除掉群公子，加強公室力量，實力迅速增強，為其子文公霸業打下基礎。⓫荀息　晉大夫，又稱荀叔。⓬屈產之乘　屈邑所產之馬。屈為晉國靠近狄人邊界之邑，約在今山西省吉縣東北。此邑出駿馬。⓭垂棘之璧　垂棘出產的玉璧。垂棘，地名，在今山西省潞城縣北。此地出美玉。⓮府　府庫倉庫。用以儲藏珍寶。⓯廄　馬棚。用以飼養馬匹。⓰宮之奇　虞國之賢臣。《說苑・尊賢》：「虞有宮之奇，晉獻公為之終夜不寐。」類似記載還有一些，渲染宮之奇是晉國實現假虞滅虢陰謀的大障礙。⓱達心而懦　心智通達而懦弱。⓲少長於君　從小同虞君一起在宮中長大。⓳患在一國之後　災禍在另一國之後。⓴不便於虞　不利於虞國。㉑舉虞　滅亡虞國。據經與《左傳》，魯僖公五年冬，晉人俘獲虞公，滅亡虞國。㉒齊侯宋公江人黃人盟于貫　江人，江國之君。江，國名，嬴姓，故城當在今河南省息縣西南。黃人，黃國之君。黃，國名，嬴姓，故城當在今河南省潢川縣西四十里。貫，宋地，當在今山東省曹縣南十里。㉓勤雨　為不降雨而憂心。勤，憂也。

【語譯】＊二年，春，周曆正月，在楚丘築城。

楚丘是何地？衛國之邑也。國都才可以稱築城，此只是城邑，稱之為築城，為什麼？因為是封建衛國。經不稱為衛國築都城，為什麼？因為衛國尚未遷都於此。不稱衛國遷都於此，為什麼？是表明不許齊侯有專擅封建諸侯之特權。經稱在楚丘築城，表明此為齊侯專主也。不是天子不得專擅封建諸侯，諸侯不得專擅封建諸侯。雖然就仁愛而論其事可通行，以道義而論卻不允許。所以說仁愛不能超越大道。

＊夏，五月辛巳日，安葬我小君哀姜。

＊虞國軍隊和晉國軍隊一道滅亡了夏陽。

不是一個國家而稱滅，是重視夏陽所處地位。虞國未派軍參預此事，此稱虞軍，為什麼？因為把它列在晉國之前，晉既稱師虞不可以不稱師。把虞列於晉前，為什麼？因虞國在滅亡夏陽過程中起了主要作用。夏陽是虞國、虢國邊境上地勢險要的關塞，滅亡了夏陽而虞國、虢國就容易攻克了。說滅夏陽虞國起了主要作用，為什麼？晉獻公想攻伐虢國，荀息說：「君主為什麼不用屈邑所產之駿馬和垂棘所產的玉璧去向虞國借道呢？」獻公說：「這些都是晉國之寶物，如果虞國收下禮物而又不肯借道給我們，可怎麼辦呢？」荀息說：「這些東西都是小國用來事奉大國的，他們不肯借道一定不敢收下我們的禮物。如果收下禮物而借道給我們，這就等於我們把寶物從裡面府庫取出來儲藏到外面府庫，把駿馬從裡面馬棚安置到外面馬棚一樣。」獻公說：「宮之奇在那裡，一定不會使虞君接受禮物。」荀息說：「宮之奇的為人，心智通達而性格懦弱，又從小和虞君一起長大。心智通達則言語簡略，性格懦弱就不能頑強進諫，從小和國君一起長大就會被國君看輕。而且玩好之物就放在耳目之前，而災禍卻在另一個國家之後，這是中智以上的人才能慮及的，我預料虞君是中智以下的人。」獻公於是向虞借道以攻伐虢國。宮之奇進諫說：「晉國之使臣，言辭謙卑而禮物貴重，一定不會有利於虞國。」虞公不肯聽從，於是接受晉國禮物而借給道路。宮之奇進諫說：「俗話說脣亡則齒寒，大概就是說的這類事啊！」他的進諫之言不被採納，便帶著妻子兒女逃到曹國去。獻公滅亡虢國五年之後，又滅亡了虞國。荀息牽著駿馬拿著玉璧上前對獻公說：「玉璧還是原來的樣子，而馬的年齒卻增加了。」

＊秋，九月，齊侯、宋公、江人、黃人在貫地結盟。

在貫地相盟，沒有事先約定而來參加者有江人、黃人。江人、黃人，是對遙遠邦國之稱謂。中原之國稱齊、宋，遠方之國稱江、黃，以此泛指遠近諸侯都來參加盟會。

＊冬，十月，沒有下雨。

稱不下雨，表明為不降雨而憂心。

＊楚人侵犯鄭國。

＊三年，春，王正月，不雨。

不雨者，勤雨也。

*夏，四月，不雨。

一時❶言不雨者，閔雨❷也。閔雨者，有志乎民者也。

*徐人取舒❸。

*六月，雨。

雨云者，喜雨也，喜雨者，有志乎民者也。

*秋，齊侯、宋公、江人、黃人會于陽穀❹。

陽穀之會，桓公委端搢笏❺而朝諸侯，諸侯皆諭乎桓公之志❻。

*冬，公子季友如齊莅盟❼。

莅者位也❽。其不日，前定也。不言及者，以國與之❾也；不言其人❿，亦以國與之也。

*楚人伐鄭。

【注釋】❶一時　一個季節。一季不下雨，書首月。如此冬季不雨書十月，春季不雨書正月，夏季不雨書四月。❷閔雨　對久旱不雨的憂慮。❸徐人取舒　徐人襲取舒國。徐，嬴姓國，故城在今安徽省泗縣西北五十里。舒，國名，偃姓，有舒庸、舒蓼、舒鳩、舒鮑、舒龍、舒龔六宗，稱群舒。其本宗之國約在今安徽省舒城縣，分支則散居於舒城、廬江、巢縣一帶。取，襲取。指不用重兵，靠奇襲得勝。❹陽穀　齊地，故城在今山東省陽穀縣北三十里。❺委端搢笏　身著禮服，插笏版於腰帶上。委即委貌之冠，為周代一種禮帽，以黑色絲織物製成。端，黑赤色的禮服。搢，插。笏，笏版，古代朝會時所執手版，有事則書於上，以備遺忘。古代自天子至士皆執笏，後世惟品官執之，清始廢。❻諭乎桓公之志　曉諭桓公之志向。在陽穀之會上，齊桓公提出：「無障谷，無貯粟，無易樹子，無以妾為妻。」（見本年《公羊傳》）則代表桓公志向。❼莅盟　參加盟會。陽穀之會魯公未參加，齊桓公派人前來求盟，魯派上卿公子季友前往參加，接受既定之盟約。❽莅者位也　莅的意思就是到應在之位置。❾以國與之　以國家名義參加盟會。❿不言其人　不稱齊國參加盟會之人名。

【語譯】＊三年，春，周曆正月，天不降雨。

稱不降雨，表明為久旱不雨而憂心。

＊夏，四月，天不降雨。

稱一個季節不降雨，是表明對無雨的憂慮。憂慮無雨，即表明有體恤民眾疾苦之心。

＊徐人襲取舒國。

＊六月，降雨。

稱下雨，表示對降雨的喜悅，喜悅降雨表明有體恤民眾疾苦之心。

＊秋，齊侯、宋公、江人、黃人在陽穀相會。

在陽穀會議上，齊桓公身著禮服，頭戴禮帽，插笏版於腰帶，而朝見諸侯，諸侯都明曉齊桓公之志向。

＊冬，魯國公子季友去齊國參加盟會。

莅的意思就是到應在的位置上。此次沒有記載日期，因為盟會是以前約定的。不稱及某人盟，是因為以國家名義參加盟會；不稱齊國與會者之名，也是因為以國家名義參加盟會。

＊楚人攻伐鄭國。

＊四年，春，王正月，公會齊侯、宋公、陳侯、衛侯、鄭伯、許男、曹伯侵蔡，蔡潰❶。

潰之為言上下不相得❷也。侵，淺事❸也。侵蔡而蔡潰，以桓公為知所侵❹也。不土其地❺，不分其民，明正❻也。

*遂伐楚，次于陘❼。

遂，繼事也；次，止也。

*夏，許男新臣卒。

諸侯死於國，不地；死於外，地。死於師，何為不地？內桓師❽也。

*楚屈完來盟于師❾，盟于召陵❿。

楚無大夫⓫，其曰屈完何也？以其來會桓，成之為大夫也。其不言使，權在屈完也。則是正乎⓬？曰非正也，以其來會諸侯重之也。來者何？內桓師⓭也。于師，前定也；于召陵，得志乎桓公也⓮，得志者，不得志也，以桓公得志為僅⓯矣。屈完曰：「大國之以兵向楚，何也？」桓公曰：「昭王南征不反⓰，菁茅⓱之貢不至，故周室不祭。」屈完曰：「菁茅之貢不至，則諾。昭王南征不反，我將問諸江。」

*齊人執陳袁濤塗⓲。

齊人者，齊侯也。其人之何也？於是哆然外齊侯⓳也，不正其踰國而執⓴也。

*秋，及江人、黃人伐陳。

不言其人及之者何？內師㉑也。

*八月，公至自伐楚。

有二事偶㉒，則以後事致㉓，後事小則以先事致。其以伐楚致，大伐楚也。

*葬許穆公。

*冬，十有二月，公孫茲㉔帥師會齊人、宋人、衛人、鄭人、許人、曹人侵陳。

【注釋】❶蔡潰　蔡軍潰散。《左傳》文公三年：「民逃其上曰潰。」民眾逃離君主，四散流移，如堤潰水流。❷上下不相得　君臣離心，遇難不相救助。❸淺事　局部狹小危難，不能構成對全局的威脅。❹知所侵　了解所入侵之國家。❺不土其地　不丈量其土地。土作丈量解，丈量其土地，則是表明要以其賜與他國。❻明正　表明桓公所行合於正道。❼陘　楚地，其地當在今河南省郾城縣東。❽內桓師　把在桓公軍中視同在國內一樣。是對桓公的褒獎。❾楚屈完來盟于師　楚國屈完來到諸侯軍中訂立盟約。屈完，楚王同族，為此次楚軍主帥。❿召陵　楚地，其地在今河南省郾城縣東三十五里。⓫楚無大夫　楚國沒有受命於周天子的大夫。楚雖大國，但被視為蠻夷，無命卿。但此後，經亦有書楚大夫者，如僖二十八年「楚殺其大夫得臣」，文十年「楚殺其大夫宜申」等，則是逐漸把它按中原大國看待。⓬則是正乎　那麼這種作法是正道嗎。⓭內桓師　把桓公統領之諸侯聯軍視為自己的軍隊。因當時魯君亦在軍中，故用內辭。⓮得志乎桓公也　桓公得償其心願。桓公聯合諸侯之軍伐楚，迫使楚國派屈完來訂盟，是得償心願。⓯僅　僅僅如此。言桓公得償心願內容極為有限，桓公為霸主，會諸侯而楚君不至，屈完態度又倨傲難馴，表明服楚之難。⓰昭王南征不反　昭王，周昭王，名姬瑕，西周建國後第四王。相傳昭王南征渡漢水時，當地人憎惡他們，進以膠船，船行至中流，膠溶船解而溺死。《左傳》以答屈完問者為管仲，文較詳。⓱菁茅　一種帶毛刺的香草。將此草拔下裹束起來稱苞茅，可用於濾去酒滓，或祭祀時，集束茅於神前，以酒澆之，酒汁緩緩下滲，如同神在享用。菁茅這種貢品按例由楚國供應給周天子。⓲袁濤塗　陳大夫。袁，又作「轅」。⓳哆然外齊侯　人心渙散而疏遠齊侯。哆然，形容人心渙散，眾有不服之心。⑳蹦國而執　跨越國境而捉人。齊侯執袁濤塗，造成人心渙散，並視為不合正道，主要原因不在是否踰國，而在諸侯聯軍軍紀不嚴，騷擾百姓，加重所經國家負擔，故袁濤塗從陳國利益出發，設謀使聯軍由東道歸。齊桓公不能自正軍紀而捉他國大夫，非古代方伯之所為，因而認為不合正道。㉑內師　魯軍。《穀梁》以為與江人、黃人伐陳者為魯軍。另據《史記・齊世家》：「秋，齊伐陳。」及經上下文推之，當指齊軍。㉒二事偶　兩件事輕重對等。㉓致　祭告祖廟。伐楚雖在伐陳之先，但伐楚重於伐陳，故以伐楚告廟。㉔公孫茲　魯公子叔牙之子，亦稱叔孫戴伯。

【語　譯】＊四年，春，周曆正月，魯公會同齊侯、宋公、陳侯、衛侯、鄭伯、許男、曹伯侵入蔡國，蔡軍潰散。

潰的意思是君臣上下離心，遇難不相救助。諸侯入侵本屬局部狹小危難。入侵蔡國，而蔡軍即潰散，以齊桓公為了解其所入侵之國呀。沒有丈量蔡國的土地，沒有瓜分蔡國之人民，表明桓公所行合於正道。

＊於是接著攻伐楚國，駐軍於陘地。

遂的意思是繼某事後接續進行某事，次就是駐紮。

＊夏，許國君主新臣死。

諸侯死於自己國內，不記載地名；死於國外，記載死亡地名。死於軍旅之中，為什麼不記載地名？是把在桓公軍中視為如同在國內一樣。

＊楚國屈完來諸侯軍中訂立盟約，左召陵結盟。

楚國沒有受命於周天子的大夫，不應稱名，此稱屈完之名，為什麼？因為他來與桓公相會，才成就他為大夫。此不言楚使，因為全權即在屈完手中。那麼這種作法是正道嗎？回答說不是正道，因其來和諸侯會見，故而尊重他。「來」的意思是什麼？就是把桓公統領之諸侯聯軍視為自家之軍。在軍中會盟，這是以前商定的；在召陵結盟，使桓公得償心願。說是得償心願，也有不如意之處，因為此次盟會使桓公遂心願內容是極有限的。屈完說：「大國以兵指向楚國，目的何在？」桓公回答說：「周昭王南征沒有返回，進貢之菁茅也沒有送達，因而使周室不能用以祭祀。」屈完說：「進貢之菁茅沒有送到，確是這樣。周昭王南征沒有返回，我將向漢江邊人詢問。」

＊齊國人拘留了陳大夫袁濤塗。

齊國人，指的就是齊侯。稱其為人，為什麼？由於此事引起人心渙散而疏遠齊侯，以其跨越國境捉人不合正道。

＊秋，與江人、黃人攻伐陳國。

不稱與江、黃一道伐陳之人，為什麼？因為那是魯國軍隊。

＊八月，魯公由伐楚返回本國。

有兩件事輕重對等，就以後面發生之事祭告祖廟，如果後事輕於前事，就以前事告廟。此以伐楚事祭告祖廟，以伐楚重於伐陳也。

＊安葬許穆公。

＊冬，十二月，魯公孫茲率軍會同齊人、宋人、衛人、鄭人、許人、曹人侵犯陳國。

【說　明】召陵之盟是春秋時重大歷史事件，標誌南北兩大軍事集團由力量均勢達成之暫時妥協，從而在一定程度上抑制了楚國向北擴張的勢頭。魯僖公四年（西元前六五六年），齊桓公率領八國諸侯聯軍侵蔡，蔡潰，於是伐楚，屯兵於楚之陘地，由春至夏，相持數月。聯軍沒有冒然進攻，楚軍也沒有主動出擊，因為雙方都無勝利把握，更擔心戰敗的嚴重後果。就楚國言，雖然自以為軍力強大，面對八國諸侯聯軍及齊桓公的崇高威望，不能不有所畏憚。而齊桓公既想服楚，又畏楚強，但求有個滿意收場，不願冒險開戰。為此他對楚國指責採取避重就輕內容，只提昭王南征不返和菁茅不至的問題，使楚有轉圜之地。楚國主動提出講和，但楚君又不參加盟會，只派屈完代表，其態度又很傲慢，並未屈從於齊。可以說這次盟會雙方都不吃虧，也沒佔到多大便宜。但這次盟會展示了雙方的力量對比，表明誰想吞併誰或絕對壓倒誰，都是不可能的，最現實明智的作法是維持這種態勢。這種認識成為各自決定軍事行動的重要依據。以後雖然南北紛爭不息，但並未打破此種均勢，直到二十多年後的城濮之戰，才使楚國走向衰勢。因此，召陵之盟對春秋歷史發展趨勢有重大影響。

*五年，春，晉侯殺其世子申生❶。

目晉侯斥殺❷，惡晉侯也。

*杞伯姬來朝其子❸。

婦人既嫁不踰竟，踰竟非正也。諸侯相見曰朝，伯姬為志乎朝其子❹也。伯姬為志乎朝其子，則是杞伯失夫之道❺矣。諸侯相見曰朝，以待人父之道待人之子，非正也。故曰杞伯姬來朝其子，參譏❻也。

*夏，公孫茲如牟❼。

*公及齊侯、宋公、陳侯、衛侯、鄭伯、許男、曹伯會王世子于首戴❽。

及以會❾，尊之也。何尊焉？王世子云者，唯王之貳❿也，云可以重之存焉⓫，尊之也。何重焉？天子世子，世天下⓬也。

*秋，八月，諸侯⓭盟于首戴。

無中事⓮，而復舉諸侯何也？尊王世子而不敢與盟也。尊則其不敢與盟何也？盟者不相信也，故謹信也，不敢以所不信而加之尊者。桓，諸侯也，不能朝天子，是不臣也。王世子，子也，塊然⑮受諸侯之尊己，而立乎其位，是不子也。桓不臣，王世子不子，則其所善焉何也？是則變之正⑯也。天子微，諸侯不享覲⑰，桓控大國⑱，扶小國，統諸侯，不能以朝天子，亦不敢致天王，尊王世子于首戴，乃所以尊天王之命也。世子含王命會齊桓，亦所以尊天王之命也。世子受之可乎？是亦變之正也。天子微，諸侯不享覲，世子受諸侯之尊己，而天王尊矣，世子受之可也。

＊鄭伯逃歸不盟⑲。

以其去諸侯，故逃之也。

＊楚人滅弦⑳，弦子奔黃。

弦，國也。其不日，微國也。

＊九月戊申朔，日有食之。

＊冬，晉人執虞公㉑。

執不言所於，地縕於晉㉒也。其曰公，何也？猶曰其下執之之辭㉓也。其猶下執之之辭，何也？晉命行乎虞民矣。虞虢之相救，非相為賜也，今日亡虢，而明日亡虞矣。

【注釋】❶申生　晉獻公太子。獻公寵信驪姬，驪姬欲立己子奚齊為嗣子，誣陷申生，迫其自殺。詳見《左傳》與《史記・晉世家》。❷目晉侯斥殺　標目晉侯是斥責他妄殺無罪之世子。目，標目；稱言。❸杞伯姬來朝其子　杞伯姬偕同其子來魯朝見。杞伯姬，魯女，莊公二十五年嫁於杞成公為夫人。❹朝其子　使其子朝見魯公。❺失夫之道　失去作丈夫之道。不能使伯姬從己而偕子出朝。❻參譏　對伯姬、杞侯、僖公三人的譏刺。❼牟　與魯相鄰之小國，故城在今山東省萊蕪縣東二十里之牟城。❽會王世子于首戴　諸侯在首戴會見周王世子。王世子，周惠王太子鄭也。首戴，又作「首止」，音近而通，衛地，靠近鄭國，當在今河南省睢縣東南。此處公及某某會某某句式，沒有把王世子與諸侯並列，表示對周王之尊重。❾及以會　及眾諸侯來會見王世子。❿王之貳　天王之繼立者。貳，副職。⓫重之存焉　看重世子存在。因為王世子當先祖之正體，又將代現君為宗廟主，其地位至關重要。⓬世天下　繼承天下統治權力。⓭諸侯　此次參加盟會的諸侯與上次首戴之會同，上次已列，此次概說。⓮無中事　兩次首戴會議間沒有他事。此種情況一般不再書諸侯，只書盟於首戴，以表明對王世子的尊重。⓯塊然　安然獨尊的樣子。⓰變之正　經通權達變後採取的正確作法。⓱享覲　進獻貢物，朝見天子。⓲控大國　控制大國。⓳逃歸不盟　逃歸本國，不參加結盟。據《左傳》，周惠王欲另立太子，破壞諸侯定太子之盟，召鄭伯，令其聯合楚、晉以抗齊，鄭伯想聽從王命，又害怕與齊國對抗，便偷偷逃回。⓴弦　國名，故城當在今河南省潢川縣西北，息縣南。㉑執虞公　拘捕虞公。據《左傳》，此年冬晉滅虢，回師襲虞而滅之，拘捕虞公。㉒地緼於晉　虞地已包蘊在晉國之中。㉓其下執之之辭　其臣民拘捕他的說法。

【語譯】＊五年，春，晉侯殺了他的太子申生。

標目晉侯是斥責他妄殺，表明憎惡晉侯。

＊杞伯姬偕同其子來魯朝見。

婦人出嫁後不越出國境，越出國境不合正道。諸侯間相互拜見稱朝，伯姬的用意在於使其子朝見魯公。伯姬存心使其子朝見，就是杞伯失去了作丈夫之道啊。諸侯間相互拜見稱朝，以接待父親之道接待他的兒子，不是正道。故稱杞伯姬偕同其子來魯朝見，是對伯姬、杞伯、僖公三人之譏刺。

＊夏，公孫茲到牟國去。

＊魯公與齊侯、宋公、陳侯、衛侯、鄭伯、許男、曹伯在首戴會見周王世子。

稱及眾諸侯會見周王世子，是表示尊崇他。為什麼要尊崇他？就王世子來說，是周天王唯一的繼承者，因此應當看重他的存在，而尊崇他。為什麼要看重他？因為天子之世子，將要繼承天下之統治權。

＊秋，八月，前次與會諸侯在首戴結盟。

兩次盟會間沒有其他事，而又標舉諸侯，為什麼？尊崇周王世子而不敢和他相盟也。尊崇他就不敢和他相盟，為什麼呢？因為相盟者是由於不能相互信任，故以此防止失信，諸侯不敢把他們的不信任加給所尊崇之人。齊桓公，是一個諸侯，不能朝見天子，是不守臣道。王世子，是周天王的兒子，安然獨尊接受諸侯對自己的尊崇，而居於其位，是不守子道。桓公不守臣道，王世子不守子道，那麼他們的美善又在那裡呢？就在於他們經過變通後採取之正確作法。周天子衰微，諸侯不來進獻貢物、朝見天子，齊桓公控制大國，扶助小國，統率諸侯，不能使諸侯去朝覲天子，也不敢召周天王到這裡來，在首戴尊崇王世子，就是用以尊重周天王的命令。王世子帶著周天王命令來會見齊侯，尊王世子也就是尊重周天王命令。王世子接受諸侯尊崇可以嗎？這也是經過變通後的正確方法。天子衰微，諸侯不來進獻貢物、朝見天子，王世子接受諸侯對己之尊崇，而周天王也就同時受尊崇了，因而王世子接受尊重是可以的。

＊鄭伯逃回本國，不參加諸侯結盟。

因為他私自離去，故稱為逃回。

＊楚人滅亡了弦國，弦國國君逃亡到黃國。

弦，邦國之名。其被滅亡不記日，因為是微末小國。

＊九月戊申日，初一，發生日蝕。

＊冬，晉人拘捕了虞公。

拘捕虞公不稱從那裡捉來，因為虞國之地已包蘊在晉國之中了。此稱公，為什麼？這就如同說他的臣民把他捉起來的同樣說法。這如同他的臣民把他捉起來同樣說法，為什麼？因為晉國之命令已經在虞民中實行了。虞國和虢國之相互救援，不就是相互施惠麼，今日虢國滅亡，而明天滅亡的就是虞國啊。

＊六年，春，王正月。

＊夏，公會齊侯、宋公、陳侯、衛侯、曹伯伐鄭，圍新城❶。

伐國不言圍邑，此其言圍何也？病鄭❷也，著鄭伯之罪❸也。

＊秋，楚人圍許，諸侯❹遂救許。

善救許也。

＊冬，公至自伐鄭。

其不以救許致，何也？大伐鄭也。

【注釋】❶新城　地名，在今河南省密縣東南三十里。❷病鄭　困辱鄭國。❸鄭伯之罪　指上年鄭伯背叛諸侯，逃盟而歸。❹諸侯　指前此伐鄭之六國諸侯。

【語譯】＊六年，春，周曆正月。

＊夏，魯公會同齊侯、宋公、陳侯、衛侯、曹伯攻伐鄭國，包圍新城。

攻伐其國不再稱包圍其城邑，此言圍城邑，為什麼？困辱鄭國也，昭示鄭伯之罪也。

＊秋，楚人包圍許國，伐鄭諸侯於是來救援許國。

贊許救援許國。

＊冬，魯公由攻伐鄭國返回。

此不以援救許國事祭告祖廟，為什麼？重視攻伐鄭國也。

＊七年，春，齊人伐鄭❶。

＊夏，小邾子❷來朝。

＊鄭殺其大夫申侯❸。

稱國以殺大夫，殺無罪也。

＊秋，七月，公會齊侯、宋公、陳世子款、鄭世子華盟于寧母❹。

衣裳之會❺也。

＊曹伯班卒。

＊公子友如齊。

＊冬，葬曹昭公。

【注釋】❶齊人伐鄭　上年諸侯之師伐鄭，因楚干擾未果，故此時又伐。只稱齊人，或諸侯未參戰。❷小邾子　小邾，國名，其先世出於邾國，邾君顏有少子曰肥，封於郳，即以郳為姓。肥之曾孫郳黎來附齊尊周，周室命為小邾子。其地當在今山東省滕縣東六里。❸申侯　鄭大夫。申侯因出賣袁濤塗，得齊侯褒獎，賜與虎牢。濤塗為報怨，一面勸申侯大城虎牢，以誇耀後世，一面密告鄭伯：「申侯大城其賜邑，將以叛鄭。」申侯因此得罪被殺。事見《左傳》僖五年、七年傳。❹寧母　地名，在今山東省魚臺縣城。❺衣裳之會　指國與國間以禮交好的會盟。與兵車之會相對而言。參見莊二十七年注❻。

【語譯】*七年，春，齊人攻伐鄭國。

*夏，小邾國君來朝見。

*鄭國殺了它的大夫申侯。

稱某國把大夫殺掉，表示被殺者是無罪的。

*秋，七月，魯公會同齊侯、宋公、陳世子款、鄭世子華在寧母結盟。

這是一次諸侯間以禮交好的盟會。

*曹國君主班死。

*魯公子友前往齊國。

*冬，安葬曹昭公。

*八年，春，王正月，公會王人❶、齊侯、宋公、衛侯、許男、曹伯、陳世子款盟于洮❷。

王人之先諸侯，何也？貴王命也。朝服雖敝，必加於上；弁冕雖舊，必加於首；周室雖衰，必先諸侯。兵車之會❸也。

*鄭伯乞盟❹。

以向之逃歸❺乞之也。乞者，重辭❻也，重是盟也。乞者，處其所而請與❼也，蓋汋之❽也。

＊夏，狄伐晉。

＊秋，七月，禘于大廟❾，用致夫人❿。

用者不宜用者也，致者不宜致者也。言夫人必以其氏姓，言夫人而不以氏姓，非夫人也，立妾之辭⓫也，非正也。夫人之⓬，我可以不夫人之乎？夫人卒葬之⓭，我可以不卒葬之乎？一則以宗廟臨之⓮，而後貶焉；一則以外之弗夫人⓯，而見正焉。

＊冬，十有二月丁未，天王崩⓰。

【注釋】❶王人　周天子下士有功者之美稱。職位雖低，因是周天子代表，故列在諸侯之前。❷洮　地名，北屬魯，南屬曹。此指曹地，當在今山東省鄄城縣西南。❸兵車之會　有軍隊相伴隨之諸侯盟會。❹乞盟　請求與諸侯結盟。❺向之逃歸　指僖五年鄭伯於首戴會上逃歸。今因懾於齊桓公武力，請求與盟。❻重辭　表示重視之文辭。❼處其所而請與　鄭伯處於本國不親來，派人來請求結盟。❽汋之　試探齊侯之意，得允准方敢前來。汋，義同「酌」。斟酌；試探。❾禘于大廟　在祖廟舉行大祭。禘，大祭之名。大廟，始祖廟，魯之大廟為周公廟。❿致夫人　使夫人進入祖廟。《穀梁》以夫人指僖公之母成風，此外尚有他說，詳見本年之「說明」。⓫立妾之辭　立妾為夫人之文辭。⓬夫人之　君把她稱為夫人。⓭夫人卒葬之　國君按夫人之禮治理其卒與葬。史官只能遵照記載，如成風文四年卒，五年葬，經皆以夫人稱之。⓮以宗廟臨之　把祖廟寫在她前面，然後用去掉氏姓來貶低她。⓯外之弗夫人　魯國以外諸侯國弗稱成風為夫人。⓰天王崩　周惠王死於前一年。因太子懼叔帶趁機發難，危及自身地位，故不發喪，先告齊，待地位穩固才訃告諸侯。魯據訃告日而書為崩日，實已晚了一年左右。

【語　譯】＊八年，春，周曆正月，魯公會同周天子代表、齊侯、宋公、衛侯、許男、曹伯、陳世子款在洮地結盟。

周天子代表列在諸侯前面，為什麼？尊崇天王之命也。君臣朝會之禮服雖然破舊，也一定要穿在外面；各種禮帽雖然陳舊，也一定要戴在頭上；周王室雖然衰微，也一定要列在諸侯之前。這是一次有軍隊相伴隨的盟會。

＊鄭伯請求與諸侯結盟。

因為上次首戴盟會鄭伯逃回，故而請盟。請求是表示重視之文辭，重視此次盟會也。請求又表明鄭伯是在本國派人來請求與盟的，這大概是試探齊侯之意吧。

＊夏，狄人攻伐晉國。

＊秋，七月，在祖廟舉行大祭，用以使夫人進入祖廟。

用的意思是不應該用，使的意思是不應該使。經稱夫人一定要加上氏姓，稱夫人而不加氏姓，表明本不是夫人，是立妾為夫人的文辭，不是正道。國君稱她為夫人，我可以不稱她為夫人嗎？國君按夫人之禮治理她的卒與葬，我可以不按夫人之卒葬記載嗎？此處一面把祖廟加在前面，再用去掉氏姓來貶低她；一面以外國諸侯不稱她為夫人，用這來顯示不可以妾為夫人之正道。

＊冬，十二月丁未日，周天王死。

【說　明】對「禘于大廟，用致夫人」中之夫人指誰，三傳解釋互異。《左傳》以為指哀姜，其文曰：「秋，禘，而致哀姜焉，非禮也。凡夫人不薨于寢，不殯于廟，不赴于同，不祔于姑，則弗致也。」就是說哀姜不具備四個條件，按禮其神主不應進入祖廟。但此時哀姜已死八年，時人對其入廟違禮之事已不甚計較，故僖公於此時行之。

《公羊傳》以夫人指「齊媵女之先至者」，也就是以僖公之媵妾為夫人。何休注曰：「僖公本聘楚女為嫡，齊女為媵，齊先致其女，脅僖公使用為嫡，故從父母辭言致。」此說恐難以成立。考次年葵丘會上簽定盟約，其中有「毋以妾為妻」一條，此盟約是由齊桓公策劃制定的，他不可能如此言行相違，貽笑天下。且僖公娶楚女為嫡，於史無徵，不可置信，此說不妥。

《穀梁傳》雖未直稱夫人名氏，實指僖公生母、莊公之妾成風。僖公為魯君，欲貴其母，於禘祭時為其母行夫人廟見之禮。但母以子貴，僖公為君，其母自為夫人，毋須再立。且以子立母，亦無先例。此說亦有難通處，三說相較，以《左氏》為優。

*九年，春，王三月丁丑，宋公禦說卒。

*夏，公會宰周公❶、齊侯、宋子❷、衛侯、鄭伯、許男、曹伯于葵丘❸。

天子之宰通于四海❹。宋其稱子何也？未葬之辭也。禮，柩在堂上，孤無外事❺，今背殯❻而出會，以宋子為無哀❼矣。

*秋，七月乙酉，伯姬卒。

內女也，未適人不卒，此何以卒也？許嫁，笄而字之❽，死則以成人之喪治之。

*九月戊辰，諸侯盟于葵丘。

桓盟不日，此何以日？美之也。為見天子之禁❾，故備之也。葵丘之會陳牲而不殺❿，讀書⓫加于牲上，壹明⓬天子之禁曰：「毋雍泉⓭，毋訖糴⓮，毋易樹子⓯，毋以妾為妻，毋使婦人與國事。」

*甲子，晉侯詭諸⓰卒。

*冬，晉里克殺其君之子奚齊⓱。

其君之子云者，國人不子⓲也。國人不子，何也？不正其殺世子申生而立之也。

【注釋】❶宰周公　即宰孔。宰為官名，宰有大宰，為三公，不親政；有冢宰，為百官冢長，掌邦之六典，為親政之官。此即周天子之冢宰，孔為其名，周為其封地名。❷宋子　宋桓公禦說太子，名茲甫，繼桓公為宋君，即宋襄公。因其父新死，尚未安葬，在此喪期，公侯皆以子為稱。❸葵丘　地名，有數處，此當在今河南省蘭考縣東。❹通于四海　與天下諸侯相交通。天子之內臣無外交之義，只有冢宰可以外交諸侯，不假王命而會諸侯。❺孤無外事　服父喪期間的兒子不治理諸侯盟會之類出外之事。孤，幼而無父稱孤，又父新死，子稱孤。❻背殯　離開停在堂上之靈柩。❼無哀　對父死沒有哀戚之情。指責宋子拋開父親喪事，出外參加諸侯盟會，與之揖讓酬酢，是無哀父死之心。❽笄而字之　已行笄禮並為她取了字。笄，即笄禮，女子成年，以簪結髮如成人，如男子冠禮。古代女子一般十五歲行笄禮，二十出嫁。❾見天子之禁　昭示天子之禁約。❿陳牲而不殺　陳列犧牲而沒有殺牲。不殺牲即是沒有歃血之盟，表示諸侯對齊桓公之信賴。⓫書　即載書，記載盟約的文件。⓬壹明　專一宣明。⓭毋雍泉　不許堵斷水源，自專其利。⓮毋訖糴　不許禁止遭受災荒國之人入境購糧。⓯毋易樹子　不許擅自改立世子。《管子．大匡篇》、《孟子．告子下》都講到此盟約的內容，只是更詳盡，《穀梁》所載為摘其要。⓰晉侯詭諸　晉獻公。經書其卒而未書葬，因其殺嫡立庶，失德不正，見惡於國人和諸侯之故也。⓱晉里克殺其君之子奚齊　里克，晉大夫，曾諫止晉侯使太子申生伐東山皋落氏。事見《左傳》閔二年。奚齊，晉獻公庶子，驪姬所生，申生死後，被獻公立為世子。⓲國人不子　國人不承認奚齊為世子。

【語　譯】＊九年，春，周曆三月丁丑日，宋公禦說死。

＊夏，魯公在葵丘會見天子冢宰周公、齊侯、宋子、衛侯、鄭伯、許男、曹伯。

周天子之冢宰與天下之諸侯相交通。宋國之君稱子，為什麼？這是表明宋國先君尚未安葬的文辭。按禮，父親的靈柩還停放在堂上，兒子不可以出外治事，如今宋君拋下父親喪事而出外與諸侯會盟，由此可以說宋君對父喪沒有哀戚之情。

＊秋，七月乙酉日，伯姬死。

魯公之女未嫁人，經不記載其死，此為什麼記載其死呢？因為她已許配於人，已行笄禮並取了字，其死則用成人喪禮治喪。

＊九月戊辰日，諸侯在葵丘結盟。

齊桓公主持之盟會不記載日子，此為什麼記日呢？讚美齊侯，因其昭示天子之禁約，故備載其日也。葵丘之會，陳列犧牲而沒有殺牲，宣讀完載書放置在牲體上，專一宣明周天子之禁約說：「不許堵斷水源自專其利，不許禁止災荒國之人入境購糧，不許擅自改立世子，不許立妾為正妻，不許使婦人參與國事。」

＊甲子日，晉侯詭諸死。

＊冬，晉國的里克殺了其君之子奚齊。

稱其為君之子，表明國人不承認奚齊為晉國世子。國人不承認其為世子，為什麼呢？因為晉獻公殺世子申生而立奚齊不合正道。

＊十年，春，王正月，公如齊。

＊狄滅溫❶，溫子奔衛。

＊晉里克弒其君卓❷，及其大夫荀息❸。

以尊及卑也，荀息閑❹也。

＊夏，齊侯、許男伐北戎。

＊晉殺其大夫里克。

稱國以殺，罪累上❺也。里克弒二君與一大夫，其以累上之辭言之，何也？其殺之不以其罪也。其殺之不以其罪奈何？里克所為殺者，為重耳❻也。夷吾曰：「是又將殺我乎？」故殺之不以其罪也。其為重耳弒奈何？晉獻公伐虢，得麗姬❼，獻公私之，有二子，長曰奚齊，稚曰卓子❽。麗姬欲為亂，故謂君曰：「吾夜者夢夫人趨而來❾曰：『吾苦畏❿。』胡不使大夫將衛士而衛冢乎？」公曰：「孰可使？」曰：「臣莫尊於世子，則世子可。」故君謂世子曰：「麗姬夢夫人趨而來，曰：『吾苦畏。』女其將衛士而往衛冢乎？」世子曰：「敬諾。」築宮，宮成。麗姬又曰：「吾夜者夢夫人趨而來曰：『吾苦飢。』世子之宮已成，則何為不使祠⓫也？」故獻公謂世子曰：「其祠。」世子祠。已祠，致福於君⓬，君田而不在，麗姬以酖為酒⓭，藥脯以毒。獻公田來，麗姬曰：「世子已祠，故致福於君。」君將食，麗姬跪曰：「食自外來者，不可不試也。」覆酒於地，而地賁⓮；

以脯與犬，犬死。麗姬下堂而啼，呼曰：「天乎！天乎！國，子之國也，子何遲於為君？」君喟然嘆曰：「吾與女未有過切⑮，是何與我之深⑯也？」使人謂世子曰：「爾其圖之⑰。」世子之傅里克謂世子曰：「入自明⑱。入自明則可以生，不入自明則不可以生。」世子曰：「吾君已老矣，已昏矣，若此而入自明，則麗姬必死，麗姬死，則吾君不安，所以使吾君不安者，吾不若自死，吾寧自殺以安吾君，以重耳為寄⑲矣。」刎脰⑳而死。故里克所為弒者，為重耳也。夷吾曰：「是又將殺我也。」

*秋，七月。

*冬，大雨雪。

【注釋】❶溫　周王畿內之小國，當在今河南省溫縣稍南三十里。❷卓　又稱卓子，晉獻公庶子，麗姬之妹所生，一說麗姬所生。奚齊被殺後，荀息立卓為君，僖九年十一月，又為里克所殺。因晉之曆法為夏正，其十一月為周曆正月，故書此。❸荀息　晉大夫。為奚齊之傅，晉獻公臨死前，將奚齊託孤於他。奚齊被殺後又立卓，亦被殺，並及麗姬，荀息亦死之。❹閑　防禦；捍衛。言荀息能捍衛君命。❺罪累上　殺無辜大夫之罪累及國君。上指國君，具體指夷吾。夷吾先入晉為君，是為惠公，畏里克殺己，故殺之。❻重耳　晉獻公次子，申生之弟，後為晉文公，春秋時期最強大的霸主之一。❼麗姬　麗，《左傳》、《史記・晉世家》作「驪」，晉獻公寵姬，後立為夫人。譖殺太子申生，逼走重耳、夷吾，立己子奚齊，後為里克所殺。《左傳》、《史記》以為伐驪戎所得。❽卓子　《左傳》、《史記》以為麗姬之妹所生。❾夢夫人趨而來　夢見夫人快步走來。夫人，齊姜，太子申生生母，已死。趨，小步疾走。❿苦畏　為畏懼所苦痛。⓫祠　祭祀。⓬致福於君　把祭祀之酒肉送給晉獻公。

福，祭神之酒肉，或專指祭肉。⓭以酖為酒　用鴆鳥羽浸製成毒酒。鴆為一種有毒的鳥，雄曰運日，雌曰陰諧，傳說其羽有劇毒，用以浸酒，飲之立死。⓮地賁　地面突起如墳。賁為墳之省字，《左傳》、《國語》、《史記》等載此事皆作「墳」。⓯過切　過分切責。⓰與我之深　仇恨我這樣深。與、予古字通，予，讎也。取王念孫說。⓱爾其圖之　你去考慮這件事如何了結吧。其寓意是令太子申生自裁。⓲自明　自己去辯明事情真相。⓳寄　託付。把重耳託付里克，令輔為君。⓴刎脰　刎頸自殺。脰，頸也。

【語譯】＊十年，春，周曆正月，魯公去往齊國。

＊狄人滅亡了溫國，溫國國君逃往衛國。

＊晉國里克殺了他的國君卓及其大夫荀息。

先說君卓後說大夫荀息，是由尊貴者及於較低下者，荀息是能捍衛君命之人。

＊夏，齊侯、許男攻伐北戎。

＊晉國殺了他的大夫里克。

稱晉國把他殺了，表明殺無辜大夫之罪牽涉到國君。里克殺掉二君（奚齊、卓子）和一位大夫（荀息），此用殺他之罪牽涉國君之文辭說他，為什麼？因為不是按他的罪行來殺他。不按他的罪行殺他是怎麼回事呢？因為里克所以要殺國君，是為了重耳。夷吾說：「這個人又要殺我了吧？」因此把他殺掉，並不是根據他的罪行。里克為了重耳而連殺國君是怎麼回事呢？晉獻公攻伐虢國，得到麗姬，獻公便把她據為己有，並生了兩個兒子，年長的叫奚齊，年幼的叫卓。麗姬要製造內亂，故意對晉獻公說：「我夜裡夢見夫人疾步走來說：『我為畏懼所苦。』為什麼不派大夫率領衛士去守護她的墳墓啊？」獻公問：「誰可以派去呢？」回答說：「眾臣中沒有比世子更尊貴了，世子可以派出。」因而晉獻公對世子說：「麗姬夢見夫人疾步而來，說：『我為畏懼所苦。』你可否帶領衛士去守護她的墳墓呢？」世子回答：「恭敬地聽從命令。」世子在夫人墓旁建造宮廟，宮廟建成。麗姬又說：「我夜裡夢見夫人疾步走來說：『我為飢餓所苦。』世子的宮廟已經建成，為什麼不派他去祭祀呢？」為此獻公對世子說：「你去祭祀吧。」世子便去祭祀。祭祀完畢，把祭祀之酒肉送給獻公，獻公田獵不在，麗姬用鴆鳥羽浸成毒酒，又在祭肉下了毒。獻公田獵歸來，麗姬說：「世子已祭祀完畢，並送祭肉給您。」獻公將要食用的時候，麗姬跪下說：「食品來自外面，不可不加試驗。」把酒潑在地上，地面突起如墳；把肉給狗吃，狗死。麗姬走下堂來啼哭，呼喊道：「老天啊！老天啊！國家是你的國家，你何必如此急於為君呢！」晉獻公嘆息說：「我對你未曾有過分責罰，你為什麼仇恨我這樣深？」派人對世子說：「你去考慮這事如何了結吧。」世子的師傅里克對世子說：「進去自己辯明事實真相。進去自己辯明真相就可得生，不進去自己辯明真相就不得生。」世子說：「我們的國君已經老邁，已經昏聵了。如果這樣進去為自己辯明真相，則麗姬一定被處死，麗姬死，我們的國君就會不安，與其使我們國君不安，不如我自己去死。吾寧肯自殺以求得我們國君的安寧，我把重耳託付給你了。」說完便刎頸自殺而死。因此里克所以要殺害國君，是為了重耳也。故此夷吾說：「這個人又將要殺我了。」

*秋，七月。

*冬，天降大雪。

*十有一年，春，晉殺其大夫丕鄭父❶。

稱國以殺，罪累上也。

*夏，公及夫人姜氏會齊侯于陽穀❷。

*秋，八月，大雩。

雩月❸，正也。雩，得雨曰雩❹，不得雨曰旱。

*冬，楚人伐黃。

【注釋】❶丕鄭父　即丕鄭，晉大夫，里克同黨。里克被殺時他正出使秦國，勸說秦伯收買晉臣，護送重耳入晉，他負責驅逐晉惠公。因計謀被識破而被殺。參見《左傳》僖十年。❷夫人姜氏句　夫人指聲姜，或為齊桓公女。陽穀，地名，見僖三年注❹。❸雩月　舉行祈雨之祭而記載月份。❹得雨曰雩　祈雨而得雨則書雩。

【語譯】＊十一年，春，晉國殺了他的大夫丕鄭父。

稱晉國殺了他，是殺無辜大夫之罪累及國君。

＊夏，魯公與夫人姜氏在陽穀會見齊侯。

＊秋，八月，舉行大規模祈雨之祭。

舉行祈雨之祭而記月份，此為常例。祈雨而得雨便書雩，不得雨便書旱。

＊冬，楚人攻伐黃國。

＊十有二年，春，王三月庚午，日有食之❶。

＊夏，楚人滅黃。

貫之盟❷，管仲曰：「江、黃遠齊而近楚，楚為利之國❸也，若伐而不能救，則無以宗諸侯❹矣。」桓公不聽，遂與之盟。管仲死，楚伐江、滅黃❺，桓公不能救，故君子閔之❻也。

＊秋，七月。

＊冬，十有二月丁丑，陳侯杵臼卒。

【注釋】❶十有二年四句　據王韜《春秋日食辨正》認為此年「日食在四月庚午朔（西元前六四八年四月六日），經乃誤四為三」。又，《春秋朔閏日至考》亦稱是年「三月無日食，四月庚午朔，日有食之」。此次日蝕當在四月。❷貫之盟　在僖公二年。此事原委見劉向《新序・善謀》。❸為利之國　追逐功利之國。❹宗諸侯　作諸侯之宗主。❺管仲死二句　據《史記・齊世家》，管仲死於齊桓公四十一年，即魯僖公十五年。《左傳》亦載本年管仲赴周參預平戎之事。可見黃為楚滅時，管仲尚在，《穀梁》所載與之不符，或另有所本。❻閔之　憐憫江、黃背楚歸齊而致禍。

【語譯】*十二年，春，周曆三月庚午日，發生日蝕。

*夏，楚人滅亡了黃國。

在貫之盟會上，管仲說：「江、黃二國遠離齊而靠近楚，楚國是個追逐功利之國，如果它攻伐江、黃而齊不能救援，就無法作諸侯的宗主了。」齊桓公不聽，於是與江、黃結盟。管仲死後，楚國攻伐江國、滅亡黃國，齊桓公不能救援。為此君子憐憫江、黃背楚歸齊而招致災禍。

*秋，七月。

*冬，十二月丁丑，陳侯杵臼死。

*十有三年，春，狄侵衛。

*夏，四月，葬陳宣公。

*公會齊侯、宋公、陳侯、衛侯、鄭伯、許男、曹伯于鹹❶。

兵車之會也。

*秋，九月，大雩。

＊冬，公子友如齊。

【注釋】❶鹹 衛地，在今河南省濮陽縣東南六十里。

【語譯】＊十三年，春，狄人入侵衛國。

＊夏，四月，安葬陳宣公。

＊魯公在鹹地會見齊侯、宋公、陳侯、衛侯、鄭伯、許男、曹伯。這是一次有軍隊相伴隨的諸侯聚會。

＊秋，九月，舉行祈雨大祭。

＊冬，魯公子友去往齊國。

＊十有四年，春，諸侯城緣陵❶。

其曰諸侯，散辭❷也。聚而曰散❸，何也？諸侯城，有散辭也，桓德衰矣。

＊夏，六月，季姬及繒子遇于防❹，使繒子來朝。

遇者同謀也，來朝者來請己❺也。朝不言使❻，言使非正也，以病❼繒子也。

＊秋，八月辛卯，沙鹿崩❽。

林屬於山為鹿❾，沙，山名也。無崩道而崩❿，故志之也。其日，重其變也。

＊狄侵鄭。

*冬，蔡侯肸卒。

諸侯時卒，惡之也。

【注釋】❶城緣陵　在緣陵築城。緣陵，杞邑，在今山東省昌樂縣東南七十里。《左傳》以為杞受淮夷侵害，《公羊傳》以為杞受徐、莒威脅，故齊侯命諸侯協助築城，加強防衛。❷散辭　渙散不整齊之辭。❸聚而曰散　諸侯相聚而稱為渙散。❹季姬及繒子遇于防　季姬與繒子在防地相遇。季姬，魯僖公女，嫁與繒君為夫人。繒，《左傳》作「鄫」，國名，姒姓，故城在今山東省棗莊市東，蒼山縣西稍北。防，魯地，見隱十年注❻。❺請己　請求放還季姬回繒國。❻朝不言使　諸侯相朝見不稱使，派使臣前來乃言使。❼病　詬病；羞辱。此段傳義不甚明瞭，綜合三傳表述如下：季姬為僖公女，嫁繒子為夫人，返魯為父母請安。僖公怒繒子不來朝見，留下季姬，欲絕此婚姻，季姬私約繒子來防地相會，讓繒子來朝見僖公，以緩解僖公之怒，僖公果因繒子來朝而放歸季姬。❽沙鹿崩　沙山山腳崩塌。杜預注以沙鹿為山名。其地在今河北省大名縣東。《穀梁》以沙鹿為沙山之麓。❾林屬於山為鹿　樹林與山體相聯接之處稱鹿。鹿，通「麓」。指山腳下。❿無崩道而崩　沒有崩塌的道理卻崩塌了。麓在山腳，與平地相連，本不該崩塌。

【語譯】*十四年，春，各諸侯國派人在緣陵築城。

此稱諸侯，是表示渙散不整之文辭。諸侯相聚而稱之為渙散不整，為什麼呢？稱諸侯築城，就有渙散無統領之意，表明齊桓公之仁德已經衰退了。

*夏，六月，季姬和繒子在防地相遇，季姬使繒子來魯國朝見。

遇的意思是共同謀劃好的相會，來朝見的本意是請求魯公放還季姬。諸侯之間相朝見不稱使，稱使不是正道，是以此羞辱繒君的。

*秋，八月辛卯日，沙山山腳崩塌。

樹林與山體相聯接之處稱鹿，沙為山名。沒有崩塌的道理卻崩塌了，因此把它記載下來。記載此事發生日期，是重視此變異情況。

*狄人侵犯鄭國。

*冬，蔡侯肸死。

諸侯死只記載季節，表示憎惡他。

*十有五年，春，王正月，公如齊。

*楚人伐徐❶。

*三月，公會齊侯、宋公、陳侯、衛侯、鄭伯、許男、曹伯盟于牡丘❷。遂次于匡❸。

兵車之會也。遂，繼事也。次，止也，有畏❹也。

*公孫敖❺帥師及諸侯之大夫救徐。

善救徐也。

*夏，五月，日有食之❻。

*秋，七月，齊師、曹師伐厲❼。

*八月，螽❽。

螽，蟲災也；甚則月，不甚則時。

*九月，公至自會。

*季姬歸❾于繒。

*己卯晦❿，震夷伯之廟⓫。

晦，冥也⓬。震，雷也。夷伯，魯大夫也。因此以見天子至于士皆有廟。天子七廟⓭，諸侯五⓮，大夫三⓯，士二⓰。故德厚者流光⓱，德薄者流卑⓲。是以貴始，德之本也，始封必為祖⓳。

*冬，宋人伐曹。

*楚人敗徐于婁林⓴。

夷狄相敗，志也。

*十有一月壬戌，晉侯及秦伯戰于韓㉑，獲晉侯。

韓之戰，晉侯失民㉒矣，以其民未敗而君獲㉓也。

【注釋】❶徐　國名，見莊二十六年注❸。❷牡丘　地名，在今山東省聊城縣西北七里。❸匡　地名，有數處，此或指宋之匡城，在今河南省睢縣西三十里。此地距徐國較近。❹有畏　指對楚國有所畏懼。❺公孫敖　魯公子慶父之子孟穆伯。他負責統率魯軍與各國大夫統率之軍聯合救徐。❻夏五月三句　此次日蝕只書月，無日與朔，據《左傳》則為史官失職漏記。❼厲　國名，其地在今河南省鹿邑縣東，老子出生地之苦縣厲鄉。❽螽　蝗蟲之總稱。成災則書。❾歸　女子出嫁曰歸，已嫁女回夫家亦曰歸。❿晦　每月月末之日稱晦，己卯為九月三十日，正當月末。《穀梁》另有解說。⓫震夷伯之廟　雷電擊中夷伯之廟。震，雷電。夷伯，魯大夫。《左傳》以為「展氏」之廟，由於展氏隱匿罪惡，故其廟遭雷擊。廟，供奉祭祀祖宗的屋舍。⑫晦冥也　晦的意思就是天色陰暗。⑬天子七廟　天子供奉祭祀祖宗有七廟。據《禮記・祭法》：王立七廟，有考廟、王考廟、皇考廟、顯考廟、祖考廟和遠廟二祧。即父、祖、曾祖、高祖、始祖和二遠祖廟，共七廟。⑭諸侯五　諸侯供祀祖宗之廟有五。即考、王考、皇考、顯考、祖考五廟。⑮大夫三　大夫供祀祖宗之廟有三，即考、王考、皇考三廟。⑯士二　士供祀祖宗有考、王考二廟。⑰流光　流傳廣大而久遠。⑱流卑　流傳狹小而短暫。⑲始封必為祖　始封君之廟必定為祖廟。⑳婁林　地名，在今安徽省泗縣東北。《左傳》以為徐之敗由於依賴諸侯援救所致。㉑韓　晉地，故城在今山西省芮城縣，黃河以東。㉒失民　喪失民心。㉓君獲　晉君為秦俘獲。

【語譯】*十五年，春，周曆正月，魯公去往齊國。

*楚人攻伐徐國。

*三月，魯公會同齊侯、宋公、陳侯、衛侯、鄭伯、許男、曹伯在牡丘結盟。接著駐紮在匡地。

這是一次有軍隊伴隨的盟會。遂指接著發生之事。次為停止之意，表明對楚軍有所畏懼。

*魯公孫敖率軍與各諸侯國大夫所率軍聯合救援徐國。

贊許救援徐國。

*夏，五月，發生日蝕。

*秋，七月，齊師與曹師共同攻伐厲國。

*八月，發生蝗災。

書螽，表示蝗蟲為災；蟲災嚴重則書發生之月份，不嚴重只書季節。

*九月，魯公從盟會歸來。

*季姬返回繒國。

*己卯日，天色陰暗，雷電擊中了夷伯之廟。

晦就是天色陰暗。震就是雷電。夷伯為魯國大夫。由此可見，從天子到士都有供祀祖宗之廟。天子有七廟，諸侯有五廟，大夫有三廟，士有二廟。因此道德淳厚的人就流傳廣大而久遠，品德澆薄的人就流傳狹小而短暫。因此尊崇始祖，是修德之根本，始封之君必定就是祖廟。

＊冬，宋人攻伐曹國。

＊楚人在婁林打敗徐國。

夷狄之國相互交戰，其中有一國被打敗，經亦記載。

＊十一月壬戌日，晉侯與秦伯在韓地交戰，晉侯被俘獲。

韓之戰，晉侯喪失民心，因此民未被打敗而國君卻被俘獲。

＊十有六年，春，王正月戊申朔，隕石于宋五❶。

先隕而後石，何也？隕而後石也。于宋四竟之內曰宋，後數，散辭❷也，耳治❸也。

＊是月，六鷁退飛過宋都❹。

是月者，決不日而月❺也。六鷁退飛過宋都，先數，聚辭❻也，目治也。子曰：「石，無知之物；鷁，微有知之物。石無知故日之，鷁微有知之物故月之。君子之於物，無所苟而已。」石、鷁且猶盡其辭，而況於人乎？故五石六鷁之辭不設，則王道不亢❼矣。民所聚曰都。

＊三月壬申，公子季友卒。

大夫日卒，正也；稱公弟叔仲，賢也。大夫不言公子公孫，疏之也。

*夏，四月丙申，繒季姬卒。

*秋，七月甲子，公孫茲❽卒。

大夫日卒，正也。

*冬，十有二月，公會齊侯、宋公、陳侯、衛侯、鄭伯、許男、邢侯、曹伯于淮❾。

兵車之會也。

【注釋】❶隕石于宋五　在宋國境內由天空隕落五塊石頭。此為春秋時期一次隕石記錄。《左傳》稱「隕星」。❷散辭　分散於數地之辭。❸耳治　耳先聞知其事。❹六鷁退飛過宋都　六隻鷁鳥退著飛過宋國都城。鷁，又作「鶂」，水鳥名，形如鷺而大，羽毛蒼白，善飛翔。鷁鳥何以退飛？《史記・宋世家》以為「風疾也」。即由於風力很強，鳥兒逆風而飛，因氣力不足，被吹向後退，看似退飛。❺決不日而月　分別隕石墜落與六鷁退飛不是發生在同一天而是同月。❻聚辭　鷁鳥聚在一起之辭。❼亢　高揚。❽公孫茲　魯公子叔牙之子叔孫戴伯。❾淮　地名，在今江蘇省盱眙縣。因鄫國為淮夷侵淩，故諸侯謀劃救助，而有此會。

【語譯】*十六年，春，周曆正月戊申日，初一，宋國境內由天空隕落五塊石頭。

先稱隕落後稱石，為什麼呢？隕落下來之後才知道是石。隕落在宋國四境之內幾個地方，統稱宋國，後說隕石的數目，為隕石分散在數地之辭也，耳先聞知此事。

*這個月，六隻鷁鳥退著飛過宋國都城。

稱這個月，為分別隕石降落與此事發生在同月而不是同日。六隻鷁鳥退著飛過宋都，先說鳥的數目，為鳥兒聚在一起之辭，是眼睛先見此事。孔子說：「石頭是沒有知覺之物，鷁鳥是微有知覺之物。石頭沒有知覺所以記載其日，鷁鳥微有知覺所以記載其月。君子對待不同事物，沒有草率從事的。」石頭、鷁鳥之類尚且能用最完備文辭表達，更何況是對待人呢？因此，五石、六鷁之類文辭如果不記載完備，則王道就不能高揚。民所聚居的地方稱都。

*三月壬申日，魯公子季友死。

大夫死記日，常例也。稱公弟叔仲，表明這個人賢德。對大夫不稱公子、公孫，表示疏遠他。

*夏，四月丙申日，繒季姬死。

*秋，七月甲子日，魯公孫茲死。

大夫死記日，為常例。

*冬，十二月，魯公在淮地會見齊侯、宋公、陳侯、衛侯、鄭伯、許男、邢侯、曹伯。

這是一次有軍隊相伴隨的會見。

*十有七年，春，齊人、徐人伐英氏❶。

*夏，滅項❷。

孰滅之？桓公也。何以不言桓公也？為賢者諱也。項，國也，不可滅而滅之乎？桓公知項之可滅❸也，而不知己之不可以滅❹也。既滅人之國矣，何賢乎？君子惡惡疾其始❺，善善樂其終❻，桓公嘗有存亡繼絕❼之功，故君子為之諱也。

＊秋，夫人姜氏會齊侯于卞❽。

＊九月，公至自會。

＊冬，十有二月乙亥，齊侯小白卒。

此不正❾，其日之何也？其不正前見❿矣。其不正之前見何也？以不正入虛國⓫，故稱嫌焉爾⓬。

【注　釋】❶英氏　國名，偃姓，皋陶之後。其地當在安徽省金寨縣與霍山縣之間。❷項　國名，故城在今河南省項城縣境。《左傳》以為魯滅之，《公》、《穀》以為齊滅之。❸項之可滅　或指項國政事昏亂，易攻滅。❹己之不可以滅　齊桓公為霸主，應存恤鄰國，抑強扶弱，義不可滅人之國。❺惡惡疾其始　憎恨作惡的人，從其開始作惡就憎恨。❻善善樂其終　讚美行善之人，到最終都喜歡他。❼存亡繼絕　使滅亡之國復存，斷絕之嗣得續。❽卞　魯地，故城在今山東省泗水縣東五十里。據《左傳》，由於魯師滅項，齊侯扣留魯僖公，故夫人聲姜在卞地會見齊侯，請放還魯公。❾此不正　齊桓公得國不合正道。死不當記日。❿其不正前見　莊九年桓公入國時，經載「齊小白入于齊」，不書月日，不稱公子，亦貶於前，故不再貶。⓫虛國　當時齊國無君，故稱虛國。⓬稱嫌焉爾　稱其有篡國奪位之嫌。

【語　譯】＊十七年，春，齊人、徐人攻伐英氏國。

＊夏，滅亡了項國。

誰滅亡了項國？齊桓公也。為什麼不稱齊桓公？為賢德之人隱諱也。項是一個國家，是否不可以滅亡它又把它滅亡了呢？桓公知道項國是可以滅掉的國家，卻不知自己是不可以滅人之國的。既然已經滅亡人之國，為什麼還以他為賢德呢？君子憎恨惡人，從其開始作惡就憎恨；讚美善人，到最終都喜歡他。齊桓公曾經有過使亡國復存、斷嗣復續之功業，因此君子為他隱諱。

＊秋，夫人姜氏在卞地會見齊侯。

＊九月，魯公從會盟地返回。

＊冬，十二月乙亥日，齊侯小白死。

齊桓公得國不合正道，其死記日，為何？因為他之不合正道前文已經見過了。他之不合正道前文已經見過，是指什麼呢？指其以不是君之嫡長子身分進入沒有君的國家，因此稱其有篡國奪位之嫌。

＊十有八年，春，王正月，宋公、曹伯、衛人、邾人伐齊❶。

非伐喪❷也。

＊夏，師救齊。

善救齊也。

＊五月戊寅，宋師及齊師戰于甗❸，齊師敗績。

戰不言伐❹，客不言及❺，言及，惡宋也。

＊狄救齊。

善救齊也。

＊秋，八月丁亥，葬齊桓公❻。

＊冬，邢人、狄人伐衛。

狄其稱人何也？善累而後進之。伐衛所以救齊也，功近而德遠❼矣。

【注釋】❶伐齊　齊桓公生前立公子昭為太子，並屬宋襄公。桓公死，群公子爭位，易牙與寺人貂殺群吏，立公子無虧為君，公子昭逃往宋國。宋襄公率諸侯之師伐齊，為護送太子昭即位。❷非伐喪　責難攻伐遭大喪之國。❸甗　齊地，當在今山東省濟南市附近。❹戰不言伐　既稱交戰就不再稱攻伐，舉其重者而書之。經正月書伐，五月書戰，戰伐並書，不合從重之例。考經文表述準確，傳過分拘泥常例，不可取。❺客不言及　客對主不稱及。宋伐齊，齊為主，宋為客，不應稱「宋師及齊師戰」。❻秋八月三句　齊桓公死於去年十月，至今已十一個月，諸侯五月而葬，因齊亂而緩葬。❼功近而德遠　伐衛功業在近前，憂勞中國之德傳久遠。

【語譯】＊十八年，春，周曆正月，宋公、曹伯、衛人、邾人攻伐齊國。

責難他們攻伐遭大喪之國。

＊夏，魯國出軍救援齊國。

贊許其救援齊國。

＊五月戊寅日，宋軍與齊軍在甗地交戰，齊軍潰敗。

稱交戰不應再稱攻伐，客對主不稱及，此稱及，表示憎惡宋國。

＊狄人救援齊國。

贊許其救援齊國。

＊秋，八月丁亥日，安葬齊桓公。

＊冬，邢人、狄人攻伐衛國。

對狄稱人，為什麼？善事累積而後就該獎進它。攻伐衛國是為了救援齊國，功業在近前，美德傳久遠。

*十有九年，春，王三月，宋人執滕子嬰齊❶。

*夏，六月，宋公、曹人、邾人盟于曹南❷。

*繒子會盟于邾❸，己酉，邾人執繒子用之❹。

微國之君，因邾以求與之盟。人因己以求與之盟，己迎而執之，惡之❺，故謹而日之也。用之者，叩其鼻以衈社❻也。

*秋，宋人圍曹❼。

*衛人伐邢。

*冬，會陳人、蔡人、楚人、鄭人盟于齊❽。

*梁亡❾。

自亡也，湎於酒❿，淫於色，心昏耳目塞，上無正長之治，大臣背叛，民為寇盜，梁亡，自亡也。如加力役⓫焉，湎不足道也。梁亡，鄭棄其師⓬，我無加損⓭焉，正名⓮而已矣。梁亡，出惡正⓯也；鄭棄其師，惡其長也。

【注釋】❶滕子嬰齊　滕君嬰齊。按諸侯不稱名，失地之君則稱名，滕君稱名當有貶意。❷曹南　曹國南部邊鄙某地。❸繒子會盟于邾　繒君到邾國會盟。繒君何以去邾國會盟，《公羊》以為「後會」，杜預注曰：「不及曹南之盟，諸侯既罷，鄫乃會于邾。」與《穀梁》之說不同。❹用之　殺之以祭社神。❺惡之　憎惡邾人之所行。❻叩其鼻以衈社　叩擊其鼻出血，用此鼻血塗祭社器。❼宋人圍曹　宋襄公無德而強爭霸主，曹伯不服，不肯聽命，故宋以武力包圍，脅迫。❽盟于齊　此次盟會在齊國舉行，齊亦參加。陳穆公為發起者，故列陳於首位。目的在修桓公之好，對抗殘暴的宋襄公。❾梁亡　梁國滅亡。梁，國名，嬴姓，伯爵，都城在今陝西省韓城縣南之少梁城。❿湎於酒　沉迷於飲酒。⓫如加力役　如果再加力役徵調。據《左傳》：「梁伯好土功，亟（屢也）城而弗處，民罷而弗堪。」則力役擾民為亡國之主因。⓬鄭棄其師　鄭國拋棄了他的軍隊。指軍隊潰散出於本國原因，不是被外敵戰敗。由於鄭文公惡主將高克而棄其軍於不顧，使軍潰散。⓭加損　增加或減少。⓮正名　辨正名分，使名實相符。⓯出惡正　民憎惡其長上而出逃。

【語　譯】＊十九年，春，周曆三月，宋人捉了滕君嬰齊。

＊夏，六月，宋公、曹人、邾人在曹南結盟。

＊繒君到邾國會盟，己酉日，邾人捉了繒子，並用他祭祀社神。

一個微小國家的君主，想依靠邾國以請求參加結盟。人家依靠自己以請求參加結盟，自己迎上去把人家抓起來，因此憎惡邾人，而謹慎鄭重地記下日子。「用之」的意思是叩擊其鼻出血，用此血塗祭社器。

＊秋，宋人包圍曹國都城。

＊衛人攻伐邢國。

＊冬，會同陳國人、蔡國人、楚國人、鄭國人在齊國結盟。

＊梁國滅亡。

梁國是自行滅亡的。梁國君主沉迷於飲酒，荒淫於女色，內心昏亂，耳目閉塞，上面沒有正直官長進行治理，大臣背叛，民眾去作盜賊。所以說梁國之滅亡，是自行滅亡的。如果再加上力役徵調之擾民，則酗酒淫亂就顯得微不足道了。梁國滅亡，鄭國拋棄他的軍隊，我據史直錄，沒有增益和刪節，辨正名分，使名實相符而已。梁國滅亡，由於民眾憎惡其長上而出逃；鄭國拋棄他的軍隊，由於鄭伯厭惡軍隊之首長。

*二十年，春，新作南門❶。

作，為也，有加其度❷也。言新，有故也，非作也。南門者，法門❸也。

*夏，郜子❹來朝。

*五月己巳，西宮災❺。

謂之新宮❻，則近為禰宮❼，以謚言之，則如疏之然，以是為閔宮❽也。

*鄭人入滑❾。

*秋，齊人、狄人盟于邢。

邢為主焉爾。邢小，其為主何也？其為主乎救齊❿。

*冬，楚人伐隨⓫。

隨，國也。

【注釋】❶南門　魯都曲阜南城門。原名稷門，僖公命重新擴建，使其比其他城門高大，建成後改名高門。❷度　規模限度。❸法門　天子諸侯都城、王宮之南門通稱法門。因天子、諸侯皆南面而治，法令亦由此出入，故稱法門。❹郜子　郜為國名，周文王子所封，春秋前已為宋滅，距此已七、八十年，不知此郜子之所出，《公羊》以為「失地之君」。❺西宮災　西宮發生火災。諸侯有東宮、西宮、北宮，皆其治事之所。《穀梁》以西宮為閔公廟，亦一說。災，人火曰火，天火曰災。所謂天火，指雷電或不明原因引起之火災。❻新宮　新建之廟，常指父廟。❼禰宮　父廟。生稱父，死稱考，入廟稱禰。❽閔宮　魯閔公之廟。❾滑　國名，見莊十六年注❸。❿刑小三句　此次齊人、狄人在邢國結盟，是為了援救邢國，對付衛國。盟主是齊國，不是邢國。《穀梁》所解與實際不符。⓫隨　國名，姬姓，地在今湖北省隨縣。

【語譯】＊二十年，春，重新擴建魯都南門。

作就是建造，又加大了原有的規模限度。稱新，是說原來有舊門，指責重新擴建。南門，即是法門。

＊夏，郜子來魯朝見。

＊五月己巳日，西宮發生火災。

如果稱閔公廟為新廟，那就好像指父廟，如果按謚號稱為閔廟，又好像把他看作遠祖了，因為這是閔公廟呀，故按昭穆之序稱西宮。

＊鄭人入侵滑國。

＊秋，齊人、狄人在邢國結盟。

邢國為此次盟會的盟主。邢為小國，它作盟主，為什麼？因為在救援齊國的行動中邢國是頭領。

＊冬，楚人攻伐隨國。

隨，國家名。

＊二十有一年，春，狄侵衛。

＊宋人、齊人、楚人盟于鹿上❶。

＊夏，大旱。

旱時，正也❷。

＊秋，宋公、楚子、陳侯、蔡侯、鄭伯、許男、曹伯會于雩❸。執宋公❹以伐

宋。

以，重辭❺也。

*冬，公伐邾。

*楚人使宜申來獻捷❻。

捷，軍得❼也。其不曰宋捷，何也？不與❽楚捷於宋也。

*十有二月癸丑，公會諸侯盟于薄❾。

會者，外為主焉爾。

*釋宋公❿。

外釋不志，此其志何也？以公之與之盟目之也。不言楚，不與楚專釋⓫也。

【注釋】❶鹿上　宋地，據杜預注以為在今安徽省阜陽市南。另一說以為在今山東省巨野縣西南，曹縣東北。宋之疆域當不及阜陽，或以後說為是。鹿上之盟是宋襄公欲為諸侯霸主，請求楚國支持。❷旱時正也　旱災記載發生季節，為常例。❸雩又作「盂」，宋地，在今河南省睢縣之盂亭。❹執宋公　拘捕宋公。拘捕宋公者為誰？有說楚子，有說諸侯「共執」，或是在楚國逼迫下與會諸侯共同參加。❺以重辭　又，重複之辭也。以，作又解。重，重複，指捉了宋公復又攻伐宋國。❻宜申來獻捷　宜申來魯國進獻俘虜和戰利品。宜申，楚大夫鬥宜申。魯成二年前，楚之卿大夫皆不書氏。獻捷，戰勝後向友好之國進獻俘虜和戰利品。❼軍得　軍隊獲勝所得之物品。❽不與　不贊許；不稱道。❾薄　即亳，宋地，在今河南省商丘縣北。❿釋宋公　釋放宋襄公。據《公羊傳》，楚施詭計捉了宋襄公，想以此威脅宋國歸服，但宋國在司馬子魚主持下，作好迎戰準備。楚人知雖殺宋公，猶不得宋國，於是釋宋公。⓫專釋　專擅釋放宋公之權。

【語譯】*二十一年，春，狄人入侵衛國。

*宋人、齊人、楚人在鹿上結盟。

*夏，發生大旱災。

旱災，記載發生季節，為常例。

*秋，宋公、楚子、陳侯、蔡侯、鄭伯、許男、曹伯在雩地會見。拘捕了宋襄公又攻伐宋國。

又，重複之辭也。

*冬，魯公攻伐邾國。

*楚國派遣宜申來魯國進獻俘虜和戰利品。

捷，就是軍隊獲勝所得之物。這裡不稱獻宋捷，為什麼呢？不贊許楚國獻戰勝宋國之捷也。

*十二月癸丑日，魯公在薄地會見諸侯並結盟。

會的意思是此次會盟是按魯國以外諸侯的意願進行的。

*釋放了宋襄公。

魯以外邦國釋放某人，經不記載，此為什麼作了記載？因為魯公的參與盟會而稱述此事。不言楚人釋放宋公，不贊許楚人專擅釋放宋公之權也。

*二十有二年，春，公伐邾，取須句❶。

*夏，宋公、衛侯、許男、滕子伐鄭❷。

*秋，八月丁未，及邾人戰于升陘❸。

內諱敗，舉其可道者❹也。不言其人❺，以吾敗也。不言及之者❻，為內諱也。

*冬，十有一月己巳朔，宋公及楚人戰于泓❼，宋師敗績。

日事遇朔❽曰朔。《春秋》三十有四戰，未有以尊敗乎卑，以師敗乎人❾者也。以尊敗乎卑，以師敗乎人，則驕其敵❿。襄公以師敗乎人，而不驕其敵，何也？責之也。泓之戰，以為復雩之恥⓫也。雩之恥，宋襄公有以自取之，伐齊之喪，執滕子，圍曹，為雩之會，不顧其力之不足，而致楚成王，成王怒而執之。故曰：禮人而不答則反其敬，愛人而不親則反其仁，治人而不治則反其知⓬。過而不改，又之，是謂之過，襄公之謂也。古者被甲嬰冑⓭，非以興國也，則以征無道也，豈曰以報其恥哉？宋公與楚人戰于泓水之上，司馬子反⓮曰：「楚眾我少，鼓險⓯而擊之，勝無幸⓰焉。」襄公曰：「君子不推人危，不攻人厄⓱，須其出。」既出，旌亂於上，陳亂於下。子反曰：「楚眾我少，擊之，勝無幸焉。」襄公曰：「不鼓不成列。」須其成列而後擊之，則眾敗而身傷焉，七月而死⓲。倍則攻，敵則戰，少則守。人之所以為人者，言也，人而不能言，何以為人？言之所以為言者，信也，言而不信，何以為言？信之所以為信者，道也，信而不道⓳，何以為道⓴？道之貴者時㉑，其行勢㉒也。

【注　釋】❶須句　風姓小國，為邾所滅。其地在今山東省東平縣西北。僖公生母成風，即出生在須句。❷伐鄭　鄭自齊桓公死後，即服事楚國，宋此次伐鄭，目的是與楚相爭。❸升陘　魯地，所在不詳。此次由於魯公輕敵，「不設備而禦之」，故失敗，經用「戰」字，即表明此意。❹舉其可道者　挑選可以說出口的話來說。❺其人　指邾國領兵之人。❻及之者　率魯軍與敵交戰者，指魯僖公。❼泓　水名，在今河南省柘城縣西北。❽日事遇朔　記載事情發生之日恰好遇到初一。此解經文「己巳朔」。❾以師敗乎人　稱某師一方敗於稱某人一方。如此文宋師敗於楚人之例。❿驕其敵　對敵人驕傲自大，不把敵人放在眼裡。所謂驕兵必敗也。⓫雩之恥　去年秋，諸侯會於雩，楚人拘捕了宋襄公。⓬禮人三句　此上三句又見《孟子・離婁上》，文曰：「愛人不親反其仁，治人不治反其智，禮人不答反其敬。行有不得者，皆反求諸己，其身正而天下歸之。」三句句式同。我愛人而人不親我，則反求諸己，是否沒有完全做到仁愛。他皆類此。⓭嬰冑　戴上頭盔。嬰，繫戴。⓮司馬子反　司馬，宋官名。子反應是子魚之誤，子魚又稱目夷，為宋國大夫。⓯鼓險　敵處險阻時我擊鼓進兵。⓰勝無幸　取勝則是無比僥倖。⓱厄　指兩邊高峻的狹窄地形。此指困難危險之境。⓲七月而死　宋襄公十一月受傷，次年五月死，共七個月。⓳信而不道　誠信而不合權變之道。襄公只知愚蠢的死守教條，不懂度量敵我實力和臨敵應變之道，其敗宜也。⓴何以為道　按文意，道應作「信」。㉑時　時機。㉒勢　趨勢。

【語　譯】＊二十二年，春，魯公攻伐邾國，奪取了須句。

＊夏，宋公、衛侯、許男、滕子聯合攻伐鄭國。

＊秋，八月丁未日，與邾國人在升陘交戰。

對魯國諱言戰敗，挑選能說出口的話來說此事而已。未提邾國率兵之人，因為魯軍被打敗。未提與邾軍交戰之人，為魯國隱諱也。

＊冬，十一月己巳日，初一，宋公與楚人在泓水沿岸交戰，宋軍潰敗。

記載事情發生之日恰好碰到初一，就稱之曰朔。《春秋》記載三十四場戰役，沒有尊貴者敗給卑下者，稱某師一方敗給稱某人一方的。如果是尊貴者敗給卑下者，稱某師一方敗給稱某人一方，則是驕傲輕敵所致。記載宋襄公為稱師一方而敗給楚國稱人一方，又不是驕傲輕敵，為什麼呢？表明責備他。泓之戰，宋襄公是用它來報復雩之盟被捉之恥。雩盟被捉之恥是宋襄公自行招致的，攻伐治喪中的齊國，拘捕滕國國君，包圍曹國都城，召集雩之盟會，不顧自己的力量不足，而召集楚成王到會，楚成王憤怒而拘捕了他。因此說：我對人有禮卻得不到對方相應回應，就要反問自己是否恭敬；我愛人而人不親近我，就要反問自己是否真正做到仁愛；我治理別人而沒有治理好，就要反問自己是否有智能。犯了過錯而不改正，又再次重犯，這就叫過錯，宋襄公就是這樣的人。古時披甲衣戴頭盔，不是用以興旺國家，即是用以征討無道者，怎麼可以用作報復所受恥辱？宋公與楚人在泓水邊交戰，司馬子反說：「楚軍兵多，我軍兵少，應在敵處險阻之時擊鼓進兵攻打他們，如能取勝則是無比僥倖。」襄公說：「君子不推擠人於危難，不攻擊人於困厄，等待他們出來再戰。」楚軍已經走出，但上面旌旗零亂，下面隊形混雜。子反說：「楚軍人多，我軍人少，馬上出擊，如能取勝就是無比僥倖。」襄公說：「不擊鼓進擊未列好陣勢的軍隊。」等楚軍列好陣勢後才下令進擊，結果宋軍潰敗，襄公也受了傷，七個月後就死掉了。兵力超過敵人一倍就可以進攻，兵力與敵人相當就可應戰，兵力少於敵人則應防守。人之所以叫作人，就因為人能言，人如不能言，怎能算作人呢？言之所以叫作言，就因為誠信，言而不誠信，怎能算作言呢？誠信之所以叫作誠信，就因為合乎道，誠信而不合權變之道，怎能算作誠信？道之可貴在於助人把握時機，使所行合乎事變趨勢。

*二十有三年，春，齊侯伐宋，圍閔❶。

伐國不言圍邑，此其言圍何也？不正其以惡報惡❷也。

*夏，五月庚寅，宋公茲父卒。

茲父之不葬何也？失民也。其失民何也？以其不教民戰，則是棄其師也。為人君而棄其師，其民孰以為君哉？

＊秋，楚人伐陳。

＊冬，十有一月，杞子卒。

【注釋】❶閔 《左傳》作「緡」，二字古音相近可通。閔本古國名，其地在今山東省金鄉縣東北二十五里。❷以惡報惡 僖十八年，宋伐齊之喪以納孝公，是惡也。今齊孝公背宋援立之惠，乘其敗而伐之，是以惡報惡也。

【語譯】＊二十三年，春，齊侯攻伐宋國，包圍閔邑。

攻伐其國不再稱包圍其城邑。此處稱包圍閔邑，為什麼？表明齊國以惡報惡不合正道。

＊夏，五月庚寅日，宋公茲父死。

宋公茲父死不書其葬禮，為什麼呢？因為他喪失了民眾。說他喪失民眾，為什麼？因為他不教民習戰，就是拋棄他的軍隊。作為一個君主而拋棄他的軍隊，他的民眾誰還能把他當作君主呢？

＊秋，楚人攻伐陳國。

＊冬，十一月，杞國君主死。

＊二十有四年，春，王正月。

＊夏，狄伐鄭。

＊秋，七月。

＊冬，天王出居于鄭❶。

天子無出❷，出，失天下也。居者，居其所也，雖失天下，莫敢有❸也。

*晉侯夷吾卒。

【注 釋】❶天王出居于鄭　周天子外出到鄭國居住。天王，周襄王。出居，天子以天下為家，所到之處，皆稱居。出則有貶意。此次實為周大夫頹叔、桃子以奉襄王弟王子帶為君，勾結狄師伐周，大敗周師，襄王出逃到鄭國。釀成此亂，襄王有責，故用出字以貶之。❷天子無出　對天子不稱出。因為整個天下都屬於周天子，稱出就表明所到之處不屬於天子，也就等於失去一部分天下了。❸莫敢有　不敢視為己有。

【語 譯】*二十四年，春，周曆正月。

*夏，狄人攻伐鄭國。

*秋，七月。

*冬，周天王外出到鄭國居住。

對周天子不稱出，稱出，表示失去天下了。居的意思是居住在他的處所，雖然說天子失掉天下，也沒有人敢把它視為己有。

*晉侯夷吾死。

*二十有五年，春，王正月丙午，衛侯燬滅邢。

燬之名何也？不正其伐本而滅同姓❶也。

*夏，四月癸酉，衛侯燬卒。

*宋蕩伯姬來逆婦❷。

婦人既嫁不踰竟，宋蕩伯姬來逆婦，非正也。其曰婦何也？緣姑言之❸之辭也。

*宋殺其大夫。

其不稱名姓，以其在祖之位❹，尊之也。

*秋，楚人圍陳，納頓子于頓❺。

納者內弗受也。圍一事也，納一事也，而遂言之，蓋納頓子者陳也。

*葬衛文公。

*冬，十有二月癸亥，公會衛子❻、莒慶盟于洮❼。

莒無大夫，其曰莒慶何也？以公之會目之也。

【注釋】❶伐本而滅同姓　斬伐祖先支脈，滅亡同姓邦國。《禮記・曲禮》：「諸侯不生名」，「諸侯滅同姓名」。此書衛侯名，表明其有大惡。❷宋蕩伯姬來逆婦　蕩伯姬，魯女嫁與宋大夫蕩氏為妻。逆婦，為子迎婦。❸緣姑言之　稱婦是從婆婆角度說的。❹在祖之位　在孔子祖先之列，故尊而諱其姓名。對此尚有多種說法，不煩引。❺頓　國名，姬姓，其地在今河南省項城縣稍西之南頓故城。頓子為陳所迫而逃楚，僖二十三年楚城頓，今年楚圍陳，迫使陳納頓子。❻衛子　衛成公，因其父死未踰年故稱子。❼洮　魯地。

【語譯】*二十五年，春，周曆正月丙午日，衛侯燬滅亡了邢國。

稱衛侯燬之名，為什麼？以其斬伐祖先支脈、滅亡同姓之國不合正道。

＊夏，四月癸酉日，衛侯燬死。

＊宋國蕩伯姬來魯為其子迎娶媳婦。

婦女出嫁後不越出國境，宋蕩伯姬來魯為其子迎娶媳婦，不合正道。此稱媳婦，為什麼？是從婆婆角度說的。

＊宋國殺了它的大夫。

此不稱大夫名姓，因為他在孔子祖先之列，是表明尊敬他。

＊秋，楚人包圍陳國都城，護送頓國之君回頓國。

護送回國表示國內不肯接受之意。包圍陳都是一件事，護送頓君回國又是一件事，這裡接續記載二事，大約是說護送頓子回國的是陳國吧。

＊安葬衛文公。

＊冬，十二月癸亥日，魯公會同衛子、莒慶在洮地結盟。

莒國沒有天子授命的大夫，此稱莒慶之名，為什麼？因為魯公參加這次盟會而把他視為大夫。

＊二十有六年，春，王正月己未，公會莒子、衛甯速盟于向❶。

公不會大夫，其曰甯速何也？以其隨莒子，可以言會也。

＊齊人侵我西鄙，公追齊師至嶲❷，弗及。

人，微者也；侵，淺事也。公之追之，不正❸也。至嶲，急辭❹也。弗及者，弗與❺也，可以及而不敢及也。其侵也曰人，其追也曰師，以公之弗及，大之❻也。弗及，內辭❼也。

*夏，齊人伐我北鄙。

*衛人伐齊。

*公子遂如楚乞師❽。

乞，重辭也。何重焉？重人之死❾也，非所乞也。師出不必反，戰不必勝，故重之也。

*秋，楚人滅夔❿，以夔子歸。

夔，國也。不日，微國也。以歸，猶愈乎執⓫也。

*冬，楚人伐宋，圍閔⓬。

伐國不言圍邑，此其言圍何也？以吾用其師⓭，目其事也，非道用師⓮也。

*公以楚師伐齊，取穀⓯。

以者，不以者也⓰。民者，君之本也，使民以其死，非其正也。

*公至自伐齊。

惡事不致⓱，此其致之何也？危之也。

【注　釋】❶衛甯速盟于向　甯速，衛大夫甯莊子。向，莒地，在今山東省莒縣南七十里。參見隱二年注❹。❷巂　《左傳》作「酅」，齊地，在今山東省東阿縣南。❸不正　不合正道。小股齊軍在邊境騷擾，魯公竟率軍追擊，未免小題大作，故以為不合正道。❹急辭　急速追趕之辭。❺弗與　沒有與齊軍交戰。❻大之　誇大齊軍數量。❼內辭　為魯公隱諱之辭。由於魯公怯敵不敢追擊，用「弗及」掩飾其膽怯，稱內辭。❽公子遂如楚乞師　公子遂去楚國請求出兵援魯伐齊。公子遂，又名東門襄仲、東門遂、仲遂，為魯莊公子，魯卿。乞師，請求出兵援助。齊屢次出兵侵魯，故魯乞楚出兵援助。❾重人之死　重視人因出戰而死。出兵援助，就要死人，乞師與乞求錢物不同，是乞人之命，故格外重視。❿夔　國名，羋姓，與楚為同姓國。其地在今湖北省秭歸縣東。⓫猶愈乎執　好像比說拘捕好一些。⓬閔　見僖二十三年注❶。⓭吾用其師　魯國借用之楚軍。即公子遂求援而來之楚軍，目的在伐齊，途中伐宋圍閔。⓮非道用師　責備楚途中用兵於宋國。⓯穀　齊地，見莊七年注⓯。⓰以者不以者也　用楚軍的意思是表示不該用。以作用解，用楚軍就是指魯公可以指揮救援來之楚軍。⓱惡事不致　行惡事不祭告祖廟。

【語　譯】＊二十六年，春，周曆正月己未日，魯公會同莒子、衛甯速在向地結盟。

魯公不與他國大夫相會盟，此稱與甯速會盟，為什麼？因為他隨同莒君一道，可以稱他來盟會。

＊齊人入侵我西部邊界，魯公追趕齊師到巂地，未能趕上。

稱人，表明齊軍主帥地位不高；稱侵，是說入魯境不深。魯公前往追擊，不合乎正道。稱到達巂地，是表示急速追趕之辭。未能趕上的意思是，未與齊軍交戰，是可以追上又不敢追上之意。稱入侵者為齊人，而稱被追趕者為齊師，這是因為魯公未能趕上，而有意誇大敵人數量。稱沒能追趕上，是隱諱魯公怯敵之辭。

＊夏，齊人攻伐我北部邊界。

＊衛人攻伐齊國。

＊魯公子遂去楚國請求出兵援助。

稱乞，表重視之辭也。重視什麼呢？重視人可能因此而戰死，軍隊不是可以乞求的東西。軍隊出戰不一定能夠返回，與人交戰不一定能取勝，因此重視此事。

*秋，楚人滅亡夔國，把夔國君帶回楚國。

夔，一個國家，未記載其滅亡之日，因為是微末小國。稱把國君帶回去，似乎比說拘捕好一些。

*冬，楚人攻伐宋國，包圍了閔邑。

攻伐其國不再稱包圍其城邑，此處又稱包圍閔邑，為什麼？因為是魯國借用之楚軍所為，所以記錄此事，以指責楚軍途中用兵於宋國。

*魯公用楚軍攻伐齊國，奪取了穀地。

用楚軍表示不該用之意。民眾是君之根本，使民眾為君而死，不是正道。

*魯公從攻伐齊國返回。

行惡事不祭告祖廟，此次祭告祖廟，為什麼？因為此為關係國家危亡之事。

*二十有七年，春，杞子來朝。

*夏，六月庚寅，齊侯昭卒。

*秋，八月乙未，葬齊孝公。

*乙巳，公子遂帥師入杞。

*冬，楚人❶、陳侯、蔡侯、鄭伯、許男圍宋。

楚人者，楚子也，其曰人何也？人楚子所以人諸侯也。人諸侯何也？不正其信夷狄❷而伐中國也。

*十有二月甲戌，公會諸侯❸盟于宋。

【注釋】❶楚人　即楚子，當時書法如此，自魯宣公九年後，方稱楚子。❷信夷狄　相信楚國。夷狄指楚。❸諸侯　指圍宋之諸侯，即楚子、陳侯、蔡侯、鄭伯、許男。

【語譯】*二十七年，春，杞國君主來魯朝見。

*夏，六月庚寅日，齊侯昭死。

*秋，八月乙未日，安葬齊孝公。

*乙巳日，魯公子遂率軍進入杞國。

*冬，楚人、陳侯、蔡侯、鄭伯、許男以兵包圍宋國都城。楚人就是指楚子，此稱人，為什麼呢？用人來稱謂楚子是為了用人稱謂諸侯。用人稱謂諸侯，為什麼呢？認為他們相信夷狄之國而攻伐中原國家不合正道。

*十二月甲戌日，魯公會同諸侯在宋國結盟。

*二十有八年，春，晉侯侵曹❶，晉侯伐衛❷。再稱晉侯，忌❸也。

*公子買戍衛❹，不卒戍❺，刺之❻。先名後刺，殺有罪也。公子啟❼曰：「不卒戍者，可以卒也。可以卒而不卒，譏在公子也，刺之可也。」

*楚人救衛。

*三月丙午，晉侯入曹，執曹伯，畀宋人❽。

入者，內弗受也。日入，惡入者也。以晉侯而斥執曹伯，惡晉侯也。畀，與也。其日人何也？不以晉侯畀宋公也。

*夏，四月己巳，晉侯、齊師、宋師、秦師及楚人戰于城濮❾，楚師敗績。

*楚殺其大夫得臣❿。

*衛侯出奔楚。

*五月癸丑，公會晉侯、齊侯、宋公、蔡侯、鄭伯、衛子、莒子盟于踐土⓫。

諱會天王⓬也。

*陳侯如會⓭。

如會，外乎會⓮也，於會受命也。

*公朝于王所⓯。

朝不言所，言所者非其所⓰也。

*六月，衛侯鄭自楚復歸于衛。

自楚，楚有奉⓱焉爾。復者，復中國⓲也；歸者，歸其所⓳也。鄭之名，失國⓴

也。

＊衛元咺㉑出奔晉。

＊陳侯款卒。

＊秋，杞伯姬來。

＊公子遂如齊。

＊冬，公會晉侯、宋公、蔡侯、鄭伯、陳子、莒子、邾人、秦人于溫㉒。

諱會天王也。

＊天王守于河陽㉓。

全天王之行㉔也。為若將守㉕，而遇諸侯之朝也。為天王諱也。水北為陽，山南為陽。溫，河陽也。

＊壬申，公朝於王所。

朝於廟禮也，於外非禮也。獨公朝與？諸侯盡朝也。其日，以其再致天子，故謹而日之。主善以內㉖，目惡以外㉗，言曰公朝，逆辭㉘也，而尊天子。會于溫，言小諸侯㉙。溫，河北地，以河陽言之，大天子也。日繫於月，月繫於時。壬申，公朝于王所，其不月，失其所繫也，以為晉文公之行事，為已傎㉚矣。

*晉人執衛侯㉛，歸之于京師。

此入而執，其不言入何也？不外王命於衛㉜也。歸之于京師，緩辭也，斷在京師㉝也。

*衛元咺自晉復歸于衛。

自晉，晉有奉焉爾。復者復中國也，歸者歸其所也。

*諸侯遂圍許㉞。

遂，繼事也。

*曹伯襄復歸于曹。

復者復中國也。天子免之㉟，因與之會。其曰復，通王命也。

*遂會諸侯圍許。

遂，繼事也。

【注釋】❶晉侯侵曹　晉侯入侵曹國。晉侯，晉文公，名重耳。曹、衛為楚之盟國，晉文公要與楚爭，必先侵伐曹、衛，這是當時大形勢所決定的。至於具體原因，如說文公流亡過曹時，曾受曹君之辱；以及指責曹君無道，不能用賢等，並不是侵曹根本原因。❷伐衛　此為晉侯與楚相爭之前奏，是既定步驟，直接原因則是晉侵曹，借道於衛，衛不肯借，因此引起晉伐衛。❸忌　怨。侵曹伐衛，目標是針對楚國，本不當怨，但晉侯入曹執其君分其土地，伐衛致使衛人驅逐其君，做得過頭了，有報復舊怨之嫌，故怨之。❹公子買戍衛　公子買戍守衛國。公子買，字子叢，魯大夫。戍衛，衛親楚，魯與楚結盟，派公子買率軍協助衛國防務。❺不卒戍　沒有完成戍守之責。這是一句語義含混之言，是魯向晉、楚解釋殺公子買的原因。魯原與楚盟，見晉國勢大，懼其來討，用殺公子買討好晉國，表明不許公子買助楚成衛。另一方面，又不敢得罪楚國，則以公子買戍衛不能盡責而殺之。以事實取悅晉，以虛言應付楚，兩面不得罪，公子買作了犧牲品。❻刺之　殺了他。君殺大夫稱刺。❼公子啟　魯大夫。❽畀宋人　給與宋人。通常把「執曹伯」和「畀宋人」連讀，以為把曹伯交給宋人。據《左傳》：「執曹伯，分曹、衛之田以畀宋人。」則「執曹伯」與「畀宋人」為二事，畀宋人即指把曹、衛之田給與宋國。畀有以上賜下之義。宋為公，晉為侯，如稱畀宋公，則不合尊卑之禮，故稱畀宋人。❾城濮　衛地，故城在今河南省范縣南。❿得臣　成得臣，又名子玉。楚方主戰派代表，城濮之戰楚軍統帥，因兵敗被賜死。⓫衛子莒子盟于踐土　此次盟會，衛成公出逃楚國，由其弟叔武參加，叔武未成君禮，故稱衛子。踐土，鄭地，在今河南省原陽縣西南，武涉縣東南。⓬諱會天王　此次盟會意義重大，周襄王親臨踐土，以慰勞諸侯。但天子身分高貴，不得降尊與諸侯盟，而派王子虎主盟。經皆未書，即是諱言與天王相會。⓭陳侯如會　陳侯來到盟會。陳、蔡皆楚之盟國，城濮之戰中為楚之右師，潰敗後蔡投晉，參加盟會。陳後至，未趕上盟會，只接受盟約，稱如會。⓮外乎會　在盟會之外。指未直接參加也。⓯王所　周天王在踐土之臨時居所、行宮。⓰非其所　不是諸侯朝見天子之所。因為諸侯朝見天子應在京師行廟見之禮，此常例不書，書則表明非應朝之所。⓱楚有奉　楚國對其有所幫助。⓲中國　國中，指返回本國。⓳歸其所　回歸到原來的君位上。⓴失國　失掉國家。指城濮戰後衛侯逃楚。㉑元咺　衛大夫，因食邑於元，以元為氏。衛侯逃楚，元咺奉衛侯弟叔武留守，叔武參加踐土之盟。㉒溫　周畿內邑名，故城在今河南省溫縣境。據《左傳》，溫之會有齊侯，當是。陳子，陳共公，因在喪中，稱子為通例。㉓天王守于河陽　周天王去河陽冬獵。守，同「狩」。《左傳》作「狩」，為冬日田獵之名。河陽即溫，稱河陽，範圍更大，寓尊大天子義。據《史記・晉世家》：「冬，晉侯會諸侯於溫，欲率之朝周，力未能，恐其有畔者，乃使人言周襄王狩于河陽。壬申，遂率諸侯朝王於踐土。」就是說此次為晉侯召周王來接受諸侯朝見。但臣召君不合於禮，不可垂訓後世，形成文字便成了「天王狩于河陽」，此種表述既隱諱天王被召之恥，又昭示晉侯尊王之德，實為妙文。㉔全天王之行　使天子之出行理由完備。㉕為若將守　好像天王將要去冬獵。㉖主善以內　主持善事以魯為主。如朝見天子則專稱魯公。㉗目惡以外　稱言惡事以外諸侯為主。㉘逆辭　違背常規之辭。朝王應在京師廟見，今在外地，違逆常規。㉙小諸侯　屈尊諸侯，使處周王之下。㉚傎　同「顛」。顛倒。㉛晉人執衛侯　晉人拘捕衛侯。元咺以衛侯殺叔武事訴於晉，故晉人執衛侯去京師，以判明此事。㉜不外王命於衛　晉人奉王命去衛國拘捕衛侯，衛不自外於王，故不稱人。㉝斷在京師　在京師裁斷衛侯之罪。㉞諸侯遂圍許　諸侯指參加溫之會各國。會後鄭、衛、陳皆從晉，獨許不至，故移師圍許。㉟天子免之　周天子赦免曹伯。據《左傳》，本年三月晉侯執曹伯，送京師。此時晉侯接受筮史說詞，通過周王，放回曹伯。

【語譯】＊二十八年，春，晉侯入侵曹國，晉侯攻伐衛國。

再次稱晉侯，是責怪他。

＊公子買戍守衛國，沒有完成戍守之責，被殺。

先稱名，後言殺，表明殺有罪之人。公子啟說：「沒有完成戍守之責，是說原本可以完成。可以完成而沒有完成，譏刺在公子買，把他殺掉是可以的。」

＊楚人援救衛國。

＊三月丙午日，晉侯進入曹國，拘捕曹伯，把曹、衛之田分給宋國。

入的意思是被入侵之國不肯接受。記載入侵之日，表示對入侵者的憎惡。稱晉侯爵位以斥責他拘捕曹伯，表明憎惡晉侯。畀，給與也。此稱宋人，為什麼呢？不贊許用晉侯給與宋公這樣說法。

＊夏，四月己巳日，晉侯、齊師、宋師、秦師同楚人在城濮會戰，楚軍潰敗。

＊楚國殺了他的大夫得臣。

＊衛侯出逃到楚國去。

＊五月癸丑日，魯公會同晉侯、齊侯、宋公、蔡侯、鄭伯、衛子、莒子在踐土結盟。

諱言同周天王相會。

＊陳侯來到盟會。

來到盟會，是說在盟會之外，只是接受盟約而已。

＊魯公去天王居所朝見。

朝見天子不稱處所，稱處所表明不是諸侯朝見天子應在之處。

*六月，衛侯鄭由楚國回到衛國。

由楚國返回，是說楚國對其有所幫助。復是說返回本國；歸是說回到原來的位置上。稱鄭之名，因為他喪失了國家。

*衛元咺出逃到晉國。

*陳侯款死。

*秋，杞伯姬來魯探親。

*魯公子遂到齊國去。

*冬，魯公在溫地會見晉侯、宋公、蔡侯、鄭伯、陳子、莒子、邾人、秦人。

諱言會見周天王。

*周天王去河陽冬獵。

這樣記載使天王出行理由完備。好像天王將要去冬獵，而遇到諸侯來朝見。這是為周天子隱諱。江河北面為陽，山的南面為陽。溫地，在黃河北岸。

*壬申日，魯公去周王居所朝見。

在京師宗廟內朝見天子，是合於禮的，在外地朝見不合於禮。獨有魯公朝見天子嗎？諸侯都朝見了。記載朝見之日，因為再次召致周天子，故而謹慎對待此事而記下日期。主持善事以魯為主，稱言惡事以外諸侯為主。稱言魯公朝見周王，是違背常規之辭，但卻表明尊奉天子。稱諸侯會見於溫，是屈尊諸侯於王下。溫，黃河北岸一個地方，用黃河北岸稱它，是為了尊大天子。日子繫在月份下面，月份繫在季節下面。稱王申日魯公朝於王所，沒有稱月，日失所繫也。由此以為晉文公之行事，已顛倒錯亂。

*晉人拘捕衛侯，並把他帶到京師。

這是進入衛國拘捕衛侯，但未稱入，為什麼呢？因為是奉王命入衛國，衛不自外於王。帶回到京師，為緩解之辭，表示衛侯之罪要在京師裁斷。

*衛國元咺由晉國返回到衛國。

自晉國返回，表明晉國對他有所幫助。復是返回自己國家，歸是回到自己的位置上。

*諸侯之師接著包圍許國都城。

遂，繼某事後接著發生之事。

*曹伯襄返回到曹國。

復是返回自己國家。周天子免去曹君之罪，因而他便參加盟會。此日返回，是為了通達王命。

*曹伯接著會同諸侯包圍許國都城。

遂，繼某事後接著發生之事。

【說明】齊桓公稱霸時期，與楚國訂立召陵之盟，以抑制其向北擴張，但楚之實力並未受損，之後相繼滅掉弦、黃諸國，打敗許、徐等國，桓公死後，更大舉北進。宋襄公野心勃勃，想爭當霸主，與楚較量，結果兵敗命喪。魯、衛、曹、鄭等國相繼與楚結盟，楚國大有爭霸中原之勢。

晉國經過晉文公及其謀臣們幾年努力經營，國力大增，足以對抗楚國。晉國想「取威定霸」，必須打敗楚國。雙方經過外交上、軍事上密謀策劃，鬥智鬥勇，推波助瀾，終於引發春秋時期規模最大的一場戰爭——城濮之戰。晉軍參戰兵車七百乘，分上中下三軍，還有齊、秦、宋軍相助，統帥為晉文公。楚軍參加的有西廣、東宮及若敖六卒，申、息兩縣之軍和陳、蔡之軍，子玉為統帥。雙方經過慘烈激戰，楚國大敗，軍力受到沉重打擊。晉軍大勝，晉國威望大增，晉文公躋身霸主之位。

城濮戰後的總體形勢仍然是南北對峙，彼此時有戰事，互有勝負，大致保持力量均衡態勢。而南方和北方各國間戰事頻繁，整個形勢沒有根本改變。城濮之戰對決定春秋歷史發展進程有重要影響。

*二十有九年，春，介葛盧來❶。

介，國也。葛盧，微國之君，未爵者也。其曰來，卑也。

*公至自圍許。

*夏，六月，公會王人❷、晉人、宋人、齊人、陳人、蔡人、秦人盟于翟泉❸。

*秋，大雨雹❹。

*冬，介葛盧來❺。

【注釋】❶介葛盧來　介國君主葛盧來魯國。介，東夷小國，或以為在今山東省膠縣西南七十里。葛盧，介君之名，小國君無爵位，直稱名。來即來朝見，《左傳》稱「來朝」。❷王人　周天王之代表。據《左傳》則指王子虎，為周王卿士。❸翟泉　洛陽城內水池名。杜預注：「翟泉，今洛陽城內大倉西南池水也。」❹雹　冰雹。❺冬介葛盧來　春，介葛盧來朝，魯公在外未見，冬又來朝。

【語譯】*二十九年，春，介國君主葛盧來魯國。

介，國名。葛盧，微小國家之君主，未有爵位者。稱之為來，因其身分低下。

*魯公從包圍許都之戰返回。

*夏，六月，魯公會同周天子代表、晉人、宋人、齊人、陳人、蔡人、秦人在翟泉結盟。

*秋，大降冰雹。

*冬，介國君主葛盧來魯。

*三十年，春，王正月。

*夏，狄侵齊。

*秋，衛殺其大夫元咺。

稱國以殺，罪累上❶也，以是為訟君❷也。衛侯在外，其以累上之辭言之何也？待其殺而後入❸也。

*及公子瑕❹。

公子瑕累也，以尊及卑❺也。

*衛侯鄭歸于衛。

*晉人、秦人圍鄭❻。

*介人侵蕭❼。

*冬，天王使宰周公❽來聘。

天子之宰通於四海。

*公子遂如京師，遂如晉。

以尊遂乎卑，此言不敢叛京師也。

【注釋】❶罪累上　殺大夫之罪牽連到國君。❷訟君　訴君之罪。指僖二十八年，元咺奔晉，向晉侯訴訟衛侯殺叔武之罪，使衛侯敗訟被囚。❸待其殺而後入　待元咺被殺之後，衛侯才進入衛國，以逃避無罪而殺大夫之罪責。據《左傳》，衛侯用卿職收買周歂、治廑殺掉元咺、子適、子儀，為己復位掃清道路。❹公子瑕　即子適，僖二十八年冬為元咺所立，衛人或不以為國君。❺以尊及卑　公子瑕為君，元咺為臣，由元咺及公子瑕，不當解為由尊及卑，此及當為累及、連累之意。❻圍鄭　此次圍鄭理由，一是鄭文公曾無禮於晉侯，二是鄭未參加踐土之盟，有背晉從楚傾向。鄭起用燭之武退去秦師，晉師亦退去。❼蕭　宋邑，即今安徽省蕭縣。因宋公將此邑分封給討南宮萬有功之蕭叔大心，故蕭亦宋之附庸國。❽宰周公　宰即冢宰，天子冢宰可會見諸侯已見前，此則聘問諸侯。周公名周公閱。

【語　譯】＊三十年，春，周曆正月。

＊夏，狄人侵犯齊國。

＊秋，衛國殺掉他的大夫元咺。

稱國殺，表明殺大夫之罪牽連到國君，是因為他向晉訴訟衛君之罪引起。當時衛侯尚在外未歸，此用殺大夫之辭說他，為什麼？因為他是故意等待元咺被殺之後才進入衛國的。

＊連累公子瑕。

公子瑕是被連累的，是由尊貴者及於卑下者。

＊衛侯鄭返回到衛國。

＊晉人、秦人包圍鄭國都城。

＊介國人侵犯蕭國。

＊冬，周天王使者宰周公來魯聘問。

周天子之家宰可與天下諸侯相交通。

＊魯公子遂去京師，接著又去晉國。

由尊貴者至於低下者，這是說魯不敢叛京師也。

*三十有一年，春，取濟西田❶。

*公子遂如晉。

*夏，四月，四卜郊❷，不從，乃免牲❸，猶三望❹。

夏四月，不時❺也。四卜，非禮也。免牲者，為之緇衣熏裳❻，有司玄端❼，奉送至于南郊，免牛亦然。乃者，亡乎人❽之辭也。猶者，可以已❾之辭也。

*秋，七月。

*冬，杞伯姬來求婦。

婦人既嫁不踰竟。杞伯姬來求婦，非正也。

*狄圍衛，十有二月，衛遷於帝丘❿。

【注釋】❶取濟西田　取得濟水以西之曹田。濟，即濟水，源出河南省濟源縣之王屋山，春秋時濟水流經曹、魯、齊等國。僖二十八年，晉討伐曹國，分其田，境界未定，今則劃定界限，分賜諸侯，魯得到曹、魯交界濟水以西之曹田。❷四卜郊　四次占卜可否舉行郊祭之禮。郊祭有二，一為冬至日於京師南郊舉行之祭天之禮，唯天子可行。二為夏曆正月舉行之祈穀之禮。《左傳》襄公七年：「夫郊祀后稷，以祈農事也，是故啟蟄而郊，郊而後耕。」此處所言郊指後義。《禮記・曲禮上》：「卜筮不過三。」四次占卜同一事之可否，不合乎禮。❸免牲　免去宰殺為郊祭所備之犧牲。❹三望　望為對山川之神的祭祀。魯之山川之神有東海、泰山、淮水三神，祭祀他們故稱三望。按當時禮，望祭是附屬於郊祭的，是郊祭的細節部分。郊祭既不舉行，望祭亦應停止，不郊而望為非禮。❺不時　不合季節。郊祭為祈穀之禮，應在春耕前即正月舉行，夏四月太遲了，為不時。❻緇衣熏裳　黑色上衣，淺紅色下裙。❼有司玄端　掌管祭司者身著黑色祭服。❽亡乎人　不在於人。指天意決定。❾可以已　可以停止。❿帝丘　地名，在今河南省濮陽縣西南。

【語　譯】＊三十一年，春，魯國取得濟水以西之曹田。

＊魯公子遂去往晉國。

＊夏，四月，四次占卜可否舉行郊祭之禮，不可行，於是免去宰殺為郊祭所備之犧牲，依然舉行對山川之神的祭禮。

夏四月舉行郊祭，不合季節。四次占卜此事可否，不合乎禮。主人為免殺之牲披上黑色上衣、淺紅色下裙，祭司穿黑色祭服，把免殺之牲護送到南郊，免殺之牛亦如此。乃的意思是不在於人之辭。猶的意思是可以停止之辭。

＊秋，七月。

＊冬，杞伯姬來魯為子求婦。

婦女出嫁之後不可越出國境。杞伯姬來魯為子求婦，不是正道。

＊狄人包圍衛國都城，十二月，衛國遷徙到帝丘。

＊三十有二年，春，王正月。

＊夏，四月己丑，鄭伯捷卒。

＊衛人侵狄。

＊秋，衛人及狄盟。

＊冬，十有二月己卯，晉侯重耳卒。

【語譯】＊三十二年，春，周曆正月。
＊夏，四月己丑日，鄭伯捷死。
＊衛人入侵狄國。
＊秋，衛人與狄國結盟。
＊冬，十二月己卯日，晉侯重耳死。

＊三十有三年，春，王二月，秦人入滑❶。
滑，國也。
＊齊侯使國歸父❷來聘。
＊夏，四月辛巳，晉人及姜戎敗秦師于殽❸。
不言戰而言敗，何也？狄秦❹也。其狄之何也？秦越千里之險，入虛國❺，進不能守，退敗其師徒，亂人子女之教，無男女之別❻，秦之為狄，自殽之戰始也。秦伯將襲鄭，百里子與蹇叔子❼諫曰：「千里而襲人，未有不亡者也。」秦伯曰：「子之冢木已拱矣❽，何知？」師行，百里子與蹇叔子送其子而戒之曰：「女死必於殽之巖唫❾之下，我將尸女於是。」師行，百里子與蹇叔子隨其子而哭之，秦伯怒曰：「何為哭吾師也？」二子曰：「非敢哭師也，哭吾子也。我老

矣，彼不死，則我死矣。」晉人與姜戎要而擊之殽，匹馬倚輪⑩無反者。晉人者，晉子⑪也。其曰人何也？微之也。何為微之？不正其釋殯⑫而主乎戰也。

*癸巳，葬晉文公。

日葬，危不得葬也。

*狄侵齊。

*公伐邾，取訾樓⑬。

*秋，公子遂帥師伐邾。

*晉人敗狄于箕⑭。

*冬，十月，公如齊。

*十有二月，公至自齊。

*乙巳，公薨于小寢⑮。

小寢，非正也。

*隕霜不殺草⑯。

未可殺而殺，舉重⑰也；可殺而不殺，舉輕也。

*李梅實⑱。

實之為言猶實⑲也。

*晉人、陳人、鄭人伐許。

【注釋】❶滑 國名，見莊十六年注❸。❷國歸父 齊大夫，又稱國莊子、國子。❸姜戎敗秦師于殽 姜姓之戎，居晉國之南鄙。殽，殽山，與函谷關合稱殽函，相當今陝西潼關至河南省新安縣一帶。高峰絕谷，峻坂迂迴，形勢險要。為秦去鄭必經之路，其地當時屬晉國。❹狄秦 把秦國視為夷狄之國。中國打敗夷狄，不書戰，直書打敗。❺虛國 未加防備之國，指滑。❻亂人子女之教無男女之別 楊士勛疏以為泛指秦師入滑縱暴亂之惡行，但不見於他書，不知所據。❼百里子與蹇叔子 百里子，名百里奚，春秋時秦穆公賢相。原為虞大夫，晉滅虞虜奚，以為秦穆公夫人陪嫁之臣。後逃跑，為楚人所執，秦穆公用五張羊皮將其贖回，委以國政，助穆公稱霸西戎。諫秦伯襲鄭者，《左傳》未及百里奚。僖五年晉滅虞，百里奚已七十餘歲，至此又二十七年，已近百歲，或已死。《呂氏春秋．悔過》言此事，亦無百里奚。蹇叔子，名蹇叔，秦大夫。❽子之冢木已拱矣 先生墳上樹木已長成兩手合圍粗細了。此為略語，據《左傳》僖三十二年，秦伯不聽蹇叔之諫說：「爾何知？中壽，爾墓之木拱矣。」拱，兩手合圍之粗細。❾巖唫 高峻險要的山巖。唫，通「崟」。高峻險要。❿匹馬倚輪 一匹馬一隻車輪。倚，一隻。⓫晉子 晉襄公。因其父文公尚未安葬，故稱子，此通例。⓬釋殯 拋下殯葬之事。⓭訾樓 邾地名。⓮箕 地名，當在今山西省蒲縣東北。⓯小寢 古代天子、諸侯有正寢和燕寢。正寢又稱路寢、大寢，燕寢又稱小寢。平日居燕寢，燕樂休息；治事、齋戒、疾病則居正寢。僖公病重不居正寢，乃至死於小寢，不合正道。⓰隕霜不殺草 降霜沒有殺死草。⓱舉重 列舉出重者。列舉最不容易凍死的植物被凍死，由此推及其他植物皆被凍死。本篇為舉輕之意。⓲李梅實 李樹和梅樹結出果實。⓳實 果實。書此以記異也。

【語譯】*三十三年，春，周曆二月，秦人侵入滑國。滑，國名。

*齊侯派國歸父來魯聘問。

*夏，四月辛巳日，晉人和姜戎在殽地打敗秦軍。

不言交戰而稱打敗，為什麼呢？因為把秦國視為夷狄之國。把秦國視為夷狄，為什麼？因為秦軍越過千里險途，侵入未有防備的國家，進兵不能防守，退軍使自己徒眾潰敗，擾亂他人對子女的教化，沒有男女之分別，秦國變為夷狄，就從殽山之戰開始的。秦伯將要偷襲鄭國，百里奚和蹇叔勸阻說：「奔行千里去偷襲別人，沒有不失敗的。」秦伯說：「您們如中壽而死，現在墳上的樹木也有兩手合圍粗細了，您們懂得什麼？」秦軍出發時，百里奚和蹇叔送他們的兒子，並告誡說：「你們必定死在殽山高峻險要的山巖下，我將到那裡為你們收屍。」秦軍出發，百里奚和蹇叔跟在兒子後面哭泣，秦伯生氣說：「為什麼哭我的軍隊？」二人回答說：「不敢哭軍隊，哭我們的兒子也。我們都老邁了，沒等他們死，我們就要死了。」晉人和姜戎在殽山攔截阻擊秦軍，使秦軍連一匹馬一隻車輪都未能返回。晉人即指晉子。此稱人，為什麼？是為輕視他。為什麼要輕視他？因為他拋下殯葬之事去主持交戰之事，不合正道。

＊癸巳日，安葬晉文公。

記載葬禮之日，表明有危難之事不能按時下葬。

＊狄人侵犯齊國。

＊魯公攻伐邾國，占領了訾樓。

＊秋，魯公子遂率軍攻伐邾國。

＊晉人在箕地打敗狄軍。

＊冬，十月，魯公去往齊國。

＊十二月，魯公從齊國返回。

＊乙巳日，魯公死於小寢。

死於小寢，不合正禮。

＊降霜沒有殺死草。

記下不容易凍死的植物被凍死，是列舉重者；記下容易凍死而未被凍死的植物，是列舉輕者。

*李樹和梅樹結出果實。

這裡說的實就是果實。

*晉人、陳人、鄭人攻伐許國。

文公

【題解】魯文公名興，僖公申之子，母為聲姜，在位十八年。

這一時期，晉國依然比較強大，居霸主地位，但對局面的控制，遠不如文公時期之牢固，且內部外部矛盾不少，不時激化為武力衝突。秦國為報殽之役，打通中原通道，在文公二年、三年、七年、八年、十二年，多次與晉交戰，互有勝負。楚國與晉和北方諸侯也時有戰事，如文公三年，楚師圍江，晉救江。九年楚伐鄭，晉與諸侯救鄭等。魯、衛、鄭、陳等國則動搖依違於大國之間，並不固定依附於晉。晉一面向不服者興師問罪，一面籠絡順從者，靠兩面手法維持霸主地位。

楚太子商臣殺成王自立，是為穆王，繼續在南方擴張勢力，先後滅掉江、六、蓼等國，並向北方發展。由於群蠻、百濮等背叛，威脅其後方，楚用蔿賈之謀，才穩定局面，奠定爭霸基礎。

此時期發生宋君與公族的角逐，結果宋昭公被殺，公族勢力更強固。在其他諸侯國內君主與權臣之爭也很激烈，臣殺君，君殺臣，臣相殺之事極為普遍。這種戰亂和內爭，推動春秋歷史的緩慢進程。

*元年❶，春，王正月，公即位。

繼正❷即位，正也。

*二月癸亥，日有食之❸。

*天王使叔服來會葬❹。

葬曰會，其志，重天子之禮也。

*夏，四月丁巳，葬我君僖公。

薨稱公，舉上❺也；葬我君，接上下❻也。僖公葬而後舉謚❼，謚所以成德也，於卒事乎加之矣。

*天王使毛伯來錫公命❽。

禮有受命，無來錫命，錫命非正也。

*晉侯伐衛。

*衛人伐晉。

*叔孫得臣❾如京師。

*秋，公孫敖會晉侯于戚❿。

*冬，十月丁未，楚世子商臣弒其君髡⓫。

日髡之卒，所以謹商臣之弒也。夷狄不言正不正⓬。

*公孫敖如齊。

【注釋】❶元年　西元前六二六年，周襄王二十六年，晉襄公二年，齊昭公七年，衛成公九年，蔡莊公二十年，鄭穆公二年，曹共公二十七年，陳共公六年，杞桓公十一年，宋成公十一年，秦穆公三十四年，楚成王四十六年，許僖公三十年。❷繼

正　繼承善終之君。❸二月二句　此次日蝕未書朔，據考癸亥為朔，當時曆法誤為二月晦，故不書朔。❹叔服來會葬　周天子之內史。會葬，會合行送葬之禮。諸侯之喪，天子派大夫參加葬禮，為當時通行禮儀。❺舉上　列舉最高爵位。❻接上下　把君主和臣民接連一體。❼舉諡　確立諡號。❽毛伯來錫公命　名衛，周王卿士。錫公命，賜文公爵命。諸侯即位，天子派使者來賜與爵位，稱賜命，以示得到天子承認。❾叔孫得臣　公子叔牙之孫，又名莊叔得臣，魯卿。❿公孫敖句　公孫敖，公子慶父之子，又名穆伯敖，魯卿。戚，衛邑，在今河南省濮陽縣北。⓫髡　《左傳》作「頵」，楚成王名。成王既立商臣為太子，又欲黜而另立，為商臣所弒。⓬夷狄不言正不正　《穀梁》有「日卒正也」之例，特指此例不適用於夷狄。但此為弒，與卒絕不同。

【語譯】 *元年，春，周曆正月，文公即君位。

繼承善終之君即君位，合乎正道。

*二月癸亥日，發生日蝕。

*周天王派叔服來會合行僖公葬禮。

葬禮稱會合，此作記載，表示尊重天子之禮。

*夏，四月丁巳日，安葬我們的國君僖公。

薨逝稱公，列舉最高爵位；稱安葬我們國君，表明把君主和臣民連接在一起。僖公安葬以後確立諡號，諡號是用以成就功德的，在喪事結束後加給他。

*天王派毛伯來賜文公爵命。

按禮制，只有諸侯前往京師接受爵命，沒有天王派人來賜命的，來賜命不合正道。

*晉侯攻伐衛國。

*衛人攻伐晉國。

*魯叔孫得臣去往京師。

*秋，魯公孫敖在戚地會見晉侯。

*冬，十月丁未日，楚太子商臣殺掉其君主髡。記載髡死之日，用以嚴肅對待商臣弒君之事。對夷狄之人不稱他們合不合正道。

*公孫敖去往齊國。

*二年，春，王二月甲子，晉侯及秦師戰于彭衙❶，秦師敗績。

*丁丑，作僖公主❷。

作，為也，為僖公主也。立主❸，喪主於虞❹，吉主於練❺，作僖公主，譏其後也。作主壞廟❻有時日，於練焉壞廟，壞廟之道，易檐❼可也，改塗❽可也。

*三月乙巳，及晉處父❾盟。

不言公，處父伉❿也，為公諱也。何以知其與公盟？以其日⓫也。何以不言公之如晉？所恥⓬也。出不書，反不致⓭也。

*夏，六月，公孫敖會宋公、陳侯、鄭伯、晉士縠盟于垂斂⓮。

內大夫可以會外諸侯。

*自十有二月不雨，至于秋七月。

歷時⓯而言不雨，文不憂雨也。不憂雨者，無志乎民也。

*八月丁卯，大事于大廟⓰，躋僖公⓱。

大事者何？大是事也，著祫嘗⑱。祫祭者，毀廟之主陳于大祖⑲，未毀廟之主皆升⑳，合祭于大祖。躋，升也。先親而後祖㉑也，逆祀㉒也。逆祀，則是無昭穆㉓也，無昭穆則是無祖也，無祖則無天也。故曰文無天，無天者是無天而行也。君子不以親親害尊尊㉔，此《春秋》之義也。

＊冬，晉人、宋人、陳人、鄭人伐秦。

＊公子遂如齊納幣㉕。

【注　釋】❶彭衙　秦邑，在今陝西省白水縣東北之彭衙堡。❷作僖公主　製作魯僖公之神主牌位。主指死者神主牌位。正方形，天子一尺二寸，諸侯一尺，殷用柏木，周用栗木製作，書死者謚號於背面，作為祭祀對象。在死者靈柩未下葬前，於靈堂內祭祀，不需神主。下葬後十四日，便需作神主，送入祖廟同祭，然後迎回家中祭祀。三年喪畢除靈，再將神主送回祖廟，與祖宗一起享祭。僖公葬於文公元年四月，當時即應製成神主，而拖至二年二月，故為晚也。❸立主　設立神主牌位。❹喪主於虞　在虞祭時用桑木製作之神主牌。虞指虞祭，父母安葬後，迎魂安於殯宮的祭禮。虞為安，葬之時，送形而往，迎魂而返，恐魂神不安，故設虞祭以安之。喪主即虞祭所用之神主牌，據《公羊傳》，此牌用桑木製作，虞祭後迎回家中祭祀，週年後又用栗木另作，除喪後送於祖廟。《穀梁》取此說。又說無兩種神主牌之分，即皆以栗木作。❺吉主於練　在練祭時用栗木製作的神主牌。練即練祭，通稱小祥，指父母死後一週年之祭禮。此時另用栗木作神主牌。❻壞廟　又稱毀廟。按宗法，親過高祖者，則毀其廟，將其神主牌位移至大廟中，稱壞廟。❼易檐　更換屋檐。❽改塗　重新塗飾。此言壞廟只是對原廟稍加修飾更新，以俟新主，不是毀掉重建。❾處父　晉大夫陽處父。不書氏，表厭惡。❿伉　傲慢驕橫。⓫以其日　因其記載了盟會之日。傳例卑者之盟不日，此書日，推斷為魯公參加。⓬所恥　所羞恥之事。晉因魯不朝而來討，魯公被迫朝晉，晉只派大夫與盟，且態度傲慢，此為魯之大恥辱。⓭反不致　魯公返國不將此事祭告祖廟。⓮晉士縠句　縠，又作「穀」。晉士蔿之子，襲父職任大司空。垂斂，斂，又作「隴」，音近可通。鄭地，當在今河南省滎陽縣東北。垂斂之盟晉士縠為盟主。

⑮歷時　經過幾個季節。由十二月至次年七月，經冬春夏秋四季。⑯大事于大廟　在太廟舉行合祭。君死三年喪期（實為二十五月）已滿，凶事已畢，將其神主牌送入太廟，與祖先神主一起合祭，此即大事也。僖公死於三十三年十一月，至文公二年八月，只二十二月，不滿二十五月，故有譏意。大廟，祖廟，魯太廟為周公廟。⑰躋僖公　將僖公神主牌位提升到閔公之上。躋，升也。僖公為閔公庶兄，但在君位傳承上，則是繼承閔公，相當於父子地位。文公覺得這樣太委屈了自己父親，便授意下面提升僖公神主牌位。⑱著祫嘗　昭明祫祭與嘗祭兼而行之，先祫而後嘗。此乃天子之禮，故重視此事。祫，古代祭名，指集遠近祖先神主於太廟合祭。嘗，秋祭名，此與祫祭兼行。⑲毀廟之主陳于大祖　把該毀廟之神主牌位陳列於太祖廟中。⑳升　上升一個輩分。㉑先親而後祖　排廟次順序，把父親放在先，把祖父放在後。文公繼僖公，以僖為父，而僖繼閔公，二人雖為兄弟，亦有君臣父子之義，文於閔則為孫。如果把僖公升至閔公先，便是先父後祖。㉒逆祀　顛倒祭祀次序。㉓昭穆　古代君主的廟次排列，反映君主之繼承系統。天子七廟，諸侯五廟。五廟之制，中間一廟為祖廟，兩旁各二廟，左為昭，右為穆。五廟中始祖一廟是不變的，其他四廟則隨著新死之君神主之遷入，就須把最先一廟之神主遷往祖廟，以下幾廟也隨之升位，昭穆之序也相應改變。如果為私恩改變廟次，就會造成混亂，是絕對不可以的。㉔不以親親害尊尊　不因私愛親人妨害尊重貴人。㉕納幣　又稱納徵，古代婚禮中六禮之一，即納聘禮。男方選吉日具書，派人送聘禮於女家，女方受物復書，表示婚姻確定。

【語譯】＊二年，春，周曆二月甲子日，晉侯與秦軍在彭衙交戰，秦軍潰敗。

＊丁丑日，製作魯僖公神主牌位。

作就是製作，為僖公製作神主牌位。設立神主牌，在虞祭時用桑木製作，在週年之祭時用栗木製作。書製作僖公神主牌，是譏刺其製作晚了。製作神主牌和毀廟都有限定時日，在週年之祭時毀廟，毀廟的方法，更換一下屋檐可以，重新塗飾一下也可以。

＊三月乙巳日，同晉國處父相盟。

不說魯公與盟，因為處父對魯公傲慢無禮，是為魯公隱諱。怎麼知道處父是與魯公相盟呢？因為記載了盟會日期。為什麼不記載文公到晉國去？因為這是魯國所羞恥之事。出外未加記載，返回也不祭告祖廟。

*夏，六月，魯公孫敖會同宋公、陳侯、鄭伯、晉士穀在垂斂結盟。魯國大夫可以會見外國諸侯。

*自去年十二月沒有降雨，直到今年秋七月。經過幾個季節才說不下雨，表明文公不憂慮無雨，不憂慮無雨之君，表明他沒有體恤民眾之心。

*八月丁卯日，在太廟舉行合祭，並提升僖公之神主牌位。大事是什麼意思？敬重這件事，昭明這是祫祭與嘗祭兼而行之。祫祭就是把該毀廟之神主牌陳列於太祖廟中，未毀廟之神主牌都依序上升一個輩分，並在太祖廟中舉行合祭。躋，提升也。排廟次順序，把父親放在先，把祖父放在後，就顛倒了祭祀順序。顛倒祭祀順序，就是沒有昭穆之別，沒有昭穆之別就是沒有祖宗，沒有祖宗就是沒有上天。因此說文公沒有上天，沒有上天之人就是不按天道而行。君子不因私愛親人妨害尊重地位高貴之人，這是《春秋》之大義。

*冬，晉人、宋人、陳人、鄭人攻伐秦國。

*魯公子遂去齊國為文公納送訂婚聘禮。

*三年，春，王正月，叔孫得臣會晉人、宋人、陳人、衛人、鄭人伐沈❶，沈潰。

*夏，五月，王子虎❷卒。叔服也。此不卒者也，何以卒之？以其來會葬，我卒之也。或曰，以其嘗執重以守❸也。

*秦人伐晉。

*秋，楚人圍江❹。

*雨螽于宋❺。

外災不志，此何以志也？曰災甚也。其甚奈何？茅茨盡❻矣。著於上見於下，謂之雨。

*冬，公如晉。十有二月己巳，公及晉侯盟❼。

*晉陽處父帥師伐楚救江。

此伐楚，其言救江何也？江遠楚近，伐楚所以救江也。

【注釋】❶沈　國名。其地在今安徽省阜陽縣西北一百二十里之沈丘集。❷王子虎　周襄王之叔，謚文公，又稱王叔文公。曾代表襄王主持踐土之盟、翟泉之盟。任周之太宰。《公》、《穀》以子叔即叔服，恐非，叔服為周內史，為另一人。❸執重以守　在僖二十四年，天王出居鄭國時，曾擔負重任以守衛國家。❹江　國名，見僖二年注㉒。❺雨螽于宋　在宋國，蝗蟲像雨一樣降落下來。雨螽，《左傳》以為「隊而死」，《公羊》以為「死而隊」，皆不為災，與《穀梁》說異。❻茅茨盡　茅草和蒺藜都被食盡。❼十有二月二句　去年三月，魯公朝晉，晉派陽處父與盟，使公受辱。晉懼此舉引起諸侯離心，又請求改盟，以禮相待，對魯公採取一打一拉策略。

【語譯】*三年，春，周曆正月，魯叔孫得臣會同晉人、宋人、陳人、衛人、鄭人攻伐沈國，沈國之民逃散。

*夏，五月，王子虎死。

王子虎就是叔服。外大夫死不記載，為什麼記載他之死呢？因為他曾來參加僖公會葬，魯史就記載其死。

有人說是因為他在天王出居鄭國時，曾執掌重任以守衛國家。

*秦人攻伐晉國。

*秋，楚人包圍江國。

*在宋國，蝗蟲像雨一樣降落下來。

魯國以外國家遭災不記載，此為何作了記載？回答是災情特別嚴重。其災情怎樣嚴重呢？連茅草和蒺藜都被吃光了。顯露在天上，呈現在地下，就叫作雨。

*冬，魯公去往晉國。十二月己巳日，魯公與晉侯結盟。

*晉陽處父率軍攻伐楚以援救江國。

這本是攻伐楚國，稱其為援救江國，為什麼？江國離得遠而楚國較近，攻伐楚國可以達到救江目的。

*四年，春，公至自晉。

*夏，逆婦姜❶于齊。

其曰婦姜，為其禮成乎齊也。其逆者誰也？親逆而稱婦，或者公與？何其速婦之也？曰公也。其不言公何也？非成禮于齊也。曰婦，有姑之辭也。其不言氏❷何也？貶之也。何為貶之也？夫人與有貶❸也。

*狄侵齊。

*秋，楚人滅江。

*晉侯伐秦。

*衛侯使甯俞❹來聘。

*冬，十有一月壬寅，夫人風氏❺薨。

【注釋】❶婦姜　即前年冬公子遂去齊為文公所聘之齊女。婦是對姑之稱，因當時文公母尚在，故稱文公夫人為婦。❷不言氏　不稱姜氏。❸夫人與有貶　夫人也在貶抑之列。夫人指文公夫人姜氏，文公在齊行婚禮，夫人不加阻止，亦應貶抑。❹甯俞　衛臣，又稱甯武子。❺夫人風氏　僖公之母，莊公之妾，母以子貴，僖公時被尊為夫人。母家為須句國，風姓，故稱風氏，謚號成風。

【語譯】*四年，春，魯公從晉國返回。

*夏，去齊國迎娶婦姜。

稱之為婦姜，因為他們已在齊國完成婚禮。去迎娶的人是誰呢？新郎親自迎娶才稱新娘為婦，也許去迎娶者是魯文公吧？為什麼這麼快稱婦？回答說因為去迎娶者是文公。這裡不稱文公，為什麼？責備他在齊國完成婚禮。稱婦，表明有婆婆在之辭。此不稱姜氏，為什麼？是為貶抑她。為什麼要貶抑她？因為夫人也在該貶抑之列。

*狄人侵犯齊國。

*秋，楚人滅亡了江國。

*晉侯攻伐秦國。

*衛侯派甯俞來魯聘問。

*冬，十一月壬寅日，夫人風氏死。

*五年，春，王正月，王使榮叔歸含且賵❶。含，一事也；賵，一事也，兼歸之，非正也。其曰且，志兼也。其不言來，不周❷事之用也，賵以早❸，而含已晚❹。

*三月辛亥，葬我小君成風。

*王使毛伯❺來會葬。會葬之禮於鄙上❻。

*夏，公孫敖如晉。

*秦人入鄀❼。

*秋，楚人滅六❽。

*冬，十月甲申，許男業卒。

【注釋】❶王使榮叔歸含且賵　天王派榮叔來饋贈含玉和助喪車馬。榮叔，周天王臣。含，放入死者口中的珠玉等物。死者身分地位不同，所含之物亦不同。據《說苑・修文篇》：「天子唅實以珠，諸侯以玉，大夫以璣，士以貝，庶人以穀實。」且，連詞，與、和之意。賵，助喪之車馬。❷周　合。《穀梁》以為，含當在入殮前送到，賵當在葬時送到，而此二物送在入殮後下葬前，故不合喪事之用。此與《禮記・雜記上》所說不一。❸賵以早　助喪車馬送來過早。因為這些東西要在三月下葬時用，一月送來太早。❹含已晚　含玉送來太晚。含玉當在入殮前送來，成風死於十一月，一月送含，當時死者早已入殮，故太晚。❺毛伯　《左傳》作「召伯」，天子之卿。❻鄙上　邊境上。即是說參加會葬者由邊境直達墓地。❼鄀　國名，位於秦、楚交界處，此時都於商密，其地當在今河南省淅川縣之西南。其後遷都，則在今湖北省宜城縣東南九十里。❽六國名，皐陶之後，其故城在今安徽省六安縣北。

【語譯】＊五年，春，周曆正月，天王派榮叔饋送含玉和助喪車馬。

饋送含玉是一件事，饋送助喪車馬又是一件事，把二者合起來饋送，不合正禮。此稱且，就是記載把二事合為一。不稱榮叔來，因為他饋送之物不合喪事之用，助喪車馬送來過早，而含玉又送來太晚。

＊三月辛亥日，安葬我國小君成風。

＊周天王派毛伯來魯會合行送葬之禮。

參加會葬之禮者由邊境直達墓地。

＊夏，公孫敖去往晉國。

＊秦人進入鄀國。

＊秋，楚人滅亡六國。

＊冬，十月甲申日，許男業死。

＊六年春，葬許僖公。

＊夏，季孫行父❶如陳。

＊秋，季孫行父如晉。

＊八月乙亥，晉侯驩卒。

＊冬，十月，公子遂如晉。

＊葬晉襄公。

＊晉殺其大夫陽處父。

稱國以殺，罪累上也。襄公已葬，其以累上之辭言之，何也？君漏言❷也。上泄則下闇❸，下闇則上聾，且闇且聾，無以相通。射姑殺者❹也，射姑之殺奈何？曰：晉將與狄戰，使狐夜姑為將軍，趙盾佐之❺。陽處父曰：「不可。古者君之使臣也，使仁者佐賢者，不使賢者佐仁者，今趙盾賢，夜姑仁，其不可乎！」襄公曰：「諾。」謂夜姑曰：「吾始使盾佐汝，今汝佐盾矣。」夜姑曰：「敬諾。」襄公死，處父主竟上事❻，夜姑使人殺之，君漏言也。故士造辟而言❼，詭辭而出❽，曰：「用我則可，不用我，則無亂其德❾。」

＊晉狐夜姑出奔狄。

＊閏月不告月❿，猶朝于廟⓫。

不告月者何？不告朔也。不告朔，則何為不言朔也？閏月者，附月之餘日⓬也，積分而成於月者也。天子不以告朔，而喪事不數⓭也。猶之為言可以已⓮也。

【注釋】❶季孫行父　魯卿，公子季友之孫，又稱季孫、季文子。繼仲遂後執魯政，襄公五年死，凡三十四年。❷漏言　泄漏人言，不能守密。❸下闇　臣下昏昧糊塗。指不敢盡言，以免招禍。❹射姑殺者　射姑是殺死陽處父之人。射，又作「夜」，二字音同可通假。射姑，即狐射姑，狐偃之子，食邑於賈，字季，又稱賈季。❺趙盾佐之　趙盾輔佐他。趙盾，晉卿，趙衰子，晉襄公時將中軍，為晉執政，制定並推行一套新政。謚宣子，又稱趙孟。❻竟上事　在邊境上接待前來會葬之諸侯、賓客。❼造辟而言　造訪國君而進言。辟，君也。❽詭辭而出　出來以詭詐不實之辭告人。❾無亂其德　不要迷亂您的德性，使言者遭禍。❿不告月　不行告朔之禮。告月即告朔，朔指月之初一。每年由天子頒布各月朔日於諸侯，諸侯將其藏於祖廟，至朔日，諸侯入朝祖廟，請出曆書，命祝史向群臣宣告，以為當月政令之依據，即是告朔。閏月亦應告朔，以安排當月政事，不告朔，不合於禮。⓫朝于廟　告朔禮畢，對諸廟進行祭祀。文公雖去閏月告朔之禮，還保留對諸廟之祭祀。⓬附月之餘日　附在某月之下的剩餘天數。舊曆每年三百六十日，與實際天數相差五天多，每年還有六個二十九天的小月，又少六天，每年要少十一天多，三年則多出一月，五年則多出兩月，將此月附在當閏之月後，即成閏月。⓭喪事不數　計算喪事月數時，不把閏月計算在內。⓮已　停止。

【語　譯】＊六年，春，安葬許僖公。

＊夏，季孫行父去往陳國。

＊秋，季孫行父去往晉國。

＊八月乙亥日，晉侯驩死。

＊冬，十月，公子遂去往晉國。

＊安葬晉襄公。

＊晉國殺了它的大夫陽處父。

稱國家把他殺了，表明其罪累及君主。當時晉襄公已經下葬，又以其罪累及君主說他，為什麼呢？因為他泄漏了陽處父之言。君主泄漏臣的話，臣下則昏昧無言，臣下昏昧無言，則君主愚蠢無知，一方昏昧無言，一方愚蠢無知，君臣上下就無法溝通。射姑是殺死陽處父的人，射姑之殺害陽處父是為什麼呢？回答說：晉國將要和狄人開戰，晉侯原打算命狐射姑作中軍將，命趙盾輔佐他。陽處父說：「不可以。古時候君主任用臣下，使仁德者輔佐賢能者，不使賢能者輔佐仁德者。現今趙盾為賢能之人，射姑為仁德之人，這樣安排恐怕不可以吧！」襄公回答說：「好。」又對射姑說：「我原來打算讓趙盾輔佐你，現在你去輔佐趙盾吧。」射姑回答說：「恭敬聽從您的命令。」襄公死後，陽處父主持在邊境上接待前來會葬諸侯之事，射姑派人殺了他，這是因晉侯泄漏陽處父之言引起的。因此士造訪國君而進言，出來則以詭詐不實之辭告人。還要說：「採用我的話可以，不採用我的話，也不要迷亂您的德性，使言者遭禍。」

＊晉狐射姑出逃到狄國。

＊閏月，不行告朔之禮，猶對諸廟進行祭祀。

不告月是什麼意思呢？就是不行告朔之禮。不行告朔之禮，又為什麼不稱朔呢？因為閏月是附在某月之下的剩餘天數，是積累分散天數而成為月的。天子不在閏月行告朔禮，計算喪事月份也不把閏月計算在內。猶的意思是說可以停止了。

＊七年，春，公伐邾。

＊三月甲戌，取須句❶。

取邑不日，此其日何也？不正其再取❷，故謹而日之也。

＊遂城郚❸。

遂，繼事也。

＊夏，四月，宋公王臣卒。

＊宋人殺其大夫。

稱人以殺，誅有罪❹也。

*戊子，晉人及秦人戰于令狐❺。

*晉先蔑❻奔秦。

不言出，在外也。輟戰而奔秦，以是為逃軍❼也。

*狄侵我西鄙。

*秋，八月，公會諸侯、晉大夫盟于扈❽。

其曰諸侯，略之也。

*冬，徐伐莒。

*公孫敖如莒蒞盟。

蒞，位❾也。其曰位何也？前定也。其不日，前定之盟不日也。

【注釋】❶須句　魯封內屬國，其地在今山東省東平縣東南。《左傳》僖二十一年載：「邾人滅須句。」次年又載：「伐邾，取須句，反其君焉。」此次當是邾又滅須句，故又伐邾取之。❷再取　僖二十二年取須句，此為再。❸郚　魯邑，當在今山東省泗水縣東南。❹誅有罪　《穀梁》據「稱人以殺，殺有罪也」之例，以為被殺者有罪當殺。但有罪該殺應書被殺者之名，此不書名而書爵位，又合被殺者無罪之例。《左傳》結合史事加以解說，指出「宋人」指亂兵，不代表大多數人；稱大夫，表明被殺者無罪。此說較合情理。❺令狐　地名，在今山西省臨猗縣西。❻先蔑　晉大夫，為晉下軍將。曾作為正使，去秦國迎立公子雍。而晉又立靈公以拒秦，先蔑懼罪逃秦。❼逃軍　將領拋下軍隊獨自逃走。❽公會諸侯晉大夫盟于扈　《左傳》詳列與會諸侯和晉大夫名，並言由於魯公遲到，不能列諸侯之中，當是史實如此。經之略寫，為文公諱也。扈，鄭地，當在今河南省原陽縣西約六十里。❾位　所應在之位置。

【語　譯】＊七年，春，魯公攻伐邾國。

＊三月甲戌日，取得須句。

取邑不記載日子，此記日，為什麼？因其再次取須句不合正道，故而謹慎記載其日子。

＊接著在郚地築城。

遂就是在前事後接續做某事。

＊夏，四月，宋公王臣死。

＊宋人殺了他們的大夫。

稱人把他殺了，表明被誅殺的是有罪之人。

＊戊子日，晉人和秦人在令狐交戰。

＊晉國先蔑逃往秦國。

不稱其出，因為他就在晉國之外。他中止戰事而逃往秦國，以此為逃離軍隊。

＊狄人侵犯我西部邊境。

＊秋，八月，魯公會同諸侯、晉國大夫在扈地結盟。

此稱諸侯，簡略言之也。

＊冬，徐國人攻伐莒國。

＊魯公孫敖去莒國參加盟會。

莅就是到所應在的位置。此稱到所應在的位置，為什麼？因為盟會是以前定下的。此不記載日期，前定之盟會照例不記載日期。

*八年，春，王正月。

*夏，四月。

*秋，八月戊申，天王崩。

*冬，十月壬午，公子遂會晉趙盾盟于衡雍❶。

*乙酉，公子遂會雒戎盟于暴❷。

*公孫敖如京師，不至而復，丙戌奔莒❸。

不言所至，未如❹也。未如則未復也。未如而曰如，不廢君命也。未復而曰復，不專君命❺也。其如非如也，其復非復也。唯奔莒之為信，故謹而日之也。

*螽。

*宋人殺其大夫司馬❻。

司馬，官也。其以官稱，無君之辭❼也。

*宋司城❽來奔。

司城，官也。其以官稱，無君之辭也。來奔者不言出，舉其接我❾也。

【注釋】❶衡雍　鄭地，在今河南省原陽縣西。❷公子遂會雒戎盟于暴　雒戎，又稱伊雒之戎，指居住在伊水、雒水之間的戎人。暴，鄭地，當在今河南省原陽縣西舊原武縣境。❸奔莒　逃往莒國。公孫敖藉去周弔喪之機，攜弔喪之幣逃莒，去投奔去年欲自娶之莒女己氏。參見《左傳》文公七年。❹未如 未往；未去。❺專君命 不待君命而擅自行事。❻司馬 官名，春秋時各國多有設置，在宋、鄭諸國為執政大臣之一，又稱大司馬，掌管軍事。在晉為軍中執法官。晉之強臣、魯之三桓家臣，亦有司馬。當時宋任此職被殺者為公子卬。❼無君之辭 沒有國君之文辭。當時宋昭公尚在，但不能控制宋國局面，卿大臣被殺不能保護，使宋陷入無政府狀態，有君同於無君。❽司城 官名，即司空。宋國設置，因宋武公名司空，故改此官為司城。掌管建築工程，製造車服器械，監督工匠之官。當時宋任此職來奔者為蕩意諸。❾舉其接我 推舉他與我國相交接。

【語譯】*八年，春，周曆正月。

*夏，四月。

*秋，八月戊申日，周天王崩逝。

*冬，十月壬午日，魯公子遂會見晉趙盾並在衡雍結盟。

*乙酉日，魯公子遂會見雒戎並在暴地結盟。

*魯公孫敖去往京師，沒有到達就返回，丙戌日逃往莒國。不言所到之地，就是沒有去。沒有去就無所謂返回。沒有去而稱去，是表示不廢棄君之命令。未返回而稱返回，是表示不在沒有君命時擅自行動。這裡所說的去不是真去，返回也不是真返回。只有逃往莒國是信實的，因此謹慎記下其日子。

*發生蝗蟲之災。

*宋人殺了他們的大夫司馬。司馬，官名。此以官名稱謂他，表示沒有國君之文辭。

*宋國之司城逃來魯國。司城，官名。此以官名稱謂他，表示沒有國君之文辭。逃來魯國不稱其出於宋，推舉他與我國相交接。

*九年，春，毛伯來求金❶。

求車猶可，求金甚❷矣。

*夫人姜氏如齊。

*二月，叔孫得臣如京師。

京，大也❸；師，眾也。言周必以眾與大言之也。

*辛丑，葬襄王。

天子志崩不志葬❹，舉天下而葬一人，其道不疑也。志葬，危不得葬也。日之，甚矣，其不葬之辭也。

*晉人殺其大夫先都❺。

*三月，夫人姜氏至自齊。

卑以尊致❻，病文公也。

*晉人殺其大夫士穀及箕鄭父❼。

稱人以殺，誅有罪也。鄭父累❽也。

*楚人伐鄭。

*公子遂會晉人、宋人、許人救鄭。

*夏，狄侵齊。

*秋，八月，曹伯襄卒。

*九月癸酉，地震。

震，動也。地不震者也，震，故謹而日之。

*冬，楚子使萩❾來聘。

楚無大夫，其曰萩何也？以其來我褒之也。

*秦人來歸僖公、成風之襚❿。

秦人弗夫人⓫也，即外之弗夫人而見正⓬焉。

*葬曹共公。

【注釋】❶求金　求取助喪之錢財。❷甚　過分。指更加不合於禮。❸京大也　京的意思是大。《爾雅・釋詁》：「京，大也。」京還有高崗、高大等義。❹天子志崩不志葬　對周天子只記載崩逝，不記載安葬。考《春秋》十二王，書崩者九，其中有五位書葬，說明周天子死既非全書崩，亦非全不書葬，與《穀梁》所言之例不合。❺先都　晉卿，文七年禦秦師，曾為下軍佐，因參與爭權謀殺先克被殺。其事參見《左傳》文八、九年。❻卑以尊致　身分卑微者以高貴者規格祭告祖廟。通常只有國君外出返回才有資格告廟。夫人出不辭，返不告，卑於君也。❼箕鄭父　晉卿，又稱箕鄭，被殺原因與先都同。❽鄭父累　鄭父是被牽連的。但《左傳》文八年將箕鄭列於「作亂」五人之首，他即使不是主謀，也是積極參與者，言其被牽累，當是為「及」字之例所宥，不合實情。❾萩　《左傳》作「椒」，楚大夫之名，不書氏，為略也。魯成公前，楚卿大夫多不書氏。成公二年後始名氏悉備。❿襚　饋送給死者的衣被。⓫弗夫人　不把成風視為夫人。⓬見正　顯示正道。

【語　譯】＊九年，春，毛伯來魯求取助喪之錢財。求取車還勉強可以，求取錢財太過分了。
＊夫人姜氏去往齊國。
＊二月，魯叔孫得臣去往京師。京的意思是大，師的意思是眾。稱周一定要用眾與大來稱謂它。
＊辛丑日，安葬周襄王。對周天子只記載崩逝，不記載安葬。全天下人為天子舉行葬禮，這個道理不容懷疑。記載葬禮，表明有危難不得安葬也。記載安葬之日，是說危難更重，好像不能安葬之文辭。
＊晉人殺了他們的大夫先都。
＊三月，夫人姜氏由齊國回來。
身分卑微者卻以高貴者規格祭告祖廟，記此表明譏刺文公。
＊晉人殺了他們的大夫士穀和箕鄭父。
稱人把他殺了，表明誅殺有罪之人。箕鄭父是受牽累而死的。
＊楚人攻伐鄭國。
＊魯公子遂會同晉人、宋人、許人援救鄭國。
＊夏，狄人侵犯齊國。
＊秋，八月，曹伯襄死。
＊九月癸酉日，魯國發生地震。震就是動。地是不震動的，發生了地震，因而謹慎記載其日。
＊冬，楚子派萩來魯聘問。楚國沒有受命於天子的大夫，不應書名，此稱萩名，為什麼？因其來魯而褒獎他。

＊秦人來餽送僖公、成風入殮之衣被。

秦人不把成風視為夫人，此為外國諸侯不以成風為夫人而顯示正道也。

＊安葬曹共公。

【說　明】《穀梁傳》提出一些義例，這些義例有些可通行無滯礙，有些則不一定，這就要結合史事進行考索，以得出正確的論斷，不能迷信盲從，也不宜輕率否定。本年「天子志崩不志葬」之例，儘管講得滿有道理，但與史事不合，就不當信從。再如「及」字，作為義例有由尊及卑，由上累下之意，但又不可為此例所宥，以為所有「及」字皆作此解，須知「及」還可作連詞，有與、和等義。本年經文：「晉人殺其大夫士縠及箕鄭父」，傳即按「及」之義例，解為「鄭父累也」。此解顯然與箕鄭在「作亂」中的地位和被殺的真正原因不符，會使人誤解為箕鄭無罪不該殺，只是受人牽累而死。此二例啟示我們要慎重對待傳中的一切義例，這也可以算作讀《穀梁傳》的一個方法論問題吧。

＊十年，春，王三月辛卯，臧孫辰❶卒。

＊夏，秦伐晉。

＊楚殺其大夫宜申❷。

＊自正月不雨，至于秋七月。

歷時而言不雨，文不閔雨❸也。不閔雨者，無志乎民也。

＊及蘇子盟于女栗❹。

*冬，狄侵宋。

*楚子、蔡侯次于厥貉❺。

【注釋】❶臧孫辰　即臧文仲，莊二十八年即為魯卿，因魯國發生饑荒，而向齊請求購糧，至此五十餘年，可見其高齡。❷宜申　楚大夫鬥宜申。❸不閔雨　文二年作「不憂雨」，意同，不為無雨擔憂之意。❹及蘇子盟于女栗　及蘇子盟者未詳，或為魯文公。蘇子，周天子卿士。女栗，地名，所在無考。❺次于厥貉　駐紮在厥貉。厥貉，地名，當在今河南省項城縣境。

【語譯】*十年，春，周曆三月辛卯日，魯臧孫辰死。

*夏，秦軍攻伐晉國。

*楚國殺了它的大夫宜申。

*從正月沒有降雨，一直到秋七月。

經過幾個季節才說到沒有降雨，表明文公不為無雨擔憂。不為無雨擔憂，表明他沒有體恤民生之心。

*與蘇子在女栗結盟。

*冬，狄人侵犯宋國。

*楚子、蔡侯駐軍於厥貉。

*十有一年，春，楚子伐麇❶。

*夏，叔彭生會晉郤缺于承匡❷。

*秋，曹伯來朝。

*公子遂如宋。

*狄侵齊。

*冬，十月甲午，叔孫得臣敗狄于鹹❸。

不言帥師而言敗，何也？直敗一人❹之辭也。一人而曰敗，何也？以眾焉言之❺也。傳曰長狄❻也，弟兄三人，佚宕❼中國，瓦石不能害。叔孫得臣，最善射者也，射其目，身橫九畝❽，斷其首而載之，眉見於軾❾。然則何為不言獲❿也？曰：古者不重創⓫，不禽二毛⓬，故不言獲，為內諱也。其之齊者⓭，王子成父⓮殺之，則未知其之晉者也。

【注釋】❶麋　國名，在今湖北省鄖縣。❷叔彭生會晉郤缺于承匡　叔彭生，即叔仲惠伯，公子叔牙之孫，魯卿。郤缺，晉卿。承匡，宋地，當在今河南省睢縣西三十里。❸鹹　魯地，或即咸丘，在今山東省巨野縣南。與僖十三年之鹹為兩地。❹直敗一人　只打敗一個人。指長狄巨人。❺以眾焉言之　說他一個人抵得上眾人。❻傳曰長狄　傳記上說的長狄。長狄，為狄人中之一支，狄有赤狄、白狄、長狄。據《左傳》，被獲之長狄名僑如。❼佚宕　更迭為害之意。佚，通「迭」。更迭。宕，又作「害」。❽畝　計算土地面積單位。周制寬一步，長百步為一畝。一步為六尺，橫九畝則為五丈四尺。❾軾　車前橫木。人立在車上，兩手扶軾表示敬意。巨人之首放在車上，眉毛高過車軾。❿獲　俘獲。⓫不重創　對已傷之敵不再加傷害。重，再次。創，傷害。《左傳》僖二十二年作「不重傷」，意同。⓬二毛　有白髮摻雜在黑髮間的長者。《淮南子・氾論》：「古之伐國，不殺黃口，不獲二毛，於古為義，於今為笑。」⓭之齊者　兄弟三人中往齊國去的那位。⓮王子成父　齊大夫。《左傳》載：「齊襄公之二年，鄋瞞伐齊。齊王子成父獲其弟榮如。」

【語 譯】*十一年，春，楚子攻伐麇國。

*夏，魯叔彭生在承匡會見晉郤缺。

*秋，曹伯來朝見。

*魯公子遂去往宋國。

*狄人侵犯齊國。

*冬，十月甲午日，魯叔孫得臣在鹹地打敗狄人。

不稱統率軍隊而直稱打敗狄人，為什麼？因為這只是打敗一個人之文辭。只打敗一人而說打敗狄人，為什麼？這是說一個人抵得上眾多的人。傳記上所說的長狄，有弟兄三人，更迭為害中國，瓦石不能傷害他們。魯之叔孫得臣為最擅長射箭之人，射中三人中一個人的眼睛，這人橫躺地上，身長五丈四尺，砍下他的頭裝上車，眉毛顯現在車軾上。既然這樣，為什麼不稱俘獲他呢？回答說：古時道義，不重複傷害已受傷之敵，不擒獲頭髮花白的長者，不稱俘獲是為魯有違古義隱諱也。兄弟三人中往齊國去的那一位，被齊國王子成父殺掉，不知去晉國那一位的下落。

*十有二年，春，王正月，郕伯❶來奔。

*杞伯來朝。

*二月庚子，子叔姬❷卒。

其曰子叔姬，貴也，公之母姊妹❸也。其一傳曰：許嫁以卒之也。男子二十而冠❹，冠而列丈夫，三十而娶。女子十五而許嫁，二十而嫁。

*夏，楚人圍巢❺。

*秋，滕子來朝。

*秦伯使術❻來聘。

*冬，十有二月戊午，晉人秦人戰于河曲❼。不言及，秦晉之戰已亟❽，故略之也。

*季孫行父帥師城諸及鄆❾。稱帥師，言有難❿也。

【注釋】❶郕伯　郕國君主。郕，國名，見隱五年注❻。❷子叔姬　魯文公同母姊妹，子為尊稱。據《左傳》則是嫁往杞國，因夫婦失和，離婚住在母家而卒。❸母姊妹　同母姊妹。❹冠　冠禮，古代男子成年時舉行結髮戴冠的禮儀。《禮記．曲禮上》以為二十行冠禮。古人很重冠禮，認為冠婚喪祭、鄉射朝聘皆始於冠。《禮記．冠義》說：「冠者，禮之始也，嘉事之重者也，是故古者重冠。」❺巢　古國名，故址當在今安徽省巢縣東北五里之居巢故城。❻術　即西乞術，秦臣。僖三十二年，孟明視、西乞術、白乙丙率秦師襲鄭，喪師郩山。❼河曲　晉地，當在今山西省永濟縣南，黃河自此東折，故稱河曲。❽亟　屢次；多次。文公以來，秦、晉交戰五次，戰事頻仍，分不清那方主動，故不用及。❾城諸及鄆　在諸和鄆築城。諸，魯邑，故城在今山東省諸城縣西南三十里。鄆，在今山東省沂水縣東北五十里。二邑皆與莒相鄰。❿有難　有危難。不知所指。或因二邑與莒相鄰，害怕莒國派兵騷擾，故率軍護衛築城。

【語譯】*十二年，春，周曆正月，郕國君主來投奔。

*杞伯來朝見。

*二月庚子日，子叔姬死。

此稱子叔姬，表明她身分高貴，是文公同母姊妹也。有一種典籍說：女子許嫁之後才可以記載她的死。男子二十歲而舉行冠禮，行過冠禮就進入丈夫之列，三十歲而娶妻。女子十五歲許嫁，二十歲出嫁。

*夏，楚人包圍巢國。

*秋，滕國君主來朝見。

*秦伯派西乞術來聘問。

*冬，十二月戊午日，晉人和秦人在河曲交戰。不稱及，因為秦、晉交戰已多次，分不清誰是主動者，因此省略及字。

*魯季孫行父率軍在諸地和鄆地築城。稱率軍，是說有危難。

*十有三年，春，王正月。

*夏，五月壬午，陳侯朔卒。

*邾子籧篨卒。

*自正月不雨，至于秋七月。

*大室屋壞❶。

大室屋壞者，有壞道❷也，譏不脩也。大室猶世室❸也。周公曰大廟，伯禽❹曰大室，群公❺曰宮。禮宗廟之事，君親割❻，夫人親舂❼，敬之至也。為社稷之主❽，而先君之廟壞，極稱之，志不敬也。

＊冬，公如晉。

＊衛侯會公于沓❾。

＊狄侵衛。

＊十有二月己丑，公及晉侯盟，還自晉。還者，事未畢也；自晉，事畢❿也。

＊鄭伯會公于棐⓫。

【注釋】❶大室屋壞　太廟中央上層重屋毀壞。大室，太廟中央之室。其上有重屋，因年久失修而毀壞。《公》、《穀》皆以「大室」（又稱「世室」）為魯公伯禽之廟。這些說法各有所本，可並存之。❷壞道　毀壞的原因。❸世室　世世不毀之廟。❹伯禽　周公之子。周公相成王，留在京城，封伯禽於魯，故以伯禽為魯公。❺群公　伯禽以下魯國歷代君主。❻君親割　君主親自割製犧牲。❼夫人親舂　君夫人親自舂製祭祀穀物。❽社稷之主　國家之君主。社稷為國家代稱。❾沓　或為衛地，所在無考。❿自晉事畢　稱自晉，表示事情完成。據《左傳》，魯公由晉返回途中，又遇鄭伯，請求與晉講和，魯公又回晉談成此事，離開晉國，則諸事皆完成。⓫棐　鄭地，當在今河南省新鄭縣東二十五里。

【語譯】＊十三年，春，周曆正月。

＊夏，五月壬午日，陳侯朔死。

＊邾君籧篨死。

＊從正月不降雨，一直到秋七月。

*太廟中央上層重屋毀壞。

稱太廟中央上層重屋毀壞，表明有毀壞的原因，以譏刺文公不加修繕也。太室如同世室。周公之廟稱太廟，伯禽之廟稱太室，歷代君主之廟稱宮。按禮，宗廟祭祀之事，君主親自割製犧牲，君夫人親自舂製祭祀穀物，恭敬之極。作為國家之君主，而使先君之廟毀壞，極力稱述此事，記載文公之不敬也。

*冬，魯公前往晉國。

*衛侯在沓地會見魯公。

*狄人侵犯衛國。

*十二月己丑日，魯公與晉侯結盟，從晉國返回。

稱還，表示事情未完；稱自晉，才是事情完成了。

*鄭伯在棐地會見魯公。

*十有四年，春，王正月，公至自晉。

*邾人伐我南鄙。

*叔彭生帥師伐邾。

*夏，五月乙亥，齊侯潘卒。

*六月，公會宋公、陳侯、衛侯、鄭伯、許伯、曹伯、晉趙盾，癸酉，同盟于新城❶。

同者有同❷也，同外楚❸也。

*秋，七月，有星孛入于北斗❹。

孛之為言猶茀❺也。其曰入北斗，斗有環域❻也。

*公至自會。

*晉人納捷菑❼于邾，弗克納❽。

是郤克❾也，其曰人何也？微之也。何為微之也？長轂五百乘❿，緜地⓫千里，過宋、鄭、滕、薛，敻⓬入千乘之國⓭，欲變人之主，至城下然後知⓮，何知之晚也。弗克納，未伐而曰弗克何也？弗克其義也。捷菑晉出也，貜且齊出⓯也，貜且正也⓰，捷菑不正也。

*九月甲申，公孫敖卒于齊。

奔大夫不言卒⓱，而言卒何也？為受其喪⓲，不可不卒也。其地，於外⓳也。

*齊公子商人弒其君舍⓴。

舍未踰年㉑，其曰君何也？成舍之為君所以重商人之弒也。商人其不以國氏，何也？不以嫌代嫌㉒也。舍之不日何也？未成為君也。

*宋子哀㉓來奔。

其曰子哀，失之㉔也。

*冬，單伯㉕如齊，齊人執單伯。私罪也，單伯淫于齊，齊人執之。

*齊人執子叔姬。叔姬同罪㉖也。

【注　釋】❶新城　宋地，在今河南省商丘市西南。❷有同　有相同目標。❸外楚　把楚國視為敵對方面。❹星孛入于北斗　彗星進入北斗星區間。孛亦彗星之屬，二者形象小異，孛星光芒短，其光四出，蓬蓬勃勃；彗星光芒長，如掃帚狀。近代天文學家以此次為哈雷彗星之最早記錄。❺茀　掃除；除治。❻斗有環域　北斗數星有環繞之區域。❼捷菑　邾文公之子，次妃晉姬所生。文公死，邾人立元妃齊姜所生之貜且，為定公。捷菑逃往晉國。❽弗克納　未能被邾人接納。❾郤克　晉卿，郤缺子，曾任晉上軍佐。《穀梁》以晉人為郤克，《左傳》以為趙盾，《公羊》以為郤缺。當時趙盾將中軍，執晉政，或以趙盾為是。❿長轂五百乘　兵車五百乘。長轂，兵車。乘，四匹馬戰車，配有甲士三人和步卒多人。⓫緜地　綿延地域。⓬敻遠。⓭千乘之國　能出一千乘兵車之國，在當時為中小國家。⓮知　知此行非禮。⓯貜且齊出　貜且為齊女所生。⓰貜且正也　貜且為元妃齊姜所生之嫡子。正，嫡子。⓱奔大夫不言卒　出逃在外之大夫，經不書其死。公孫敖於文八年奔莒，按例不該書卒。⓲喪　指死者的遺體。⓳於外　在魯國以外的地方。⓴舍　齊昭公太子，昭公死，立為君。㉑舍未踰年　舍在昭公死後未過一年就即君位。按《春秋》之例，故君死，新君踰年即位，始稱君，未踰年不稱君。㉒以嫌代嫌　以此一有篡國之嫌者代替彼一有篡國之嫌者。此指商人，彼指齊昭公。㉓子哀　據《左傳》，此人姓高名哀，字子哀，稱字貴之也。㉔失之義不甚明，或指失其氏族，不知其為何人。㉕單伯　魯大夫。齊商人弒君舍，魯派單伯去齊，請求放回子叔姬。子叔姬為魯公女，齊昭公夫人，舍之母。㉖叔姬同罪　叔姬也犯了與單伯同樣罪。指淫亂之罪。據《公羊傳》，單伯與子叔姬在途中有淫亂之行，故齊國把他拘捕，經分書為二事，是隱諱之辭。《左傳》無此類說法。

【語　譯】*十四年，春，周曆正月，魯公從晉國返回。

*邾人攻伐魯國南部邊境。

*魯國叔彭生率軍攻伐邾國。

*夏，五月乙亥日，齊侯潘死。

*六月，魯公會見宋公、陳侯、衛侯、鄭伯、許伯、曹伯、晉國之趙盾，癸酉日，共同在新城結盟。同的意思是有共同目標，就是同以楚國為外敵。

*秋，七月，有彗星進入北斗星區間。孛字之意如同茀字，為掃除義。此言進入北斗，指北斗數星環繞之區域。

*魯公由盟會返國。

*晉人護送邾公子捷菑去邾國即君位，未能被邾人接納。護送的人是郤克，此稱人，為什麼？是表示輕蔑他。為什麼要輕蔑他？因為他統領兵車五百乘，綿延地域達千里，經過宋、鄭、滕、薛諸國，從遙遠地方進入微末邾國，想改變人家的君主，到達邾國城下後才知此行非禮，知道得多麼晚吶。未能被接納，還沒有攻打就說不能取勝，為什麼？因為不能戰勝邾國之正義也。捷菑是晉女所生，貜且是齊女所生，貜且是嫡子，捷菑是庶子。

*九月甲申日，魯公孫敖死在齊國。出逃在外之大夫不記載其死，此記其死，為什麼？因為要接受他的遺體歸葬，不能不記載其死。寫上死亡地點，表明他死在國外。

*齊國公子商人殺了他的國君舍。舍在齊昭公死後未過一年即君位，按例不應稱君，此稱君，為什麼？為了使舍成為君主，用以加重商人篡弒之罪也。稱商人不以國為氏，為什麼？不以此一有篡國之嫌者代替彼一有篡國之嫌者。舍之被殺不記載日期，為什麼？因其未成為正式國君。

*宋子哀來魯投奔。

稱之為子哀，失掉其氏族之稱也。

*冬，單伯去往齊國，齊人拘捕了他。

是因為他個人犯了罪，單伯在齊國有淫亂之行，齊國人把他拘捕起來。

*齊人拘捕了子叔姬。

因為叔姬也犯了與單伯同樣罪名。

*十有五年，春，季孫行父如晉❶。

*三月，宋司馬華孫❷來盟。

司馬，官也，其以官稱，無君之辭❸也。來盟者何？前定也。不言及者，以國與之❹也。

*夏，曹伯來朝。

*齊人歸公孫敖之喪。

*六月辛丑朔，日有食之，鼓，用牲于社。

*單伯至自齊。

大夫執則致❺，致則名，此其不名何也？天子之命大夫❻也。

*晉郤缺帥師伐蔡，戊申入蔡。

*秋，齊人侵我西鄙。

其曰鄙，遠之也。其遠之何也？不以難介我國❼也。

*季孫行父如晉❽。

*冬，十有一月，諸侯盟于扈❾。

*十有二月，齊人來歸子叔姬。

其曰子叔姬，貴之也。其言來歸，何也？父母之於子，雖有罪❿，猶欲其免也。

*齊侯侵我西鄙，遂伐曹，入其郛⓫。

【注釋】❶季孫行父如晉　季孫去晉，為單伯、子叔姬事，請晉出面說服齊國放人。❷華孫　名華耦，宋大夫，任司馬之職。❸無君之辭　當時宋昭公尚在，非真正無君，但受制於其祖母襄夫人，不能發揮君的作用，有君同於無君也。❹以國與之　以國家名義與其相盟。❺大夫執則致　大夫被他國拘捕放還，則祭告祖廟。❻天子之命大夫　周天子所任命之大夫。❼介我國　接近魯國都城。❽如晉　入晉告知齊侵魯之事。❾扈　地名，見文七年注❽。據《左傳》，參加此次盟會諸侯有晉侯、宋公、衛侯、蔡侯、陳侯、鄭伯、許男、曹伯。❿有罪　指上年所說淫亂之罪。⓫郛　外城。

【語譯】*十五年，春，季孫行父前往晉國。

*三月，宋司馬華孫前來結盟。

司馬，官名，此以官職相稱，以表明宋無國君之辭。來結盟是什麼意思呢？表示此盟是以前確定的。不稱與某人盟，是因為以國家名義與其相盟也。

*夏，曹伯來朝見。

*齊人送回公孫敖之遺體。

*六月辛丑日，初一，發生日蝕。擊鼓，用犧牲在社壇祭祀。

*單伯從齊國回來。

大夫被他國拘捕放還則祭告祖廟，告廟則稱其名，此不稱單伯名，為什麼？因為單伯是周天子任命的大夫。

*晉郤缺率軍攻伐蔡國，戊申日，進入蔡國。

*秋，齊人侵犯魯國西部邊境。

此稱鄙，是說齊軍尚遠。說其尚遠是什麼意思呢？就是認為禍難未臨近魯國都城。

*魯季孫行父去往晉國。

*冬，十一月，諸侯在扈地結盟。

*十二月，齊人來送歸子叔姬。

此稱子叔姬，表明尊貴她。此稱來歸，是什麼意思呢？這是說父母對於自己的子女，雖然子女有罪過，還是希望他們得到赦免。

*齊侯侵犯魯國西部邊境，接著攻伐曹國，進入曹國都城之外城。

*十有六年，春，季孫行父會齊侯于陽穀❶，齊侯弗及盟❷。

弗及者，內辭也。行父失命❸矣，齊得內辭❹也。

*夏，五月，公四不視朔❺。

天子告朔于諸侯❻，諸侯受乎禰廟❼，禮也。公四不視朔，公不臣❽也。以公為厭政以甚❾矣。

*六月戊辰，公子遂及齊侯盟于師丘❿。

復行父之盟⓫也。

*秋，八月辛未，夫人姜氏⓬薨。

*毀泉臺⓭。

喪不貳事⓮，貳事緩喪也。以文為多失道⓯矣。自古為之，今毀之，不如勿處而已矣。

*楚人、秦人、巴人滅庸⓰。

*冬，十有一月，宋人弒其君杵臼。

【注釋】❶陽穀　地名，見僖三年注❹。❷弗及盟　不肯與盟。魯急於求和，因文公患病，派季孫行父往陽穀求盟，齊侯以等待文公為名，加以拒絕。❸失命　沒能完成承擔之使命，由於不善應對。❹齊得內辭　使齊侯得以拒盟，為此不得不在魯國用隱諱之辭記載此事。❺四不視朔　四個月的初一都未在太廟聽治當月政事。諸侯於每月初一，用一隻羊祭告祖廟受朔，稱告朔。告朔後，君主即於太廟聽治本月政事，稱視朔。文公由二月至五月未視朔。❻天子告朔于諸侯　天子於每年冬末把明年十二月朔日政事頒告諸侯。❼受乎禰廟　受而藏於祖廟。禰，父死在宗廟中立主曰禰，故父廟稱禰廟，此指祖廟。❽不臣　不奉行天子之命；不遵守臣道。❾厭政以甚　厭倦政事太甚。❿師丘　《左傳》作「郪丘」，音近而通。其地當在齊都臨淄附近。⓫行父之盟　指本年春行父與齊侯未結成之盟，今經魯「納賂于齊侯」，方得再與之盟。⓬夫人姜氏　僖公夫人聲姜，文公之母。⓭泉臺　臺名，在曲阜南郊。據《左傳》，本年五月有蛇從泉宮出，入內城，數目為十七，恰好與先君數同。八月，住本宮之聲姜死，魯人以為蛇妖作怪，故毀之。⓮喪不貳事　服喪期間不做第二件事。⓯文為多失道　文公做了多件違背正道之事。如升僖公神主、不憂無雨等，都被認為失道。⓰巴人滅庸　巴，國名，姬姓，其地當在楚國西北，即今湖北省襄樊市左右，後有變動。庸，古國名，後屬楚，其地當在今湖北省竹山縣東四十里之上庸故城。

【語　譯】＊十六年，春，魯季孫行父在陽穀會見齊侯，齊侯沒有和他結盟。

稱弗及盟，是為魯國隱諱之辭。季孫行父沒有完成承擔之使命，使齊侯得以拒盟，要在魯國用隱諱之辭記載此事。

＊夏，五月，文公四個月初一都未在太廟聽治當月政事。

周天子在每年冬末把明年十二個月朔日政事頒告諸侯，諸侯接受後藏於祖廟，此為常禮。文公四個月不視朔，則是文公不奉行天子之命。以為文公厭倦政事太甚。

＊六月戊辰日，魯公子遂與齊侯在師丘結盟。

恢復季孫行父與齊侯未竟之盟。

＊秋，八月辛未日，夫人姜氏死。

＊拆毀泉臺。

服喪期間不做第二件事，做第二件事就是怠慢喪事。認為文公做了多件違背正道之事。泉臺是往昔建造，如今把它拆毀，不如不在那裡居住就算了。

＊楚人、秦人、巴人滅亡庸國。

＊冬，十一月，宋人殺了他們的國君杵臼。

*十有七年，春，晉人、衛人、陳人、鄭人伐宋。

*夏，四月癸亥，葬我小君聲姜。

*齊侯伐我西鄙。

*六月癸未，公及齊侯盟于穀❶。

*諸侯會于扈❷。

*秋，公至自穀。

*冬，公子遂如齊。

【注釋】❶穀　地名，見莊七年注⓯。❷扈　地名，見文七年注❽。

【語譯】*十七年，春，晉人、衛人、陳人、鄭人攻伐宋國。

*夏，四月癸亥日，安葬我們小君聲姜。

*齊侯攻伐我國西部邊境。

*六月癸未日，魯公與齊侯在穀地結盟。

*諸侯在扈地會見。

*秋，魯公由穀地返國。

*冬，魯公子遂去往齊國。

*十有八年，春，王二月丁丑，公薨于臺下❶。

臺下，非正也。

*秦伯罃卒。

*夏，五月戊戌，齊人弒其君商人。

*六月癸酉，葬我君文公。

*秋，公子遂、叔孫得臣如齊。

使為上客❷，而不稱介❸，不正其同倫而相介，故列而數之也。

*冬，十月，子卒❹。

子卒不日，故也。

*夫人姜氏歸于齊❺。

惡宣公❻，有不待貶絕而罪惡見者，有待貶絕而惡從之者。姪娣❼者，不孤子❽之意也，一人有子，三人緩帶❾，一曰就賢❿也。

*季孫行父如齊。

*莒弒其君庶其。

【注　釋】❶臺下　宮中某臺下。臺下非養病之所，死於臺下或為急病發作，或為跌死，俱不得而知。死於此非正所也。❷上客　正使。❸介　副使。二人皆為卿，各有使命，不可互為副使。❹子卒　魯君之子死。子指文公太子子赤，《左傳》名子惡。子或指子赤與其弟視，二人同時被殺。按例諸侯在服喪期間稱子。稱卒不稱被殺，為隱諱之辭。❺夫人姜氏歸于齊　夫人姜氏回到齊國。夫人姜氏，文公夫人，子赤及視之生母，國人謂之哀姜。歸，《左傳》解為「大歸」，去而不返之意。❻惡宣公　經如此記載表明憎惡宣公。因其不能奉養嫡母，而使大歸於齊。❼姪娣　正妻之姪女和妹妹三人，隨同陪嫁作媵妾。還有另二國以六女陪嫁。《公羊傳》莊十九年：「諸侯娶一國，則二國往媵之，以姪娣從。」❽不孤子　一人有子則共養，不使孤獨。❾緩帶　緩束衣帶，形容從容、寬舒心態。❿就賢　諸子年歲相同，就依託賢者。

【語　譯】＊十八年，春，周曆二月丁丑日，魯文公死於臺下。

死在臺下，不是正所也。

＊秦伯罃死。

＊夏，五月戊戌日，齊人殺了他們的君主商人。

＊六月癸酉日，安葬我們的君主文公。

＊秋，魯公子遂、叔孫得臣前往齊國。

使他倆都作正使，而不稱那一個為副使，因為他倆同為卿而相為副使不合正道，因此並列稱數他們。

＊冬，十月，魯君之子死。

魯君之子死不書日，此書是因為發生了變故。

＊夫人姜氏回到齊國。

如此記載表示憎惡宣公。《春秋》經文有不須加貶絕之辭而罪惡自行顯現者，有須加貶絕之辭才使罪惡隨從於他。夫人出嫁，要以姪女和妹妹陪嫁作媵妾，生子共同撫養，不使孩子感到孤獨之意。因此，一個人生了孩子，三個人都感到寬心。一說諸子年歲相同，就依靠賢者。

＊魯季孫行父去往齊國。

＊莒國殺了他們的君主庶其。

【說 明】本年發生了公子遂（襄仲）策劃的殺嫡立庶事件。文公夫人姜氏生子赤與視，赤為太子。文公次妃敬嬴受寵，生子倭。敬嬴與襄仲暗中勾結，欲廢嫡立庶，但有兩大障礙，一是魯國命卿叔仲惠伯不同意，一是害怕齊國干涉。為此，襄仲去齊國活動。當時齊惠公新立，想與魯拉近關係，而太子赤是齊外甥，如讓其繼位，乃理所當然，不會感齊恩；如同意襄仲之請，另立庶子，新君必感齊恩而親齊，對齊有利，故許之。襄仲倚齊勢殺赤與視，又誘殺叔仲惠伯，而立倭為君，是為魯宣公。這次事件是魯君失國，公室卑弱，三桓強勝的重要標誌，此後魯國便逐漸演變為三家分政，乃至季氏專政的局面。

宣公

【題解】宣公名倭（又作俀、接），文公庶子，敬嬴所生，在位十八年。

晉、楚相爭是這一時期的歷史軸心，關乎全局。晉由於屢次失信於諸侯，造成諸侯離心，威望下降，並不斷受到來自西面秦國的攻擊和內部權臣相爭的困擾，使實力大減。而楚國為莊王執政時期，處上升勢頭，經過平定內亂、推行改革、修明內政，國力日強，不斷向北擴張。處在兩國之間，同時也是兩大軍事集團交接點上的鄭國，遂成為雙方爭奪的主要目標，在此期間，楚莊王六次伐鄭，晉也多次救鄭，逐漸演化推進，於十二年六月爆發了邲之戰，晉國大敗，楚國乘機北進，與諸侯結盟，把霸業推向頂峰。晉為與楚抗衡，也不斷與諸侯結盟，但這些聯盟很不穩固，與楚相較，處於劣勢。

《穀梁傳》則結合經文，發揮其維護宗法禮義的一貫宗旨。如宣十五年，指責王札子殺召伯、毛伯是「君不君，臣不臣，此天下所以傾也」。十七年，表彰宣公弟叔肸之賢，「宣弒而非之」，對其兄篡弒之行持反對立場，不接受宣公賜與之財物，「織屨而食，終身不食宣公之食。」十一年，對楚子強行護送公孫寧、儀行父返陳，使陳不能對亂臣加以懲治，而失君臣之道，加以譴責說：「入人之國，制人之上下，使不得其君臣之道，不可。」十五年，批評實行「初稅畝」為「非正」，因為加重農民的負擔，等等。這些觀點與隱、桓以來所闡發的思想是一致的。

*元年❶春，王正月，公即位。

繼故而言即位，與聞乎故❷也。

*公子遂如齊逆女❸。

*三月，遂以夫人婦姜至自齊。

其不言氏，喪未畢，故略之也。其曰婦，緣姑言之之辭也。遂之挈❹，由上致之❺也。

*夏，季孫行父如齊。

*晉放其大夫胥甲父❻于衛。

放猶屏❼也，稱國以放，放無罪也。

*公會齊侯于平州❽。

*公子遂如齊。

*六月，齊人取濟西田❾。

內不言取❿，言取授之也，以是為賂齊也。

*秋，邾子來朝。

*楚子、鄭人侵陳，遂侵宋。

遂，繼事也。

*晉趙盾帥師救陳。

善救陳也。

*宋公、陳侯、衛侯、曹伯會晉師于棐林⑪，伐鄭。

列數諸侯而會晉趙盾，大趙盾之事⑫也。其曰師何也？以其大之也。于棐林地而後伐鄭，疑辭⑬也。此其地何？則著其美⑭也。

*冬，晉趙穿帥師侵崇⑮。

*晉人、宋人伐鄭。

伐鄭，所以救宋也。

【注釋】❶元年　西元前六〇八年，周匡王五年，晉靈公十三年，齊惠公元年，衛成公二十七年，蔡文公四年，鄭穆公二十年，曹文公十年，陳靈公六年，杞桓公二十九年，宋文公三年，秦共公元年，楚莊王六年，許昭公十四年。❷與聞乎故　聞知子赤被殺之事，未親自參加。❸逆女　為宣公迎娶夫人。❹挈　去氏稱名謂挈。此為解釋經只稱遂，未加公子或氏之意。❺由上致之　由於宣公祭告祖廟時如此說的。上，指宣公。致，祭告祖廟。按例君前臣名，故去氏。❻晉放其大夫胥甲父　晉國放逐他的大夫胥甲父。胥甲父，又稱胥甲，文十二年河曲之役，不肯薄秦師於險，今討其罪。❼屏　除去之意。❽平州　地名，當在今山東省萊蕪縣西。❾濟西田　見僖三十一年注❶。本為曹地，由晉賜給魯國，今又用以賂齊國，報其擁立宣公之功。❿內不言取　對魯國諱言取。因為取有己之地為外人所取之意，故諱言。⓫棐林　鄭地，在今河南省新鄭縣東二十五里。⓬大趙盾之事　把趙盾統領諸侯伐鄭視為大事。⓭疑辭　遲疑不進之辭。⓮著其美　著明趙盾之功業，詳述進軍過程。⓯崇　小國名，為秦之與國，處秦、晉之間。

【語譯】*元年，春，周曆正月，宣公即位。

繼承被殺國君按例不稱即位，此稱即位，因宣公只是聞知此事，並未直接參預。

*魯公子遂去往齊國為宣公迎娶夫人。

*三月，遂與夫人婦姜從齊國回來。

此不稱姜氏，因文公喪期未滿，故此加以省略。此稱婦，緣於婆婆稱謂媳婦的文辭。遂之去公子獨稱名，是由於宣公祭告祖廟時是這樣說的。

*夏，季孫行父去往齊國。

*晉國把他的大夫胥甲父放逐到衛國去。

放如同除去之意，稱國家放逐他，表示被放逐者是無罪的。

*魯公在平州會見齊侯。

*魯公子遂去往齊國。

*六月，齊人取去濟西之田。

對魯國諱言取去，此稱取是表示授予之意，乃用此田賄賂齊國。

*秋，邾國君主來朝見。

*楚子、鄭人侵犯陳國，接著侵犯宋國。

遂，繼前事後接著做某事。

*晉趙盾率軍救援陳國。

表明贊許救援陳國。

*宋公、陳侯、衛侯、曹伯率軍在棐林與晉軍會合，去攻伐鄭國。

列舉各諸侯與晉國趙盾會合，是把趙盾伐鄭視為大事。此稱晉師，為什麼？因其人數眾多也。先說在棐林會合，後說攻伐鄭國，一般以此種表述為遲疑不進之辭。此處何以指明諸侯會合之地名？則是為了昭明趙盾功業之美盛。

*冬，晉國趙穿率軍侵犯崇國。

*晉人、宋人攻伐鄭國。

攻伐鄭國，用以救援宋國。

*二年，春，王二月壬子，宋華元帥師及鄭公子歸生帥師戰于大棘❶，宋師敗績，獲宋華元。

獲者，不與❷之辭也，言盡其眾以救其將也。以三軍敵華元❸，華元雖獲，不病❹矣。

*秦師伐晉。

*夏，晉人、宋人、衛人、陳人侵鄭。

*秋，九月乙丑，晉趙盾弒其君夷皋❺。

穿弒也，盾不弒，而曰盾弒何也？以罪盾也。其以罪盾何也？曰：靈公朝諸大夫而暴彈之❻，觀其辟丸也。趙盾入諫不聽，出亡至於郊，趙穿弒公而後反趙盾。史狐書賊❼曰：「趙盾弒公。」盾曰：「天乎！天乎！予無罪，孰為盾而忍弒其君者乎？」史狐曰：「子為正卿，入諫不聽，出亡不遠，君弒，反不討賊，則志同❽，志同則書重❾，非子而誰？」故書之曰「晉趙盾弒其君夷皋」者，過在下⑩也。曰：於盾也，見忠臣之至⑪；於許世子止⑫，見孝子之至。

＊冬，十月乙亥，天王崩。

【注　釋】❶宋華元句　華元，宋卿，任右師之職。公子歸生，字子家，或為鄭靈公之弟。大棘，宋地，當在今河南省睢縣南。❷獲者不與　獲是表示不贊許。即不贊許鄭軍俘獲華元。❸以三軍敵華元　用三軍為華元迎敵。❹不病　不害其賢德。❺夷皋　晉靈公名。❻暴彈之　突然用彈弓彈射他們。《左傳》作「從臺上彈人」，未專指大夫。❼史狐書賊　史官狐記載弒君之人。史狐，晉太史董狐，孔子稱為古之良史，「書法不隱」，後世以為不避權勢，直書不諱的良史代稱。❽志同　心意相同。指趙盾與趙穿心意相同，都想除掉晉靈公。❾書重　記載位高權重之人。❿過在下　罪過在下面。⓫見忠臣之至　顯現忠臣必須做到極致。⓬許世子止　許悼公太子名止，悼公得了瘧疾，喝下太子送去的藥就死了。太子懼罪奔晉，書曰「弒其君」。太子本無意弒君，由於不懂藥性，使君誤服而死。君子以為盡心力侍奉君，避免送藥方可。事見《左傳》昭十九年。

【語　譯】＊二年，春，周曆二月壬子日，宋國華元率軍與鄭國公子歸生所率軍在大棘交戰，宋軍潰散，宋國主帥華元被俘獲。

　　獲是表示不贊許鄭軍俘獲華元之辭。是說宋軍傾其全力以營救他們的將領，以三軍之力為華元迎敵鄭軍，因此，華元雖然被俘獲，不妨害其賢德。

＊秦軍攻伐晉國。

＊夏，晉人、宋人、衛人、陳人侵犯鄭國。

＊秋，九月乙丑，晉國趙盾殺了他的國君夷皋。

　　晉侯是趙穿所殺，趙盾未殺，而說趙盾弒君，為什麼？是為把弒君之罪加給趙盾。把罪名加給趙盾，為什麼？回答說：晉靈公命諸位大夫來朝見，突然用彈弓彈射他們，觀看他們躲避彈丸以取樂。趙盾進去規勸不聽，就出逃到距都城百里處，這時趙穿殺了晉靈公，而後請趙盾返回。史官狐記載弒君之人說：「趙盾殺了晉靈公。」趙盾說：「老天吶！老天吶！我沒有罪，誰說趙盾忍心殺掉他的君主呀？」史狐說：「您是正卿，人諫不被聽從，出逃又逃得不遠，國君被殺，您回來不討伐弒君之人，就是和他們心意相同，對心意相同之人，則記載其中位高權重者，不是您還能是誰呢？」因此記載為「晉國趙盾殺了他的國君夷皋」，罪過在下面臣子身上。所以說：從趙盾身上，顯現忠臣必須做到極致；從許國太子止身上，顯現孝子必須做到極致。

*冬，十二月乙亥日，周天王崩逝。

*三年，春，王正月，郊牛之口傷❶。之口，緩辭也，傷自牛作也。

*改卜牛❷，牛死，乃不郊。事之變也。乃者亡乎人❸之辭。

*猶三望❹。

*葬匡王。

*楚子伐陸渾戎❺。

*夏，楚人侵鄭。

*秋，赤狄❻侵齊。

*宋師圍曹。

*冬，十月丙戌，鄭伯蘭卒。

*葬鄭穆公。

【注釋】❶郊牛之口傷　用於郊祭之牛口部受傷。郊，郊祭，為祭天祈穀之禮。郊祭必先擇牛而卜之，吉則養之備用。然後卜郊祭之日，卜日後改牛曰牲。❷改卜牛　牛口傷不能用於祭祀，選牛另卜，吉則養而備用。❸亡乎人　不在於人，是由天意決定的。❹三望　魯對東海、泰山、淮水之神的祭祀。望祭是從屬於郊祭的，取消郊祭而行望祭，不合於禮。❺陸渾戎　戎人之一部。原居瓜州，後遷河南伊川一帶。❻赤狄　狄人中的一支。

【語譯】*三年，春，周曆正月，用於郊祭之牛口部受傷。稱之口，表示語氣舒緩之辭。此傷是牛自己造成的。

*改卜另外牛，此牛又死，就不舉行郊祭之禮。這是由於事情的變化。稱乃表示此事不在人為之辭。

*仍然舉行了對東海、泰山、淮水之神的祭祀。

*安葬周匡王。

*楚子攻伐陸渾戎人。

*夏，楚人侵犯鄭國。

*秋，赤狄侵犯齊國。

*宋軍包圍曹國都城。

*冬，十月丙戌日，鄭伯蘭死。

*安葬鄭穆公。

*四年，春，王正月，公及齊侯平莒及郯❶，莒人不肯。

及者，內為志焉爾。平者成也。不肯者，可以肯也。

*公伐莒取向❷。

伐猶可，取向甚矣。莒人辭不受治也。伐莒，義兵❸也，取向非也，乘義而為利也。

*秦伯稻卒。

*夏，六月乙酉，鄭公子歸生弒其君夷。

*赤狄侵齊。

*秋，公如齊。公至自齊。

*冬，楚子伐鄭。

【注釋】❶平莒及郯　使莒國與郯國和解。平的意思是按道義原則調解紛爭，使兩國講和。郯，己姓小國，故城當在今山東省郯城縣西南二十里。❷向　本為國，莒人取之為邑，在今山東省莒縣南七十里。❸義兵　合乎正義之師。

【語譯】*四年，春，周曆正月，魯公與齊侯出面使莒國與郯國和解，莒人不肯接受。

稱及，表明此事出於魯國意願。平的意思是講和。不肯和解是說按理應該接受和解卻不肯接受之意。

*魯公攻伐莒國，奪取向邑。

攻伐莒國還可以，奪取向邑就過分了。使莒人有理由不接受懲治。攻伐莒國是正義之師，奪取向邑則非理，是打著維護道義旗號為己謀求私利。

*秦伯稻死。

*夏，六月乙酉日，鄭國公子歸生殺了他的國君夷。

*赤狄侵犯齊國。

*秋，魯公去往齊國。魯公由齊國返回。

*冬，楚子攻伐鄭國。

*五年，春，公如齊。

*夏，公至自齊。

*秋，九月，齊高固來逆子叔姬❶。

諸侯之嫁子於大夫，主大夫以與之❷，來者接內❸也，不正其接內，故不與夫婦之稱也。

*叔孫得臣卒。

*冬，齊高固及子叔姬來。

及者，及吾子叔姬也。為使來者❹，不使得歸❺之意也。

*楚人伐鄭。

【注釋】❶齊高固來逆子叔姬　齊國高固來迎娶子叔姬。高固，齊卿，又稱高宣子。此次來魯為自己迎娶新婦。子叔姬，魯公女，當時未成婚，不應加子，《左傳》先無子，歸寧時加子，可從。❷主大夫以與之　以本國大夫為主婚人接待迎親者。因為諸侯不能降格與大夫為禮。❸來者接內　稱來表示來魯國迎娶。❹為使來者　高固是作為使者來魯國之人。❺不使得歸　不該使他同時送婦歸寧。

【語譯】*五年，春，魯公去往齊國。

*夏，魯公從齊國返回。

*秋，九月，齊國高固來迎娶子叔姬。

諸侯嫁女給他國大夫，以本國大夫作主婚人接待迎親者，稱來則是表示來魯國迎娶。以他國大夫來魯國迎娶為不合正道，因此不用夫婦稱謂他們。

*叔孫得臣死。

*冬，齊國高固與子叔姬來。

稱及，表示高固與我國子叔姬同來。高固是作為使者前來的人，不該使他同時有送婦歸寧之意。

*楚人攻伐鄭國。

*六年，春，晉趙盾、衛孫免❶侵陳。

此帥師也，其不言帥師何也？不正其敗前事❷，故不與帥師也。

*夏，四月。

*秋，八月，螽。

*冬，十月。

【注釋】❶孫免　衛大夫。❷敗前事　敗壞前事。宣元年，趙盾率軍救陳，今又侵陳，是自敗前功。但前者陳即晉，故救之，今者陳背晉即楚，攻伐之，趙盾所行乃伐叛柔服之道，無可指責。

【語譯】＊六年，春，晉國趙盾、衛國孫免侵犯陳國。

他們都統率了軍隊，此不稱統率軍隊，為什麼？因趙盾此舉敗壞了他的前功，因此不書其統率軍隊。

＊夏，四月。

＊秋，八月，發生蝗災。

＊冬，十月。

＊七年，春，衛侯使孫良夫❶來盟。

來盟，前定也。不言及者，以國與之。不言其人，亦以國與之。不日，前定之盟不日。

＊夏，公會齊侯伐萊❷。

＊秋，公至自伐萊。

＊大旱。

＊冬，公會晉侯、宋公、衛侯、鄭伯、曹伯于黑壤❸。

【注釋】❶孫良夫　即孫桓子，衛大夫。❷萊　國名，其地當在今山東省昌邑縣東南。❸黑壤　又名黃父，其地在今山西省翼城縣東北六十五里之烏嶺，接沁水縣界。黑壤本為諸侯盟會，魯宣公因不朝見新立之晉成公，被扣留晉國，後經賂晉獲歸，未參加此盟，故諱言盟，只書會。

【語譯】＊七年，春，衛侯派孫良夫前來結盟。

稱前來結盟，因為是以前定下的。不言及，是因為以國家的名義來結盟。不言魯國參加盟會之人，也因為是以國家的名義參加。不記載日期，以前定下之盟會不記載日期。

＊夏，魯公會同齊侯攻伐萊國。

＊秋，魯公由攻伐萊國歸來。

＊發生大旱災。

＊冬，魯公在黑壤會見晉侯、宋公、衛侯、鄭伯、曹伯。

＊八年，春，公至自會。

＊夏，六月，公子遂如齊，至黃乃復❶。

乃者，亡乎人之辭也。復者，事畢也，不專公命❷也。

＊辛巳，有事❸于大廟。仲遂卒于垂❹。

為若反命而後卒❺也。此公子也，其曰仲何也？疏之也。何為疏之也？是不卒者❻也。不疏則無用見其不卒也。則其卒之何也？以譏乎宣也。其譏乎宣何也？聞大夫之喪，則去樂卒事❼。

＊壬午，猶繹❽。

猶者可以已❾之辭也。繹者，祭之旦日之享賓❿也。

*萬入去籥⓫。

以其為之變⓬，譏之也。

*戊子，夫人熊氏⓭薨。

*晉師、白狄⓮伐秦。

*楚人滅舒鄝⓯。

*秋，七月甲子，日有食之，既⓰。

*冬，十月己丑，葬我小君頃熊。雨，不克葬。

葬既有日，不為雨止⓱，禮也。雨，不克葬，喪不以制也。

*庚寅，日中而克葬。

而，緩辭也，足乎日⓲之辭也。

*城平陽⓳。

*楚師伐陳。

【注　釋】❶至黃乃復　到黃地就返回了。黃，地名，在由魯至齊途中齊國境內，其地當在今山東省淄川鎮東北。公子遂奉君命去齊，途中得重病返回，死於垂地。❷不專公命　沒有不待公命擅自行事。按禮，大夫奉命出使，途中有疾，亦不得廢君命，即使死於途，也要由他的副手奉柩完成使命，不顧使命而回，不合於禮。經以完成使命書之，含譏意。❸有事　有祭祀之事。當指禘祭，即宗廟之大祭。此種祭禮舉行時間，經無明文，有說五年一禘，後世多用三十月或四十二月。參閱《宋史・禮志・禘祫》。❹垂　齊邑，或在今山東省平陰縣境。❺為若反命而後卒　先書復，後書卒，好像是復命而後死去的。反命，猶如復命，指使者歸來向君報告完成了使命。❻不卒者　不該記載其卒的人。因公子遂與宣公共同謀殺了公子赤與視，為有罪之人，照例不該書卒。書卒是為譏宣公。❼去樂卒事　撤去樂舞，停止祭祀之事。❽繹　繹祭，指正祭次日的賓敬之禮。凡正祭必有尸，以代受祭者，在正祭次日以賓禮享尸，稱繹，為正祭繼續之意。繹祭與為卿舉哀相比為次要，按禮應停下來為公子遂治喪，可是宣公命繼續進行，故為非禮。❾已　停止。❿祭之旦日之享賓　正祭之第二日稱祭之旦日。享賓，以尸為賓而宴享之。⓫萬入去籥　跳萬舞，去掉籥。萬為舞名，用於宗廟山川祭祀。萬為舞之總名，包括以羽籥為道具之文舞和以干戚為道具的武舞。籥為形如笛子的樂器，舞者持之邊吹奏邊舞蹈。去籥則是去掉有聲之樂，以示哀悼，但舞蹈照常。⓬變　於樂舞之常例有所變通。指去籥。此所譏不是譏變通樂舞常例，而是譏未止樂舞。⓭夫人熊氏　熊，《左傳》作「嬴」，當是，嬴、熊二字古文字形相近，誤嬴為熊。嬴氏，即敬嬴，宣公生母，文公次妃。⓮白狄　狄人中之一支。⓯舒鄝　鄝，《左傳》作「蓼」。舒為偃姓國，有舒庸、舒蓼、舒鳩、舒鮑、舒龍、舒龔六名，當為同宗異國，統稱群舒，大致在安徽省舒城縣、廬江縣至巢縣一帶。⓰既　日全蝕。本年七月無日蝕，十月甲子朔有日全蝕，七為十之誤。⓱不為雨止　《禮記・王制》有「庶人葬不為雨止」，不包括王侯在內，故《左傳》謂「雨不克葬，禮也。」與《穀梁》說相反，《左氏》可從。⓲足乎日　一整天。⓳平陽　魯邑，在今山東省新泰縣西北。

【語譯】＊八年，春，魯公從與諸侯會見地返回。

＊夏，六月，公子遂去往齊國，到黃地就返回了。

稱乃，表示魯公任使不得其人的文辭。稱復，是說使命完成後返回，沒有不待君命而擅自行事。

＊辛巳日，魯公在太廟舉行祭祀。仲遂死於垂地。

先書復命後書死，好像是復命而後死去的。這個人為公子，此稱仲，為什麼？為了表示疏遠他。為什麼要疏遠他呢？因為此人有罪不該書卒，不疏遠他就無從表現其不該書卒。既然如此又記載其卒，為什麼？為了用此譏刺宣公也。譏刺宣公，為什麼？因他聽到大夫喪事，就該撤去樂舞，停止祭祀之事，可是沒有。

*壬午日，還依然舉行繹祭。

猶是表示可以停止而未停止之辭。繹祭是正祭第二日宴享賓尸之禮。

*跳萬舞，去掉籥。

因其只對樂舞常例作些變通，不肯停止，故而譏刺他。

*戊子日，夫人熊氏死。

*晉軍與白狄聯合攻伐秦國。

*楚人滅亡了舒蓼。

*秋，七月甲子日，發生日全蝕。

*冬，十月己丑日，安葬我小君頃熊。因為下雨，未能完成安葬。

葬禮既然定下日子，不能因下雨而中止，這是禮制。因為下雨，未能完成安葬，是喪事不遵從禮制也。

*庚寅日，中午而完成安葬。

稱而，為遲緩之辭，表示葬禮用了一整天之辭也。

*在平陽築城。

*楚軍攻伐陳國。

*九年，春，王正月，公如齊。

*公至自齊。

*夏，仲孫蔑❶如京師。

*齊侯伐萊❷。

*秋，取根牟❸。

*八月，滕子卒。

*九月，晉侯、宋公、衛侯、鄭伯、曹伯會于扈❹。

*晉荀林父帥師伐陳。

*辛酉，晉侯黑臀卒于扈。

其地於外❺也，其日未踰竟❻也。

*冬，十月癸酉，衛侯鄭卒。

*宋人圍滕。

*楚子伐鄭。

*晉郤缺帥師救鄭。

*陳殺其大夫泄冶❼。

稱國以殺其大夫，殺無罪也。泄冶之無罪如何？陳靈公通于夏徵舒之家❽，公孫寧、儀行父❾亦通其家，或衣其衣，或衷其襦❿，以相戲於朝。泄冶聞之，入諫曰：「使國人聞之則猶可，使仁人聞之則不可。」君愧於泄冶，不能用其言而殺之。

【注釋】❶仲孫蔑　即孟獻子。魯公孫敖之孫，孟孫穀之子。❷萊　近齊國名，參見宣七年注❷。❸根牟　小國名，地在今山東省沂水縣南。❹扈　鄭地，見文七年注❽。❺於外　在晉國都城之外。❻未踰竟　未越出晉境。《公羊》以扈為晉邑，《穀梁》亦用此說，與《左傳》杜預注以為鄭地不同。扈本鄭邑，後歸於晉，此時尚未也。❼泄冶　陳大夫，因諫陳靈公淫亂被殺。此事《左傳》宣九、十年有載，可與此互補。❽通于夏徵舒之家　《左傳》作「通於夏姬」，「飲酒於夏氏」，當是在夏家與夏姬通姦。夏姬為鄭穆公之女，陳大夫御叔之妻，夏徵舒之母。因御叔食邑於夏，或其祖字子夏，而以夏為氏。❾公孫寧儀行父　二人皆陳卿。公孫寧又稱孔寧。❿衷其襦　貼身穿著夏姬的內衣。

【語譯】*九年，春，周曆正月，魯公去往齊國。

*魯公由齊國返回。

*夏，魯仲孫蔑去往京師。

*齊侯攻伐萊國。

*秋，魯國取得根牟之地。

*八月，滕國國君死。

*九月，晉侯、宋公、衛侯、鄭伯、曹伯在扈地會見。

*晉國荀林父率軍攻伐陳國。

*辛酉日，晉侯黑臀死在扈地。

這個地方在晉國都城之外，記載他的死亡日期，因為死亡之地未越出晉境。

*冬，十月癸酉日，衛侯鄭死。

*宋人包圍滕國都城。

*楚子攻伐鄭國。

*晉郤缺率軍援救鄭國。

*陳國殺了他的大夫泄冶。

稱國家把他的大夫殺了，表明被殺者是無罪的。泄治無罪，為什麼呢？陳靈公在夏徵舒家與夏姬通姦，公孫寧、儀行父也在其家與夏姬通姦。他們有的穿上夏姬外衣，有的貼身穿上夏姬內衣，彼此在朝堂上互相戲耍。泄治聞知此事，進去勸諫說：「假如讓國人聞知此事尚且可以，假如讓仁人聞知此事則不可以。」陳君在泄治面前感到羞愧，不能採用他的話，反而把他殺掉。

*十年，春，公如齊。公至自齊。

*齊人歸我濟西田❶。

公娶齊，齊由以為兄弟，反之❷。不言來，公如齊受之也。

*夏，四月丙辰，日有食之❸。

*己巳，齊侯元卒。

*齊崔氏❹出奔衛。

氏者，舉族而出之之辭也。

*公如齊。五月，公至自齊。

*癸巳，陳夏徵舒弒其君平國。

*六月，宋師伐滕。

*公孫歸父如齊，葬齊惠公。

*晉人、宋人、衛人、曹人伐鄭。

*秋，天王使王季子❺來聘。

其曰王季，王子也。其曰子，尊之也。聘，問也。

*公孫歸父帥師伐邾，取繹❻。

*大水。

*季孫行父如齊。

*冬，公孫歸父如齊。

*齊侯使國佐❼來聘。

*饑。

*楚子伐鄭。

【注釋】❶齊人歸我濟西田　魯宣公初立時，為報齊惠公援立之德，賂齊以濟西之田。宣公即位十來年，事齊甚恭謹、周到，齊歸還濟西田，作為回報。❷反之　歸還濟西田。把魯公娶齊女作為齊還田給魯的依據，恐欠妥。❸日有食之　此次日蝕為西元前五九九年三月六日之日環蝕。❹崔氏　《左傳》以為崔杼。但崔杼於魯襄公二十五年殺齊莊公，主齊政，在此後五十二年，可見當時其年尚幼，難以有威逼國、高二氏之威權。崔氏或另有所指。❺王季子　周天王之子。一說天王之弟。❻繹　邾邑。邾文公遷都於繹，在今山東省鄒縣東南。此繹非指邾之都城，而是嶧山附近另一繹邑。❼國佐　齊卿，國歸父之子國武子也。

【語譯】*十年，春，魯公去往齊國。魯公由齊國返回。

*齊人歸還我國濟水以西之田。

宣公娶齊女，齊國由此以魯公為兄弟，而返還了濟西田。未稱齊使前來，因魯公前往齊國接受此田。

*夏，四月丙辰日，發生了日蝕。

*己巳日，齊侯元死。

*齊國崔氏出逃到衛國。

稱氏，表示全族人一同出逃之文辭。

*魯公去往齊國。五月，魯公由齊國返回。

*癸巳日，陳國夏徵舒殺了他的國君平國。

*六月，宋軍攻伐滕國。

*魯公孫歸父去往齊國，參加齊惠公葬禮。

*晉人、宋人、衛人、曹人一同攻伐鄭國。

*秋，周天王派王季子來魯聘問。

此稱王季，因為他是周天王的兒子。此稱子，表示尊崇他。聘就是聘問之意。

*魯公孫歸父率軍攻伐邾國，取得繹邑。

*發生大水災。

*魯季孫行父去往齊國。

*冬，魯公孫歸父去往齊國。

*齊侯派國佐來魯國聘問。

*發生饑荒。

*楚子攻伐鄭國。

*十有一年，春，王正月。

*夏，楚子、陳侯、鄭伯盟于夷陵❶。

*公孫歸父會齊人伐莒。

*秋，晉侯會狄于欑函❷。

不言及，外狄也。

*冬，十月，楚人殺陳夏徵舒。

此入而殺也，其不言入何也？外徵舒於陳❸也。其外徵舒於陳，何也？明楚之討有罪也。

*丁亥，楚子入陳。

入者，內弗受也。日入，惡入者也。何用弗受也？不使夷狄為中國❹也。

*納公孫寧、儀行父于陳。

納者，內弗受也。輔人之不能民而討猶可；入人之國，制人之上下，使不得其君臣之道，不可。

【注釋】❶夷陵 楚地，在今湖北省宜昌縣境內。❷欑函 狄地，所在不詳。❸外徵舒於陳 把徵舒除於陳國之外。❹不使夷狄為中國 不許夷狄之國治理中原國家之亂。楚為夷狄之國，陳為中國，陳有亂應由周天子或中原霸主出面，依禮法處治，不許夷狄之國插手。這體現《春秋》內中國外夷狄，尊王攘夷的大一統思想。

【語　譯】＊十有一年，春，周曆正月。

＊夏，楚子、陳侯、鄭伯在夷陵結盟。

＊魯公孫歸父會同齊人攻伐莒國。

＊秋，晉侯在欑函會見狄人。

不稱晉侯及狄，因狄人在中原諸侯之外也。

＊冬，十月，楚人殺了陳國的夏徵舒。

此為入陳國而殺，經不稱入，為什麼？是因為把徵舒除於陳國之外。把徵舒除於陳國之外，為什麼呢？為了表明楚國只是來討伐有罪之人。

＊丁亥日，楚子進入陳國。

稱入，表明陳國不肯接受。記載進入之日，表明憎惡進入者。為什麼陳國不肯接受？為了不許夷狄之國治理中原國家之亂。

＊楚人護送公孫寧、儀行父回陳國。

稱納，表示陳國不肯接受。輔助鄰國不能治民之君討伐有罪者，還算可以；進入他人之國，控制其君臣上下，使他們不能行其君臣之道，則不可以。

＊十有二年，春，葬陳靈公。

＊楚子圍鄭。

＊夏，六月乙卯，晉荀林父帥師及楚子戰于邲❶，晉師敗績。

績，功也；功，事也，日其事敗❷也。

*秋，七月。

*冬，十有二月戊寅，楚子滅蕭❸。

*晉人、宋人、衛人、曹人同盟于清丘❹。

*宋師伐陳。

*衛人救陳。

【注釋】❶邲　鄭地，在今河南省滎陽縣東北。❷日其事敗　晉國作戰失敗。日當為曰，語詞，無義。❸蕭　宋之附庸國，在今安徽省蕭縣。❹清丘　衛地，在今河南省濮陽縣東南。

【語譯】*十二年，春，安葬陳靈公。

*楚子包圍鄭國都城。

*夏，六月乙卯日，晉荀林父率軍與楚子在邲地交戰，晉軍潰散。績者功之意也，功者事之意也，就是晉國戰事失敗的意思。

*秋，七月。

*冬，十二月戊寅日，楚子滅亡了蕭國。

*晉人、宋人、衛人、曹人共同在清丘結盟。

*宋軍攻伐陳國。

*衛人援救陳國。

*十有三年，春，齊師伐莒。

*夏，楚子伐宋。

*秋，螽。

*冬，晉殺其大夫先穀❶。

【注釋】❶先穀　穀，《左傳》作「縠」。晉卿，邲之戰為中軍佐。《史記·晉世家》謂「先軫子也」。又稱原縠，則原為先軫采邑。先縠之被殺並滅族原因主要有二，一是邲之戰不聽指揮，偏師冒進，導致全軍潰敗。一是召赤狄攻伐晉國。可見其被殺為罪有應得。由此聯繫「稱國以殺，殺無罪也」之例，亦非全部適用。

【語譯】*十三年，春，齊軍攻伐莒國。

*夏，楚子攻伐宋國。

*秋，發生蝗災。

*冬，晉國殺了他的大夫先穀。

*十有四年，春，衛殺其大夫孔達❶。

*夏，五月壬申，曹伯壽卒。

*晉侯伐鄭。

*秋，九月，楚子圍宋。

*葬曹文公。

*冬，公孫歸父會齊于穀❷。

【注釋】❶孔達　衛大夫。因使衛援救陳國，對抗宋國，維護衛成公與陳舊好，而破壞了晉、宋、衛、曹的清丘之盟，招致晉國來討。孔達為解衛國之難，甘願承擔責任，以自縊向晉國解說。實是無罪而有功。考孔達與先穀，經以相同用辭書寫，功罪卻相反，為此要重史事，不可為義例所拘。❷穀　地名，見莊七年注⓯。

【語譯】*十四年，春，衛國殺了他的大夫孔達。

*夏，五月壬申日，曹伯壽死。

*晉侯攻伐鄭國。

*秋，九月，楚子包圍宋都。

*安葬曹文公。

*冬，魯公孫歸父在穀地與齊侯會見。

*十有五年，春，公孫歸父會楚子于宋。

*夏，五月，宋人及楚人平❶。平者成也，善其量力而反義❷也。人者眾辭也。平稱眾，上下欲之也。外平不道❸，以吾人之存焉❹道之也。

*六月癸卯，晉師滅赤狄潞氏❺，以潞子嬰兒❻歸。

滅國有三術❼：中國謹日，卑國月，夷狄不日❽，其日，潞子嬰兒賢也。

*秦人伐晉。

*王札子殺召伯、毛伯❾。

王札子者，當上❿之辭也。殺召伯、毛伯，不言其⓫何也？兩下相殺也。兩下相殺不志乎《春秋》，此其志何也？矯王命以殺之，非忿怒相殺也，故曰以王命殺也。以王命殺則何志焉？為天下主者天也，繼天者君也，君之所存者命⓬也，為人臣而侵其君之命而用之，是不臣也，為人君而失其命，是不君也，君不君，臣不臣，此天下所以傾也。

*秋，螽。

*仲孫蔑會齊高固于無婁⓭。

*初稅畝⓮。

初者始也，古者什一⓯，藉而不稅⓰。初稅畝，非正也。古者三百步為里，名曰井田。井田者九百畝，公田居一，私田稼不善，則非吏⓱；公田稼不善，則非民⓲。初稅畝者，非公之去公田而履畝⓳，十取一也，以公之與民為已悉⓴矣。古者公田為居㉑，井灶蔥韭盡取焉。

*冬，蝝生㉒。

蝝非災也，其曰蝝，非稅畝之災也。

*饑。

【注　釋】❶平　講和。❷量力而反義　各自估量自己的實力難於堅持對抗下去，而返回到合於道義的和解上來。❸外平不道　魯國以外諸侯間講和不記載。❹以吾人之存焉　因為有魯國人從中調解。吾人指公孫歸父，他在本年春，於圍宋楚軍中會見楚子，《穀梁》推斷此行與兩國和解有關。❺潞氏　潞，國名，為赤狄一支。因當時夷狄之國尚處氏族社會，故國名多帶氏字，如甲氏、皋落氏等，潞氏亦同。其國當在今山西省潞城縣東北四十里。❻潞子嬰兒　潞國君主名嬰兒。子為封爵。❼三術　三種表示方法。❽夷狄不日　夷狄之國被滅亡不記日而記時。《穀梁傳》襄六年：「中國日，卑國月，夷狄時。」時即四時、四季也。此例亦不能完全貫通。❾王札子殺召伯毛伯　王札子即王子捷。召伯，召戴公，毛伯，毛伯衛，二人為王卿士。❿當上　當國，擅行天王職權之意。⓫不言其　意謂不稱被殺者為大夫。⓬君之所存者命　君主之所以存在，就在於有發布命令的權力。⓭無妻　杞邑，確切所在無考。⓮初稅畝　開始按田畝之多少徵稅。這是春秋時期魯國首先實行的一種田賦制度，即所謂「履畝而稅」也。在此之前，各國多實行井田制，大體來說，就是方里之田劃成井字形，分為相等的九塊，每塊百畝。周圍八塊為私田，分給八戶農民耕種，收入歸己。中間百畝中之八十畝為公田，分給每戶十畝，藉民力以耕種，收入作田稅上繳，不再另外納稅，等於以勞役地租形式繳納十分之一田畝。中間百畝的另外二十畝，則分給每戶二畝半為房舍之地。初稅畝則是在原來徵稅基礎上，對私田按畝收取十分之一田稅，累計起來等於收取十分之二田稅。⓯古者什一　古時候徵收十分之一田稅。⓰藉而不稅　收取藉民力耕種公田之所獲，不向民之私田徵稅。⓱非吏　歸罪田官。非，責難；歸罪。⓲非民　歸罪民只務私田，不盡力種好公田。⓳非公之去公田而履畝　指責魯宣公廢掉公田制而實行按田畝數量納稅。⓴已悉　過分窮盡其力。㉑公田為居　由公田百畝中取二十畝，分給八戶，每戶二畝半，作為建房種菜之用。㉒蝝生　蝝蟲生出。蝝，未生翅之蝗蟲。

【語　譯】*十五年，春，魯公孫歸父在宋國會見楚子。

*夏，五月，宋人和楚人罷戰講和。

稱平，和解之意也。贊許雙方量力而為歸於和解。稱人是表示人數眾多之辭。講和而稱眾人，表示君民上下都想和解。魯國以外諸侯間講和不記載，此次因為有魯國人從中調解而加以記載。

*六月癸卯日，晉軍滅亡了赤狄潞氏，把潞國君主嬰兒帶回來。

記載滅國有三種表示方法：中原各國被滅謹慎地記日，附庸之國被滅記月，夷狄之國被滅不記日，此記日，因為潞子嬰兒是個賢德之君。

*秦人攻伐晉國。

*王札子殺了召伯、毛伯。

稱王札子，表示當國擅行天王威權之辭。殺召伯、毛伯，不稱被殺者為大夫，為什麼呢？因為是兩下互相爭殺。兩下互相爭殺不記載於《春秋》，此次作了記載，為什麼？因為是假託王命把他們殺了，不是由於忿怒而互相爭殺，因此說以王命殺了他們。以王命殺了他們，為什麼要記載呢？因為天下之主宰者是天，繼承天意之人是君主，君主之所以存在就在於有發布命令的權力。為人臣者侵奪其君主發布命令之權而擅自運用，就不是個臣下，為人君者失去了發布命令之權，就不是個君主，君不像君，臣不像臣，這就是天下所以傾覆的原因。

*秋，發生蝗災。

*魯仲孫蔑在無婁會見齊國高固。

*開始按田畝數量徵稅。

初就是開始之意，古時候徵收十分之一田稅，即收取藉民力耕種公田之所獲，不再向私田收稅。開始按田畝數量徵稅，不合正道。古時候以三百步為一里，方里之田按井字形分為相等的九塊，名為井田。井田以九百畝為一單元，其中公田占九分之一。私田莊稼生長不好，就歸罪於田官；公田莊稼生長不好，就歸罪於民。記載開始按田畝數量徵稅，是歸罪魯宣公廢掉公田制而按畝徵稅，又抽取十分之一田稅，認為魯宣公徵求於民太過分，使民窮竭。古時候公田是民所居之處，井灶菜蔬之地也取自於它。

＊冬，蝝蟲生出。

蝝蟲不成災，此稱蝝，是藉以責難按畝徵稅帶來的災難。

＊發生饑荒。

＊十有六年，春，王正月，晉人滅赤狄甲氏及留吁❶。

＊夏，成周宣榭災❷。

周災不志也，其曰宣榭何也？以樂器之所藏目之也。

＊秋，郯伯姬來歸。

＊冬，大有年❸。

五穀大熟為大有年。

【注釋】❶甲氏及留吁　皆赤狄之分支。甲氏，或在今山西省屯留縣北。留吁，在今屯留縣南十里。❷宣榭災　宣榭發生火災。榭，在土臺上建造的高屋，中無室阻隔，便於習射。宣為宣揚威武之意，故以為榭之名。又以宣指周宣王，宣榭為宣宮之榭，但宣宮不應在成周，此說可疑。❸大有年　大豐收之年。

【語譯】＊十六年，春，周曆正月，晉人滅亡了赤狄之甲氏和留吁二國。

＊夏，成周宣榭發生火災。

周發生火災不記載，此書宣榭火災，為什麼？因為是以貯藏樂器之庫房看待它。

*秋，郯伯姬被休回娘家。

*冬，大豐收之年。

五穀大成熟為大豐收之年。

*十有七年，春，王正月庚子，許男錫我卒。

*丁未，蔡侯申卒。

*夏，葬許昭公。

*葬蔡文公。

*六月癸卯，日有食之❶。

*己未，公會晉侯、衛侯、曹伯、邾子同盟于斷道❷。

同者有同也，同外楚❸也。

*秋，公至自會。

*冬，十有一月壬午，公弟叔肸❹卒。

其曰公弟叔肸，賢之也。其賢之何也？宣弒而非之❺也。非之，則胡為不去也？曰：兄弟也，何去而之？與之財，則曰：我足矣。織屨而食，終身不食宣公之食。君子以是為通恩❻也，以取貴乎《春秋》。

【注釋】❶日有食之　本年六月無日蝕，五月乙亥朔有日環蝕，曲阜可見，或記載有誤。據王韜推算，宣公七年六月癸卯有日蝕，或錯簡為十七年。❷斷道　地名，當在今河南省濟源縣西南。❸同外楚　共同把楚國置於敵對方面。❹公弟叔肸　魯宣公同母弟。❺宣弒而非之　宣公弒子赤而叔肸指責他。❻通恩　通達兄弟恩情。

【語譯】*十七年，春，周曆正月庚子日，許國君主錫我死。

*丁未日，蔡侯申死。

*夏，安葬許昭公。

*安葬蔡文公。

*六月癸卯日，發生日蝕。

*己未日，魯公會見晉侯、衛侯、曹伯、邾子，一同在斷道結盟。

同是指有共同目標，就是同把楚國置於敵對一方。

*秋，魯公由盟會返回。

*冬，十一月壬午日，魯宣公母弟叔肸死。

此稱公弟叔肸，是以他為賢德。他的賢德在何處呢？就在宣公殺子赤而他給予指責。既然指責宣公，又為什麼不離去呢？回答是：他們是親兄弟，離開又往那裡去呢？宣公給他錢財，他就說：我已經足夠了。靠織草鞋謀生，一輩子不吃宣公送給的食物。君子認為叔肸通達兄弟恩情，並以此取得《春秋》的尊崇。

*十有八年，春，晉侯、衛世子臧伐齊。

*公伐杞。

*夏，四月。

*秋，七月，邾人戕繒子❶于繒。

戕猶殘也，捝殺❷也。

*甲戌，楚子呂卒。

夷狄不卒，卒，少進❸也。卒而不日，日，少進也。日而不言正不正，簡之也。

*公孫歸父如晉。

*冬，十月壬戌，公薨于路寢。

正寢也。

*歸父還自晉。

還者，事未畢也；自晉，事畢也❹。與人之子守其父之殯❺，捐殯而奔其父之使者❻，是以奔父也。

*至檉❼，遂奔齊。

遂，繼事也。

【注釋】❶戕繒子　殘殺繒國國君。戕，殘殺，指邾國派人來繒國暗殺了繒君。繒，又作「鄫」，姒姓小國，故城在今山東省棗莊市東，蒼山縣西北。❷捝殺　捶打殘殺而死。❸少進　稍有進步。❹自晉事畢也　意謂自晉國回來說明聘問之事已完畢；因君死，家族被驅逐，未得向君覆命，又如同未完畢。❺與人之子守其父之殯　成公和公孫歸父之子一同守護其父宣公之靈柩。❻捐殯而奔其父之使者　放棄守靈而驅逐其父之使者。父之使者指公孫歸父。襄仲擁立宣公有功，公孫歸父為襄仲子，亦受寵信。當時仲孫、叔孫、季孫三家勢力強大，公室卑弱，宣公與歸父謀劃，借助晉國除去三家，未得實行而宣公死。季孫行父知其謀，即以襄仲殺嫡立庶，絕大國之援為名，通過臧孫許逐出襄仲之族。❼檉　《左傳》作「笙」，地名，所在無考。歸父至此，聞知其族被逐，於是逃往齊國。

【語　譯】＊十八年，春，晉侯、衛世子臧攻伐齊國。

＊魯公攻伐杞國。

＊夏，四月。

＊秋，七月，邾人在繒國暗殺了繒國國君。

戕如同殘害，是把繒君捶打致死的。

＊甲戌日，楚子呂死。

夷狄國君死不書卒，此書卒，表明它稍有進步。記載夷狄國君之死不標明日子，此標明日子亦表明其稍有進步。雖記載其死日，但不言其是不是合乎正道，出於簡略也。

＊魯公孫歸父去往晉國。

＊冬，十月壬戌日，魯公逝於路寢。

路寢就是正寢。

＊公孫歸父從晉國歸來。

稱還，表示事情尚未完畢；稱自晉，表示事情已然完結。魯成公和公孫歸父之子一同守護宣公靈柩，卻放棄守靈而去驅逐其父任命的使者，這樣做就如驅逐已故之父親。

＊公孫歸父到達檉地，接著逃往齊國。

遂就是接著做某事之意。

成公

【題 解】魯成公名黑肱，宣公之子，在位十八年。

在此期間發生三次規模較大、影響全局的戰爭，即二年齊、晉鞌之戰，十三年秦、晉麻隧之戰，十六年晉、楚鄢陵之戰。通過三次戰爭推動北方諸侯的分化、組合和晉、楚兩大軍事集團的矛盾糾葛。

這一時期爭霸主要靠實力，尊王的旗幟不再如齊桓、晉文時期那般有意義。中小國家對大國的依違也主要看實力和對己是否有利，道義和盟約的約束力明顯削弱了。各國卿大夫控制實際權力，君主權力削弱，公族與公室的鬥爭進一步激化和普遍化，並成為這一時期的另一基本內容。

晉國在邲之戰失敗後，君臣協力同心，以復興霸業。先是聯合魯、衛，經鞌之戰打敗齊國。又經十多年準備，聯合齊、魯、宋、衛等八國軍隊，以絕對優勢兵力打敗秦國，解除西部威脅。打敗秦國，使晉、楚矛盾更加突出，成公十六年爆發晉、楚鄢陵大戰。此戰雙方實力相當，進行慘烈拼殺，楚國失敗，晉之霸業又得以恢復。

這一時期各國內諸侯與卿大夫及卿大夫之間的鬥爭很激烈，晉國發生滅趙氏、殺三郤、殺厲公等事件。魯國發生叔孫僑如與穆姜勾結，逼迫成公除去季、孟二氏，而被逐出事件。宋國發生桓族與公室、戴族與桓族之爭。齊國發生國佐殺慶克、齊侯殺國佐事件。楚國則有子反、子重滅巫臣之族而據其室，及子反、子重之爭等。這些矛盾和鬥爭，反映這一時期權力分配鬥爭的新趨向，如孔子所說，由「禮樂征伐自諸侯出」，向「禮樂征伐自大夫出」過渡。經、傳所遵循和發揮之義理，則與前期相貫通。

*元年❶，春，王正月，公即位。

*二月辛酉，葬我君宣公。

*無冰❷。

終時❸無冰則志，此未終時而言無冰，何也？終無冰❹矣，加之寒之辭也。

*三月，作丘甲❺。

作，為也，丘為甲❻也。丘甲國之事也，丘作甲，非正也。丘作甲之為非正，何也？古者立國家，百官具，農工皆有職以事上。古者有四民：有士民、有商民、有農民、有工民。夫甲非人人之所能為也，丘作甲，非正也。

*夏，臧孫許及晉侯盟于赤棘❼。

*秋，王師敗績于貿戎❽。

不言戰，莫之敢敵❾也。為尊者，諱敵不諱敗❿；為親者，諱敗不諱敵，尊尊親親之義也。然則孰敗之？晉也。

*冬，十月⓫。

季孫行父禿，晉郤克眇⓬，衛孫良夫跛，曹公子手僂⓭，同時而聘於齊，齊使禿者御⓮禿者，使眇者御眇者，使跛者御跛者，使僂者御僂者。蕭同姪子⓯處臺上而笑之，聞於客，客不悅而去，相與立胥閭⓰而語，移日不解⓱。齊人有知之者曰：「齊之患必自此始矣。」

【注　釋】❶元年　西元前五九〇年，周定王十七年，晉景公十年，齊頃公九年，衛穆公十年，蔡景公二年，鄭襄公十五年，曹宣公五年，陳成公九年，杞桓公四十七年，宋文公二十一年，秦桓公十四年，楚共王審元年，許靈公二年。❷無冰　沒有冰。古有在周曆二月取冰、藏冰之禮，因氣候過暖，無冰可取藏，故無法行此禮。❸終時　經過一個季節。❹終無冰　最終也不會有冰。因周曆二月相當於夏曆十二月，是一年最寒冷月份，此月無冰也就沒有冰了。❺作丘甲　制定丘甲制度。丘為鄉野之民所居之基層單位。《周禮‧地官‧司徒第二》：「九夫為井，四井為邑，四邑為丘。」則一丘包括鄉民一四四戶。甲有鎧甲、甲士義，此指軍賦，丘甲則是一丘負擔一定數量軍賦。❻丘為甲　使丘民製作鎧甲。❼赤棘　晉地，所在地無考。❽貿戎　《左傳》作「茅戎」，為戎人之一支，其地當在今河南省修武縣。❾莫之敢敵　沒有人敢和周天子對敵。體現尊周的筆法。❿諱敵不諱敗　諱言他的對敵者不諱言失敗。諱敵言其至高無上、獨一無二，沒有可與其對敵者。不諱敗，則是容許其有過失。⓫十月　范甯以為，《穀梁》沒有無經文而發傳者，認為「十月」下脫「季孫行父如齊」六字，或是之。⓬晉郤克眇　晉國郤克瞎了一隻眼。⓭手僂　柯劭忞《補注》以為應作「首傴」。僂與傴同義，皆為駝背之意。手作首以為人名，較常見。⓮御　迎接；接待。⓯蕭同姪子　《左傳》作「蕭同叔子」，為齊頃公之母。⓰胥閭　齊都城內門名。⓱移日不解　很長時間沒有散去。移日，日影移動，形容時間很長。當是謀劃如何報復齊國。

【語　譯】＊元年，春，周曆正月，魯定公即位。

＊二月辛酉日，安葬我國君主宣公。

＊沒有冰。

經過一個季節沒有冰才作記載，這裡尚未經過一個季節而稱沒有冰，為什麼呢？因為此最冷月無冰最終也不會有冰，這是加給它最寒冷時之文辭。

＊三月，制定丘甲制度。

作，就是製作，使丘中之民都製作鎧甲。使丘中之民製作鎧甲是國家大事，使丘中之民作鎧甲，不合正道。使丘中之民製作鎧甲，不合正道，為什麼呢？古時候建立國家，百官齊備，農夫工匠都有職業用以事奉君主。古時候有四民：有士民、有商民、有農民、有工民。鎧甲不是人人都能製造的，使丘中之民都作鎧甲，不合正道。

＊夏，魯臧孫許和晉侯在赤棘結盟。

＊秋，周天王之軍在貿戎潰敗。

不說與誰作戰，沒有誰敢與周天子對敵也。對尊貴的人，諱言他的對敵者，不諱言他的失敗；對待親人，諱言他的失敗，不諱言他的對敵者。這就是尊尊親親的大義。那麼是誰打敗了周天子軍隊呢？是晉國。

＊冬，十月。

魯國季孫行父禿頭，晉國郤克瞎了一隻眼，衛國孫良夫跛腿，曹國公子手駝背，他們同時來齊國聘問。齊國派禿頭的人迎接季孫行父，派獨眼人迎接郤克，派跛子迎接孫良夫，派駝背迎接公子手。蕭同姪子在臺上看了發笑，笑聲被客人聽到，客人不高興地離去，他們在胥閭門旁相互交談，很長時間未散去。齊國人有知道此事者說：「齊國的災禍必然由此開始啊。」

【說　明】「作丘甲」為古今聚訟紛紜的問題之一。《穀梁傳》解作使丘民製作鎧甲，此解釋雖然明白，仔細推敲卻有難通處。古時四民分業，製甲應屬工匠中函人之所為，鄉野之農民自有其務農職事，令他們製甲，既難保證質量，也有礙農作，恐怕難以行通。且春秋時以車戰為主，增加鎧甲必須與增加戰車、士卒、兵器相應，才有意義，光增加鎧甲有什麼用呢？制定一項新政策不可能這麼片面，故此種解說恐有不合。

《左傳》對「作丘甲」無解，杜預注云：「周禮九夫為井，四井為邑，四邑為丘，丘十六井，出戎馬一匹、牛三頭。四丘為甸，甸六十四井，出長轂一乘、戎馬四匹、牛十二頭、甲士三人、步卒七十二人。此甸所賦，今魯使丘出之，譏重斂，故書。」據此，則是一下子增加軍賦四倍，這是不可能的。多數學者認為，原來是一甸（四丘）負擔兵車一乘、甲士三人、步卒七十二人，合計七十五人之軍賦。二十五人為一甲，七十五人為三甲，就是說原來四丘承擔三甲軍賦，現在一丘承擔一甲，比原來增加四分之一。因而，「作丘甲」乃是一種軍賦改革，使軍賦提高四分之一。此種改革與初稅畝之稅制改革相聯繫。這種解釋較合理。

*二年，春，齊侯伐我北鄙。

*夏，四月丙戌，衛孫良夫帥師及齊師戰于新築❶，衛師敗績。

*六月癸酉，季孫行父、臧孫許、叔孫僑如、公孫嬰齊帥師會晉郤克、衛孫良夫、曹公子手及齊侯戰于鞌❷，齊師敗績。

其日，或曰日其戰也，或曰日其悉❸也。曹無大夫，其曰公子何也？以吾之四大夫在焉，舉其貴者也。

*秋，七月，齊侯使國佐如師。己酉，及國佐盟于爰婁❹。

鞌去國五百里，爰婁去國五十里，壹戰緜地❺五百里，焚雍門之茨❻，侵車東至海❼。君子聞之曰：夫甚甚❽之辭也，齊有以取之❾也。齊之有以取之，何也？敗衛師于新築，侵我北鄙，敖郤獻子❿，齊有以取之也。爰婁在師之外⓫。郤克曰：「反魯、衛之侵地，以紀侯之甗⓬來，以蕭同姪子之母⓭為質，使耕者皆東其畝⓮，然後與子盟。」國佐曰：「反魯、衛之侵地，以紀侯之甗來，則諾；以蕭同姪子之母為質，則是齊侯之母也，齊侯之母猶晉君之母也，晉君之母猶齊侯之母也。使耕者盡東其畝，則是終土齊⑮也，不可。請壹戰，壹戰不克⑯請再，再不克請三，三不克請四，四不克請五，五不克舉國而授。」於是而與之盟。

*八月壬午，宋公鮑卒。

*庚寅，衛侯速卒。

*取汶陽田⑰。

*冬，楚師、鄭師侵衛。

*十有一月，公會楚公子嬰齊于蜀⑱。

楚無大夫，其曰公子何也？嬰齊亢⑲也。

*丙申，公及楚人、秦人、宋人、陳人、衛人、鄭人、齊人、曹人、邾人、薛人、繒人盟于蜀。

楚其稱人何也？於是而後公得其所⑳也。會與盟同月，則地會不地盟，不同月則地會地盟，此其地會地盟何也？以公得其所，申其事㉑也。今之屈向之驕㉒也。

【注釋】❶新築　衛地，在今河北省魏縣南。❷鞌　齊地，即歷下城，在今山東省濟南市偏西。此地距齊都臨淄三百三十里，古百里合今六十二里，則三百三十里合古五百里左右。❸悉　全部。指魯國四卿全部參戰。❹爰婁　《左傳》作「袁婁」，齊地，在今山東省臨淄鎮西。❺緜地　綿延地域。❻雍門之茨　苫蓋在雍門頂上的茅草。雍門為齊都臨淄外城門。❼侵車東至海　侵伐齊國的兵車東至海邊。❽甚甚　甚之又甚。形容齊國一敗塗地的嚴重局面。❾有以取之　有其取禍的原因。以作代詞，與其字義近。❿敖郤獻子　侮慢晉使郤克。郤獻子即郤克。⓫爰婁在師之外　爰婁在以晉為首諸侯之軍外面。諸侯之軍已逼近並攻擊臨淄城距爰婁約五十里。⓬甗　玉製之甑。齊滅紀所得寶物，故稱紀侯之甗。⓭蕭同姪子之母　《穀梁傳》以為笑侮四國使臣者就是蕭同姪子。蕭為國名，同為姓，姪子為字。其母改嫁齊惠公，生頃公。宣公十二年，齊滅蕭，隨母在齊。則齊頃公與蕭同姪子為同母異父姐弟。《左傳》則以笑侮郤克者為蕭同叔子，即是頃公母，與此不同。⓮東其畝　把田壠改為東西走向。古時依據地勢、河流等確定田壠走向，或南北，或東西，並不固定。田壠走向又與道路、溝渠有關聯，晉在齊之西，改變田壠走向，有利於東西交通，便於晉向齊進兵，故郤克以此為講和條件。《左傳》所載與此大體一致，可參看。⓯終土齊　最終以齊土為晉土。⓰不克　不勝。⓱取汶陽田　魯國取回汶陽之田。水北曰陽，汶水北岸之田稱汶陽田，本為魯地，僖元年，魯公將此田賜季友，後為齊所取，今又交還魯國，其地在今山東省泰安縣西南。⓲會楚公子嬰齊于蜀　公子嬰齊，即子重，曾任將軍、左尹、令尹等職，此時為令尹。蜀，魯地，或在今山東省泰安縣西。⓳亢　抗也。言其與魯公相抗衡，有違尊卑之禮也。⓴得其所　得其所欲得。指去公子嬰齊之名，改稱楚人，這樣便不再是魯君與大夫盟，維護魯公的地位和尊嚴，這正是他所欲得的。㉑申其事　重申會地與盟地。㉒今之屈向之驕　楚國公子嬰齊今之卑屈由於往日之驕亢。

【語譯】＊二年，春，齊侯攻伐我北部邊境。

＊夏，四月丙戌日，衛國孫良夫率軍與齊軍在新築交戰，衛軍潰敗。

＊六月癸酉日，魯季孫行父、臧孫許、叔孫僑如、公孫嬰齊率軍與晉郤克、衛孫良夫、曹公子手與齊侯在鞌地交戰，齊軍潰敗。

記載此日，有人說是記載交戰之日，有人說是記載魯國四卿全部參戰之日。曹國沒有授命天子的大夫，此稱公子，為什麼？因為我們魯國四位大夫都參戰了，也因此對他舉用尊貴的稱號。

＊秋，七月，齊侯派國佐到諸侯聯軍中。己酉日，與國佐在爰婁結盟。

窜距離齊都五百里，爰婁距離齊都五十里，一場大戰綿延地域五百里，焚燒了雍門頂上苫蓋的茅草，侵伐之兵車一直到達東海邊。君子聽到此事說：這是禍難極端嚴重的文辭，齊國之禍有其取禍原因。說齊禍有其取禍之因，為什麼呢？因為他在新築打敗了衛國，侵犯魯國北部邊境，侮慢晉使郤克，所以說齊之禍難有其取禍原因。爰婁在以晉為首諸侯之軍外面。郤克說：「返還侵占魯國和衛國的土地，把紀侯之甗送來，用蕭同姪子的母親作人質，讓耕者把田壠都改為東西走向，然後與您訂盟。」國佐說：「返還侵占魯、衛之土地，把紀侯之甗送來，可以允諾。用蕭同姪子之母作人質，因為她是齊侯的母親，齊侯的母親也如同晉侯的母親，晉侯的母親也如同齊侯的母親。讓耕者把田壠都改成東西走向，就是最終把齊國土地變成晉國土地，這兩條不能接受。請讓我們打一仗，一仗不能取勝請再戰，再戰不能取勝請三戰，三戰不能取勝請四戰，四戰不能取勝請五戰，五戰不勝就把整個國家交給你們。」於是就與國佐結盟。

＊八月壬午日，宋公鮑死。

＊庚寅日，衛侯速死。

＊魯國取回汶陽之田。

＊冬，楚軍、鄭軍侵犯衛國。

＊十一月，魯公在蜀地會見楚國公子嬰齊。

楚國沒有天子授命大夫，此稱公子嬰齊，為什麼？因為嬰齊與魯公相抗衡也。

＊丙申日，魯公與楚人、秦人、宋人、陳人、衛人、鄭人、齊人、曹人、邾人、薛人、繒人在蜀地結盟。

此對楚國稱人，為什麼呢？因為由此以後魯公就能得其所欲得。諸侯會見與結盟在同一月內，則記載會見之地不記載結盟之地，不同月則記載二者之地，此會盟同月而記會地及盟地，為什麼？因為魯公得其所欲得，使尊嚴地位得以維護，因而重申會地與盟地。楚國公子嬰齊今之卑屈由於以往之驕亢。

*三年，春，王正月，公會晉侯、宋公、衛侯、曹伯伐鄭。

*辛亥，葬衛穆公。

*二月，公至自伐鄭。

*甲子，新宮災❶，三日哭❷。

新宮者，禰宮❸也。三日哭，哀也。其哀，禮也。迫近不敢稱謚❹，恭也。其辭恭且哀，以成公為無譏矣。

*乙亥，葬宋文公。

*夏，公如晉。

*鄭公子去疾帥師伐許。

*公至自晉。

*秋，叔孫僑如帥師圍棘❺。

*大雩。

*晉郤克、衛孫良夫伐牆咎如❻。

*冬，十有一月，晉侯使荀庚❼來聘。

*衛侯使孫良夫來聘。

*丙午，及荀庚盟。

*丁未，及孫良夫盟。其日，公也❽。來聘而求盟，不言及者，以國與之也；不言其人，亦以國與之也。不言求，兩欲之也。

*鄭伐許。

【注釋】❶新宮災　新宮發生火災。新宮，宣公之廟。國君死後二十七月為禫祭，次月則奉新故國君之神主入廟，舉行吉禘。在新神主入廟前，要將原神主依次上遷，並對此廟進行粉飾，迎入新神主，稱新宮。此則宣公神主入廟不久即遭火災。❷三日哭　成公與群臣哀哭三日。此為當時通行禮儀。《禮記・檀弓下》：「有焚其先人之室，則三日哭。故曰新宮火，亦三日哭。」先人之室即宗廟。❸禰宮　父廟，又稱考廟。禰有近義，先君神主新入廟，不忍稱其謚而稱禰廟。❹迫近不敢稱謚　已故宣公為時君成公之父，關係極親近，因此不敢稱謚號。❺棘　汶陽田範圍內之邑，在今山東省泰安縣西南。因棘邑拒絕魯人接收，故圍之。❻牆咎如　牆，《左傳》作「廧」，音同可通。牆咎如，赤狄中之一支，約在今山西省太原市一帶，一說在河南省安陽市西南。❼荀庚　荀林父之子，晉大夫。❽其日公也　記載相盟之日，因魯公主持盟會。

【語譯】*三年，春，周曆正月，魯公會同晉侯、宋公、衛侯、曹伯攻伐鄭國。

*辛亥日，安葬衛穆公。

*二月，魯公由伐鄭歸來。

*甲子日，宣公廟發生火災，成公與群臣哀哭三日。

新宮就是父廟。三日哀哭，表示哀痛，如此哀痛，是合乎禮的。因為成公與宣公關係特別親近而不敢稱呼宣公謚號，以表示恭敬。這種文辭表明成公既恭敬又哀痛，對成公沒有譏刺之義。

*乙亥日，安葬宋文公。

*夏，魯公去往晉國。

*鄭國公子去疾率軍攻伐許國。

*魯公由晉國返回。

*秋，魯叔孫僑如率軍包圍棘邑。

*舉行祈雨大祭。

*晉國郤克、衛國孫良夫攻伐赤狄牆咎如部。

*冬，十一月，晉侯派荀庚來聘問。

*衛侯派孫良夫來聘問。

*丙午日，與荀庚訂盟。

*丁未日，與孫良夫訂盟。

記載其日，因魯公主持盟會。他們前來聘問而請求結盟，不稱及某人盟，因為他們是以國家名義與魯結盟的；不稱魯國參加結盟之人，也是以國家名義與他們結盟的。不稱請求結盟，因為雙方都願意。

*鄭國攻伐許國。

*四年，春，宋公使華元來聘。

*三月壬申，鄭伯堅卒。

*杞伯來朝。

*夏，四月甲寅，臧孫許卒。

*公如晉。

*葬鄭襄公。

*秋，公至自晉。

*冬，城鄆❶。

*鄭伯伐許。

【注釋】❶鄆 魯有東西二鄆，此為西鄆，在今山東省鄆城縣東十六里。

【語譯】*四年，春，宋公派華元來魯聘問。

*三月壬申日，鄭伯堅死。

*杞伯來魯朝見。

*夏，四月甲寅日，魯臧孫許死。

*魯公前往晉國。

*安葬鄭襄公。

*秋，魯公由晉國返回。

*冬，在鄆地築城。

*鄭伯攻伐許國。

*五年，春，王正月，杞叔姬來歸❶。

婦人之義，嫁曰歸，反❷曰來歸。

*仲孫蔑如宋。

*夏，叔孫僑如會晉荀首于穀❸。

*梁山崩❹。

不日何也？高者有崩道也。有崩道則何以書也？曰：梁山崩，壅遏河❺三日不流，晉君召伯尊❻而問焉。伯尊來，遇輦者❼，輦者不辟，使車右❽下而鞭之。輦者曰：「所以鞭我者，其取道遠矣❾。」伯尊下車而問焉曰：「子有聞乎？」對曰：「梁山崩，壅遏河三日不流。」伯尊曰：「君為此召我也，為之奈何？」輦者曰：「天有山，天崩之，天有河，天壅之，雖召伯尊如之何？」伯尊由忠問焉❿，輦者曰：「君親素縞⓫，帥群臣而哭之，既而祠⓬焉，斯流矣。」伯尊至，君問之曰：「梁山崩，壅遏河三日不流，為之奈何？」伯尊曰：「君親素縞，帥群臣而哭之，既而祠焉，斯流矣。」孔子聞之曰：「伯尊其無績⓭乎！攘善⓮也。」

*秋，大水。

*冬，十一月己酉，天王崩⓯。

*十有二月己丑，公會晉侯、齊侯、宋公、衛侯、鄭伯、曹伯、邾子、杞伯同

盟于蟲牢⑯。

【注釋】❶杞叔姬來歸　杞叔姬被休棄回來。杞叔姬，魯公女嫁與杞國國君為夫人。❷反　被夫家休棄返回母家。❸穀　齊地，見莊七年注⑮。❹梁山崩　梁山崩塌。此當指山體滑坡形成之泥石流，阻塞黃河河道。梁山，有數處，此梁山在今陝西省韓城縣，距黃河不遠處。本為古梁國名山，僖公十九年秦滅梁，併入秦，後又為晉所取，為晉國所祭之名山。❺壅遏河　堵塞黃河河道。❻伯尊　《左傳》作「伯宗」，王引之以為「伯宗字尊」，晉大夫。❼輦者　牽引輦車的人。輦車為人拉的車，後世專指帝王乘的車子。❽車右　古時車前有三個乘位，御者在中，將在左，武士在右，稱為車右。❾所以二句　輦者話大意是，用鞭打我的時間趕路，可以走得更遠些。以嘲笑伯尊一行不曉事。❿由忠問焉　用真誠之心請問此事如何處理。⓫素縞　白色凶服。⓬祠　祈禱，向山川之神禱告以求其福佑。⓭無績　沒有功績。⓮攘善　竊奪他人之善。⓯天王崩　周天王崩逝。天王指周定王。⓰蟲牢　鄭地，在今河南省封丘縣北。

【語譯】＊五年，春，周曆正月，杞叔姬被休棄回來。

經書婦人之義例，出嫁叫歸，被休棄回來叫來歸。

＊魯仲孫蔑去往宋國。

＊夏，魯國叔孫僑如在穀地會見晉國荀首。

＊梁山崩塌。

沒有記載崩塌之日，為什麼呢？因為山勢高峻自有它崩塌的道理，故不記日。既然有它崩塌的道理，為什麼還要記載？回答說：梁山崩塌，堵塞黃河河道，使河水三日不流，晉侯召見伯尊詢問此事。伯尊來的途中，遇見一位牽引輦車的人，此人不肯給他們的車子讓路，伯尊命車右下車鞭打這個人。這個人說：「把鞭打我的時間用於趕路，可以走得更遠吶。」伯尊下車問他說：「你聽到什麼消息嗎？」回答說：「梁山崩塌，堵塞黃河，使河水三日不流。」伯尊說：「國君為此事召見我，對此應該怎麼辦呢？」拉輦車的人說：「老天有山，老天使它崩塌，老天有河，老天使它堵塞，雖然國君召見伯尊，對此又能怎樣呢？」伯尊以真誠之心請問，拉輦車的人說：「國君親自穿上白色凶服，率領群臣前往哀哭，然後向山川之神禱告求其福佑，這樣被堵塞的河水就能流過去了。」伯尊來到，國君問他說：「梁山崩塌，堵塞黃河河道，使河水三天不流，對此該怎麼辦呢？」伯尊說：「國君親自穿上白色凶服，率領群臣前往哀哭，然後向山川之神禱告求其福佑，這樣河水就能流過去了。」孔子聞知此事說：「伯尊沒有功勞呀，他竊奪他人之善。」

*秋，發生大水災。

*冬，十一月己酉日，周天王崩逝。

*十二月己丑日，魯公會見晉侯、齊侯、宋公、衛侯、鄭伯、曹伯、邾子、杞伯，共同在蟲牢結盟。

*六年，春，王正月，公至自會。

*二月辛巳，立武宮❶。

立者，不宜立也。

*取鄟❷。

鄟，國也。

*衛孫良夫帥師侵宋。

*夏，六月，邾子來朝。

*公孫嬰齊如晉。

*壬申，鄭伯費卒。

*秋，仲孫蔑、叔孫僑如帥師侵宋。

*楚公子嬰齊帥師伐鄭。

*冬，季孫行父如晉。

*晉欒書❸帥師救鄭。

【注釋】❶立武宮　建立昭示武功的紀念館。武宮，《左傳》以為季文子為鞌之戰勝利所建紀念性建築，以表彰魯國君臣將士的軍功，此說較可信。《公羊傳》以為「(魯) 武公之宮」，《穀梁》用此說，恐不妥。❷鄟　或為魯之附庸小國，地在今山東省郯城縣東北。❸欒書　又稱欒武子，晉卿，現將中軍，為晉國執政上卿。

【語譯】*六年，春，周曆正月，魯公由盟會返回。

*二月辛巳日，建立昭示武功之宮。

稱立就是表示不該建立的意思。

*取得鄟國。

鄟，國家名。

*衛國孫良夫率軍侵犯宋國。

*夏，六月，邾國君主來朝見。

*魯公孫嬰齊去往晉國。

*壬申日，鄭伯費死。

*秋，魯仲孫蔑、叔孫僑如率軍侵犯宋國。

*楚國公子嬰齊率軍攻伐鄭國。

*冬，魯季孫行父去往晉國。

*晉國欒書率軍救援鄭國。

*七年，春，王正月，鼷鼠食郊牛角❶。

不言日，急辭也。過有司❷也。郊牛日展斛角❸而知傷，展道盡❹矣，其所以備災之道❺不盡也。

*改卜牛，鼷鼠又食其角。

又，有繼之辭也。其，緩辭也，曰亡乎人❻矣，非人之所能也，所以免有司之過也。

*乃免牛❼。

乃者，亡乎人之辭也。免牲者，為之緇衣纁裳❽，有司玄端❾，奉送至于南郊❿，免牛亦然。免牲不曰不郊⓫，免牛亦然。

*吳伐郯⓬。

*夏，五月，曹伯來朝。

*不郊猶三望⓭。

*秋，楚公子嬰齊帥師伐鄭。

*公會晉侯、齊侯、宋公、衛侯、曹伯、莒子、邾子、杞伯救鄭。八月戊辰，同盟于馬陵⓮。

*公至自會。

*吳入州來⓯。

*冬，大雩。

雩不月而時，非之也，冬無為雩也。

*衛孫林父出奔晉。

【注釋】❶鼷鼠食郊牛角　鼷鼠咬傷用於郊祭之牛的牛角。鼷鼠，一種極細小的鼠類。李時珍《本草綱目》卷五一下鼷鼠條引陳藏器云：「鼷鼠極細，卒不可見，食人及牛馬等皮膚成瘡，至死不覺。」郊牛，用作郊祭之牛。郊祭未卜日時稱牛，卜日後稱牲。❷過有司　責備主管官吏。有司，官吏，古代設官分職，各司專責，故稱有司。❸日展斛角　天天察看牛角。展，察看。斛角，即觩角，彎曲健壯的角。❹展道盡　察看的職責盡到了。❺備災之道　防禦災害的職責。❻亡乎人　不在於人事。意即天意如此，人沒有辦法改變。❼乃免牛　就免去用於郊祭之牛。❽緇衣纁裳　黑色上衣，淺紅色下裙。❾有司玄端　有司著黑色禮服。❿南郊　都城南郊，天子、諸侯在此行郊祀之禮，送牛於此，以示返之於天，不敢專擅之意。或古有此禮。⓫免牲不曰不郊　只說免去犧牲，不說不行郊禮。因為郊禮必有犧牲，免牲則無郊，雖不直言免郊，不郊之意顯矣。⓬郯　己姓小國。見宣四年注❶。⓭三望　見僖三十一年注❹。⓮馬陵　衛地，在今河北省大名縣東南。⓯吳入州來　吳國侵入州來。吳，姬姓國，為周太王之子泰伯、仲雍之後。都於吳，即今江蘇省蘇州市。參見《史記・吳太伯世家》。

【語譯】＊七年，春，周曆正月，鼷鼠咬傷用於郊祭之牛的牛角。不稱咬傷之日，是表示急促之辭，用以責備主管官吏。對用於郊祭之牛，能每天察看牛角而知其受傷，檢查的責任是盡到了，而其用以防禦災害的責任卻未盡到。

＊改卜另外牛來代替，鼷鼠又咬傷此牛角。稱又，表示又繼續發生之辭。稱其，表示緩和之辭，就是說發生此事責任不在於人，不是人力所能防止的，因此免除對主管官吏的責備。

＊就免去用於郊祭之牛。稱乃，為表示過失不在於人之辭。對免而不殺之犧牲，要給牠披上黑色上衣、淺紅色下裙，主管之官員身著黑色禮服，護送牠到南郊放生，對免而不殺之牛也是這樣。只說免去犧牲，不說不舉行郊祭，說免去牛也是這樣。

＊吳國攻伐郯國。

＊夏，五月，曹伯來朝見。

＊不舉行郊祭之禮，仍然舉行對泰山、東海、淮水的祭祀。

＊秋，楚國公子嬰齊率軍攻伐鄭國。

＊魯公會同晉侯、齊侯、宋公、衛侯、曹伯、莒子、邾子、杞伯援救鄭國。八月戊辰日，共同在馬陵結盟。

＊魯公由盟會返回。

＊吳國人侵入州來國。

＊冬，舉行大規模祈雨之祭。舉行祈雨之祭不書月而書季，表示譴責之意，冬季沒有舉行祈雨之祭的。

＊衛國孫林父出逃到晉國。

*八年，春，晉侯使韓穿來言汶陽之田歸之于齊❶。

于齊，緩辭❷也，不使盡我❸也。

*晉欒書帥師侵蔡。

*公孫嬰齊如莒。

*宋公使華元來聘。

*夏，宋公使公孫壽來納幣❹。

*晉殺其大夫趙同、趙括❺。

*秋，七月，天子使召伯來錫公命❻。

禮有受命❼，無來錫命，錫命非正也。曰天子何也？曰見一稱❽也。

*冬，十月癸卯，杞叔姬卒。

*晉侯使士燮❾來聘。

*叔孫僑如會晉士燮、齊人、邾人伐郯。

*衛人來媵❿。

媵，淺事也，不志，此其志何也？以伯姬之不得其所，故盡其事⓫也。

【注 釋】❶晉侯使韓穿來言汶陽之田歸之于齊　晉侯派韓穿來商量把汶陽之田歸還給齊國。晉國之所以要這樣做，可能是因為鞌之戰後六、七年來，齊侯朝晉，參加晉主持的征伐、盟會，甚為聽命。又言齊頃公在鞌之戰後深自反省，「弔死視疾，七年不飲酒，不食肉」，刻苦自勵，使國力日強。晉為了拉攏這個實力強大的盟國，不得不犧牲一下魯國利益。❷緩辭　和緩之辭。帶有商量口氣。❸不使盡我　不是要使魯國完全照辦。❹納幣　也稱納徵，古婚禮六禮之一。參見莊公二十二年注⓮。❺趙同趙括　趙盾之異母弟，繼盾為趙氏主。二人身任要職卻屢誤軍機，該受懲治。但此卻因趙嬰與姪婦趙莊姬通姦，二人放逐趙嬰，得罪莊姬，莊姬為晉景公之姊妹，向晉侯誣陷二人謀反，欒、郤二氏又加證實，於是二人被殺，其族被滅。❻錫公命　賜天子爵命給魯成公。❼受命　新即位之君去朝見天子，接受爵命。❽見一稱　所見之又一稱謂。意為天子是王、天王外所見到的又一稱呼。❾士燮　晉卿，曾為上軍佐。又稱范文子、范叔，范為封邑，以邑為氏。❿衛人來媵　衛國人來送女陪嫁。當時通行禮儀，凡國君之女嫁與另一諸侯為夫人，則有他國送女陪嫁稱媵。魯嫁伯姬於宋共公為夫人，故衛國送女陪嫁。⓫盡其事　完備記載此事。

【語 譯】＊八年，春，晉侯派韓穿來商量把汶陽之田歸還給齊國之事。稱於齊，為和緩之辭，不是要讓魯國完全照辦之意。

＊晉國欒書率軍侵犯蔡國。

＊魯公孫嬰齊去往莒國。

＊宋公派華元來聘問。

＊夏，宋公派公孫壽來饋送訂婚聘禮。

＊晉國殺了它的大夫趙同、趙括。

＊秋，七月，周天子派召伯來賜爵命給魯成公。按禮制，有去天子朝接受爵命的，沒有派人前來賜予爵命的，來賜予爵命作法不合正道。此稱天子，為什麼呢？回答說，這是王、天王之外又一種稱謂。

＊冬，十月癸卯日，杞叔姬死。

＊晉侯派士燮來聘問。

＊魯叔孫僑如會同晉士燮、齊人、邾人攻伐郯國。

＊衛國人來送女陪嫁。

魯女出嫁，他國送女陪嫁本屬細小之事，不作記載，此處作了記載，為什麼呢？因為伯姬沒有得到好的歸宿，所以完備地記載其事。

＊九年，春，王正月，杞伯來逆叔姬之喪以歸。

傳曰夫無逆出妻之喪而為之❶也。

＊公會晉侯、齊侯、宋公、衛侯、鄭伯、曹伯、莒子、杞伯同盟于蒲❷。

＊公至自會。

＊二月，伯姬歸于宋。

＊夏，季孫行父如宋致女❸。

致者，不致者❹也。婦人在家制於父❺，既嫁制於夫，如宋致女，是以我盡之也，不正，故不與內稱❻也。逆者微，故致女❼。詳其事，賢伯姬也。

＊晉人來媵。

媵，淺事也，不志，此其志何也？以伯姬之不得其所❽，故盡其事也。

*秋，七月丙子，齊侯無野卒。

*晉人執鄭伯。

*晉欒書帥師伐鄭。

不言戰，以鄭伯❾也。為尊者諱恥，為賢者諱過，為親者諱疾❿。

*冬，十有一月，葬齊頃公。

*楚公子嬰齊帥師伐莒。庚申，莒潰⓫。

其日，莒雖夷狄⓬，猶中國也。大夫潰莒而之楚，是以知⓭其上為事也。惡之，故謹而日之也。

*楚人入鄆⓮。

*秦人、白狄伐晉。

*鄭人圍許。

*城中城⓯。

城中城者，非外民⓰也。

【注釋】❶夫無逆出妻之喪而為之　丈夫沒有接回休棄妻子遺體而為她安葬的。杞伯何以要接回叔姬之喪，《左傳》以為魯「請之」，《公羊》以為魯「脅而歸之」，可見杞伯之逆喪不是出於主動。❷蒲　衛地，在今河南省長垣縣境。❸致女　向出嫁女致以勸戒之語。本年杜預注：「女嫁三月，又使大夫隨加聘問，謂之致女；所以致成婦禮，篤婚姻之好。」❹不致者　不應該致以勸戒的。❺制於父　服從於父親。❻不與內稱　不稱之為使。❼逆者微故致女　前來迎娶的人身分低微，所以才派人前往致以勸戒之辭。按《列女傳》說，由於宋共公不親迎，使微者逆，伯姬不滿，至宋不肯行廟見之禮，故魯派季孫行父前往勸戒。❽不得其所　伯姬嫁宋，連書衛、晉、齊三國來媵，前二次文同，第三次無傳。不得其所，語義含混，范注以為「災死」，亦不明確。宋共公死於成公十五年六月，伯姬結婚只六年就守寡，不得其所當指此，未得到好歸宿之意也。❾以鄭伯　因為鄭伯之故。晉俘獲鄭伯，挾持其攻打鄭國，如果稱戰就好像鄭國之臣民與其君開戰，故諱言戰。❿疾　缺點；毛病。⓫莒潰　莒國之民潰散。民逃其上曰潰。⓬莒雖夷狄　莒國雖有夷狄之行。⓭知　柯劭忞《補注》作「叛」，可從。⓮鄆　在今山東省沂水縣東北五十里，與成四年之鄆非一地。⓯中城　魯都曲阜內城。⓰非外民　指責魯公不愛護其民，視民為外人。因為加固中城以自保，把外面之民棄之不顧，外民也。

【語譯】＊九年，春，周曆正月，杞伯來迎接叔姬之遺體回歸本國。

書傳上說丈夫沒有接回休棄妻子遺體而為她安葬的。

＊魯公會見晉侯、齊侯、宋公、衛侯、鄭伯、曹伯、莒子、杞伯，共同在蒲地結盟。

＊魯公由盟會返回。

＊二月，伯姬嫁往宋國。

＊夏，魯季孫行父去宋國向伯姬致以勸戒之語。

稱致，就是不該致之意。婦女出嫁前在家裡服從父親，出嫁後服從丈夫，去宋國向伯姬致以訓戒之詞，這是要她只聽從父家之言，是不合正道的，因此不稱季孫行父為使。宋國派往迎娶伯姬者身分低微，所以魯國才派人前去向伯姬致以訓戒之詞。詳細記載此事，以表明伯姬之賢也。

＊晉國人來送女陪嫁。

送女陪嫁本屬細小之事，不加記載，此作了記載，為什麼？因為伯姬沒有得到一個好歸宿，因此完備地記載其事。

*秋，七月丙子日，齊侯無野死。

*晉人捉到了鄭伯。

*晉國欒書率軍攻伐鄭國。

此不稱戰，因為鄭伯之故。《春秋》之例，為尊貴者隱諱恥辱，為賢德者隱諱過失，為親人隱諱缺點。

*冬，十一月，安葬齊頃公。

*楚國公子嬰齊率軍攻伐莒國。庚申日，莒國之民潰散。

記載其日，因為莒國雖有夷狄之行，仍屬中原華夏之國。莒國大夫潰散而去楚國，這是以背叛其君為事。為表示憎惡這種行為，所以謹慎地記下日子。

*楚人侵入鄆地。

*秦國人和白狄一同攻伐晉國。

*鄭國人包圍許國都城。

*修繕曲阜內城城牆。

稱修繕曲阜內城城牆，是指責魯公不愛護其民眾之意。

*十年，春，衛侯之弟黑背❶帥師侵鄭。

*夏，四月，五卜郊❷，不從❸，乃不郊。

夏四月，不時❹也；五卜，強❺也；乃者，亡乎人之辭也。

*五月，公會晉侯、齊侯、宋公、衛侯、曹伯伐鄭。

*齊人來媵❻。

*丙午，晉侯獳卒。

*秋，七月，公如晉。

*冬，十月。

【注釋】❶黑背　衛穆公子，衛定公弟，以子叔為氏，又稱子叔黑背。其侵鄭為受晉之命。❷五卜郊　第五次卜問郊祭是否可行。郊為常祀，祭后稷祈求五穀豐收之禮，按禮常祀不卜，照常行之即可。所卜者僅限於郊牛與郊日。此卜郊及不行郊祭，皆不合於禮。❸不從　不吉。❹不時　不合時令。言其過晚。❺強　反覆卜問，強使占卜合於己意。古以三卜為限，春秋時有四卜、五卜者。❻來媵　來送女陪嫁。仍是為伯姬陪嫁。《公羊傳》以為「三國來媵，非禮也」，因超過諸侯嫁女，二國往媵之制。

【語譯】*十年，春，衛侯之弟黑背率軍侵犯鄭國。

*夏，四月，第五次卜問郊祭是否可行，仍然不吉，就不舉行郊祭。

夏四月，舉行郊祭不合時令；第五次卜問，是強使占卜合乎己意；稱乃，表明此事不行不在於人事之辭。

*五月，魯公會同晉侯、齊侯、宋公、衛侯、曹伯攻伐鄭國。

*齊國人來送女作伯姬陪嫁。

*丙午日，晉侯獳死。

*秋，七月，魯公去往晉國。

*冬，十月。

*十有一年，春，王三月，公至自晉。

*晉侯使郤犨❶來聘，己丑，及郤犨盟。

*夏，季孫行父如晉。

*秋，叔孫僑如如齊。

*冬，十月。

【注釋】❶郤犨　晉卿，郤克之同族兄弟。又稱苦成叔，苦為其封邑，成為謚，叔為名。

【語譯】*十一年，春，周曆三月，魯公由晉國返回。

*晉侯派郤犨來聘問，己丑日，與郤犨定盟。

*夏，魯季孫行父去往晉國。

*秋，魯叔孫僑如去往齊國。

*冬，十月。

*十有二年，春，周公出奔晉❶。

周有入無出❷，其曰出，上下一見之❸也。言其上下之道，無以存也。上雖失之，下孰敢有之❹？今上下皆失之矣。

*夏，公會晉侯、衛侯于瑣澤❺。

*秋，晉人敗狄于交剛❻。

中國與夷狄不言戰，皆曰敗之。夷狄不日❼。

*冬，十月。

【注釋】❶周公出奔晉　周公出逃到晉國。周公，名楚，周天子之三公也。因惡周惠王、周襄王後代之威逼，及與伯輿爭政失敗，怒而出逃。❷周有入無出　對周而言，只有入，沒有出。因為王者無外，普天之下莫非王土。此言出，因為周王請其返回，他同意並訂盟後又出逃，是他自絕於王，故稱出。❸上下一見之　周天子與其臣書出各有一次。即僖公二十四年「天王出居于鄭」，和本年「周公出奔晉」。上指周天子，下指其臣，上下皆失道。❹下孰敢有之　臣下誰敢仿效而失道呢。❺瑣澤　地名，當在今河北省涉縣境。❻交剛　地名，所在無考。❼夷狄不日　戰敗夷狄不書日。

【語譯】*十二年，春，周公出逃到晉國。

對周而言，只有入，沒有出，稱出之例，周天子及其臣下各有一次，這就是說君臣上下之道都不存在了。上面的天子雖然失道，下面的臣誰敢仿效他也失道呢?現在君臣上下都失道了。

*夏，魯公在瑣澤會見晉侯、衛侯。

*秋，晉人在交剛打敗狄人。

中原華夏諸國與夷狄之國不言戰，都稱打敗它。夷狄之國戰敗不記日。

*冬，十月。

*十有三年，春，晉侯使郤錡來乞師❶。

乞，重辭❷也，古之人重師，故以乞言之也。

*三月，公如京師。

公如京師不月，月，非如也❸，非如而曰如，不叛京師也。

*夏，五月，公自京師，遂會晉侯、齊侯、宋公、衛侯、鄭伯、曹伯、邾人、滕人伐秦。

言受命❹，不敢叛周也。

*曹伯廬卒于師。

傳曰：閔之❺也。公大夫在師曰師，在會曰會。

*秋，七月，公至自伐秦。

*冬，葬曹宣公。

葬時，正也。

【注釋】❶乞師　請求出兵援助。❷重辭　重視之文辭。❸月非如也　記載月份，表明不是專為去京師朝天王，而是順便前往。❹受命　領受天子命令。魯公從京師經過，表示從天王那裡接受了攻伐秦國之命。❺閔之　哀傷他。

【語譯】*十三年，春，晉侯派郤錡來請求魯國出兵支援。

稱乞，表示重視之文辭。古時候的人很重視軍隊，因此用乞來說它。

*三月，魯公去往京師。

魯公去往京師不書月份，書月份就表明不是專為去京師朝見天王。不是專為去京師朝王而說去京師，表示不背叛周天子也。

*夏，五月，魯公由京師經過，接著就會同晉侯、齊侯、宋公、衛侯、鄭伯、曹伯、邾人、滕人攻伐秦國。說攻伐秦國是領受天子之命令，表明不敢背叛周天子也。

*曹伯盧死在軍中。史傳說：這是哀傷他呀。國君、大夫死在軍就書卒於師，死在盟會上就書卒於會。

*秋，七月，魯公由伐秦返回。

*冬，安葬曹宣公。記載安葬之季節，是為正禮。

*十有四年，春，王正月，莒子朱卒。

*夏，衛孫林父自晉歸于衛。

*秋，叔孫僑如如齊逆女❶。

*鄭公子喜❷帥師伐許。

*九月，僑如以夫人婦姜氏至❸，自齊。

大夫不以夫人，以夫人非正也，刺不親迎也。僑如之挈❹，由上致之❺也。

*冬，十月庚寅，衛侯臧卒。

*秦伯卒。

【注釋】❶如齊逆女　去齊國為魯成公迎娶夫人。成公即位時年幼，故十四年後才娶夫人。❷公子喜　鄭穆公子，字子罕。❸僑如以夫人婦姜氏至　僑如帶領夫人姜氏到魯國。去族名只稱僑如，是為了尊崇夫人。稱婦姜氏，因為婆婆尚在。❹挈　舉出；提到。❺由上致之　由於魯公祭告祖廟時就是這樣稱呼的。

【語譯】＊十四年，春，周曆正月，莒子朱死。

＊夏，衛國孫林父由晉國回到衛國。

＊秋，魯叔孫僑如去齊國為魯成公迎娶夫人。

＊鄭國公子喜率軍攻伐許國。

＊九月，僑如帶領夫人姜氏由齊國回到魯國。

大夫不可以稱帶領夫人，稱帶領夫人不合正禮，是為了譏刺成公未行親迎之禮。僑如被這樣提到，是因為魯公祭告祖廟時是這樣稱呼的。

＊冬，十月庚寅日，衛侯臧死。

＊秦伯死。

＊十有五年，春，王二月，葬衛定公。

＊三月乙巳，仲嬰齊❶卒。

此公孫也，其曰仲何也？子由父疏之❷也。

＊癸丑，公會晉侯、衛侯、鄭伯、曹伯、宋世子成、齊國佐、邾人同盟于戚❸。

晉侯執曹伯歸于京師。

以晉侯而斥執曹伯❹，惡晉侯也。不言之❺，急辭也，斷在晉侯❻也。

＊公至自會。

＊夏，六月，宋公固卒。

＊楚子伐鄭。

＊秋，八月庚辰，葬宋共公。

月卒日葬，非葬者❼也。此其言葬何也？以其葬共姬❽，不可不葬共公也。葬共姬，則其不可不葬共公何也？夫人之義不踰君也，為賢者崇❾也。

＊宋華元出奔晉。

＊宋華元自晉歸于宋。

＊宋殺其大夫山❿。

＊宋魚石⓫出奔楚。

＊冬，十有一月，叔孫僑如會晉士燮、齊高無咎、宋華元、衛孫林父、鄭公子鰌、邾人會吳于鍾離⓬。

會又會⓭，外之也。

＊許遷于葉⓮。

遷者，猶得其國家以往者⓯也。其地，許復見也。

【注　釋】❶仲嬰齊　又稱公孫嬰齊，仲遂之子，公孫歸父之弟。歸父因與宣公謀逐三桓失敗，被逐逃齊，嬰齊繼承其家族權力。❷子由父疏之　兒子因為父親的罪過而被疏遠。嬰齊之父仲遂，仲遂殺太子惡，立庶子為君，即其罪也。見《左傳》文十八年。❸戚　衛邑，見文元年注❿。❹以晉侯而斥執曹伯　以晉侯相稱，是斥責他拘捕曹伯。此曹伯即曹成公，名負芻，成公十三年殺太子自立為君。當時欲討而未討，並許其參加諸侯會盟，即是承認其為曹君，今又執之，就不是執殺太子之賊，而是執曹君了，故斥之。❺不言之　稱「歸于京師」，不稱「歸之于京師」，不加之字，表急促。❻斷在晉侯　斷定此事過在晉侯。❼非葬者　不該書葬的人。按《穀梁》例，諸侯死書日，葬書時為正，此月卒日葬，皆違例，故不該書葬。❽葬共姬　記載了共姬葬禮。❾為賢者崇　為崇尚賢德之人。賢者指共姬。❿大夫山　宋公族，任司馬之職，名蕩澤，亦稱子山。⓫魚石　宋公族，任左師之職。⓬鍾離　地名，或在今安徽省鳳陽縣東稍北。⓭會又會　先書與各國會見，又書與吳會見。⓮葉　地名，在今河南省葉縣南。⓯猶得其國家以往者　如同把整個國家搬往那裡。

【語　譯】＊十五年，春，周曆二月，安葬衛定公。

＊三月乙巳日，魯仲嬰齊死。

這個人就是公孫嬰齊，不稱公孫而稱仲，為什麼呢？這是兒子由於父親罪過而被疏遠。

＊癸丑日，魯公會見晉侯、衛侯、鄭伯、曹伯、宋世子成、齊國佐、邾人，共同在戚地結盟。晉侯拘捕曹伯，送往周之京師。

用晉侯相稱，是斥責他拘捕曹伯，表示對晉侯的憎惡。不用之字，是表示急促之辭，斷定此事過在晉侯。

＊魯公由盟會返回。

＊夏，六月，宋公固死。

＊楚子攻伐鄭國。

＊秋，八月庚辰日，安葬宋共公。

死書月葬書日，表示不該記載此人葬禮。這裡又記載其葬禮，為什麼呢？因為記載了共姬葬禮，不可不記載共公葬禮。記載共姬葬禮，就不可不記載共公葬禮，為什麼呢？因為按禮義夫人是不可以踰越於國君之上的，書共公葬禮是為崇尚共姬之賢德。

*宋國華元出逃到晉國。

*宋國華元由晉國回到宋國。

*宋國殺了它的大夫山。

*宋國魚石出逃到楚國。

*冬，十一月，魯叔孫僑如會見晉士燮、齊高無咎、宋華元、衛孫林父、鄭公子鰌、邾人，又一同在鍾離與吳國人會見。

先書與各國大夫會見，又書與吳國人會見，是把吳國視為夷狄而置於中原諸侯之外。

*許國遷往葉城。

遷的意思，如同把整個國家搬往那裡。記載遷往地點，因為以後許國還要出現。

*十有六年，春，王正月，雨，木冰❶。

雨而木冰❷也，志異也。傳曰根枝折❸。

*夏，四月辛未，滕子卒。

*鄭公孫喜❹帥師侵宋。

*六月丙寅朔，日有食之。

＊晉侯使欒黶❺來乞師。

＊甲午晦❻，晉侯及楚子、鄭伯戰于鄢陵❼，楚子鄭師敗績。日事遇晦❽曰晦，四體偏斷❾曰敗，此其敗則目❿也。楚不言師，君重於師也。

＊楚殺其大夫公子側⓫。

＊秋，公會晉侯、齊侯、衛侯、宋華元、邾人于沙隨⓬，不見公⓭。不見公者，可以見公⓮也，可以見公而不見公，譏在諸侯也。

＊公至自會。

＊公會尹子⓯、晉侯、齊國佐、邾人伐鄭。

＊曹伯歸自京師。不言所歸⓰，歸之善者也。出入不名⓱，以為不失其國也。歸為善，自某歸次之。

＊九月，晉人執季孫行父，舍之于苕丘⓲。執者不舍⓳，而舍，公所⓴也。執者致㉑，而不致，公在也。何其執而辭㉒也？猶存公也。存意公亦存㉓也，公存也。

＊冬，十月乙亥，叔孫僑如出奔齊㉔。

*十有二月乙丑，季孫行父及晉郤犫盟于扈㉕。

*公至自會。

*乙酉，刺公子偃㉖。

大夫日卒，正也。先刺後名，殺無罪㉗也。

【注釋】❶木冰　又稱木介。因地面溫度很低，碰到雨加雪天氣，使雨雪粘附於樹枝，凝結成冰，如披甲冑，故稱木介，也稱木冰。❷雨而木冰　由於降雨，使樹木結成冰。❸根枝折　樹枝結冰，分量加重而折斷。根枝，泛指無數根大小不一之樹枝。❹公孫喜　《左傳》作「公子喜」，字子罕，鄭穆公子。孫或子之誤。❺欒黶　晉中軍將欒書之子。❻晦　農曆每月最後一天。❼鄢陵　地名，在今河南省鄢陵縣北。❽日事遇晦　所記事之日遇到晦日。❾四體偏斷　四肢有一邊折斷。❿目　眼睛。此役楚共王被射中目。⓫公子側　字子反，任楚司馬，為主管軍政之官，為此次戰爭楚方中軍統帥，兵敗自殺。⓬沙隨　宋地，在今河南省寧陵縣北。⓭不見公　晉侯及與會諸侯不肯和魯公相見。⓮可以見公　本來可以與魯公相見而未見。鄢陵之戰交戰之日，衛、魯之軍剛從國內出發，未直接參戰。魯公因受叔孫僑如和其母穆姜逼迫，命其逐季、孟二子，並以廢立相威脅，成公作了必要預防措施才出發，所以晚到。其晚到事出有因，非存心觀望，故曰可以相見。⓯尹子　周天王卿士，子爵，又稱尹武公。⓰不言所歸　不說回歸到何處。⓱出入不名　曹伯出入本國皆不書其名。⓲舍之于苕丘　在苕丘放了他。舍，釋放。晉國拘捕和釋放季孫原委，見本年《左傳》。苕丘，晉地，所在無考。⓳執者不舍　對被拘捕者不記載他的被釋。⓴公所　魯公在苕丘。因季孫與魯公在一起，記事以國君為重，季孫之釋苕丘，被執不告廟皆由此。㉑執者致　被人拘捕者獲釋後應祭告祖廟。㉒何其執而辭　為什麼書季孫行父被拘捕，而其獲釋又不記其祭告祖廟呢。㉓存意公亦存　存的意思就是魯公也在那裡。㉔冬三句　魯國大夫出逃記日，表明他有罪。㉕扈　鄭地，見文七年注❽。㉖刺公子偃　殺公子偃。㉗殺無罪　公子偃參與密謀，公子偃，魯成公庶弟，為穆姜指名將代成公而立人選之一，因參與逐季孟、廢成公之謀被殺。不能說無罪，以先刺後名推定其無罪，過分拘於義例。

【語譯】＊十六年，春，周曆正月，降雨，樹木結成冰。降雨而後樹木結了冰，記此因為氣候異常。史傳上說樹枝也因此而折斷。

＊夏，四月辛未日，滕國國君死。

＊鄭國公孫喜率軍侵犯宋國。

＊六月丙寅日，初一，發生日蝕。

＊晉侯派欒黶來魯請求出兵。

＊甲午日，月末，晉侯與楚子、鄭伯在鄢陵交戰，楚子、鄭軍潰敗。所記事之日遇到晦日就稱為晦，四肢有一邊折斷就稱為敗，此稱敗則為楚子眼睛受傷。對楚沒有稱師而稱楚子，因記國君更重於師。

＊楚國殺了它的大夫公子側。

＊秋，魯公去沙隨與晉侯、齊侯、衛侯、宋華元、邾人會見，他們不肯與魯公相見。稱不肯與魯公相見，表明本可以與公相見而未見，可以見魯公而不見，譏刺在諸侯方面。

＊魯公由會返回。

＊魯公會同尹子、晉侯、齊國佐、邾人攻伐鄭國。

＊曹伯由京師返回。不說回到何處，是記載回歸之美善稱謂。曹伯出入其國皆不書名，因為他沒有失去自己的國家。只稱歸為美善，稱自某歸則稍次。

＊九月，晉人拘捕了季孫行父，又在苕丘釋放了他。對被拘捕的人不記載他被釋放，此記載其被釋放，因為魯公在那裡。被拘捕的人獲釋後應祭告祖廟，這裡沒有提到，也因為魯公在那裡。為什麼記載季孫行父被拘捕，而不記載他獲釋後祭告祖廟呢？仍然因為魯公在那裡。存的意思就是魯公在那裡，是魯公之存在也。

＊冬，十月乙亥日，魯叔孫僑如出逃到齊國。

＊十二月乙丑日，魯季孫行父與晉郤犫在扈地結盟。

＊魯公由盟會返回。

＊乙酉日，殺了公子偃。

大夫死記日，合於正禮。先記殺後稱名，表明被殺者無罪。

【說　明】魯成公十二年，在宋國華元的積極斡旋下，晉、楚講和，並在宋國西門外訂立盟約，其詞曰：「凡晉、楚無相加戎，好惡同之，同恤菑危，備救凶患。若有害楚，則晉伐之；在晉，楚亦如之。交贄往來，道路無壅；謀其不協，而討不庭。有渝此盟，明神殛之，俾隊其師，無克胙國。」（《左傳》成十二年）但此種盟約只標誌一種暫時性的妥協，沒有多大約束力，雙方都不想認真去遵守它。楚國司馬子反就露骨表明：「敵利（敵情有利於我）則進，何盟之有？」隨著雙方對鄭、衛等國的爭奪，使矛盾激化，導致了晉、楚又一次大戰——鄢陵之戰。在此之前，晉、楚已進行兩次大戰，即城濮之戰（僖公二十八年）和邲之戰（宣公十二年），雙方一勝一負，打成平局，從而大體上維持了南北均勢。

由於楚國頻繁北進，攻擊鄭、衛等國，首先破壞晉、楚西門盟約。晉也開始反擊，先是與吳聯盟，在楚國後方製造威脅，楚則以割讓汝陰田為誘餌，拉攏鄭國，結成聯盟。於是晉攻鄭，楚救鄭，相互推波助瀾，演化為鄢陵之戰。此戰雙方實力相當，進行得極其慘烈，由清晨血戰至黃昏，還未分勝負，夜裡由於楚軍主帥子反飲酒誤事，導致楚共王怯敵先逃，使楚軍軍心動搖，喪失鬥志，才使晉僥倖獲勝。鄢陵戰後，南北方形勢發生重大變化。南方相繼興起了吳國和越國，打破楚國稱霸南方局面，且其實力足以與楚抗衡，楚吳、吳越之爭逐漸上升到主導地位。北方晉國由於卿大夫內爭，政出多門，不守信義，其威望和實力都大大下降。秦國開始興起，各國之間關係呈現更複雜情況。從全局上看，鄢陵戰後，以晉、楚為首腦的南北之爭有所削弱，南北方內爭有所加強，鄢陵之戰是此種變化的重要標誌。

*十有七年，春，衛北宮括❶帥師侵鄭。

*夏，公會尹子、單子❷、晉侯、齊侯、宋公、衛侯、曹伯、邾人伐鄭。

*六月乙酉，同盟于柯陵❸。

柯陵之盟，謀復伐鄭也。

*秋，公至自會。

不曰至自伐鄭也，公不周❹乎伐鄭也。何以知公之不周乎伐鄭？以其以會致❺也。何以知其盟復伐鄭也？以其後會之人盡盟者❻也。不周乎伐鄭，則何為日❼也？言公之不背柯陵之盟也。

*齊高無咎❽出奔莒。

*九月辛丑，用郊❾。

夏之始可以承春，以秋之末承春之始，蓋不可矣。九月用郊，用者不宜用也。宮室不設不可以祭，衣服不修不可以祭，車馬器械不備不可以祭，有司一人不備其職❿不可以祭。祭者薦其時⓫也，薦其敬也，薦其美也，非享味也。

*晉侯使荀罃⓬來乞師。

*冬，公會單子、晉侯、宋公、衛侯、曹伯、齊人、邾人伐鄭。

言公不背柯陵之盟也。

*十有一月，公至自伐鄭。

*壬申，公孫嬰齊卒于貍蜃⑬。

十一月無壬申，壬申乃十月也。致公而後錄⑭，臣子之義也。其地，未踰竟也。

*十有二月丁巳朔，日有食之。

*邾子貜且卒。

*晉殺其大夫郤錡、郤犨、郤至⑮。

自禍於是起矣。

*楚人滅舒庸⑯。

【注釋】❶北宮括　衛成公曾孫。❷單子　周天王卿士，子爵，又稱單襄公。❸柯陵　鄭國西部地名。❹周　由始至終作完某事。《穀梁》認為，柯陵之盟為伐鄭，魯公厭惡伐鄭，故不以此次伐鄭而以上次會告廟，這就是未能終始於伐鄭事。❺以會致　返回時以會祭告祖廟。❻後會之人盡盟者　後會指本年冬之會合伐鄭。盡盟者，完全是參加柯陵之盟的人。實則缺尹子，齊侯變齊人，齊侯未親臨可知。❼何為日　為什麼記柯陵盟會之日。就是說魯公未能完成伐鄭，就不該記日，此記日，說明魯公並未背盟，還是參加了伐鄭。此種解釋，煩瑣纏繞，亦不一定合乎經旨。❽高無咎　齊卿。齊靈公參加諸侯伐鄭時，高無咎、鮑牽負責留守，遭誣陷被逐。❾用郊　行郊祭之禮。郊為夏曆正月舉行的祈穀之禮，九月舉行為失時不敬，記此明非禮，不宜用也。❿不備其職　沒有完全盡到職事。所謂完全盡到職事，就是把祭祀所需之物按照標準全部備齊。《禮記・祭統》言：「水草之菹，陸產之醢，小物備矣。三牲之俎，八簋之實，美物備矣。昆蟲之異，草木之實，陰陽之物備矣。凡天之所生，地之所長，苟可薦者，莫不咸在。」⓫薦其時　進獻時鮮祭品。⓬荀罃　晉卿，又稱知罃、知武子。⓭貍蜃　地名，所在無考。⓮致公而後錄　先記載成公歸來祭告祖廟，而後記載公孫嬰齊之死。⓯晉殺其大夫句　三郤被殺原委，詳見本年《左傳》。⓰舒庸　小國名，參見僖三年注❸。

【語　譯】＊十七年，春，衛國北宮括率軍侵犯鄭國。

＊夏，魯公會同尹子、單子、晉侯、齊侯、宋公、衛侯、曹伯、邾人攻伐鄭國。

＊六月乙酉日，一同在柯陵結盟。

柯陵之盟，是謀劃再次攻伐鄭國。

＊秋，魯公由會返回。

不稱從伐鄭返回，因為魯公未能自始至終完成伐鄭事。從那裡知道魯公未能終始於伐鄭呢？因魯公返國時以會事祭告祖廟。從那裡知道諸侯柯陵之盟是要再度伐鄭呢？因為以後參加冬天會合伐鄭之人都是參加柯陵之盟者。不能自始至終完成伐鄭，為什麼還要記盟會之日？這是表明魯公沒有背叛柯陵之盟。

＊齊國高無咎出逃到莒國。

＊九月辛丑日，行郊祭之禮。

在夏季剛開始時還可以承接春天，用秋季之末來承接春季之始，大概不可以吧。九月份用郊祭，說用的意思即是不該用。宮室沒有設置完備，不可以舉行祭祀；衣服沒有整治好，不可以舉行祭祀；車馬器械沒有齊備，不可以舉行祭祀；主管人員有一位沒有完全盡到職責，不可以舉行祭祀。祭祀的人要向鬼神進獻時鮮之祭品，進獻誠敬之心意，進獻豐美之禮物，不只是讓鬼神享用美味。

＊晉侯派荀罃來請求出兵。

＊冬，魯公會同單子、晉侯、宋公、衛侯、曹伯、齊人、邾人攻伐鄭國。

這是說魯公沒有背叛柯陵之盟。

*十一月，魯公由伐鄭返回。

*壬申日，魯公孫嬰齊死於貍蜃。

本年十一月沒有壬申日，壬申日在十月份。先記載魯公歸來祭告祖廟，而後記載公孫嬰齊之死，這才符合臣子之道義。記載死亡之地，表示其地未越出魯國國境。

*十二月丁巳日，初一，發生日蝕。

*邾國君主貜且死。

*晉國殺了它的大夫郤錡、郤犨、郤至。晉國自己的災禍由此而起。

*楚人滅亡了舒庸。

*十有八年，春，王正月，晉殺其大夫胥童❶。

*庚申，晉弒其君州蒲。

稱國以弒其君，君惡甚❷也。

*齊殺其大夫國佐。

*公如晉。

*夏，楚子、鄭伯伐宋。

*宋魚石復入于彭城❸。

*公至自晉。

*晉侯使士匄❹來聘。

*秋，杞伯來朝。

*八月，邾子來朝。

*築鹿囿❺。

築不志，此其志何也？山林藪澤之利，所以與民共也，虞之❻非正也。

*己丑，公薨于路寢。

路寢，正也。男子不絕婦人之手，以齊終❼也。

*冬，楚人、鄭人侵宋。

*晉侯使士魴❽來乞師。

*十有二月，仲孫蔑會晉侯、宋公、衛侯、邾子、齊崔杼同盟于虛朾❾。

*丁未，葬我君成公。

【注釋】❶胥童　晉厲公寵臣，胥克之子。因宣公八年，郤缺執政，廢去胥克下軍佐之職，故胥童怨恨郤氏。厲公想除去群大夫，胥童為其謀劃，從三郤開刀，三郤被殺後胥亦被殺。❷君惡甚　厲公殺三郤，欲去群大夫以加強公室，反映了晉國公室與權臣的鬥爭。厲公之失敗被殺，反映公室力量薄弱和策略失誤，由此而說厲公「惡甚」，不合實際。❸彭城　地名，即今江蘇省徐州市。楚、鄭之軍護送宋之逃臣魚石等五人進入彭城。其事見成十五年與本年《左傳》。❹士匄　晉士燮之子，晉卿，又稱范匄、范宣子，范為其食邑，以邑為氏。❺築鹿囿　在鹿地修建苑囿。鹿為地名，鹿囿不是指養鹿之囿，而是鹿地之囿。❻虞之　派虞人管理起來。虞，管理山林藪澤之官吏。❼齊終　正常死亡。齊，正也。❽士魴　士會子，晉卿。因食邑於彘，又稱彘季、彘恭子。❾虛朾　地名，所在無考。

【語　譯】＊十八年，春，周曆正月，晉國殺了它的大夫胥童。

＊庚申日，晉國殺了它的國君州蒲。

稱國家把君主殺了，表明君主罪惡深重。

＊齊國殺了它的大夫國佐。

＊魯公去往晉國。

＊夏，楚子、鄭伯攻伐宋國。

＊宋國魚石等人又回到彭城。

＊魯公由晉返回。

＊晉侯派士匄來聘問。

＊秋，杞伯來朝見。

＊八月，邾子來朝見。

＊在鹿地修築苑囿。

修建苑囿不加記載，此處作了記載，為什麼？因為山林川澤之物利，是用來與民眾共享的，派虞人管理起來，不合正道。

＊己丑日，魯公死於路寢。

死於路寢是正常的。男子不可以死在婦人之手，此為正常死亡。

＊冬，楚人、鄭人侵犯宋國。

*晉侯派士魴來魯國請求出兵。

*十二月，魯仲孫蔑會見晉侯、宋公、衛侯、邾子、齊崔杼，一同在虛朾結盟。

*丁未日，安葬我們國君成公。

襄公

【題解】襄公名午，成公之子，定姒所生，在位三十一年。即位時只有四歲。

在此期間，晉國經歷厲公被殺的動亂後，賢能的悼公即位，在政策上進行一番改革，對軍政要職人選作了必要調整，使晉國上下同心，致力於霸業，八年之中九會諸侯，通過救宋、服鄭、聯吳、和戎等軍事和外交活動，提高了晉國的威望。但是由於周靈王支持齊國與晉相爭，又削弱了晉的勢力。

齊聯合邾、莒侵魯，又與楚通好，與晉對抗。晉於是聯合諸侯伐齊，在平陰大破齊軍，並長途追擊，直逼臨淄城下。楚為救齊而伐鄭，諸侯撤兵援鄭，結束平陰之戰。之後，齊莊公即位，為報復晉國，利用欒盈為內應，率精兵深入晉地，襲擊晉軍，得勝而回。

楚國由於爭奪鄭、宋接連失利，亦不能與齊、秦統一行動，又受新興吳國威脅，所以在爭霸中多取守勢，盡量避免與晉軍直接交鋒，晉亦深知無力服楚。為此，魯襄公二十七年，由宋國向戌發起的弭兵之會，得到兩國的響應，而獲得成功。此後，以晉、楚為代表的南北相爭基本結束，代之而起的是更為複雜的鬥爭形勢。

在此期間，鄭國由於其特殊的地理位置，成了南北頻繁爭奪的焦點，鄭國君臣也分兩派，依違於南北之間，處境艱難。此時，鄭國出了個天才政治家子產，靠他的遠見卓識、靈活策略，出色地解決了內政外交方面的種種難題，對大國不卑不亢、有利有節的相爭，從而維護了鄭國的權益，改善了鄭國的處境。

這一時期，諸侯與卿大夫之間矛盾加劇，弒君、逐君之事時有發生。卿大夫家族間的攻殺更為普遍，總的趨勢是君權在削弱，權力再分配的鬥爭在激烈進行。

《穀梁傳》在維護君臣等級名分和傳統禮法方面進行闡發。如對三年六月雞澤之會說：「諸侯盟，又大夫相與私盟，是大夫張也。故雞澤之會，諸侯始失正矣，大夫執國權。」十一年，批評魯「作三軍」，破壞傳統禮制，「古者天子六師，諸侯一軍，作三軍，非正也。」對大臣專君命也進行指責。十九年晉士匄奉命伐齊，途中得知齊侯死乃撤軍。此雖為善舉，但未通過君主就自行決定，故遭非難，「士匄外專君命，故非之也。」等等。

*元年❶，春，王正月，公即位。

繼正❷，即位正也。

*仲孫蔑會晉欒黶、宋華元、衛甯殖、曹人、莒人、邾人、滕人、薛人圍宋彭城❸。

繫彭城於宋者，不與魚石正也。

*夏，晉韓厥❹帥師伐鄭。

*仲孫蔑會齊崔杼❺、曹人、邾人、杞人次于鄫❻。

*秋，楚公子壬夫❼帥師侵宋。

*九月辛酉，天王崩。

*邾子來朝。

*冬，衛侯使公孫剽❽來聘。

*晉侯使荀罃來聘。

【注釋】❶元年　西元前五七二年，周簡王十四年，晉悼公元年，齊靈公十年，衛獻公五年，蔡景公二十年，鄭成公十三年，曹成公六年，陳成公二十七年，杞桓公六十五年，宋平公四年，秦景公五年，楚共王十九年，吳壽夢十四年，許靈公二十年。❷繼正　繼承父親君位合乎正禮。襄公為定姒所生，定姒為成公之妾，成公夫人齊姜無子，惟定姒有子，無嫡庶之爭，故其繼君位為正。❸宋彭城　彭城原為宋邑，去年為楚所取，使前此奔楚之宋大夫魚石等五人居守。此時彭城已不屬宋，加宋字是不承認魚石等人占領的合法性。❹韓厥　晉曲沃桓叔後代，鄢陵之戰時任晉司馬之職。❺崔杼　其祖為齊丁公，食邑於崔，自杼已九世，為齊正卿。❻次于鄫　駐紮在鄫地。鄫，鄭地，約在今河南省睢縣東南四十里。❼公子壬夫　楚司馬子反之弟，又稱子辛。❽公孫剽　衛穆公之孫，子叔黑背之子。

【語譯】*元年，春，周曆正月，襄公即位。

繼承父親君位合乎正禮，即君位為正道。

*魯仲孫蔑會同晉欒黶、宋華元、衛甯殖、曹人、莒人、邾人、滕人、薛人包圍宋國之彭城。

把彭城繫屬於宋國，是不承認魚石等人的占領合於正道。

*夏，晉國韓厥率軍攻伐鄭國。

*魯仲孫蔑會同齊崔杼、曹人、邾人、杞人駐軍於鄫地。

*秋，楚國公子壬夫率軍侵犯宋國。

*九月辛酉日，周天王崩逝。

*邾國君主來朝見。

*冬，衛侯派公孫剽來聘問。

*晉侯派荀罃來聘問。

*二年，春，王正月，葬簡王。

*鄭師伐宋。

*夏，五月庚寅，夫人姜氏❶薨。

*六月庚辰，鄭伯睔卒。

*晉師、宋師、衛甯殖侵鄭。

其曰衛甯殖，如是而稱于前事❷也。

*秋，七月，仲孫蔑會晉荀罃、宋華元、衛孫林父、曹人、邾人于戚❸。

*己丑，葬我小君齊姜。

*叔孫豹如宋。

*冬，仲孫蔑會晉荀罃、齊崔杼、宋華元、衛孫林父、曹人、邾人、滕人、薛人、小邾人❹于戚，遂城虎牢❺。

若言中國❻焉，內鄭也。

*楚殺其大夫公子申❼。

【注釋】❶夫人姜氏　指成公夫人齊姜。❷如是而稱于前事　如此稱謂是為報復前事。魯成公二年，「衛侯速卒」，當年楚師、鄭師侵衛。此次「鄭伯睔卒」，衛亦出師侵鄭，並書主帥名，以示報復。❸戚　地名，見文元年注❿。❹小邾人　小邾國之君。小邾，國名，齊之附庸，地在今山東省滕縣東南。❺虎牢　本為鄭地，此時或為晉所奪。其地在今河南省滎陽縣汜水鎮。後名成皋，故城側有虎牢關，北臨黃河，絕岸峻崖，自古為戍守要地。城虎牢，逼鄭屈服也。❻若言中國　好像說在中國地域築城一樣。《穀梁》以為虎牢為鄭邑，諸侯助鄭築城，視為自己人，恐不合實際。❼公子申　楚國右司馬，因其多受小國賄賂，又與子重、子辛爭權而被殺。

【語譯】＊二年，春，周曆正月，安葬周簡王。

＊鄭國出兵攻伐宋國。

＊夏，五月庚寅日，成公夫人姜氏死。

＊六月庚辰日，鄭伯睔死。

＊晉軍、宋軍、衛國甯殖侵犯鄭國。

此稱衛甯殖，如此相稱是為報復鄭國前事。

＊秋，七月，魯仲孫蔑在戚地會見晉荀罃、宋華元、衛孫林父、曹人、邾人。

＊己丑日，安葬我國小君齊姜。

＊魯叔孫豹去往宋國。

＊冬，魯仲孫蔑在戚地與晉荀罃、齊崔杼、宋華元、衛孫林父、曹人、邾人、滕人、薛人、小邾人會見，接著在虎牢築城。

此不稱鄭虎牢，好像說在中國地域築城一樣，這是把鄭國看成自己人。

＊楚國殺了它的大夫公子申。

＊三年，春，楚公子嬰齊❶帥師伐吳。

＊公如晉。

*夏，四月壬戌，公及晉侯盟于長樗❷。

*公至自晉。

*六月，公會單子、晉侯、宋公、衛侯、鄭伯、莒子、邾子、齊世子光，己未，同盟于雞澤❸。

同者有同也，同外楚也。

*陳侯使袁僑❹如會。

如會，外乎會❺也，於會受命也。

*戊寅，叔孫豹及諸侯之大夫及陳袁僑盟。

及以及❻，與之也。諸侯以為可與，則與之，不可與，則釋之❼。諸侯盟，又大夫相與私盟，是大夫張❽也。故雞澤之會，諸侯始失正矣，大夫執國權。曰袁僑，異之❾也。

*秋，公至自晉。

*冬，晉荀罃帥師伐許。

【注　釋】❶公子嬰齊　又稱子重，楚莊王弟，曾任將軍、左尹、令尹等職。是年與吳作戰失利，憂鬱而死。❷長樗　或為晉都附近地名。❸雞澤　地名，在今河北省邯鄲市東稍北。❹袁僑　陳國袁濤塗四世孫。陳侯因不堪楚令尹子辛的勒索，想投靠晉國，派袁僑來請盟。❺外乎會　外於會。陳長期屬楚，為與會者之外的諸侯，不在邀請之列。❻及以及　叔孫豹與諸侯之大夫盟，又同這些人與袁僑盟。以作又解。❼釋之　放棄結盟。❽張　強也。❾異之　另外看待他。袁僑代表陳國，陳長期與楚結盟，和中原諸侯敵對，今雖來盟，亦與中原諸國有別，故異之。

【語　譯】＊三年，春，楚國公子嬰齊率軍攻伐吳國。

＊魯公去往晉國。

＊夏，四月壬戌日，魯公與晉侯在長樗結盟。

＊魯公由晉國返回。

＊六月，魯公會見單子、晉侯、宋公、衛侯、鄭伯、莒子、邾子、齊世子光，己未日，一同在雞澤結盟。

稱同就是有共同目標，同把楚國作外敵。

＊陳侯派袁僑來到諸侯盟會。

來到諸侯盟會，是表示在盟會之外，只是接受盟會的命令。

＊戊寅日，魯叔孫豹與諸侯之大夫結盟，又一同與陳國袁僑結盟。

稱及而又及，表示對陳袁僑之贊許。諸侯認為可以與陳結盟，就與其結盟，認為不可以與陳結盟，就放棄結盟。諸侯已經結盟，大夫又在一起私相結盟，表明大夫權勢增強了。因此從雞澤之會開始，諸侯就喪失執政之權，大夫開始執掌國家大權。單獨提到袁僑，表示對他另外看待。

＊秋，魯公從晉國返回。

＊冬，晉國荀罃率軍討伐許國。

＊四年，春，王三月己酉，陳侯午卒。

＊夏，叔孫豹如晉。

*秋，七月戊子，夫人姒氏❶薨。

*葬陳成公。

*八月辛亥，葬我小君定姒。

*冬，公如晉。

*陳人圍頓❷。

【注釋】❶夫人姒氏　成公之妾，襄公生母。杜預以為杞女，何休《公羊解詁》以為莒女，杞、莒皆姒姓，未知孰是。❷頓　近陳之小國，姬姓。即今河南省項城縣稍西之南頓故城。

【語譯】*四年，春，周曆三月己酉日，陳侯午死。

*夏，魯叔孫豹去往晉國。

*秋，七月戊子日，成公夫人姒氏死。

*安葬陳成公。

*八月辛亥日，安葬我國小君定姒。

*冬，魯公去往晉國。

*陳人包圍頓城。

*五年，春，公至自晉。

*夏，鄭伯使公子發❶來聘。

*叔孫豹、繒世子巫如晉❷。

外不言如，而言如，為我事❸往也。

*仲孫蔑、衛孫林父會吳于善稻❹。

吳謂善伊謂稻緩❺，號從中國，名從主人❻。

*秋，大雩。

*楚殺其大夫公子壬夫❼。

*公會晉侯、宋公、陳侯、衛侯、鄭伯、曹伯、莒子、邾子、滕子、薛伯、齊世子光、吳人、繒人于戚。

*公至自會。

*冬，戍陳❽。

內辭❾也。

*楚公子貞❿帥師伐陳。

*公會晉侯、宋公、衛侯、鄭伯、曹伯、莒子、邾子、滕子、薛伯、齊世子光救陳。

*十有二月，公至自救陳。

善救陳也。

*辛未，季孫行父卒。

【注釋】❶公子發　即子國，後為國氏，鄭大夫，為子產之父。❷叔孫豹句　當時鄫為魯屬國，其太子比於魯卿，故與叔孫豹同書而列其後。❸為我事　為了魯國之事。叔孫豹偕同鄫太子巫去晉國，私會晉國君臣，使鄫屬魯事得其認可。❹善稻　《左傳》作「善道」，稻與道音近可通。其地在今安徽省盱眙縣北。❺吳謂善伊謂稻緩　吳國方言讀善為伊，讀稻為緩。❻號從中國名從主人　叫法按中原各國通稱，名稱按地方口語。如善稻，是按中原通行叫法，也就是把吳音翻譯成中原通語，而在吳地仍然保持原來伊緩之名。❼公子壬夫　即子辛，任楚令尹，因貪賂，逼陳叛楚投晉，因此被殺。❽戍陳　派兵駐紮陳國，協助戍守以防楚。《左傳》稱「諸侯戍陳」，《穀梁》以為只有魯國。❾內辭　稱謂魯國之文辭。表示只有魯國派兵助陳戍守，與《左傳》不同。❿公子貞　字子囊，楚莊王子，子辛被殺後由他出任令尹。

【語譯】*五年，春，魯公由晉國返回。

*夏，鄭伯派公子發來聘問。

*魯叔孫豹、鄫世子巫一同去往晉國。

對魯國以外人去他國不稱如，而此處對鄫世子巫稱如，因為他是為魯國之事而去的。

*魯仲孫蔑、衛孫林父在善稻會見吳人。

吳國方言讀善為伊，讀稻為緩。叫法按中原各國通稱，名稱保持原來口語。

*秋，舉行祈雨大祭。

*楚國殺了它的大夫公子壬夫。

*魯公在戚地會見晉侯、宋公、陳侯、衛侯、鄭伯、曹伯、莒子、邾子、滕子、薛伯、齊世子光、吳人、鄫人。

*魯公由會見返回。

*冬，派兵駐陳戍守。

這是表示只有魯國派兵助陳戍守之文辭。

*楚國公子貞率軍攻伐陳國。

*魯公會同晉侯、宋公、衛侯、鄭伯、曹伯、莒子、邾子、滕子、薛伯、齊世子光救援陳國。

*十二月，魯公由救陳返回。

這是表示贊許救援陳國。

*辛未日，魯季孫行父死。

*六年，春，王三月壬午，杞伯姑容卒。

*夏，宋華弱❶來奔。

*秋，葬杞桓公。

*滕子來朝。

*莒人滅繒。

非滅❷也。中國日，卑國月，夷狄時，繒中國也，而時，非滅也。家有既亡❸，國有既滅，滅而不自知，由別之而不別❹也。莒人滅繒，非滅也，非立異姓❺，以莅祭祀，滅亡之道也。

*冬，叔孫豹如邾。

*季孫宿❻如晉。

*十有二月，齊侯滅萊❼。

【注釋】❶華弱　宋戴公後裔，任宋司馬之職。❷非滅　不是靠武力滅亡其國的。❸家有既亡　卿大夫之家有即將滅亡之禍。❹別之而不別　對同姓或異姓繼承人須加分別而不加分別。❺非立異姓　指責立異姓為嗣君。據范甯說：「莒是繒甥，立以為後。」即是說繒君無子，繒女嫁給莒君，生子又作了繒國嗣君，等於立莒君之子為後，與滅其國同。但立異姓之說無據，不足為信史。❻季孫宿　季孫行父之子，繼其父為魯卿，又稱季武子。❼萊　小國名，在今山東省昌邑縣東南。

【語譯】*六年，春，周曆三月壬午日，杞伯姑容死。

*夏，宋國華弱來投奔。

*秋，安葬杞桓公。

*滕國君主來朝見。

*莒人滅亡了繒國。

不是靠武力滅亡的。中原諸國被滅記日，小國記月，夷狄之國記季節，繒為中原之國，其被滅只記季節，可見不是被武力所滅。卿大夫之家有即將滅亡之禍，諸侯之國有即將滅亡之禍，滅亡了自己還不知道，是由於對同姓或異姓繼承人須加分別而未加分別。莒人滅亡繒國，不是靠武力滅亡的，是指責立異姓為嗣君，由他參加對繒國宗廟祖宗的祭祀，這就是滅亡之道啊。

*冬，魯叔孫豹去往邾國。

*魯季孫宿去往晉國。

*十二月，齊侯滅亡萊國。

*七年，春，郯子❶來朝。

*夏，四月，三卜郊，不從，乃免牲❷。

夏四月，不時❸也。三卜，禮也。乃者，亡乎人之辭也。

*小邾子來朝。

*城費❹。

*秋，季孫宿如衛。

*八月，螽。

*冬，十月，衛侯使孫林父來聘。壬戌，及孫林父盟。

*楚公子貞帥師圍陳。

*十有二月，公會晉侯、宋公、陳侯、衛侯、曹伯、莒子、邾子于鄬❺。

*鄭伯髡原如會，未見諸侯。丙子卒于鄵❻。

未見諸侯，其曰如會何也？致其志❼也。禮，諸侯不生名，此其生名何也？卒之名❽也。卒之名則何為加之如會之上？見以如會卒也。其見以如會卒，何也？鄭伯將會中國，其臣欲從楚，不勝其臣，弒而死❾。其不言弒何也？不使夷狄之民加乎中國之君也。其地，於外也。其日，未踰竟也。日卒，時葬，正也。

*陳侯逃歸❿。

以其去諸侯，故逃之也。

【注釋】❶郯子 郯國君主。郯國，己姓，或嬴姓，故城在今山東省郯城縣境。❷三卜郊三句 卜郊免牲見僖三十一年注❷、❸。❸不時 不合季節。郊祭為祈穀之禮，應在夏曆一月舉行，周曆四月合夏曆二月，已晚，故謂不時。❹費 魯邑，為季氏私邑，在今山東省費縣西北二十里。❺鄬 鄭地，當在今河南省魯山縣境。❻鄵 鄭地。❼致其志 表達他的意願。❽卒之名 死後所書之名。❾弒而死 鄭僖公被弒而死。《左傳》、《史記·鄭世家》認為，鄭僖公被殺是由於對臣下無禮，又不聽勸諫，與此處所說不同。❿陳侯逃歸 楚圍陳，陳侯在鄬，請諸侯援救，諸侯遲疑不進，陳國危急，陳侯擔心國內有變，故逃回。

【語譯】*七年，春，郯國君主來朝見。

*夏，四月，三次卜問郊祭，皆不吉利，於是就免除用於郊祭之犧牲不殺。

夏四月，舉行郊祭不合季節。卜問三次，是合乎禮的。乃的意思是說免牲不郊不是由人事決定之文辭。

*小邾國君主來朝見。

*在費邑修築城牆。

*秋，魯季孫宿去往衛國。

*八月，發生蝗災。

*冬，十月，衛侯派孫林父來聘問。壬戌日，與孫林父結盟。

*楚國公子貞率軍包圍陳國都城。

*十二月，魯公在鄬地會見晉侯、宋公、陳侯、衛侯、曹伯、莒子、邾子。

*鄭伯髡原來到諸侯會地，未見到與會諸侯。丙子日，死在鄵地。

未見到與會諸侯，又稱到會，為什麼呢？表達他的意願。按當時禮，諸侯活著的時候不稱他的名字，這裡在鄭伯活著之時稱他名字，為什麼？這是死後所書之名。死後所書之名為什麼加在他到會之前呢？這是表示他因為到會而死的。表示他因為到會而死，為什麼呢？因為鄭伯將要和中原諸侯會見，他的臣下想追隨楚國，鄭伯不能勝過群臣，被殺而死。此不稱被殺，為什麼？不讓順從夷狄之臣民加害中原諸國的國君。記載死亡地點，表明在鄭國都城之外。記載死亡之日，表示未超出國境。記載死亡之日，安葬之季節，是合乎正道的。

*陳侯逃回本國。

因為他離開了諸侯，所以稱他逃回。

*八年，春，王正月，公如晉。

*夏，葬鄭僖公。

*鄭人侵蔡，獲蔡公子濕❶。

人，微者也；侵，淺事也，而獲公子，公子病❷矣。

*季孫宿會晉侯、鄭伯、齊人、宋人、衛人、邾人于邢丘❸。

見魯之失正也，公在而大夫會❹也。

*公至自晉。

*莒人伐我東鄙。

*秋，九月，大雩。

*冬，楚公子貞帥師伐鄭。

*晉侯使士匄來聘。

【注釋】❶公子濕　濕，《左傳》作「燮」，音近而通。公子濕，任蔡國司馬之官。❷病　恥辱。❸邢丘　地名，即今河南省溫縣東二十里之平皋故城。❹公在而大夫會　魯公在晉而由大夫出會。《穀梁》以為此種作法為失正。據《左傳》載，邢丘之會，魯、齊、宋、衛、邾皆是大夫參加，以聽晉命朝聘之數，季孫宿出會不能算失正。

【語譯】*八年，春，周曆正月，魯公去往晉國。

*夏，安葬鄭僖公。

*鄭人侵犯蔡國，俘獲蔡國公子濕。

稱鄭人，表明統兵者地位卑下；稱侵犯，表明只是邊境小衝突，卻俘獲了公子濕，這是公子濕的恥辱。

*魯季孫宿在邢丘會見晉侯、鄭伯、齊人、宋人、衛人、邾人。

表明魯君失掉了國政，因為魯公在晉卻由大夫出會。

*魯公由晉國返回。

*莒國人攻伐魯國東部邊境。

*秋，九月，舉行祈雨大祭。

*冬，楚國公子貞率軍攻伐鄭國。

*晉侯派士匄來聘問。

*九年，春，宋災。
外災不志，此其志何也？故宋❶也。
*夏，季孫宿如晉。
*五月辛酉，夫人姜氏❷薨。
*秋，八月癸未，葬我小君穆姜。
*冬，公會晉侯、宋公、衛侯、曹伯、莒子、邾子、滕子、薛伯、杞伯、小邾子、齊世子光伐鄭。十有二月己亥，同盟于戲❸。
*楚子伐鄭❹。

【注釋】❶故宋　以宋為本。宋為殷嗣，是王者之後。周由殷來，以殷為本。❷夫人姜氏　成公母、襄公祖母穆姜也。❸戲即戲童，地名，在今河南省登封縣嵩山北。❹楚子伐鄭　鄭與諸侯結盟而叛楚，故楚又來伐，鄭又與楚盟。

【語譯】*九年，春，宋國發生火災。
魯國以外邦國發生火災不記載，此處卻加記載，為什麼？宋為王者之後為周所本也。
*夏，魯季孫宿去往晉國。
*五月辛酉日，夫人姜氏死。
*秋，八月癸未日，安葬我國小君穆姜。
*冬，魯公會同晉侯、宋公、衛侯、曹伯、莒子、邾子、滕子、薛伯、杞伯、小邾子、齊世子光攻伐鄭國。
十二月己亥日，共同在戲地結盟。

*楚子攻伐鄭國。

*十年，春，公會晉侯、宋公、衛侯、曹伯、莒子、邾子、滕子、薛伯、杞伯、小邾子、齊世子光會吳于柤❶。

會又會，外之也。

*夏，五月甲午，遂滅傅陽❷。

遂，直遂❸也。其曰遂何？不以中國從夷狄也。

*公至自會。

會夷狄不致❹，惡事不致，此其致何也？存中國❺也。中國有善事則并❻焉，無善事則異之❼，存之也。汲鄭伯❽，逃歸陳侯，致柤之會，存中國也。

*楚公子貞、鄭公孫輒❾帥師伐宋。

*晉師伐秦。

*秋，莒人伐我東鄙。

*公會晉侯、宋公、衛侯、曹伯、莒子、邾子、齊世子光、滕子、薛伯、杞伯、小邾子伐鄭。

*冬，盜殺鄭公子斐、公子發❿、公孫輒。

稱盜以殺大夫，弗以上下道⓫，惡上也。

*戍鄭虎牢⓬。

其曰鄭虎牢，決鄭乎虎牢⓭也。

*楚公子貞帥師救鄭。

*公至自伐鄭。

【注釋】❶柤　楚地，即今江蘇省邳縣北而稍西之加口。此次諸侯與吳子壽夢會見。❷傅陽　《左傳》作「偪陽」。偪音福，又音逼，實為一地。為妘姓小國，在今邳縣西北。❸直遂　直接完成。即以晉為首的諸侯直接完成滅傅陽，不是吳國參與滅掉的。❹不致　不祭告祖廟。❺存中國　保全中原諸國，不使隨順夷狄。❻并　一併記載。❼異之　分別記載。❽汲鄭伯　汲，據王引之《經義述聞》，應作「沒」。古以壽終為沒，鄭僖公被弒而書卒（見襄七年），使其如得善終。❾公孫輒　字子耳，鄭穆公庶子子良之子。為鄭六卿之一，曾任司空之職。❿公子斐公子發　斐，《左傳》作「騑」。公子斐，字子駟，鄭穆公子，曾為鄭國執政，在鄭國內爭中為政敵尉止等所殺。公子發，字子國，任鄭司馬之職。⓫弗以上下道　不按上道和下道記載此事。上道應書鄭人殺其大夫，下道則為兩下相殺，不書，此書盜殺，則是處二者之間。這樣記載在於表明對鄭君失政而導致盜殺大夫的憎惡。⓬虎牢　見襄二年注❺。⓭決鄭乎虎牢　稱鄭虎牢表示與鄭國決絕。因鄭國反覆無信，「唯強是從」，依違晉、楚之間，剛剛與晉盟，又與楚平，故決絕之。

【語譯】*十年，春，魯公會同晉侯、宋公、衛侯、曹伯、莒子、邾子、滕子、薛伯、杞伯、小邾子、齊世子光在柤地與吳人會見。

先會見諸侯又會見吳人，是把吳國視為中原諸侯以外之國。

*夏，五月甲午日，遂滅亡了傅陽。

遂的意思是直接完成了滅亡傅陽。此處稱遂是什麼意思呢？就是不許中原諸侯隨從夷狄之國。

*魯公由會返回。

會見夷狄之國不祭告祖廟，作了壞事不祭告祖廟，此將會見吳人祭告祖廟，為什麼呢？為了保全中原諸國也。中原諸國有善事就一併記載，沒有善事則分別情況記載，用以保全中原諸國也。記鄭伯髡原之死，陳侯由會上逃回，把會吳人於相祭告祖廟，都是為了保全中原諸國。

*楚國公子貞、鄭國公孫輒率軍攻伐宋國。

*晉國軍隊攻伐秦國。

*秋，莒國人攻伐魯國東部邊境。

*魯公會同晉侯、宋公、衛侯、曹伯、莒子、邾子、齊世子光、滕子、薛伯、杞伯、小邾子攻伐鄭國。

*冬，盜殺了鄭國公子斐、公子發、公孫輒。

稱盜把大夫殺了，是不按上道和下道記載此事，以表明對鄭君失政之憎惡。

*戍守鄭國之虎牢。

此稱鄭國之虎牢，表示與鄭國決裂。

*楚國公子貞率軍救援鄭國。

*魯公由伐鄭返回。

*十有一年，春，王正月，作三軍❶。

作，為也，古者天子六師，諸侯一軍❷，作三軍，非正❸也。

*夏，四月，四卜郊，不從，乃不郊。

夏四月，不時也。四卜，非禮也。

*鄭公孫舍之❹帥師侵宋。

*公會晉侯、宋公、衛侯、曹伯、齊世子光、莒子、邾子、滕子、薛伯、杞伯、小邾子伐鄭。

*秋，七月己未，同盟于京城北❺。

*公至自伐鄭。

不以後致❻，盟後復伐鄭也。

*楚子、鄭伯伐宋。

*公會晉侯、宋公、衛侯、曹伯、齊世子光、莒子、邾子、滕子、薛伯、杞伯、小邾子伐鄭，會于蕭魚❼。

*公至自會。

伐而後會，不以伐鄭致，得鄭伯之辭❽也。

*楚人執鄭行人良宵❾。

行人者，挈國之辭❿也。

*冬，秦人伐晉。

【注釋】❶作三軍　編制三個軍。周制天子六軍，大國三軍，次國二軍，小國一軍，一軍一萬二千五百人。魯原有三軍，僖公時，王室衰微，霸主為政，令諸侯按國之大小納貢賦，魯為減輕負擔，裁中軍，留上下二軍，比之次國。近年來兵爭頻繁，二軍不堪應付，故而季武子提出重建中軍，復三軍之制。❷諸侯一軍　據《周禮．夏官．司馬》：「王六軍，大國三軍，次國二軍，小國一軍。」與此不同。❸非正　不合正道。《穀梁》以為魯為諸侯，只能編定一軍，編定三軍，踰制非禮。❹公孫舍之　字子展，謚桓子，鄭六卿之一。❺京城北　《左傳》作「亳城北」。京城，鄭地。❻不以後致　不把後事祭告祖廟。盟於京城北在伐鄭之後，按慣例應把後事告廟，此未告後事而告前事。❼蕭魚　地名，在今河南省許昌市。❽得鄭伯之辭　得到鄭伯表示順服之辭。無須再伐鄭，故以會事告廟。❾行人良宵　行人即外交官、使臣。良宵，又作「良霄」，鄭公孫輒之子，字伯有。❿挈國之辭　傳達國君的言辭。

【語譯】*十一年，春，周曆正月，編制三個軍。

作就是編制之意，古時候天子擁有六軍，諸侯擁有一軍，魯編制三個軍，不合正道。

*夏，四月，四次卜問郊祭，皆不吉，就不舉行郊祭之禮。

夏四月，不是舉行郊祭時節。四次卜問郊祭可否，不合乎禮。

*鄭國公孫舍之率軍侵犯宋國。

*魯公會同晉侯、宋公、衛侯、曹伯、齊世子光、莒子、邾子、滕子、薛伯、杞伯、小邾子攻伐鄭國。

*秋，七月己未日，上列諸侯一同在京城北結盟。

*魯公由伐鄭返回。

不把後面發生之盟會事祭告祖廟，因為盟會後又攻伐鄭國。

*楚子、鄭伯攻伐宋國。

*魯公會同晉侯、宋公、衛侯、曹伯、齊世子光、莒子、邾子、滕子、薛伯、杞伯、小邾子攻伐鄭國，又

在蕭魚相會見。

＊魯公由會返回。

攻伐鄭國而後會見，不把伐鄭事祭告祖廟，因為得到鄭伯表示順服之辭，會後無須再伐。

＊楚國人拘留了鄭國使臣良宵。

使臣，就是傳達國君言辭之人。

＊冬，秦人攻伐晉國。

【說明】作三軍，從表面看是由原來的兩個軍增加為三個軍，是軍隊數量的增加，其更深層意義在於軍隊所屬權的變化。魯國軍隊原為公室所有，遇有戰事，由諸卿輪流統率出征，「事畢則將歸於朝，車復於甸，甲散於邱，卒還於邑。」（胡安國《春秋傳》）就是說兵將皆屬公門，由國君指揮。經過這番變革後，把三軍分屬三家，季孫、孟孫、叔孫各得一軍的指揮與編制之權，等於剝奪了國君的軍權，標誌公室的進一步削弱。

＊十有二年，春，王三月，莒人伐我東鄙，圍邰❶。

伐國不言圍邑，舉重也。取邑不書，圍安足書❷也？

＊季孫宿帥師救邰，遂入鄆❸。

遂，繼事也，受命而救邰，不受命而入鄆，惡季孫宿也。

＊夏，晉侯使士魴來聘。

＊秋，九月，吳子乘卒。

*冬，楚公子貞帥師侵宋。

*公如晉。

【注釋】❶郚 《左傳》作「台」，郚、台可通。其地在今山東省費縣東南十餘里。❷圍安足書 圍邑何以值得記載。意思是取邑尚且不書，圍邑更不該書，此書為照應下文。❸鄆 地名，當時為莒邑，見文十二年注❾。

【語譯】*十二年，春，周曆三月，莒國人攻伐魯國東部邊境，包圍了郚邑。

攻伐其國就不再言包圍城邑，舉其中重者就可以了。取得他國城邑尚且不書，包圍城邑怎麼值得書呢？為照應下文。

*魯季孫宿率軍援救郚邑，接著進入鄆邑。

遂是表示接著做某事，接受君命去救援郚邑，沒有接到君命就進入鄆邑，書此表示對季孫宿的憎惡。

*夏，晉侯派士魴來聘問。

*秋，九月，吳國君主乘死。

*冬，楚國公子貞率軍侵犯宋國。

*魯公去往晉國。

*十有三年，春，公至自晉。

*夏，取邿❶。

*秋，九月庚辰，楚子審卒。

*冬，城防❷。

【注　釋】❶郚　小國名，其地在今山東省濟寧市南五十里。因郚國內亂，魯以救亂之名取之。❷防　東防，在今山東省費縣東北四十里。

【語　譯】*十三年，春，魯公由晉國返回。

*夏，取得郚國。

*秋，九月庚辰日，楚子審死。

*冬，在防地築城牆。

*十有四年，春，王正月，季孫宿、叔老會晉士匄、齊人、宋人、衛人、鄭公孫蠆、曹人、莒人、邾人、滕人、薛人、杞人、小邾人會吳于向❶。

*二月乙未朔，日有食之。

*夏，四月，叔孫豹會晉荀偃、齊人、宋人、衛北宮括、鄭公孫蠆、曹人、莒人、邾人、滕人、薛人、杞人、小邾人伐秦。

*己未，衛侯出奔齊❷。

*莒人侵我東鄙。

*秋，楚公子貞帥師伐吳。

*冬，季孫宿會晉士匄、宋華閱、衛孫林父、鄭公孫蠆、莒人、邾人于戚❸。

【注釋】❶叔老句　叔老，魯大夫，又稱子叔齊子，以叔或子叔為氏。公孫蠆，字子蟜，鄭卿。向，鄭地，在今河南省尉氏縣西南，鄢陵縣西北。一說吳地，在今安徽省懷遠縣西四十里。❷衛侯出奔齊　衛侯不禮於大臣而被逐。詳見本年《左傳》。❸戚　衛孫林父采邑，在今河南省濮陽縣稍東而北十里。

【語譯】*十四年，春，周曆正月，魯季孫宿、叔老會同晉士匄、齊人、宋人、衛人、鄭公孫蠆、曹人、莒人、邾人、滕人、薛人、杞人、小邾人在向地與吳人會見。

*二月乙未日，初一，發生日蝕。

*夏，四月，魯叔孫豹會合晉荀偃、齊人、宋人、衛北宮括、鄭公孫蠆、曹人、莒人、邾人、滕人、薛人、杞人、小邾人攻伐秦國。

*己未日，衛侯出逃到齊國。

*莒國人侵犯魯國東部邊境。

*秋，楚國公子貞率軍攻伐吳國。

*冬，魯季孫宿在戚地會見晉士匄、宋華閱、衛孫林父、鄭公孫蠆、莒人、邾人。

*十有五年，春，宋公使向戌❶來聘。

*二月己亥，及向戌盟于劉❷。

*劉夏❸逆王后于齊。

過我故志之也。

*夏，齊侯伐我北鄙，圍成❹。

*公救成，至遇❺。

*季孫宿、叔孫豹帥師城成郛❻。

*秋，八月丁巳❼，日有食之。

*邾人伐我南鄙。

*冬，十有一月癸亥，晉侯周卒。

【注釋】❶向戌　宋大夫，任左師之職，推動晉、楚講和，於襄公二十七年，促成春秋時期影響最大的弭兵大會。❷劉　魯都曲阜城外地名。❸劉夏　周天子大夫。❹成　魯地，在今山東省寧陽縣東北九十里。❺遇　魯地，當在曲阜與寧陽之間。❻城成郛　修繕成邑之外城牆。❼八月丁巳　據推算，丁巳為七月朔。杜預注謂「八月無丁巳，丁巳七月一日也」，是也。

【語譯】*十五年，春，宋公派向戌來聘問。

*二月己亥日，與向戌在劉地結盟。

*劉夏到齊國迎娶王后。

因為路過魯國，故此加以記載。

*夏，齊侯攻伐魯國北部邊境，並包圍成邑。

*魯公去救援成邑，到達遇地。

*魯季孫宿、叔孫豹率軍修繕成邑之外城牆。

*秋，八月丁巳日，發生日蝕。

*邾國人攻伐魯國南部邊境。

*冬，十一月癸亥日，晉侯周死。

*十有六年，春，王正月，葬晉悼公。

*三月，公會晉侯、宋公、衛侯、鄭伯、曹伯、莒子、邾子、薛伯、杞伯、小邾子于溴梁❶。

*戊寅，大夫盟❷。

溴梁之會，諸侯失正矣。諸侯會而曰大夫盟，正在大夫也。諸侯在而不曰諸侯之大夫，大夫不臣也。

*晉人執莒子、邾子❸以歸。

*齊侯伐我北鄙。

*夏，公至自會。

*五月甲子，地震。

*叔老會鄭伯、晉荀偃、衛甯殖、宋人伐許。

*秋，齊侯伐我北鄙，圍成。

*大雩。

*冬，叔孫豹如晉。

【注釋】❶湨梁　湨水大堤。湨水源出河南省濟源縣西，東流經孟縣北，又東南入黃河。湨梁地在濟源縣西。❷大夫盟　此次盟會齊侯未參加，派高厚代行。高厚為大夫，諸侯不願降尊與盟，由荀偃帶領眾大夫與高厚盟。高厚逃歸，則自相盟。
❸晉人執莒子邾子　晉國人拘捕了莒國國君和邾國國君。莒君犁比公，邾君邾宣公。拘捕原因是二國侵魯，與齊、楚通，與晉有二心。

【語譯】*十六年，春，周曆正月，安葬晉悼公。

*三月，魯公在湨梁會見晉侯、宋公、衛侯、鄭伯、曹伯、莒子、邾子、薛伯、杞伯、小邾子。

*戊寅日，與會國大夫相盟。

湨梁之會，諸侯喪失了主宰國家政事之權。諸侯會見而稱大夫結盟，表明主政之權在大夫手中。諸侯在會上而不稱諸侯之大夫，表明了大夫不臣服於君。

*晉國人拘捕了莒子和邾子，並把他們帶回去。

*齊侯攻伐魯國北部邊境。

*夏，魯公由諸侯之會返回。

*五月甲子日，發生地震。

*魯叔老會同鄭伯、晉荀偃、衛甯殖、宋人攻伐許國。

*秋，齊侯攻伐魯國北部邊境，包圍了成邑。

*舉行祈雨大祭。

*冬，魯叔孫豹去往晉國。

*十有七年，春，王二月庚午，邾子瞯❶卒。

*宋人伐陳。

*夏，衛石買帥師伐曹。

*秋，齊侯伐我北鄙，圍桃❷。高厚帥師伐我北鄙，圍防。

*九月大雩。

*宋華臣❸出奔陳。

*冬，邾人伐我南鄙。

【注釋】❶邾子瞯　瞯，《左傳》作「牼」。邾子去年三月為晉所執，不久即放還，今書卒，當死於本國。❷桃　魯地，在今山東省汶上縣北而稍東約三十五里。❸華臣　宋華閱之弟，華閱死，其子皋比幼弱，華臣侵陵之，後懼討而出奔。

【語譯】*十七年，春，周曆二月庚午日，邾子瞯死。

*宋國人攻伐陳國。

*夏，衛國石買率軍攻伐曹國。

*秋，齊侯攻伐魯國北部邊境，包圍桃邑。齊高厚率軍攻伐魯國北部邊境，包圍防邑。

*九月，舉行祈雨大祭。

*宋國華臣出奔到陳國。

*冬，邾國人攻伐魯國南部邊境。

＊十有八年，春，白狄來。

＊夏，晉人執衛行人石買。

稱行人，怨接于上❶也。

＊秋，齊侯伐我北鄙。

＊冬，十月，公會晉侯、宋公、衛侯、鄭伯、曹伯、莒子、邾子、滕子、薛伯、杞伯、小邾子，同圍齊❷。

非圍而曰圍，齊有大❸焉，亦有病❹焉，非大而足同焉！諸侯同罪之也，亦病❺矣。

＊曹伯負芻卒于師。

閔之也。

＊楚公子午❻帥師伐鄭。

【注　釋】❶怨接于上　仇怨接連於衛君。此事因衛石買伐曹引起，石買所行是受命於君，故怨衛君。❷同圍齊　一同包圍齊國。此次晉國統領魯、衛等十二國聯軍攻伐齊國，深入齊境，包圍齊都臨淄。這一仗齊國敗得很慘。❸齊有大　齊為大國，地域廣闊，實力雄厚。❹病　罪。指對晉有二心，逃盟、侵魯等。❺亦病　參戰諸侯亦有罪。因為他們依恃晉國，結怨大國，將遭齊之報復，為本國招禍。❻公子午　字子庚，任楚令尹。

【語　譯】＊十八年，春，白狄君主來魯國。

*夏，晉人拘捕了衛國行人石買。

稱行人，表示仇怨接連於衛國國君。

*秋，齊侯攻伐魯國北部邊境。

*冬，十月，魯公會合晉侯、宋公、衛侯、鄭伯、曹伯、莒子、邾子、滕子、薛伯、杞伯、小邾子，一同包圍齊國。

未能包圍齊國而稱包圍，表明齊是大國，也有當伐之罪。不是大國不值得眾多諸侯一同攻伐，諸侯結仇大國會招致報復，故亦有罪。

*曹伯負芻死在軍中。

書之以示憐惜。

*楚國公子午率軍攻伐鄭國。

*十有九年，春，王正月，諸侯盟于祝柯❶。

*晉人執邾子。

*公至自伐齊。

《春秋》之義，已伐而盟復伐者，則以伐致；盟不復伐者，則以會致。祝柯之盟，盟復伐齊與？曰：非也。然則何為以伐致也？曰：與人同事，或執其君❷，或取其地❸。

*取邾田自漷水❹。

軋辭❺也。其不日，惡盟也。

*季孫宿如晉。

*葬曹成公。

*夏，衛孫林父帥師伐齊。

*秋，七月辛卯，齊侯環卒。

*晉士匄帥師侵齊，至穀❻，聞齊侯卒乃還。還者，事未畢之辭也。受命而誅生❼，死無所加其怒，不伐喪，善之也。善之，則何為未畢也？君不尸小事❽，臣不專大名❾，善則稱君，過則稱己，則民作讓❿矣。士匄外專君命，故非之也。然則為士匄者宜奈何？宜墠帷而歸命乎介⓫。

*八月丙辰，仲孫蔑卒。

*齊殺其大夫高厚。

*鄭殺其大夫公子嘉⓬。

*冬，葬齊靈公。

*城西郛⓭。

*叔孫豹會晉士匄于柯⓮。

*城武城⑮。

【注釋】❶諸侯盟于祝柯　諸侯即上年參與圍攻齊國的十二諸侯，此略寫。祝柯，地名，在今山東省長清縣東北二十餘里。❷或執其君　又拘捕他的國君。指晉國人拘捕了參與圍齊的邾國君主。❸或取其地　又收取他的土地。指晉人收取邾國之土地。因祝柯之盟發生執邾君取邾田事，為惡盟，按惡事不致之例，不以盟會而以伐齊告廟。❹取邾田自漷水　魯取得漷水以西之邾田。漷水，又名南沙河，源出山東省滕縣東北，西南流入江蘇省沛縣入運河。漷水以西之田，或本魯田，為邾取之；或原本邾田，今由晉國出面，劃定魯、邾之界，漷水以西之田盡歸於魯。❺軋辭　委曲之辭。沿漷水委曲流向劃分魯、邾之疆界。❻穀　地名，在今山東省東阿縣南之東阿鎮。❼誅生　討伐活著的敵人。即討伐齊靈公。❽不尸小事　不主持小事情。❾不專大名　不獨自享譽美善之名。不伐喪為大名，應歸於君，臣不可獨享。❿作讓　興起謙讓之風。⓫宜墠帷而歸命乎介　應該清除祭祀場地，設置帷帳進行祭祀，派副手回國向君請示，按君命決定進退。墠，清除場地。介，副職；副手。⓬公子嘉　鄭穆公子，字子孔。襄十年代子駟當國，因專權，在鄭國內爭中被殺。⓭城西郛　修繕曲阜西面外城牆。以備齊。⓮柯　地名，在今河南省內黃縣東北。⓯武城　近齊之邑，在今山東省嘉祥縣西。

【語譯】*十九年，春，周曆正月，諸侯在祝柯結盟。

*晉國人拘捕邾國君主。

*魯公由伐齊返回。

按《春秋》之義例，攻伐而後結盟又復攻伐的，就以攻伐祭告祖廟；結盟後不再攻伐的，就以盟會祭告祖廟。祝柯之盟，結盟後又攻伐齊國了嗎？回答說：沒有。既然如此，為什麼以伐齊祭告祖廟呢？回答說：這是譏刺既與邾人聯合圍攻齊國，又拘捕邾君、收取邾田的不義行為。

*魯取得漷水以西之邾田。

這是表明按漷水曲折流向劃分兩國疆界之辭。沒有記載結盟之日，表示憎惡此盟。

*魯季孫宿去往晉國。

*安葬曹成公。

*夏，衛國孫林父率軍攻伐齊國。

*秋，七月辛卯日，齊侯環死。

*晉國士匄率軍侵入齊國，到達穀地，聞知齊侯死，就撤軍而還。

稱還是表示事情沒有完畢之辭。接受君命去討伐活著的敵人，此人已死則怨怒失去施加的對象，就不再攻伐遭受喪事之國，這是贊許士匄的作法。贊許士匄，為什麼又說事情沒有完畢呢？因為國君不親自主持小事情，臣下不獨自享譽美善之名。有美善則稱頌其君，有過錯則歸於自己，這樣民眾中就會興起謙讓之風。士匄在外面獨自改變君命，所以指責他。那麼作為士匄應該怎麼做呢？應該清除場地，設置帷帳進行祭祀，派副手回國向君主請示，按君命而行。

*八月丙辰日，魯仲孫蔑死。

*齊國殺了它的大夫高厚。

*鄭國殺了它的大夫公子嘉。

*冬，安葬齊靈公。

*修繕曲阜西面外城牆。

*魯叔孫豹在柯地會見晉國士匄。

*在武城修築城牆。

*二十年，春，王正月辛亥，仲孫速會莒人盟于向❶。

*夏，六月庚申，公會晉侯、齊侯、宋公、衛侯、鄭伯、曹伯、莒子、邾子、

滕子、薛伯、杞伯、小邾子盟于澶淵❷。

*秋，公至自會。

*仲孫速帥師伐邾。

*蔡殺其大夫公子濕❸。蔡公子履❹出奔楚。

*陳侯之弟光出奔楚。

諸侯之尊，弟兄不得以屬通，其弟云者親之也，親而奔之，惡也❺。

*叔老如齊。

*冬，十月丙辰朔，日有食之。

*季孫宿如宋。

【注釋】❶仲孫速會莒人盟于向　仲孫速，仲孫蔑之子，又稱孟孫、孟莊子、孟孺子速，魯卿。向，地名，在今山東省莒縣南七十里。❷澶淵　地名，在今河南省濮陽縣西北。❸公子濕　濕，《左傳》作「燮」，音近而通。公子濕，蔡莊公子，曾為蔡司馬之官，因主張以蔡服晉被殺。❹公子履　公子濕母弟。❺惡也　惡陳侯使母弟出奔，失親親之道。

【語譯】*二十年，春，周曆正月辛亥日，魯仲孫速會見莒人，並在向地結盟。

*夏，六月庚申日，魯公會同晉侯、齊侯、宋公、衛侯、鄭伯、曹伯、莒子、邾子、滕子、薛伯、杞伯、小邾子在澶淵結盟。

*秋，魯公由盟會返回。

*魯仲孫速率軍攻伐邾國。

*蔡國殺了它的大夫公子濕。蔡國公子履出逃到楚國。

*陳侯之弟光出逃到楚國。

諸侯是至尊至貴的，他的弟兄不得用親屬名義與人交通，此稱陳侯之弟表示至親，至親之人而使其出逃，表示對陳侯的憎惡。

*魯國叔老去往齊國。

*冬，十月丙辰日，初一，發生日蝕。

*魯季孫宿去往宋國。

*二十有一年，春，王正月，公如晉。

*邾庶其以漆、閭丘來奔❶。

以者不以者❷也，來奔者不言出，舉其接我者也。漆、閭丘不言及，小大敵❸也。

*夏，公至自晉。

*秋，晉欒盈❹出奔楚。

*九月庚戌朔，日有食之。

*冬，十月庚辰朔，日有食之❺。

*曹伯來朝。

*公會晉侯、齊侯、宋公、衛侯、鄭伯、曹伯、莒子、邾子于商任❻。

庚子，孔子生❼。

【注釋】❶邾庶其以漆閭丘來奔　邾國庶其帶著漆和閭丘來投奔。庶其，邾大夫。漆，在今山東省鄒縣東北。閭丘在漆東北十里。二地皆庶其私邑，帶來歸魯。❷以者不以者　稱帶著是表明不該帶著之意。大夫之私邑是君授給的，屬於君，不可攜邑私逃。❸小大敵　二邑大小相等。❹欒盈　晉欒黶之子，又稱懷子，為晉公族大夫，下軍佐。為士匄所逐逃楚。❺冬三句　此次日蝕當為誤記。❻商任　地名，一說在河北省任縣東南之任城。又說在今河南省安陽縣。❼庚子孔子生　經文無，《公》、《穀》皆有，《公羊》作十一月。孔子生年，《史記・孔子世家》作襄公二十二年，比此晚一年，目前多採用《史記》之說。庚子為十月二十二日。

【語譯】*二十一年，春，周曆正月，魯公去往晉國。

*邾國庶其帶著漆、閭丘二邑來投奔。

稱帶著是表明不該帶著封邑逃亡。對來奔者不稱出逃，因為他是投奔到魯國來。漆、閭丘之間不加及，因為二邑大小相敵。

*夏，魯公由晉國返回。

*秋，晉國欒盈出逃到楚國。

*九月庚戌日，初一，發生日蝕。

*冬，十月庚辰日，初一，發生日蝕。

*曹伯來朝見。

*魯公在商任會見晉侯、齊侯、宋公、衛侯、鄭伯、曹伯、莒子、邾子。

庚子日，孔子生。

＊二十有二年，春，王正月，公至自會。

＊夏，四月。

＊秋，七月辛酉，叔老卒。

＊冬，公會晉侯、齊侯、宋公、衛侯、鄭伯、曹伯、莒子、邾子、滕子、薛伯、杞伯、小邾子于沙隨❶。

＊公至自會。

＊楚殺其大夫公子追舒❷。

【注　釋】❶沙隨　宋地，在今河南省寧陵縣北。❷公子追舒　字子南，楚莊王子，去年任令尹之職。

【語　譯】＊二十二年，春，周曆正月，魯公由會返回。

＊夏，四月。

＊秋，七月辛酉日，魯國叔老死。

＊冬，魯公在沙隨會見晉侯、齊侯、宋公、衛侯、鄭伯、曹伯、莒子、邾子、滕子、薛伯、杞伯、小邾子。

＊魯公由會返回。

＊楚國殺了它的大夫公子追舒。

*二十有三年，春，王二月癸酉朔，日有食之。

*三月己巳，杞伯匄卒。

*夏，邾畀我來奔。

*葬杞孝公。

*陳殺其大夫慶虎及慶寅❶。

稱國以殺，罪累上❷也。及慶寅，慶寅累❸也。

*陳侯之弟光自楚歸于陳。

*晉欒盈復入于晉，入于曲沃❹。

*秋，齊侯伐衛，遂伐晉。

*八月，叔孫豹帥師救晉，次于雍渝❺。

言救後次，非救也。

*己卯，仲孫速卒。

*冬，十月乙亥，臧孫紇❻出奔邾。

其日，正臧孫紇之出❼也。蘧伯玉❽曰：「不以道事其君者，其出乎❾！」

*晉人殺欒盈。

惡之弗有❿也。

*齊侯襲莒。

【注釋】❶慶虎及慶寅　二慶皆陳國之卿，陳桓公五世孫。二人執掌陳國政權，因擔心陳侯母弟公子光爭權，向楚國誣陷光圖謀叛楚投晉，迫使公子光逃楚自明，二慶由此被殺。❷罪累上　罪惡牽累了國君。❸慶寅累　慶寅因受連累被殺。累上、累慶寅，皆是就義例及用辭推斷的，恐與實情不合，可參本年《左傳》。❹曲沃　欒盈之封邑。曲沃本武公起家之地，有武宮，被視為晉之別都。地在今山西省聞喜縣東北。當時所轄範圍甚廣，欒盈封邑只占其中一部分。欒盈由齊國潛回本邑，欲起兵報被逐之仇，後失敗被殺。❺雍渝　地名，在今河南省浚縣西，滑縣西北。❻臧孫紇　魯大夫，臧孫許之子。又稱臧紇、臧武仲。❼正臧孫紇之出　以臧孫紇被逐出合乎正道，是應該的。❽蘧伯玉　名瑗，衛大夫蘧莊子（無咎）之子，謚成子。孔子稱讚他說：「君子哉，蘧伯玉，邦有道則仕，邦無道則可卷而懷之。」（《論語・衛靈公》）是當時聲望很高的賢者。❾其出乎　這就是被逐出的原因吧。❿惡之弗有　因為憎惡他，沒有用大夫稱謂他。

【語譯】*二十三年，春，周曆二月癸酉日，初一，發生日蝕。

*三月己巳日，杞伯匄死。

*夏，邾國之畀我來投奔。

*安葬杞孝公。

*陳國殺了它的大夫慶虎與慶寅。

稱國家把他們殺了，表示他們之罪牽累到國君。稱及慶寅，表明慶寅是被連累者。

*陳侯之母弟光由楚國返回陳國。

*晉國欒盈又潛入晉國，進入曲沃。

*秋，齊侯攻伐衛國，接著就攻伐晉國。

*八月，魯叔孫豹率軍救援晉國，駐軍在雍渝。

先說救援，後說駐軍不動，不是真想救援。

*己卯日，魯仲孫速死。

*冬，十月乙亥日，魯國臧孫紇出逃到邾國。

記載出逃之日，以臧孫紇被逐出合於正道。蘧伯玉說：「不用正道事奉他的君主，這就是被逐出的原因吧。」

*晉國人殺了欒盈。

因為憎惡他，未用大夫稱謂他。

*齊侯偷襲莒國。

*二十有四年，春，叔孫豹如晉。

*仲孫羯❶帥師侵齊。

*夏，楚子伐吳。

*秋，七月甲子朔，日有食之，既❷。

*齊崔杼帥師伐莒。

*大水。

*八月癸巳朔，日有食之❸。

*公會晉侯、宋公、衛侯、鄭伯、曹伯、莒子、邾子、滕子、薛伯、杞伯、小

邾子于夷儀❹。

*冬，楚子、蔡侯、陳侯、許男伐鄭。

*公至自會。

*陳鍼宜咎❺出奔楚。

*叔孫豹如京師。

*大饑。

五穀不升❻為大饑，一穀不升謂之嗛❼，二穀不升謂之饑，三穀不升謂之饉❽，四穀不升謂之康❾，五穀不升謂之大侵❿。大侵之禮，君食不兼味，臺榭不塗，弛侯⓫，廷道不除⓬，百官布而不制⓭，鬼神禱而不祀，此大侵之禮也。

【注　釋】❶仲孫羯　仲孫速之子，速死，繼為孟孫之主，又稱孟孝伯。❷既　日全蝕。❸八月二句　此次日蝕為誤記。❹夷儀　本衛地，後入於晉。在今河北省邢臺市西。與遷邢國之夷儀為二地。❺鍼宜咎　陳國之臣，因與二慶有牽連，懼罪逃楚。❻升　成；成熟。❼嗛　同「歉」。不足之意。❽饉　饑荒。❾康　空虛。❿大侵　大饑荒。⓫弛侯　不張設射箭之靶，不行燕射之禮。侯，箭靶。古時行射禮，先張布立侯，侯中設有鵠，作為射中的目標。⓬廷道不除　宮廷內道路不清掃。⓭百官布而不制　百官著布衣，亦不造作車馬。

【語　譯】*二十四年，春，魯叔孫豹去往晉國。

*魯國仲孫羯率軍侵犯齊國。

*夏，楚子攻伐吳國。

*秋，七月甲子日，初一，發生日全蝕。

*齊國崔杼率軍攻伐莒國。

*發生大水災。

*八月癸巳日，初一，發生日蝕。

*魯公在夷儀會見晉侯、宋公、衛侯、鄭伯、曹伯、莒子、邾子、滕子、薛伯、杞伯、小邾子。

*冬，楚子、蔡侯、陳侯、許男攻伐鄭國。

*魯公由會返國。

*陳國鍼宜咎出逃到楚國。

*魯國叔孫豹去往京師。

*發生大饑荒。

　五種穀物都不成熟就是大饑荒。一種穀物不成熟叫歉收，二種穀物不成熟叫飢餓，三種穀物不成熟叫饑荒，四種穀物不成熟叫空虛無食，五種穀物都不成熟叫大饑荒。遭遇大饑荒時所行之禮是，國君所食菜肴不超過兩種，對臺榭不加塗飾，不張設射箭之靶，宮廷道路不加清掃，百官著布衣亦不造作車馬，對鬼神祈禱而不祭祀，這就是遭遇大饑荒時所行之禮。

*二十有五年，春，齊崔杼帥師伐我北鄙。

*夏，五月乙亥，齊崔杼弒其君光。

莊公失言，淫于崔氏❶。

*公會晉侯、宋公、衛侯、鄭伯、曹伯、莒子、邾子、滕子、薛伯、杞伯、小邾子于夷儀。

*六月壬子，鄭公孫舍之帥師入陳。

*秋，八月己巳，諸侯同盟于重丘❷。

*公至自會。

*衛侯入于夷儀。

*楚屈建帥師滅舒鳩❸。

*冬，鄭公孫夏帥師伐陳。

*十有二月，吳子謁❹伐楚，門于巢❺，卒。

以伐楚之事，門于巢卒也。于巢者，外乎楚❻也。門于巢，乃伐楚也。諸侯不生名，取卒之名加之伐楚之上者，見以伐楚卒也。其見以伐楚卒何也？古者大國過小邑，小邑必飾城而請罪❼，禮也。吳子謁伐楚，至巢，入其門，門人射吳子，有矢創❽，反舍而卒。古者雖有文事，必有武備，非❾巢之不飾城而請罪，非吳子之自輕❿也。

【注釋】❶莊公失言淫于崔氏 齊莊公出言不慎，把與崔杼妻通姦事泄漏而招致殺害。《左傳》載此事甚詳，可參看。❷重丘 齊地，在今山東省聊城縣東南五十里。還有三說，見楊伯峻《春秋左傳注》。❸楚屈建帥師滅舒鳩 屈建，字子木，為楚國令尹。舒鳩，群舒國之一，在今安徽省舒城縣周圍。❹吳子謁 謁，《左傳》作「遏」。謁字諸樊，吳子壽夢之子，魯襄公十三年立，在位十三年。❺門于巢 攻打巢國之城門。巢，楚之附庸小國，在今安徽省巢縣東北五里。❻外乎楚 在楚國之外。巢雖在楚外，但伐楚必經巢，攻巢門目的在伐楚，不在巢本身。❼飾城而請罪 整治城防守備並向大國詢問因何罪遭致攻伐。❽有矢創 有箭矢傷著吳子。❾非 指責；責備。❿自輕 自己輕敵無備。

【語譯】＊二十五年，春，齊國崔杼率軍攻伐魯國北部邊境。

＊夏，五月乙亥日，齊國崔杼殺了他的國君光。

齊莊公因出言不慎，泄漏與崔杼妻通姦事而招致殺害。

＊魯公在夷儀會見晉侯、宋公、衛侯、鄭伯、曹伯、莒子、邾子、滕子、薛伯、杞伯、小邾子。

＊六月壬子日，鄭國公孫舍之率軍進入陳國。

＊秋，八月己巳日，參加夷儀之會諸侯一同在重丘結盟。

＊魯公由會返回。

＊衛侯進入夷儀。

＊楚國屈建率軍滅亡了舒鳩。

＊冬，鄭國公孫夏率軍攻伐陳國。

＊十二月，吳子謁攻伐楚國，在攻打巢國城門中，中箭而死。

因為攻伐楚國之事，在攻打巢國城門時被射死。稱在巢國，表示事情發生在楚國之外。而攻打巢國城門，目的就在於伐楚。諸侯活著的時候不記載他的名，此處把吳子死時所書之名加在他伐楚之前，是表明他是在伐楚中死去的。表明他在伐楚中死去，為什麼呢？古時候大國之軍在路過小城邑時，小城邑必須整治城防守備並向大國詢問自己有何罪，這是通行之禮。吳子謁攻伐楚國，到達巢國，進入城門，守衛城門者用弓箭射吳子，有箭矢傷著他，返回駐地就死了。古時候有文事，也必有武備，記載此事在於指責巢國沒有整治城防守備並向吳國請罪，也指責吳子自身輕敵無備。

*二十有六年，春，王二月辛卯，衛甯喜弒其君剽。此不正❶，其日何也？殖也立之，喜也君之，正也。

*衛孫林父入于戚以叛。

*甲午，衛侯衎復歸于衛。日歸，見知弒❷也。

*夏，晉侯使荀吳❸來聘。

*公會晉人、鄭良霄、宋人、曹人于澶淵。

*秋，宋公殺其世子痤❹。

*晉人執衛甯喜。

*八月壬午，許男甯卒于楚。

*冬，楚子，蔡侯、陳侯伐鄭。

*葬許靈公。

【注釋】❶此不正　按例，「諸侯日卒正也」，衛君被弒非正，不該書日。❷見知弒　表明衛侯衎參與弒剽之謀。❸荀吳　晉荀偃子，鄭女所生，繼為晉卿。❹世子座　座，《左傳》作「痤」。世子座被殺，為遭寺人伊戾之誣陷，詳見《左傳》。

【語譯】*二十六年，春，周曆二月辛卯日，衛國甯喜殺了他的國君剽。

衛君不是正常死亡，此處記載他死亡之日，為什麼？因為父親甯殖立其為君，兒子甯喜也把他作為君看待，合乎常例。

*衛國孫林父進入戚邑，並以之叛衛。

*甲午日，衛侯衎再次返回衛國。記載返回之日，表明他參與殺害衛君剽之謀。

*夏，晉侯派荀吳來聘問。

*魯公在澶淵會見晉人、鄭良霄、宋人、曹人。

*秋，宋公殺了他的世子座。

*晉國人拘捕了衛國甯喜。

*八月壬午日，許國君主甯死於楚國。

*冬，楚子、蔡侯、陳侯攻伐鄭國。

*安葬許靈公。

*二十有七年，春，齊侯使慶封來聘。

*夏，叔孫豹會晉趙武、楚屈建、蔡公孫歸生、衛石惡、陳孔奐、鄭良霄、許人、曹人于宋❶。

*衛殺其大夫甯喜。

稱國以殺，罪累上也。甯喜弒君，其以累上之辭言之，何也？嘗為大夫，與之涉公事❷矣。甯喜由君弒君❸，而不以弒君之罪罪之者，惡獻公也。

*衛侯之弟專❹出奔晉。

專，喜之徒也。專之為喜之徒何也？己雖急納其兄，與人之臣謀弒其君，是亦弒君者也。專其曰弟何也？專有是信者❺，君賂不入乎喜而殺喜，是君不直乎喜也，故出奔晉。織絇❻邯鄲，終身不言衛。專之去，合乎《春秋》。

*秋，七月辛巳，豹及諸侯之大夫盟于宋。

湨梁之會❼，諸侯在，而不曰諸侯之大夫，大夫不臣也，晉趙武恥之。豹云者❽恭也。諸侯不在，而曰諸侯之大夫，大夫臣也。其臣恭也，晉趙武為之會也。

*冬，十有二月乙亥朔，日有食之❾。

【注釋】❶叔孫豹會晉趙武句　此會即春秋時期有名的弭兵大會。此處列出與會國加宋國，共十國。齊與秦也參加了，因不能使之分朝晉、楚二霸主，故未與其他諸侯並列。邾、滕為齊、宋屬國，他們雖到會，也不以自主國身分參加。此會明爭暗鬥，矛盾重重，但畢竟達成了南北方的暫時妥協，有重要作用。❷與之涉公事　為國君辦理公事。❸由君弒君　因為要接納衛君衎而殺衛君剽。衛君衎即衛獻公，十二年前為甯殖所逐，殖臨死前囑其子甯喜迎回獻公，以贖父罪。為此甯喜殺衛君剽，迎納獻公。❹衛侯之弟專　衛獻公母弟，字子鮮。《左傳》專作「鱄」，與子鮮聯繫，當是。曾幫助獻公復位，後因獻公失信而出逃。❺專有是信者　專代表君與甯喜定有納君許以寵賂之信約。❻絇　網罟的別名。一說古代鞋頭上的裝飾物，如今之鞋梁，有孔可穿結鞋帶。❼溴梁之會　在襄公十六年。❽豹云者　只稱豹不加姓氏，表恭敬。❾冬三句　此次日蝕在十一月乙亥朔，經作十二月，或為傳寫之誤。

【語　譯】＊二十七年，春，齊侯派慶封來聘問。

＊夏，魯叔孫豹與晉趙武、楚屈建、蔡公孫歸生、衛石惡、陳孔奐、鄭良霄、許人、曹人在宋國會見。

＊衛國殺了它的大夫甯喜。

稱國家把他殺了，表明他的罪行牽累到國君。甯喜殺了國君，此處以牽累國君之辭說他，為什麼呢？因為他曾經作過大夫，為國君辦理公事。甯喜為接納衛君衎而殺了衛君剽，此不用弒君之罪懲治他，這是表明憎惡衛獻公。

＊衛侯之母弟專出逃到晉國去。

專也是甯喜同類之人。說專與甯喜是同類之人，為什麼？因為他自己急於接納其兄返國，與人臣謀殺國君，他也就是弒君之人。對專稱衛侯之弟，為什麼？因為專代表衛君與甯喜定有納君許以財物之信約，如今衛君未給予甯喜財物又殺了他，這是衛君對甯喜不守信義，專為此出逃到晉國。在邯鄲靠編織網罟謀生，一輩子不提衛國之事。專之離去，合乎《春秋》之義。

＊秋，七月辛巳日，豹與諸侯之大夫在宋國結盟。

溴梁之會，諸侯在場而不稱諸侯之大夫，是大夫不以臣禮對待其君，晉國趙武以此為恥。稱豹不加姓氏，表示恭敬。諸侯不在場而稱諸侯之大夫，是大夫以臣禮待君。群臣之恭敬，因為晉國趙武主宰此會也。

＊冬，十二月乙亥日，初一，發生日蝕。

【說　明】春秋中期，北方晉、齊等國因內爭消耗了國力，無力對外用兵。南方楚國也窮於應付吳國，自顧不暇，無力北爭。中原各國人民長期遭受戰爭塗炭，特別渴望和平安定的生活。在這種政治形勢下，加上宋國向戌的積極奔走斡旋，促成了弭兵大會的召開。

這次盟會在宋國舉行，由襄公二十七年五月開始，到七月結束，持續兩個月。直接參加者有十三國，秦未到會，也贊同弭兵主張。楚國先提出「晉、楚之從交相見」的要求，就是讓從屬於晉、楚的中小國家，分別朝見二國，向二國納貢賦，也就等於使這些國家的負擔增加一倍。晉國趙武提出齊、秦和晉、楚皆為同類大國，晉不能使齊朝楚，楚也不能使秦朝晉，齊、秦外之其他小國可分別朝見二霸主。此提議得到楚國認可而達成妥協。兩國還在其他一些問題上明爭暗鬥，相互為難，最終還是簽定了盟約。此次盟會使與會國之間停止十幾年戰爭，晉、楚之間四十年未交戰。戰爭中心也由中原地區轉向南方吳、楚與吳、越之間。

弭兵會後，中原地區有了一段相對和平、安定的時期，對各國經濟發展和人民生活是有益的。但由於中小國家負擔加重，而這些負擔無疑又轉加到下層人民身上，從而又醞釀新的矛盾衝突，這些都是以弭兵會為重要標誌的。

*二十有八年，春，無冰。

*夏，衛石惡出奔晉。

*邾子來朝。

*秋，八月，大雩。

*仲孫羯如晉。

*冬，齊慶封來奔。

*十有一月，公如楚。

*十有二月甲寅，天王❶崩。

*乙未❷，楚子昭卒。

【注釋】❶天王　周靈王。❷乙未　十二月有甲寅，甲寅後第四十一日方為乙未，二者不可能同在一個月中，記日有誤。

【語譯】*二十八年，春，未結冰。

*夏，衛國石惡出逃到晉國。

*邾子來朝見。

*秋，八月，舉行祈雨大祭。

*魯國仲孫羯去往晉國。

*冬，齊國慶封來投奔。

*十一月，魯公去往楚國。

*十二月甲寅日，周天王崩逝。

*乙未日，楚子昭死。

*二十有九年，春，王正月，公在楚❶。

閔公❷也。

*夏，五月，公至自楚。

喜之也。致君❸者，殆其往❹而喜其反，此致君之意義也。

＊庚午，衛侯衎卒。

＊閽弒吳子餘祭❺。

閽，門者也，寺人❻也，不稱名姓，閽不得齊於人，不稱其君，閽不得君其君❼也。禮，君不使無恥，不近刑人，不狎敵，不邇怨❽。賤人非所貴也，貴人非所刑❾也，刑人非所近也。舉至賤而加之吳子，吳子近刑人也。閽弒吳子餘祭，仇之也。

＊仲孫羯會晉荀盈、齊高止、宋華定、衛世叔儀、鄭公孫段、曹人、莒人、邾人、滕人、薛人、小邾人城杞❿。

古者天子封諸侯，其地足以容其民，其民足以滿城以自守⓫也。杞危而不能自守，故諸侯之大夫相帥以城之，此變之正⓬也。

＊杞子來盟。

＊吳子使札⓭來聘。

吳其稱子何也？善使延陵季子，故進之也。身賢，賢也，使賢亦賢也。延陵季子之賢，尊君⓮也。其名，成尊於上⓯也。

＊秋，七月，葬衛獻公。

*齊高止出奔北燕⑯。

其曰北燕，從史文也。

*冬，仲孫羯如晉。

【注釋】❶公在楚　魯公在楚國。諸侯每年正月有朝廟告朔之禮，稱朝正。今魯公不在國內，不能與群臣參加朝正之禮，故祝史以「公在楚」告廟，史官將其書於冊。❷閔公　憂憫魯公滯楚不歸。❸致君　將國君之事祭告祖廟。❹殆其往　擔憂他的前往。❺閽弒吳子餘祭　守門人殺了吳子餘祭。閽，守門人，是吳伐越所獲俘虜，吳子令其守舟。閽者乘吳子觀舟之機，將其刺殺。此事在馬王堆三號墓出土帛書《春秋事語》有載。吳子餘祭，吳國君主，魯襄公二十六年立，在位四年，被閽者所殺。❻寺人　閹人；受過宮刑者。❼閽不得君其君　守門人不得把國君視為君。因為他是刑殘之人，沒有資格作君主之民，只能與禽獸為伍。❽不邇怨　不親近怨恨自己的人。❾貴人非所刑　身分高貴者不可對其施用刑罰，所謂刑不上大夫也。❿城杞　幫助杞國築城。因晉平公母為杞女，平公為杞甥，故令諸侯城杞，以保護其舅家。高止，字子容，齊卿。華定，宋大夫，任司徒之職。⓫滿城以自守　布滿城中以自行守衛。⓬變之正　變通常法而合乎正道。⓭札　季札，吳王壽夢第四子，因封於延陵，又稱延陵季子。有賢名，吳子諸樊欲立其為君，拒不肯受。聘問魯、齊、鄭、衛、晉諸國，以博學多聞著稱。⓮尊君　使國君受到尊重。⓯成尊於上　成全吳君的尊貴。只稱名，不稱姓氏，以突顯吳君之尊。⓰北燕　姬姓之燕國，都於薊，即今之北京市。

【語譯】*二十九年，春，周曆正月，魯公在楚國。

憂憫魯公滯楚不歸也。

*夏，五月，魯公由楚國返回。

表明對魯公平安歸來的欣喜。將國君之事祭告祖廟，擔憂他的前往而高興他的返回，這就是將國君之事祭告祖廟的含義。

*庚午日，衛侯衎死。

*守門人殺了吳子餘祭。

閽就是守門人，是一個閹人，不稱呼他的名姓，因為他身分低賤，不能像普通人一樣同等看待。不稱殺了他的君主，因為他沒有資格以吳君為君主。按禮制，君主不任用不知羞恥之人，不接近刑殘之人，不輕侮敵人，不親近怨恨自己的人。身分卑賤的人不可以使之高貴，身分高貴的人不可對其施用刑罰。刑殘之人不可以接近。列舉至殘之閽者加在吳子之前，因吳子接近刑殘之人也。閽者殺了吳子餘祭，由於仇恨他。

*魯國仲孫羯會同晉荀盈、齊高止、宋華定、衛世叔儀、鄭公孫段、曹人、莒人、邾人、滕人、薛人、小邾人幫助杞國築城。

古時候天子封建諸侯，使他的土地足以容納其人民，其人民足以布滿城中以自行守衛。杞國在遭受危難時不能自行守衛，因此諸侯之大夫相繼率眾幫助築城，這是變通常法而合乎正道。

*杞子來結盟。

*吳子派札來聘問。

吳國君主稱子，為什麼？贊許其任用延陵季子，所以推舉他。自身賢德是賢，能任用賢人也是賢。延陵季子之賢德，使吳君尊貴。此書札之名，以成就吳君之尊貴。

*秋，七月，安葬衛獻公。

*齊國高止出逃到北燕國。

此稱北燕，是依據史文所載。

*冬，魯仲孫羯去往晉國。

*三十年，春，王正月，楚子使薳罷❶來聘。

*夏，四月，蔡世子般弒其君固。

其不日，子奪父政，是謂夷之❷。

*五月甲午，宋災，伯姬卒❸。

取卒之日加之災上者，見以災卒❹也。其見以災卒奈何？伯姬之舍失火，左右曰：「夫人少辟火乎？」伯姬曰：「婦人之義，傅母不在，宵不下堂。」左右又曰：「夫人少辟火乎？」伯姬曰：「婦人之義，保母不在，宵不下堂。」遂逮乎火❺而死。婦人以貞為行者也，伯姬之婦道盡矣。詳其事，賢伯姬也。

*天王殺其弟佞夫❻。

傳曰：諸侯且不首惡❼，況於天子乎？君無忍親之義❽，天子、諸侯所親者，惟長子母弟耳，天王殺其弟佞夫，甚之也。

*王子瑕奔晉。

*秋，七月，叔弓❾如宋，葬共姬❿。

外夫人不書葬，此其言葬何也？吾女也，卒災，故隱而葬之⓫也。

*鄭良霄出奔許，自許入于鄭，鄭人殺良霄。

不言大夫，惡之也。

*冬，十月，葬蔡景公。

不日卒而月葬，不葬⑫者也。卒而葬之，不忍使父失民於子⑬也。

*晉人、齊人、宋人、衛人、鄭人、曹人、莒人、邾人、滕人、薛人、杞人、小邾人會于澶淵，宋災故。

會不言其所為，其曰宋災故，何也？不言災故，則無以見其善也。其曰人，何也？救災以眾⑭。何救焉？更⑮宋之所喪財也。澶淵之會，中國不侵伐夷狄，夷狄不入中國，無侵伐八年，善之也，晉趙武楚屈建之力也。

【注　釋】❶蘧罷　字子蕩，楚大夫，楚靈王時任令尹之職。❷夷之　按夷狄來對待他。❸伯姬卒　伯姬因夜裡其住宅失火，不肯出去躲避而被燒死。❹見以災卒　表明她因火災而死。❺逮乎火　及於火；火燒及於身。❻佞夫　周靈王子，景王弟。無罪被殺。❼首惡　首當惡名；罪魁。❽忍親之義　忍心殺戮親人的道理。❾叔弓　魯宣公弟叔肸曾孫，叔老之子，又稱子叔敬子。❿共姬　即伯姬，共為其謚號。⓫隱而葬之　憐憫她而書其葬禮。⓬不葬　不該書葬。《穀梁》以為日卒時葬為正，此不日卒而月葬，則是不正，不該書葬。⓭不忍使父失民於子　不忍心使父親由於兒子的做法失掉民心。⓮救災以眾　參加救災者為眾人，故稱人。⓯更　償也。諸侯獻財物以補償宋國火災中所受損失。

【語　譯】*三十年，春，周曆正月，楚子派蘧罷來聘問。

*夏，四月，蔡國世子般殺了他的國君固。

此事不記日，因為是兒子奪了父親政權，是按夷狄來對待他。

*五月甲午日，宋國發生火災，伯姬被燒死。

把伯姬死之日加在火災前面，表明她因火災而死。表明她因火災而死，怎麼樣呢？伯姬的居室失火，她身邊的人說：「夫人稍微躲避一下火吧？」伯姬說：「婦人之禮義，傅父保姆不在，夜裡不可走下廳堂。」身旁的人又說：「夫人稍微躲避一下火吧？」伯姬說：「婦人之禮義，保姆不在，夜裡不可走下廳堂。」於是火燒到身上而死。婦人以貞節為行為準則，伯姬於婦道是完全做到了。詳細記錄此事，稱讚伯姬之賢德也。

＊周天王殺了自己的母弟佞夫。

史傳上說：諸侯尚且不肯首當惡名，何況是周天子呢？國君沒有忍心殺戮親人的道理，天子、諸侯所親近之人，唯有長子和母弟呀，天王殺了自己的母弟佞夫，做得太過分了。

＊王子瑕逃往晉國。

＊秋，七月，魯國叔弓去往宋國，參加共姬葬禮。

魯國之外諸侯夫人死不書葬，此處記載葬禮，為什麼？因為是魯國之女，又死於火災，因此憐憫她而書其葬禮。

＊鄭國良霄出逃到許國，又從許國進入鄭國，鄭國人殺了良霄。

不稱他大夫，是憎惡他。

＊冬，十月，安葬蔡景公。

不記其死之日而記其葬之月，表明不該書葬。最終記載其葬，是不忍心讓父親由於兒子而喪失民心。

＊晉人、齊人、宋人、衛人、鄭人、曹人、莒人、邾人、滕人、薛人、杞人、小邾人在澶淵會見，會見原因是由於宋國發生了火災。

諸侯會見不稱為什麼目的，此次會見稱為宋國火災之故，為什麼？因為不說為宋國火災之故，就無法顯現此次會見之美善。與會者都稱人，為什麼？因為救災者為眾人。如何救災呢？諸侯獻財物以補償宋國損失。澶淵之會，使中原各國不侵伐夷狄，夷狄也不入侵中原各國，沒有相互侵犯達八年，這是值得贊許的，晉國趙武和楚國屈建都為此出了力。

＊三十有一年，春，王正月。

＊夏，六月辛巳，公薨于楚宮❶。

楚宮，非正也。

＊秋，九月癸巳，子野❷卒。

子卒日，正也。

＊己亥，仲孫羯卒。

＊冬，十月，滕子來會葬❸。

＊癸酉，葬我君襄公。

＊十有一月，莒人弒其君密州。

【注釋】❶楚宮　仿照楚國樣式建造的宮室。襄公朝楚，喜好其宮室，歸而命人仿造，稱楚宮。❷子野　襄公妾胡女敬歸所生，襄公死，立子野為君，此子因哀傷過度而死。❸會葬　會合行送葬之禮。

【語譯】＊三十一年，春，周曆正月。

＊夏，六月辛巳日，魯襄公死於楚宮。

楚宮，不是他的正寢。

＊秋，九月癸巳日，子野死。

子野死書日，表明他是正常死亡。

＊己亥日，魯仲孫羯死。

＊冬，十月，滕國君主來參加襄公會葬。

＊癸酉日，安葬我們國君襄公。

＊十一月，莒人殺了他們的君主密州。

昭公

【題解】昭公名裯，一作稠，襄公之子，齊歸所生，在位三十二年。

這三十多年表現春秋後期的特點，即各國間或各大軍事集團間的戰爭，轉變為相對和平時期。這一時期北方僅有小規模的零星衝突；南方吳、楚之間的戰爭則較為頻繁。各國內部矛盾激化，鬥爭激烈，與之相應的社會改革則較為普遍。

魯國權力主要掌握在三家，並逐步集中到季孫手中。五年，去中軍，四分公室，季氏有二，另二家各領其一，公室日卑。季孫一面對外擴張，向莒、邾用兵，一面對內專權，壓制其他勢力，與公室矛盾日益尖銳。二十五年，魯昭公在公若、郈孫等支持下討伐季孫，結果季孫意如得到叔孫氏支援，打敗昭公，逼迫昭公逃往齊國，後又去晉國，在外流亡近八年，死於晉國之乾侯。

晉國的實力與威望也大不如前，勉強維持霸主地位。公室日卑，政出多門，對楚採取妥協忍讓態度，容許楚會合諸侯，楚滅蔡亦不能相救。齊侯也輕視晉侯，提出「與君代興」之辭。強加給鄭國的貢賦，也受到抵制，諸侯對晉普遍有貳心。

楚國公子圍殺君自立為靈王，此人驕橫狂妄，會諸侯於申，滅蔡，侮慢晉使，築章華臺，對吳用兵，搞得國內關係緊張，後被殺。公子棄疾在爭位中獲勝，即位為平王，推行一些新措施，使民力得以生息，國力有所增強。平王死後，楚國又大亂，在與吳作戰中敗多勝少。

齊國公室卑弱，田氏日強，民心歸向田氏。卿大夫專權成為普遍趨勢。鄭國由於子產當政，能較好處理內爭，又能在和晉、楚等大國交往中，敢於據理相爭，為鄭國贏得生存和發展的權利。

《穀梁傳》結合對史事的闡釋，發揮《春秋》大義，譴責弒君滅國、踐踏周禮的種種行為。如四年，楚靈王要以弒君之罪殺齊國慶封，慶封則在楚軍面前揭露靈王殺兄之子而代之為君的大罪，沒有資格討伐自己。

傳評曰：「《春秋》之義，用貴治賤，用賢治不肖，不以亂治亂也。」對靈王與慶封都加以譴責。十三年經載：「冬十月，葬蔡靈公。」當時蔡國已為楚滅，靈公為楚誘殺，按「弒君不葬，滅國不葬」之例，本不該書葬，此書葬表明「不與楚滅」，對楚滅蔡不予認可。這類《春秋》大義，蘊含在對經文闡釋中，隨處可見。

*元年❶春，王正月，公即位。

繼正即位，正也。

*叔孫豹會晉趙武、楚公子圍、齊國弱、宋向戌、衛齊惡、陳公子招、蔡公孫歸生、鄭罕虎、許人、曹人于郭❷。

*二月，取鄆❸。

*夏，秦伯之弟鍼出奔晉。

諸侯之尊，弟兄不得以屬通，其弟云者，親之也，親而奔之，惡也❹。

*六月丁巳，邾子華卒。

*晉荀吳帥師敗狄于大原❺。

傳曰：中國曰大原，夷狄曰大鹵，號從中國，名從主人❻。

*秋，莒去疾自齊入于莒，莒展❼出奔吳。

*叔弓帥師疆鄆田❽。

疆之為言猶竟❾也。

＊葬邾悼公。

＊冬，十有一月己酉，楚子卷❿卒。

＊楚公子比⓫出奔晉。

【注　釋】❶元年　西元前五四一年，周景王四年，晉平公十七年，齊景公七年，衛襄公三年，蔡靈公二年，鄭簡公二十五年，曹武公十四年，陳哀公二十八年，杞文公九年，宋平公三十五年，秦景公三十六年，楚郟敖四年，吳夷末三年，許悼公六年。❷郭　《左傳》作「虢」，虢為古文，郭為今文，同指一地。此虢為東虢，後為鄭滅，周平王以其地與鄭，故城在今河南省鄭州市北古滎鎮。❸取鄆　鄆處魯莒交界，為兩國相爭之地，時歸魯，時歸莒，此時為魯所取。其地在今山東省沂水縣東北五十里。❹惡也　憎惡秦伯不能容母弟，有喪倫常。❺大原　《左傳》引經作「大鹵」，狄地之方言。其地在今山西省太原市西南約二十五里。❻中國四句　參見襄五年注❻。❼莒展　《左傳》作「莒展輿」。莒子密州之子，先立後廢，因而聯合國人殺莒子而自立為君。後因奪群公子祿田而被逐，國人由齊召回去疾為君。❽疆鄆田　劃定鄆地疆界，以與莒分開。❾竟　同「境」。劃分邊境。❿楚子卷　卷，《左傳》引經作「麇」，音近可通假。楚子卷在病中被公子圍縊殺，葬於郟地，稱為郟敖。⓫公子比　字子干，楚靈王之弟，任楚右尹之職。後由晉返國殺靈王，己亦被迫自殺。

【語　譯】＊元年，春，周曆正月，昭公即君位。

繼承壽終之君即君位，是為常例。

＊魯叔孫豹在郭地會見晉趙武、楚公子圍、齊國弱、宋向戌、衛齊惡、陳公子招、蔡公孫歸生、鄭罕虎、許人、曹人。

＊二月，魯取得鄆地。

＊夏，秦伯之弟鍼出逃到晉國。

諸侯是至尊至貴的人，弟兄們不得用他親屬名義相通問，此稱弟，表明是秦伯至親之人，至親之人逃離了他，以示對秦伯的憎惡。

*六月丁巳日，邾子華死。

*晉國荀吳率軍在大原打敗狄人。

史傳上說：中原各國稱為大原，夷狄地區稱為大鹵，叫法按中原各國通稱，名稱按當地人方言。

*秋，莒國去疾由齊國進入莒國，莒展出逃到吳國。

*魯國叔弓率軍劃定鄆地疆界。

疆的意思如同劃定邊境。

*安葬邾悼公。

*冬，十一月己酉日，楚子卷死。

*楚國公子比出逃到晉國。

*二年，春，晉侯使韓起❶來聘。

*夏，叔弓如晉。

*秋，鄭殺其大夫公孫黑❷。

*冬，公如晉，至河乃復❸。

恥如晉，故著有疾❹也。

*季孫宿如晉。

公如晉而不得入，季孫宿如晉而得入，惡季孫宿❺也。

【注釋】❶韓起　晉卿，代趙武為政，將中軍，又稱韓宣子。❷公孫黑　字子晳，公子騑之子，鄭大夫，因圖謀作亂，被迫自殺。❸至河乃復　到黃河邊就返回了。魯公去晉弔少姜之喪，何以中途返回，三傳說法各異，《左傳》以為少姜非夫人，晉侯出於尊重魯公，命士文伯辭謝，表示不敢當魯公親臨弔喪，此說較合實際。❹著有疾　彰明有病而回，諱言晉國禁入。❺惡季孫宿　為何要憎惡季孫？認為魯公不得入晉，是季孫說了壞話的原因。

【語譯】＊二年，春，晉侯派韓起來聘問。

＊夏，魯叔弓去往晉國。

＊秋，鄭國殺了它的大夫公孫黑。

＊冬，魯公去往晉國，到黃河邊就返回了。以不得去晉國為恥辱，故此彰明因有病而回。

＊季孫宿去往晉國。魯公去往晉國而不能進入，季孫宿去往晉國而得進入，書此表明憎惡季孫宿。

＊三年，春，王正月丁未，滕子原卒。

＊夏，叔弓如滕。

＊五月葬滕成公。

＊秋，小邾子來朝。

＊八月大雩。

＊冬，大雨雹。

＊北燕伯款出奔齊。

其曰北燕，從史文也。

【語譯】＊三年，春，周曆正月丁未日，滕子原死。

＊夏，魯國叔弓去往滕國。

＊五月，安葬滕成公。

＊秋，小邾國君來朝見。

＊八月，舉行祈雨大祭。

＊冬，大降冰雹。

＊北燕伯款出逃到齊國。

此稱北燕，是依據史傳記載之文。

＊四年，春，王正月，大雨雪❶。

＊夏，楚子、蔡侯、陳侯、鄭伯、許男、徐子、滕子、頓子、胡子、沈子、小邾子、宋世子佐、淮夷會于申❷。

*楚人執徐子。

*秋，七月，楚子、蔡侯、陳侯、許男、頓子、胡子、沈子、淮夷伐吳。執齊慶封❸，殺之。

此入而殺，其不言入何也？慶封封乎吳鍾離❹。其不言伐鍾離何也？不與吳封也。慶封其以齊氏何也？為齊討也。靈王使人以慶封令於軍中曰：「有若齊慶封弒其君者乎？」齊慶封曰：「子一息，我亦且一言。」曰：「有若楚公子圍❺弒其兄之子而代之為君者乎？」軍人粲然❻皆笑。慶封弒其君而不以弒君之罪罪之者，慶封不為靈王服❼也，不與楚討也。《春秋》之義，用貴治賤，用賢治不肖，不以亂治亂也。孔子曰：「懷惡而討❽，雖死不服。」其斯之謂與！

*遂滅厲❾。

遂，繼事也。

*九月，取繒❿。

*冬，十有二月乙卯，叔孫豹卒。

【注釋】❶雩　《左傳》作「雹」。❷徐子句　徐子，徐國國君。徐國在今安徽省泗縣西北五十里。頓子，頓國國君。頓國在今河南省項城縣西之南頓故城，魯定公十四年為楚所滅。胡子，胡國國君。胡為歸姓國，在今安徽省阜陽市，魯定公十五年為楚所滅。沈子，沈國國君。沈國在今阜陽市西北百二十里，距河南沈丘城五十里。淮夷，此指國名，亦指民族名，居處較分散，當在淮河南北廣大區域。申，地名，在今河南省南陽市北二十里。此為楚靈王初會諸侯，北方魯、衛、曹、邾等國託詞不會。❸慶封　字子家，又稱慶季，齊大夫。曾與崔杼同黨，參與殺齊莊公，後又殺崔杼，專齊政。魯襄公二十八年，為田、鮑、高、欒氏聯手打敗，逃往吳國。楚伐吳，俘而殺之。❹鍾離　地名，在今安徽省鳳陽縣。《左傳》、《史記・齊世家》皆謂吳與慶封之地為朱方，在今江蘇省丹徒鎮南，與此不同。❺公子圍　楚共王庶子，弒君卷而自立為君，是為楚靈王。❻粲然　露齒笑貌。❼不為靈王服　對楚靈王責人不律己表示不服氣。❽懷惡而討　自身作惡多端又去討伐別人之罪惡。❾厲　《左傳》作「賴」，音同可通假。國名，其地在今湖北省隨縣東北之厲山店。❿繒　本為姒姓小國，魯襄公六年為莒所滅為莒邑，在今山東省棗莊市東七十餘里。

【語　譯】＊四年，春，周曆正月，天降大雪。

＊夏，楚子、蔡侯、陳侯、鄭伯、許男、徐子、滕子、頓子、胡子、沈子、小邾子、宋世子佐、淮夷在申地會見。

＊楚人拘捕徐子。

＊秋，七月，楚子、蔡侯、陳侯、許男、頓子、胡子、沈子、淮夷聯合攻伐吳國。拘捕齊國慶封，殺了他。這是進入吳國後把他殺掉，此處不說入吳國，為什麼呢？因為慶封被吳國賜封在鍾離。此不稱攻伐鍾離，為什麼？不贊許吳國賜封慶封。為慶封加上齊氏，為什麼？表示為齊國討伐慶封之罪。楚靈王派人把殺慶封之事號令軍中說：「有像齊國慶封這樣殺了自己國君的人嗎？」齊國慶封說：「你休息一下，我也說一句。」他說：「有像楚公子圍這樣殺其兄之子而取代他作了國君的人嗎？」軍士們聽了都開口大笑。慶封殺了他的國君而不能用弒君之罪制裁他，因為慶封對楚靈王不服氣，經亦不贊許楚靈王代齊國討伐慶封。《春秋》之道義，是用高貴者治理卑賤者，用賢德者治理不肖者，不用作亂之人去懲治作亂者。孔子說：「自身作惡而去討伐其他惡人，那些人雖被處死也不心服。」就是說的這個道理吧！

＊接著滅亡了厲國。

遂的意思就是接續做某事。

*九月，取得繒地。

*冬，十二月乙卯日，魯叔孫豹死。

*五年，春，王正月，舍中軍❶。

貴復正❷也。

*楚殺其大夫屈申。

*公如晉。

*夏，莒牟夷以牟婁及防茲來奔❸。

以者，不以者也。來奔者不言出。及防茲，以大及小也。莒無大夫，其曰牟夷何也？以其地來也。以地來，則何以書也？重地也。

*秋，七月，公至自晉。

*戊辰，叔弓帥師敗莒師于賁泉❹。

狄人謂賁泉失台❺，號從中國，名從主人。

*秦伯卒。

*冬，楚子、蔡侯、陳侯、許男、頓子、沈子、許人、越人❻伐吳。

【注釋】❶舍中軍　捨棄中軍。魯本二軍，襄公十一年改作三軍，由季、孟、叔三家分掌。今去掉中軍，把左右二軍分為四，即所謂四分公室，季氏擇其二，另二家各得一。❷復正　復歸正道。以二軍為正道。❸牟夷句　牟夷，莒國之臣。牟婁，莒地，在今山東省諸城縣婁鄉。防，在今山東省安丘縣西南六十里。茲，在今諸城縣北，安丘縣西南。❹賁泉　賁，《左傳》作「蚡」，音近可通假。為莒、魯交界之地名。❺失台　襄五年楊士勛疏作「矢胎」，當是賁泉之方言叫法。❻越人　越國人。越國，也稱於越，姒姓，相傳始祖為夏少康庶子無餘，封於會稽，即今浙江省紹興縣，占有浙江省杭州市以南東至海之地域。春秋末年至句踐時滅吳稱霸。《史記・越世家》有述。

【語譯】*五年，春，周曆正月，捨棄中軍。

貴其復歸正道。

*楚國殺了它的大夫屈申。

*魯公去往晉國。

*夏，莒國牟夷帶著牟婁及防、茲二地來投奔。

稱帶著，表示不該帶著之意。來魯國投奔不言出逃。稱及防、茲，表示由大及小。莒國沒有大夫，此稱牟夷之名，為什麼？因為他帶著土地前來。帶著土地前來，為什麼就要記載呢？因重視土地。

*秋，七月，魯公由晉國返回。

*戊辰日，魯國叔弓率軍在賁泉打敗莒國之軍。

狄人把賁泉叫失台，叫法從中原各國，名稱從當地方言。

*秦伯死。

*冬，楚子、蔡侯、陳侯、許男、頓子、沈子、許人、越人聯合攻伐吳國。

*六年，春，王正月，杞伯益姑卒。

*葬秦景公。

*夏，季孫宿如晉。

*葬杞文公。

*宋華合比❶出奔衛。

*秋，九月，大雩。

*冬，薳罷❷帥師伐吳。

*冬，叔弓如楚。

*齊侯伐北燕。

【注釋】❶華合比　宋大夫，任右師之職。遭寺人柳誣陷被逐逃衛。❷冬薳罷　冬，《校勘記》作「楚」，可從。薳罷，字子蕩，楚令尹。

【語譯】*六年，春，周曆正月，杞伯益姑死。

*安葬秦景公。

*夏，魯季孫宿去往晉國。

*安葬杞文公。

*宋國華合比出逃到衛國。

*秋，九月，舉行祈雨大祭。

*楚國薳罷率軍攻伐吳國。

*冬，魯國叔弓去往楚國。

*齊侯攻伐北燕國。

*七年，春，王正月，暨齊平❶。

平者成也，暨猶暨暨❷也，暨者不得已也，以外及內❸曰暨。

*三月，公如楚。

*叔孫婼❹如齊莅盟。

莅，位也。內之前定之辭❺謂之莅，外之前定之辭謂之來。

*夏，四月甲辰朔，日有食之。

*秋，八月戊辰，衛侯惡卒。

鄉曰衛齊惡❻，今曰衛侯惡，此何為君臣同名也？君子不奪人名，不奪人親之所名，重其所以來也，王父名子❼也。

*九月，公至自楚。

*冬，十有一月癸未，季孫宿卒。

*十有二月癸亥，葬衛襄公。

【注釋】❶暨齊平　與齊國講和。此句無主語，究竟誰與講和，未作交待。《左傳》以為燕與齊平，《穀梁》以為魯與齊平。考之史事，齊自襄公二十五年崔杼伐魯北鄙後，至今已十三年無戰事，兩國本無爭戰，何言講和，當是燕與齊平。❷暨暨　果斷堅定之狀。❸以外及內　由外國要求魯國講和。❹叔孫婼　魯卿，又稱叔孫昭子，為叔孫氏之主。❺內之前定之辭　魯國事前與人約定會盟之文辭。❻鄉曰衛齊惡　以前稱衛國齊惡。昭公元年經有「衛齊惡」參加諸侯之會，此齊惡為衛大夫。❼王父名子　祖父為其所命之名。王父，祖父。名，命名。古時小孩生下由祖父命名，祖父去世則由父命名，以表示尊重父命。

【語譯】＊七年，春，周曆正月，與齊國講和。

平就是講和的意思，與如同說果斷堅定之意，與就是魯出於不得已，在外國堅決要求下與人講和叫與。

＊三月，魯公去往楚國。

＊魯國叔孫婼去齊國參加結盟。

莅，就是到所應在的位置上去。由魯國事先與人約定會盟之辭叫作莅，由外國事先與魯約定會盟之辭叫作來。

＊夏，四月甲辰日，初一，發生日蝕。

＊秋，八月戊辰日，衛侯惡死。

以前稱衛國齊惡，現今又稱衛侯惡，為什麼君主和臣子同名呢？因為君子不剝奪他人名字，不剝奪他人之親人為其所命之名字，尊重這些名字之由來，因其是由他們的祖父或父親所命。

＊九月，魯公由楚國返回。

＊冬，十一月癸未日，魯季孫宿死。

＊十二月癸亥日，安葬衛襄公。

*八年，春，陳侯之弟招殺陳世子偃師。

鄉曰陳公子招，今曰陳侯之弟招，何也？曰：盡其親❶，所以惡招也。兩下相殺不志乎《春秋》，此其志何也？世子云者，唯君之貳❷也，云可以重之存焉，志之也。諸侯之尊，兄弟不得以屬通，其弟云者，親之也。親而殺之，惡也。

*夏，四月辛丑，陳侯溺卒。

*叔弓如晉。

*楚人執陳行人干徵師，殺之。

稱人以執大夫，執有罪也。稱行人，怨接於上❸也。

*陳公子留❹出奔鄭。

*秋，蒐于紅❺。

正也，因蒐狩以習用武事，禮之大者❻也。艾蘭以為防❼，置旃以為轅門❽，以葛覆質以為槷❾，流旁握❿，御轚者⓫不得入。車軌塵⓬，馬候蹄⓭，揜禽旅⓮，御者不失其馳，然後射者能中。過防弗逐，不從奔⓯之道也。面傷不獻⓰，不成禽⓱不獻。禽雖多，天子取三十焉，其餘與士眾。以習射於射宮⓲，射而中，田不得禽則得禽，田得禽而射不中，則不得禽，是以知古之貴仁義而賤勇力也。

＊陳人殺其大夫公子過⑲。

＊大雩。

＊冬，十月壬午，楚師滅陳，執公子招，放之于越，殺陳孔奐。惡楚子⑳也。

＊葬陳哀公。不與楚滅，閔之㉑也。

【注釋】❶盡其親　表明他們是骨肉至親。❷君之貳　君主之繼承者。❸怨接於上　怨恨接連於楚君。因為行人是代表一個國家的，拘捕並處死行人，等於與這個國家為敵，故怨恨及於楚君。❹公子留　陳哀公二妃所生之子，因其母嬖於哀公而受寵。公子招殺世子偃師立其為君，又因懼楚討而出逃。❺蒐于紅　在紅地檢閱車兵與徒兵。蒐本指打獵，春獵為蒐，秋獵亦稱蒐。蓋古時練兵習武，檢閱車徒，皆與田獵結合。紅，魯地。據《左傳》所載，此次檢閱規模甚大，由東至西，全國動員，徵調革車千乘參加。❻禮之大者　練兵習武為禮中之大事。古代以祭祀與兵戎之事為國家大事。❼艾蘭以為防　割除草萊作為田獵習武場地之邊界線。艾，割除。蘭，魯音蘭讀如萊，指雜草，此指清除雜草。《周禮・地官・山虞》：「若大田獵，則萊山田之野。」❽置旃以為轅門　樹立赤色旗幟作為轅門標誌。旃，赤色曲柄旗幟。轅門，古代帝王巡狩田獵，住地周圍以車作屏障，出入處仰兩車，使車轅相向，稱轅門。後亦指軍營營門。❾以葛覆質以為槷　用褐色毛布包裹木砧作為門橛。葛，褐色毛布。質，同「櫍」。木砧。槷，門橛，門中央所立之短木。❿流旁握　進出車輛兩車軸至門要有一握拳之距離（約四寸）。⓫御轚者　御車碰撞到門上。轚，同「擊」。碰撞。⓬車軌塵　後車追循前車揚起之塵埃前行。⓭馬候蹄　駕車之馬要步伐協調一致。⓮揜禽旅　捕獵成群禽獸。揜，捕取。禽，鳥獸總稱。旅，眾多。⓯不從奔　不追逐逃跑者。⓰面傷不獻　面部受傷之獵物不進獻。⓱不成禽　沒有長成的幼小鳥獸。⓲射宮　天子行大射禮的處所，也是考試貢士的場所。⓳公子過　陳大夫，與陳侯弟公子招合謀殺掉陳世子偃師。⓴惡楚子　憎惡楚子。因其滅人之國，把其變成楚國之縣，放逐有罪之公子招，殺害無罪之孔奐，所行無道，故憎惡之。不稱楚子而稱楚師。㉑閔之 哀憐陳哀公，不贊許楚滅陳，故書其葬禮。

【語 譯】＊八年，春，陳侯之弟招殺了陳國世子偃師。

以前稱公子招，如今稱陳侯之弟招，為什麼呢？回答說：表明他們是骨肉至親，用以表明對招之憎惡。魯國以外諸侯國內兩派相互爭殺不記入《春秋》，此處作了記載，為什麼？因為所說世子，是唯一的君主繼承者，就是說可以看作重大事件保存下來，因此加以記載。諸侯是至尊至貴的，兄弟不得用他親屬名義與人交通，稱其弟，表示是至親之人。至親之人又殺了世子，更顯招之可惡。

＊夏，四月辛丑日，陳侯溺死。

＊魯國叔弓去往晉國。

＊楚國人拘捕陳國行人干徵師，並殺了他。

稱人把大夫拘捕了，表示拘捕有罪之人。稱行人，表示怨恨接連於楚君。

＊陳國公子留出逃到鄭國。

＊秋，在紅地檢閱車兵與徒兵。

此為常事，因田獵而練兵習武，這是禮中之大事。割除草萊作為田獵習武之地的邊界線，樹立赤色旗幟作為轅門，用褐毛布包裹砧木作為門橛，要使進出車輛兩軸至門間有一握拳寬，駕車者如果使車軸碰撞轅門，就不能進入。後車追循前車揚起塵埃前行，駕車之馬要步伐協調一致，捕獵成群鳥獸時，駕車者不能放慢奔馳速度，然後射者才能射中。獵物逃出場地邊界線，就不要去追趕，這就是不追逐逃敵之道也。面部受傷之獵物不進獻，未長成的獵物不進獻。獵物雖然眾多，天子也只取三十隻，其餘分給將士們。在射宮中習學射道，射而中的，田獵時未得獵物也可以獲得獵物，田獵時獲得獵物而射不中的，就不能得到獵物，由此可知古代射獵習武之道是崇尚仁義而輕視勇力的。

＊陳國人殺了他們的大夫公子過。

＊舉行祈雨大祭。

＊冬，十月壬午日，楚軍滅亡了陳國，拘捕了公子招，把他放逐到越地，還殺了陳國孔奐。

如此記載表示憎惡楚君。

＊安葬陳哀公。

書此以示不贊許楚國滅陳，並表示對陳哀公的憐憫。

＊九年，春，叔弓會楚子于陳。

＊許遷于夷❶。

＊夏，四月，陳火。

國曰災，邑曰火，火不志，此何以志？閔陳而存之也。

＊秋，仲孫貜❷如齊。

＊冬，築郎囿❸。

【注　釋】❶夷　地名，在今安徽省亳縣東南七十一里之城父故城。❷仲孫貜　魯仲孫蔑之子，仲孫速之弟，速無嫡子，以弟貜為後。因貜年幼，速令庶子羯代攝，襄三十一年，羯卒，貜乃嗣爵。亦稱孟僖子、孟孫。❸郎囿　郎地之苑囿。郎，在今山東省魚臺縣舊治東北十里。

【語　譯】＊九年，春，魯叔弓在陳地會見楚子。

＊許國遷至夷地。

*夏，四月，陳發生火災。

國家發生火災稱災，城邑發生火災稱火，城邑火災不記載，此為什麼記載呢？憐憫陳地被滅而保存它。

*秋，魯仲孫貜去往齊國。

*冬，在郎地修建苑囿。

*十年，春，王正月。

*夏，齊欒施來奔。

*秋，七月，季孫意如❶、叔弓、仲孫貜帥師伐莒。

*戊子，晉侯彪卒。

*九月，叔孫婼如晉。

*葬晉平公。

*十有二月❷甲子，宋公成卒。

【注釋】❶季孫意如　即季平子，為季孫宿之嫡孫，因其父悼子先死，故由他嗣位。昭二十三年代叔孫舍執魯政十五年。

❷十有二月　十有二月上按例應加冬字，此或遺漏。

【語譯】*十年，春，周曆正月。

*夏，齊國欒施來投奔。

*秋，七月，季孫意如、叔弓、仲孫貜率軍攻伐莒國。

＊戊子日，晉侯彪死。

＊九月，魯叔孫婼去往晉國。

＊安葬晉平公。

＊十二月甲子日，宋公成死。

＊十有一年，春，王二月，叔弓如宋。

＊葬宋平公。

＊夏，四月丁巳，楚子虔誘蔡侯般殺之于申❶。

何為名之也？夷狄之君誘中國之君而殺之，故謹而名之也。稱時稱月稱日稱地，謹之也。

＊楚公子棄疾❷帥師圍蔡。

＊五月甲申，夫人歸氏❸薨。

＊大蒐于比蒲❹。

＊仲孫貜會邾子盟于祲祥❺。

＊秋，季孫意如會晉韓起、齊國弱、宋華亥、衛北宮佗、鄭罕虎、曹人、杞人于厥憖❻。

*九月己亥，葬我小君齊歸。

*冬，十有一月丁酉，楚師滅蔡，執蔡世子友以歸，用之❼。此子也❽，其曰世子何也？不與楚殺也。一事注乎志❾，所以惡楚子也。

【注釋】❶申　本為姜姓國名，後為楚之大邑，其地在今河南省南陽市及其以北地域。楚靈王誘殺蔡侯般，《左傳》有載。❷公子棄疾　楚共王子，靈王兄弟，靈王在楚國叛亂中被迫自殺，棄疾繼為楚君，是為平王。❸夫人歸氏　昭公生母，胡女，歸姓。襄公嫡夫人敬歸之妹。❹比蒲　地名，所在無考。❺祲祥　或在今山東省曲阜縣境。❻厥慭　地名。或謂衛地，在今河南省新鄉縣。❼用之　殺之用作祭祀之犧牲。❽此子也　此應稱子。先君在喪期間，世子為嗣君，例應稱子。❾注乎志　記錄在史志上。

【語譯】*十一年，春，周曆二月，魯叔弓去往宋國。

*安葬宋平公。

*夏，四月丁巳日，楚子虔誘騙蔡侯般前來，在申地把他殺掉。為什麼要記載楚子之名？因為夷狄之君主誘騙中國之君主並把他殺掉，故而慎重地記下他的名字。記載此事發生的季節、月份、日子、地點，以表示鄭重。

*楚國公子棄疾率軍包圍蔡國都城。

*五月甲申日，夫人歸氏死。

*在比蒲舉行大規模閱兵之禮。

*魯仲孫貜在祲祥會見邾子並結盟。

*秋，魯季孫意如在厥慭會見晉韓起、齊國弱、宋華亥、衛北宮佗、鄭罕虎、曹人、杞人。

*九月己亥日，安葬我國小君齊歸。

*冬，十一月丁酉，楚師滅亡蔡國，拘捕蔡國世子友帶回楚國，殺了他用作祭祀之犧牲。

此應稱子，而稱世子，為什麼呢？表示不贊許楚國殺了他。這一件事記載在史志上，用來表明對楚子的憎惡。

*十有二年，春，齊高偃帥師納北燕伯于陽❶。

納者內不受也。燕伯之不名何也？不以高偃挈燕伯❷也。

*三月壬申，鄭伯嘉卒。

*夏，宋公使華定來聘。

*公如晉，至河乃復。

季孫氏不使遂乎晉❸也。

*五月，葬鄭簡公。

*楚殺其大夫成虎❹。

*秋，七月。

*冬，十月，公子慭❺出奔齊。

*楚子伐徐❻。

*晉伐鮮虞❼。

其曰晉，狄之❽也。其狄之何也？不正其與夷狄交伐中國，故狄稱之也。

【注釋】❶陽　《左傳》作「唐」，在今河北省完縣西，唐縣東北。❷挈燕伯　帶領燕伯。君挈臣則臣名，臣挈君如同名則無尊卑之分，故燕伯不稱。此燕伯名款，此前逃齊者。❸遂乎晉　完成去晉朝見新君之事。❹成虎　虎，《左傳》引經文作「熊」，蓋熊為名，虎為字。成虎為若敖氏之餘蔭，令尹子文之孫。若敖氏被滅於宣公四年，成虎亦受其族累，無罪被殺。❺公子憖　字子仲，魯公族。因與叔仲小、南蒯謀劃攻季氏，事敗逃齊。❻徐　國名，在今安徽省泗縣西，此時與吳國結好。楚伐徐以威脅吳國。❼鮮虞　白狄別種之國，今河北省正定縣北四十里新城舖即其都城。❽狄之　把晉國視為夷狄。因其與楚國一樣輪流攻伐中國。《穀梁》此說不符合實際，因晉所攻伐者為鮮虞，不是中原諸侯。

【語譯】＊十二年，春，齊國高偃率軍護送北燕伯至陽地。

稱護送表明那裡的人不肯接受。對燕伯不稱名字，為什麼呢？不使高偃帶領燕伯，以尊重燕伯也。

＊三月壬申日，鄭伯嘉死。

＊夏，宋公派華定來聘問。

＊魯公去往晉國，到黃河邊又返回。

這是由於季孫氏不讓魯公去晉完成朝見之事。

＊五月，安葬鄭簡公。

＊楚國殺了它的大夫成虎。

＊秋，七月。

＊冬，十月，魯公子憖出逃到齊國。

＊楚子攻伐徐國。

＊晉軍攻伐鮮虞。

此稱晉，是把它作夷狄之國看待。把它作夷狄之國看待，為什麼呢？是不把它與夷狄之國輪番攻伐中國視為正道，故此以夷狄之國稱呼它。

*十有三年，春，叔弓帥師圍費❶。

*夏，四月，楚公子比❷自晉歸于楚，弒其君虔于乾溪❸。

自晉，晉有奉❹焉爾。歸而弒，不言歸❺，言歸非弒也。歸一事也，弒一事也，而遂言之❻，以比之歸弒❼，比不弒也。弒君者日，不日，比不弒也。

*楚公子棄疾殺公子比。

當上之辭❽也。當上之辭者，謂不稱人以殺，乃以君殺之也。討賊以當上之辭，殺非弒也。比之不弒有四❾。取國者稱國以弒❿。楚公子棄疾殺公子比，比不嫌⓫也。《春秋》不以嫌代嫌⓬，棄疾主其事，故嫌也。

*秋，公會劉子、晉侯、齊侯、宋公、衛侯、鄭伯、曹伯、莒子、邾子、滕子、薛伯、杞伯、小邾子于平丘⓭。

*八月甲戌，同盟于平丘。

同者有同也，同外楚也。

*公不與盟。

公不與盟者，可以與而不與，譏在公⓮也。其日，善是盟也。

*晉人執季孫意如以歸。

*公至自會。

*蔡侯廬歸于蔡。

*陳侯吳歸于陳⓯。

善其成之⓰，會而歸之，故謹而日之。此未嘗有國⓱也，使如失國辭然者，不與楚滅也。

*冬，十月，葬蔡靈公。

變之不葬⓲有三：失德不葬，弒君不葬，滅國不葬。然且葬之，不與楚滅，且成諸侯之事也。

*公如晉⓳，至河乃復。

*吳滅州來⓴。

【注釋】❶費　魯邑，在今山東省魚臺縣舊治西南。本為季氏私邑，現為季氏家臣南蒯所據，依附齊國對抗季氏，故季平子命叔弓帥兵圍攻。❷公子比　字子干，楚共王子，楚靈王之弟。魯宣公元年，因楚亂出逃晉國。❸乾溪　楚地，其地在今安徽省亳縣東南。❹奉　輔助；擁戴。❺歸而弒不言歸　歸國而弒其君，就不稱為歸。按例，歸是好辭，對弒君之人不稱歸。

❻遂言之　把兩事連續在一起說。❼比之歸弒　公子比回歸楚國遇到弒君事。❽當上之辭　相當於君殺大夫之文辭。上，指君主。❾四　證明公子比未曾弒君的四件事。指前面所說用歸稱他，把歸與弒並言，不記日，當上之辭。❿取國者稱國以弒　如果是為篡國而弒君，應當說楚比弒其君虔，不應稱公子。如前文有衛祝吁弒其君完，齊無知弒其君諸兒之類。⓫比不嫌　公子比沒有弒君之嫌疑。⓬不以嫌代嫌　不以此一有弒君篡國之嫌者誅殺並取代另一有弒君篡國之嫌者。⓭公會劉子句　劉子，周王卿士，亦稱劉獻公。平丘，在今河南省封丘縣東四十里。⓮譏在公　在於譏刺魯公之治國無術。此次盟會，魯公本可與盟，因臨時發生邾、莒二國向晉控告魯之多次攻伐，魯公不能解說而被拒於盟外。⓯蔡侯廬二句　陳、蔡二國此前已被楚滅，楚平王即位，又使二國之嗣子回國復位。⓰善其成之　讚美平丘之會的功績。⓱未嘗有國　未曾有自己的國家。陳、蔡已被滅，變成楚邑，不是己國。⓲變之不葬　改變常禮不書葬。⓳公如晉　魯公此次去晉，是為請求晉侯放還季平子，晉當時無意放還，故辭公。⓴州來　國名，在今安徽省鳳臺縣。

【語　譯】＊十三年，春，魯國叔弓率軍包圍費邑。

＊夏，四月，楚國公子比由晉國返回楚國，楚國在乾溪殺了它的君主虔。

稱由晉國返回，是說晉國輔助他回來的。回歸而弒其君，就不稱為回歸，稱回歸就表明沒有弒君。回歸楚國是一件事，殺死國君又是一件事，而把兩件事連在一起說，是因為公子比回到楚國遇見了弒君之事，公子比沒有弒君。弒君要記日，沒有記日，也證明公子比沒有弒君。

＊楚國公子棄疾殺掉公子比。

這相當於國君殺大夫之文辭。相當於國君殺大夫文辭，是說不是稱人把他殺了，而是國君把他殺了。討伐叛賊用相當於國君殺大夫文辭，說明所殺者不是弒君之人。公子比不是弒君之人，上述四件事可資證明。如果是為篡國而弒君，應當稱楚比弒其君虔。稱楚國公子棄疾殺公子比，表明公子比沒有弒君之嫌疑。《春秋》不用此一有弒君篡國之嫌疑人，誅殺並取代另一有弒君篡國之嫌者。棄疾主謀殺公子比，因此有弒君篡國之嫌。

＊秋，魯公在平丘會見劉子、晉侯、齊侯、宋公、衛侯、鄭伯、曹伯、莒子、邾子、滕子、薛伯、杞伯、

小邾子。

*八月甲戌日，共同在平丘結盟。

同的意思是有共同目標，即共同以楚國為外敵。

*魯公沒能參加結盟。

魯公沒能參加結盟的意思是說，本來可以參加而未能參加，在於譏刺魯公治國無術也。記載結盟之日，表示贊許此次盟會。

*晉國人拘捕季孫意如，並把他帶回國。

*魯公由會返回。

*蔡侯廬回歸蔡國。

*陳侯吳回歸陳國。

這是讚美平丘之會的功績，通過此會使陳侯、蔡侯歸國，故而鄭重記下盟會之日。他們實際上未曾有自己的國家，使用如同失去自己國家的文辭表述，是不贊許楚國滅掉他們的國家。

*冬，十月，安葬蔡靈公。

改變常禮不書葬有三條：失德之君不書葬，被殺之君不書葬，滅國之君不書葬。可是這裡卻記載了蔡侯之葬禮，這是表明不贊許楚滅蔡，並成就諸侯平丘之會的功績。

*魯公去往晉國，到黃河邊返回。

*吳國滅亡州來。

*十有四年，春，意如至自晉。

大夫執則致❶，致則名。意如惡，然而致，見君臣之禮也。

＊三月，曹伯滕卒。

＊夏，四月。

＊秋，葬曹武公。

＊八月，莒子去疾卒。

＊冬，莒殺其公子意恢。

言公子而不言大夫，莒無大夫也。莒無大夫而曰公子意恢，意恢賢也。曹、莒皆無大夫，其所以無大夫者，其義異❷也。

【注釋】❶致　祭告祖廟。❷其義異　其道理不同。莒從夷狄而無大夫，曹為附庸小國無大夫。

【語譯】＊十四年，春，意如由晉國返回。

大夫被他國拘捕，歸來則要祭告祖廟，祭告祖廟則稱他的名字。意如雖然可惡，還是把他的事祭告祖廟，這表現了君臣禮儀。

＊三月，曹伯滕死。

＊夏，四月。

＊秋，安葬曹武公。

＊八月，莒子去疾死。

＊冬，莒國殺了它的公子意恢。

稱公子而不稱大夫，莒國沒有大夫。莒國沒有大夫而稱公子意恢，因為意恢是個賢德之人。曹國和莒國都沒有大夫，他們之所以沒有大夫，其理由卻是不同的。

*十有五年，春，王正月，吳子夷末卒。

*二月癸酉，有事于武宮❶。籥入❷，叔弓卒。去樂卒事❸。君在祭樂之中，聞大夫之喪，則去樂卒事，禮也。君在祭樂之中，大夫有變❹，以聞可乎？大夫國體❺也，古之人重死，君命無所不通❻。

*夏，蔡朝吳出奔鄭。

*六月丁巳朔，日有食之。

*秋，晉荀吳帥師伐鮮虞。

*冬，公如晉。

【注釋】❶有事于武宮　在武宮舉行祭祀。有事，祭祀之通稱。武宮，魯武公之廟。武公名敖，為魯公伯禽之玄孫，其廟稱武世室，與伯禽廟之文世室一樣，皆為不毀之廟。❷籥入　持羽籥之舞者進入時。祭祀時必有樂舞，舞分文舞，執羽籥，武舞，執干戚。籥即籥管，文舞所持道具。❸去樂卒事　撤去樂舞，把祭祀之事做完。❹有變　有變故。多指死亡。❺大夫國體　大夫是國家肢體。❻君命無所不通　大夫死，沒有不可不向君通告的。就是說，不管君在做什麼，都應立即通報。

【語譯】*十五年，春，周曆正月，吳子夷末死。

*二月癸酉日，在武宮舉行祭祀。當持羽籥之舞者進入時，叔弓突然死去。於是撤去樂舞，把祭祀之事做完。

在祭祀樂舞進行中，國君聞知大夫喪事，就應該去掉樂舞，把祭祀之事做完，這是合乎禮的。在祭祀樂舞進行中，大夫有喪事，使君聞知可以嗎？大夫是國家之肢體，古代人看重人之死，不管君在做什麼事，沒有不可不向君通告的。

*夏，蔡國朝吳出逃到鄭國。

*六月丁巳日，初一，發生日蝕。

*秋，晉國荀吳率軍攻伐鮮虞。

*冬，魯公去往晉國。

*十有六年，春，齊侯伐徐。

*楚子誘戎蠻子❶殺之。

*夏，公至自晉。

*秋，八月己亥，晉侯夷卒。

*九月，大雩。

*季孫意如如晉。

*冬，十月，葬晉昭公。

【注釋】❶戎蠻子　戎蠻國君，名嘉。戎蠻又稱蠻氏，其地在今河南省臨汝縣西南，汝陽縣東南。

【語譯】*十六年，春，齊侯攻伐徐國。

*楚子誘殺了戎蠻國君。

*夏，魯公由晉國返回。

*秋，八月己亥日，晉侯夷死。

*九月，舉行祈雨大祭。

*魯季孫意如去往晉國。

*冬，十月，安葬晉昭公。

*十有七年，春，小邾子來朝。

*夏，六月甲戌朔，日有食之❶。

*秋，郯子❷來朝。

*八月，晉荀吳帥師滅陸渾戎❸。

*冬，有星孛于大辰❹。

一有一亡❺曰有。于大辰者，濫于大辰❻也。

*楚人及吳戰于長岸❼。

兩夷狄曰敗，中國與夷狄亦曰敗。楚人及吳戰于長岸，進楚子，故曰戰❽。

【注釋】❶夏三句　此年六月無日蝕，日蝕在周曆九月癸酉朔。此次經與《左傳》皆誤記。❷郯子　郯國君主。郯，己姓國，故城在今山東省郯城縣西南二十里。❸陸渾戎　戎人之一部，在今河南省嵩縣及伊川縣一帶活動。❹有星孛于大辰　有彗星出現在大火星區間。孛即彗星，俗稱掃帚星，為帶狀星群。大辰即心宿二，又名大火星。❺一有一亡　或有或無；時有時無。對這類事物的存在稱為有。❻濫于大辰　漫過大火星一帶天際。❼長岸　地名，在今安徽省當塗縣西南三十里有西梁山，與和縣南七十里東梁山夾江相對，又稱天門山，長岸即指此。❽進楚子故曰戰　尊奉楚子，故而稱戰。此釋戰字恐不合經義。此戰吳、楚互有勝負，實力相當，未分勝負，不能說誰打敗誰，用戰字恰當反映實際情況。

【語譯】＊十七年，春，小邾子來朝見。

＊夏，六月甲戌日，初一，發生日蝕。

＊秋，郯國君主來朝見。

＊八月，晉國荀吳率軍滅亡了陸渾戎。

＊冬，有彗星出現在大火星區間。

時有時無的事物出現了就稱為有。彗星出現在大火星區間，是說彗星漫過大火星一帶天際。

＊楚人和吳人在長岸交戰。

兩個夷狄國家交戰，應書一方打敗另一方；中原諸侯與夷狄之國交戰，也稱一方打敗另一方。此為楚國人和吳國人在長岸交戰，未稱誰打敗誰，是為尊奉楚君，故稱交戰。

＊十有八年，春，王三月，曹伯須卒。

＊夏，五月壬午，宋、衛、陳、鄭災。

其志，以同日也。其日，亦以同日也。或曰人有謂鄭子產❶曰：「某日有災。」子產曰：「天者神，子惡知之？是人也，同日為四國災也。」

＊六月，邾人入鄅❷。

*秋，葬曹平公。

*冬，許遷于白羽❸。

【注釋】❶子產　名僑，字子產，謚成子。鄭穆公之孫，子國之子，公子之子稱公孫，故名公孫僑。以父字為氏，又稱國僑。因居東里，又稱東里子產。自鄭簡公時執國政，歷定、獻、聲三朝。時晉、楚爭霸，鄭處兩強之間，得子產周旋應付，不卑不亢，為鄭國求得生存和發展作出重要貢獻。對此次火災，子產不為迷信潮流所左右，採取有效的應對措施，使鄭國免受損失。可參看本年《左傳》。❷鄅　國名，妘姓，子爵。其地在今山東省臨沂縣北十五里。❸白羽　在今河南省西峽縣西關外。

【語譯】*十八年，春，周曆三月，曹伯須死。

*夏，五月壬午日，宋、衛、陳、鄭四國同日發生火災。記載此事，因為四國同一天發生火災，記載其日，也因為四國同一天發生火災。又有說有人對鄭國子產說：「某一天有火災。」子產說：「上天是神秘莫測的，你怎麼能知道？這是人事的原因，碰巧同一天四國發生火災。」

*六月，鄅人進入鄅國。

*秋，安葬曹平公。

*冬，許國遷至白羽。

*十有九年，春，宋公伐邾。

*夏，五月戊辰，許世子止弒其君買❶。

日弒，正卒❷也。正卒，則止不弒也。不弒而曰弒，責止也。止曰：「我與夫弒者。」不立乎其位❸，以與其弟虺。哭泣，歠飦粥❹，嗌不容粒❺，未踰年而死。故君子即止自責而責之❻也。

＊己卯，地震。

＊秋，齊高發帥師伐莒。

＊冬，葬許悼公。

日卒時葬，不使止為弒父也。曰：子既生，不免乎水火，母之罪也。羈貫成童❼，不就師傅，父之罪也。就師學問無方❽，心志不通，身之罪也。心志既通而名譽不聞，友之罪也。名譽既聞，有司不舉，有司之罪也。有司舉之，王者不用，王者之過也。許世子不知嘗藥，累及許君也。

【注釋】❶許世子止弒其君買　許君患瘧疾，飲下世子止所進之藥就死了。世子並非存心弒君，只是不懂藥性，又沒有事先嘗過，以致君服藥而死，造成了弒君的後果。❷日弒正卒　記載死亡之日，表明是正常死亡。《穀梁》以為君被殺不書日，如魯襄三十年，經有「蔡世子般弒其君固」，有月無日。但弒君書日之例亦有，此例不能貫通。❸位　指君位。❹歠飦粥　飲食稀粥。歠，同「啜」。飲；喝。飦，稀粥。❺嗌不容粒　咽喉嚥不下飯粒。嗌，咽喉。❻即止自責而責之　就許世子止自責之心而對他進行責備。❼羈貫成童　剪去邊髮，將餘下頭髮束成角狀雙結，成為童子。羈貫，兒童髮髻。成童，兒童八歲為成童。❽無方　沒有固定方向。指心志不專一。

【語譯】＊十九年，春，宋公攻伐邾國。

＊夏，五月戊辰日，許國世子止殺了他的君主買。

記載死亡之日，表明是正常死亡。正常死亡，就說明世子止沒有弒君。沒有弒君而稱弒君，為責備世子止也。止說：「我參與了弒君。」他不肯居君位，把它讓給弟弟虺。他哀哭流涕，只喝點稀粥，咽喉嚥不下飯粒，未過一年就死了。因此君子就世子止自責之心而責備他。

＊己卯日，發生地震。

＊秋，齊國高發率軍攻伐莒國。

＊冬，安葬許悼公。

記載死亡之日期，安葬之季節，為了不使止成為弒父之人。就是說：孩子生下來，未能免除水火之災，是母親的罪過。到了束成雙髻的成童年齡，不請師傅教導，是父親的罪過。就師求學沒有固定方向，心志不能通達，是自身的罪過。心志既已通達而名聲不能傳揚，是朋友的罪過。名聲既已傳播開來，主管官吏不予舉薦，是官吏的罪過。官吏舉薦了，君王不加任用，是君王的過失。許國世子不懂得為父病嘗藥，累及君父死去。

＊二十年，春，王正月。

＊夏，曹公孫會自夢❶出奔宋。

自夢者，專乎夢❷也。曹無大夫，其曰公孫何也？言其以貴取之，而不以叛也。

＊秋，盜殺衛侯之兄輒。

盜，賤也。其曰兄，母兄也。目衛侯，衛侯累❸也。然則何為不為君❹也？曰有天疾❺者不得入乎宗廟。輒者何也？曰兩足不能相過❻，齊謂之綦❼，楚謂之踂❽，衛謂之輒❾。

＊冬，十月，宋華亥、向寧、華定出奔陳。

＊十有一月辛卯，蔡侯盧卒。

【注釋】❶夢　又作「鄸」，曹邑，在今山東省菏澤縣西北三里。❷專乎夢　專掌夢邑全權。夢為會之私邑。❸衛侯累　衛侯被牽累。即歸罪衛侯身為國君，不能保其母兄。❹何為不為君　輒即為衛侯母兄，為什麼沒有作君主呢。❺天疾　先天性疾病。❻兩足不能相過　兩腳連併，不能相互邁開。❼綦　兩足連併，不能行走。❽踂　兩足相併，不能邁步。❾輒　足疾，意同上。

【語譯】＊二十年，春，周曆正月。

＊夏，曹國公孫會由夢地出逃到宋國。

從夢地，是因他專掌夢邑全權。曹國沒有大夫，此稱公孫，為什麼？這是取其高貴的身分，而不取其叛逃之行。

＊秋，盜賊殺了衛侯之兄輒。

稱盜賊，表示身分卑賤。此稱兄，指同母之兄。稱衛侯，是歸罪衛侯不能保其兄。然而為什麼不使輒為君呢？回答說有先天性疾病的人不能進入宗廟主持祭祀。輒是什麼意思呢？回答說：兩腳連併，不能邁開走路。這種疾病齊國稱綦，楚國稱踂，衛國稱輒。

*冬，十月，宋國之華亥、向寧、華定出逃到陳國。

*十一月辛卯日，蔡侯廬死。

*二十有一年，春，王三月，葬蔡平公。

*夏，晉侯使士鞅來聘。

*宋華亥、向寧、華定自陳入于宋南里❶以叛。

自陳，陳有奉焉爾。入者內弗受也。其曰宋南里，宋之南鄙❷也。以者，不以者❸也。叛，直叛❹也。

*秋，七月壬午朔，日有食之。

*八月乙亥，叔輒❺卒。

*冬，蔡侯東❻出奔楚。

東者，東國❼也。何為謂之東也？王父誘而殺❽焉，父執而用❾焉，奔而又奔之，曰東惡之而貶之也。

*公如晉，至河乃復。

【注釋】❶南里　地名，在宋都商丘南面四十里處。❷宋之南鄙　宋都南面地方，即指南里。❸不以者　不可以叛亂。❹直

叛　據邑叛亂，但未投靠他國。❺叔輒　字伯張，魯叔弓之子。❻蔡侯東　東，《左傳》作「朱」。朱為蔡侯盧之子。即位後，楚費無極威脅蔡人逐之，朱奔楚訴冤。其事見《左傳》。《穀梁》誤朱作東。❼東國　蔡侯般之孫，隱太子之子，蔡侯盧之弟，繼朱為蔡國君主，是為蔡悼公。《穀梁》所謂稱東不稱東國為「惡之而貶之」之說亦不可從，古今有雙名呼一字表親暱者，未見雙名稱一字為貶者。《穀梁》誤朱為東國，所述皆東國事，與經義不合。❽王父誘而殺　祖父被誘騙而殺掉。此即楚子誘殺蔡侯般事，見昭十一年經及《左傳》。❾父執而用　指蔡國隱太子被拘捕用作祭祀犧牲之事，亦見昭十一年經傳。

【語　譯】＊二十一年，春，周曆三月，安葬蔡平公。

＊夏，晉侯派士鞅來聘問。

＊宋國華亥、向寧、華定由陳國進入宋國南里，在那裡發動叛亂。

稱由陳國，表示陳國對他們給予資助。稱入是說宋國不肯接受他們。此稱宋之南里，是指宋都南面之地。稱以，就是不可以叛亂之意。稱叛，指直接據邑叛亂，未投靠他國。

＊秋，七月壬午日，初一，發生日蝕。

＊八月乙亥日，魯國叔輒死。

＊冬，蔡侯東出逃到楚國。

東指東國。為什麼稱他為東呢？因為他的祖父被楚子誘騙殺害，父親被楚國拘捕用作祭祀之犧牲，他出逃又逃往楚國，稱東是表示對他的憎惡和貶抑。

＊魯公去往晉國，到黃河邊就返回來。

＊二十有二年，春，齊侯伐莒。

＊宋華亥、向寧、華定自宋南里出奔楚。

自宋南里者，專也❶。

*大蒐于昌間❷。

秋而曰蒐❸，此春也，其曰蒐何也？以蒐事❹也。

*夏，四月乙丑，天王崩。

*六月，叔鞅❺如京師，葬景王。

*王室亂。

亂之為言事未有所成❻也。

*劉子、單子以王猛居于皇❼。

以者，不以者也。王猛嫌❽也。

*秋，劉子、單子以王猛入于王城❾。

以者，不以者也。入者，內弗受也。

*冬，十月，王子猛卒。

此不卒者❿也，其曰卒，失嫌⓫也。

*十有二月癸酉朔，日有食之⓬。

【注　釋】❶專也　專有南里也。❷大蒐于昌間　在昌間舉行大蒐禮。春獵稱蒐，秋獵亦稱蒐，與狩獵結合之閱兵習武亦稱蒐，此為後義。昌間，地名，或在今山東省泗水縣境。❸秋而曰蒐　秋獵稱蒐。春獵亦稱蒐。《左傳》隱五年載「春蒐、夏苗、秋獮、冬狩」。❹以蒐事　以打獵行閱兵習武之事。❺叔鞅　魯叔弓之子。去京師參加周景王之葬禮。天子七月而葬，而景王四月死，六月葬，葬禮提前由於周亂也。❻事未有所成　立君之事尚未完成。因王子猛、王子朝爭位正在進行，王位屬誰還未見分曉。❼王猛居於皇　王猛，景王之子。昭十五年太子壽死，王立子猛為嗣，後又欲立子朝，尚未定而景王死。皇，地名，當在今河南省洛陽市東，鞏縣西南。❽王猛嫌　稱王猛不稱王子猛，譏其有篡竊之嫌。❾王城　在今洛陽市西北隅。❿此不卒者　王猛未成為君，其死不該記載。⓫失嫌　因人已死，故解除其篡竊君位之嫌。⓬十有二月二句　此次日蝕在閏十二月。

【語　譯】*二十二年，春，齊侯攻伐莒國。

*宋國華亥、向寧、華定由宋國南里出逃到楚國。由宋國南里出逃，是說他專有那個地方。

*在昌間舉行大蒐禮。秋獵稱蒐，此為春季，為什麼稱蒐呢？是以打獵行習武閱兵之事。

*夏，四月乙丑日，天王崩逝。

*六月，魯國叔鞅去京師，參加景王葬禮。

*周王室發生爭位之亂。亂的意思是說立君之事尚未完成。

*劉子、單子使王猛居於皇地。使的意思是不該使也。稱王猛不稱王子猛，譏其有篡竊君位之嫌。

*秋，劉子、單子使王猛進入王城。使的意思是不該使也。稱入，表示王城之人不肯接受他們。

*冬，十月，王子猛死。

王猛之死不該記載，此處作了記載，表明解除其篡竊君位之嫌疑。

*十二月癸酉日，初一，發生日蝕。

*二十有三年，春，王正月，叔孫婼如晉。

*癸丑，叔鞅卒。

*晉人執我行人叔孫婼。

*晉人圍郊❶。

*夏，六月，蔡侯東國卒于楚。

*秋，七月，莒子庚輿來奔❷。

*戊辰，吳敗頓、胡、沈、蔡、陳、許之師于雞甫❸，胡子髡、沈子盈滅❹。

中國不言敗，此其言敗何也？中國不敗，胡子髡、沈子盈其滅乎？其言敗，釋其滅也。

*獲陳夏齧。

獲者，非與之辭❺也，上下之稱❻也。

*天王居于狄泉❼。

始王也，其曰天王，因其居而王之❽也。

*尹氏立王子朝❾。立者，不宜立者也。朝之不名❿何也？別嫌乎尹氏之朝⓫也。

*八月乙未，地震。

*冬，公如晉，至河，公有疾乃復。疾不志，此其志何也？釋不得入乎晉也。

【注釋】❶郊　周邑，為子朝所得。晉師圍郊，子朝一伙潰逃，晉軍亦撤去。❷莒子庚輿來奔　庚輿，莒犁比公之子，著丘公之弟。魯宣公十四年，莒亂，著丘公之子郊公被逐奔齊，庚輿得立為君。庚輿暴虐，鑄劍以人試之，又將叛齊國，故被國人逐出。❸雞甫　甫，《左傳》作「父」，楚地，在今河南省固始縣東南。頓，國名，在今河南省項城縣之南頓故城。胡，媯姓國，故城在今安徽省阜陽市。沈，國名，在今阜陽市西北百二十里。❹胡子髡沈子盈滅　君死於位曰滅，因為國君為社稷之主，與宗廟共存亡，故稱其死曰滅。此則指二國君戰死或被俘獲處死。❺非與之辭　不是贊許之文辭。❻上下之稱　區分君臣上下的稱謂。❼狄泉　池水名，地在今洛陽城內大倉西南，水已堙，當時在城外。蓋晉軍撤走後，王子朝黨重入王城，王子朝被尹氏立為君，敬王避出京師，居於狄泉。❽因其居而王之　因其居狄泉，非居京師，恐人疑其失位，故而以天王稱之。天下之地皆屬天王，居狄泉仍為天下之主。❾尹氏立王子朝　尹氏立王子朝為周王。尹氏，周王卿士，王子朝的支持者。王子朝，周景王之長庶子，有寵，景王欲立之，未行而死。子朝成為王位的有力競爭者。❿朝之不名　對朝不直稱其名，而稱王子朝。⓫尹氏之朝　如果只稱朝，不加王子，就可能使人誤解為尹氏自立嗣子名朝。

【語譯】*二十三年，春，周曆正月，魯國叔孫婼去往晉國。

*癸丑日，魯國叔鞅死。

*晉國人拘捕我國行人叔孫婼。

*晉國人包圍周之郊邑。

*夏，六月，蔡侯東國死在楚國。

*秋，七月，莒子庚輿來投奔。

*戊辰日，吳軍在雞甫打敗頓、胡、沈、蔡、陳、許之軍，胡國君主髡、沈國君主盈被打死。

中原諸國與夷狄之國交戰不言中國敗於夷狄，此處稱敗於吳，為什麼？因為如果不言中國被打敗，胡國君主髡、沈國君主盈怎麼能被打死呢？這裡說被打敗，就是解釋兩國君主被打死呀。

*俘獲陳國的夏齧。

稱俘獲，不是贊許夏齧之文辭，是為區分君臣上下的一種稱謂。

*天王居處在狄泉。

這是敬王開始稱王。此稱天王，因其居於狄泉而非京師，怕引起失位誤解，而稱其為天王。

*尹氏立王子朝為周王。

稱立，是說不應該立也。對朝不直稱名而加王子，為什麼？為了不使人可能誤解為尹氏自立嗣子朝之嫌。

*八月乙未日，發生地震。

*冬，魯公去往晉國，至黃河邊，因有疾而還。

有病是不記載的，此作了記載，為什麼？解釋不得進入晉國的原因。

*二十有四年，春，王二月丙戌，仲孫貜❶卒。

*婼至自晉❷。

大夫執則致，致則挈❸，由上致之也。

＊夏，五月乙未朔，日有食之。

＊秋，八月，大雩。

＊丁酉，杞伯郁釐卒。

＊冬，吳滅巢❹。

＊葬杞平公。

【注　釋】❶仲孫貜　孟僖子也。襄三十一年立，死後其子何忌嗣為大夫，即孟懿子。❷婼至自晉　叔孫婼由晉國返回。稱婼，因祭告祖廟只稱其名，經據以書之。❸致則挈　祭告祖廟就要舉出臣的名字，君前臣名，故去其氏。❹巢　群舒國名，偃姓，今安徽省巢縣東北五里之居巢故址，即古巢國。

【語　譯】＊二十四年，春，周曆二月丙戌日，魯仲孫貜死。

＊魯叔孫婼由晉國返回。

大夫被他國拘捕放回就要祭告祖廟，告廟只舉臣名，因為是由君主主持其事。

＊夏，五月乙未日，初一，發生日蝕。

＊秋，八月，舉行祈雨大祭。

＊丁酉日，杞伯郁釐死。

＊冬，吳國滅亡巢國。

＊安葬杞平公。

*二十有五年，春，叔孫婼如宋。

*夏，叔倪會晉趙鞅、宋樂大心、衛北宮喜、鄭游吉、曹人、邾人、滕人、薛人、小邾人于黃父❶。

*有鸜鵒來巢❷。

一有一亡曰有。來者，來中國也。鸜鵒穴者而曰巢❸，或曰增之❹也。

*秋，七月上辛❺，大雩，季辛又雩。

季者有中之辭❻也，又，有繼之辭也。

*九月乙亥，公孫于齊❼。

孫之為言猶孫也，諱奔也。

*次于陽州❽。

次，止也。

*齊侯唁公于野井❾。

弔失國曰唁，唁公不得入于魯也。

*冬，十月戊辰，叔孫婼卒。

*十有一月己亥，宋公佐卒于曲棘❿。

邡公⓫也。

*十有二月，齊侯取鄆⓬。

取，易辭也。內不言取，以其為公取之，故易言之也。

【注釋】❶黃父　在今山西省沁水縣西北，費城縣東北。此會目的在商討如何平定王室之亂。❷鸜鵒來巢　鸜鵒來魯築巢。鸜鵒，即鴝鵒，鳥名，俗稱八哥，善學人語。為南方之鳥，《周禮・考工記》有「鸜鵒不踰濟」之載，魯無此鳥，今來築巢，故異而記之。❸穴者而曰巢　鸜鵒本來穴居，來此卻稱築巢。❹或曰增之　有人說巢字是後加上的。❺上辛　古以干支記時，每月上旬之辛日稱上辛，下旬之辛日稱下辛，亦稱季辛。❻季者有中之辭　說上辛又說季辛，表示尚有中旬無事。❼公孫于齊　魯昭公退避去齊國。孫，同「遜」。遜讓；退避。為出逃之諱辭。昭公伐季氏，失敗而出逃。❽陽州　在今山東省東平縣北境。為齊、魯交界之地。昭公居此等待齊侯態度。❾齊侯唁公于野井　齊侯在野井慰問魯昭公。唁，對遭遇非常變故者表示慰問，後來多用於對遭遇喪事者的弔問。野井，在今山東省齊河縣東南，濟水東，今黃河東岸。❿曲棘　地名，當在今河南省蘭考縣東南，民權縣西北。⓫邡公　謀求納昭公回國。邡，當為「訪」，謀也。宋公去晉，求納魯昭公，死於途中。⓬取鄆　鄆，西鄆，魯邑，在今山東省鄆城縣東。齊侯取之以居魯昭公。

【語譯】*二十五年，春，魯國叔孫婼去往宋國。

*夏，魯國叔倪在黃父會見晉趙鞅、宋樂大心、衛北宮喜、鄭游吉、曹人、邾人、滕人、薛人、小邾人。

*有鸜鵒來魯築巢。

時有時無而存在的事物叫有。稱來，是說鸜鵒由外地來到中原魯國。鸜鵒本來穴居而此稱築巢，有人說巢字是後加上的。

*秋，七月上旬辛日，舉行祈雨大祭，下旬辛日又舉行祈雨之祭。

說上辛又說季辛，表明尚有中旬無事，又，表示又繼續做之文辭。

*九月乙亥日，魯昭公退避到齊國。

孫的意思如同遜讓，諱言出逃也。

*停留在陽州。

次，就是停留。

*齊侯在野井慰問魯昭公。

弔問失國之君稱唁，弔問魯昭公不能進入魯國。

*冬，十月戊辰日，魯國叔孫婼死。

*十一月己亥日，宋公佐死在曲棘。

他是為去晉謀求納魯昭公而死於途中的。

*十二月，齊侯取得鄆地。

取，表示輕易得到之文辭。他國得魯邑不稱取，因這是為魯昭公取邑，所以用輕易得到之辭表述之。

*二十有六年，春，王正月，葬宋元公。

*三月，公至自齊，居于鄆。

公次于陽州，其曰至自齊，何也？以齊侯之見公，可以言至自齊也。居于鄆者，公在外也。至自齊，道義不外公❶也。

*夏，公圍成❷。

非國不言圍❸，所以言圍者，以大公也。

*秋，公會齊侯、莒子、邾子、杞伯，盟于鄟陵❹。

*公至自會，居于鄆。

公在外也，至自會，道義不外公也。

*九月庚申，楚子居卒。

*冬，十月，天王入于成周❺。

周，有入無出❻也。

*尹氏、召伯、毛伯以王子朝奔楚。

遠矣非也❼。奔，直奔❽也。

【注釋】❶道義不外公　出於君臣道義不把魯公作在外對待。當時魯公居鄆，不在都城，無法行告廟之禮，不得書至，此書至則是不以公為外，以盡為臣之道義也。❷公圍成　魯公包圍成邑。此是齊國出兵護送魯昭公歸國，成邑大夫公孫朝為季氏同黨，以詐降之謀引誘齊來攻，以便使季孫做好迎戰準備。結果圍成失利，護送昭公之事亦告吹。成，孟氏邑，在今山東省寧陽縣北。❸非國不言圍　不是國都不稱包圍。此只是概而言之，不能作嚴格通例，因為非都城而稱圍之例亦有所見。❹鄟陵　所在無考。❺成周　周之東都，在今河南省洛陽市東。❻周有入無出　對周天子，只有進入，沒有外出。進入指由外地入京師，外出則指失天下。❼遠矣非也　這種記載貶責王子朝一伙之罪至為深遠。❽直奔　爭人之國不勝而出逃。

【語譯】*二十六年，春，周曆正月，安葬宋元公。

*三月，魯公由齊國返回，居住在鄆邑。

魯公停留在陽州，未到齊國，此稱由齊國返回，為什麼？因為齊侯已見過魯公，可以說由齊國返回。稱居住在鄆邑，表明魯公在外地，未回到都城。記載魯公由齊國返回，是出於君臣道義不把魯公作在都城外看待。

＊夏，魯公包圍成邑。

不是國都不稱包圍，此所以稱包圍，用以尊大昭公也。

＊秋，魯公會見齊侯、莒子、邾子、杞伯，在鄟陵結盟。

＊魯公由盟會返回，居住在鄆邑。

魯公在外地，記載其由盟會返回，是出於君臣道義不把魯公看作在都城之外。

＊九月庚申日，楚子居死。

＊冬，十月，天王進入成周。

周天子只有進入，沒有外出。

＊尹氏、召伯、毛伯帶領王子朝逃往楚國。

如此記載貶責王子朝一伙之罪至為深遠。奔，就是爭人之國不勝而出逃。

＊二十有七年，春，公如齊。

＊公至自齊，居于鄆。

公在外也。

＊夏，四月，吳弒其君僚[1]。

＊楚殺其大夫郤宛。

*秋，晉士鞅、宋樂祁犁、衛北宮喜、曹人、邾人、滕人會于扈❷。

*冬，十月，曹伯午卒。

*邾快來奔。

*公如齊。

*公至自齊，居于鄆。

【注釋】❶吳弒其君僚　吳國殺了其君主僚。僚為吳王壽夢之庶長子，繼其弟夷昧為君，夷昧子光使鱄諸置劍魚腹而殺之，光自立為君，是為吳王闔廬。❷扈　鄭邑，在今河南省原陽縣西約六十里。

【語譯】*二十七年，春，魯公去往齊國。

*魯公由齊國返回，居住在鄆邑。

魯公住在都城之外也。

*夏，四月，吳國殺掉它的君主僚。

*楚國殺了它的大夫郤宛。

*秋，晉士鞅、宋樂祁犁、衛北宮喜、曹人、邾人、滕人在扈地會見。

*冬，十月，曹伯午死。

*邾快來投奔。

*魯公去往齊國。

*魯公由齊國返回，居住在鄆邑。

*二十有八年，春，王三月，葬曹悼公。

*公如晉，次于乾侯❶。

公在外也。

*夏，四月丙戌，鄭伯寧卒。

*六月，葬鄭定公。

*秋，七月癸巳，滕子寧卒。

*冬，葬滕悼公。

【注釋】❶乾侯　晉地，在今河北省成安縣東南十三里。魯公在齊受齊侯輕視，又往投晉國求助，晉令其居乾侯，不使入都城。

【語譯】*二十八年，春，周曆三月，安葬曹悼公。

*魯公去往晉國，停留在乾侯。

魯公住在都城之外。

*夏，四月丙戌日，鄭伯寧死。

*六月，安葬鄭定公。

*秋，七月癸巳日，滕子寧死。

*冬，安葬滕悼公。

*二十有九年，春，公至自乾侯，居于鄆。

*齊侯使高張來唁公❶。

唁公不得入于魯也。

*公如晉，次於乾侯。

*夏，四月庚子，叔倪卒。

季孫意如曰：「叔倪無病而死，此皆無公❷也，是天命也，非我罪也。」

*秋，七月。

*冬，十月，鄆潰❸。

潰之為言上下不相得也。上下不相得則惡❹矣，亦譏公也。昭公出奔，民如釋重負。

【注釋】❶高張來唁公　高張來鄆弔問公不得入晉。《穀梁》謂唁公不得入魯，不入魯齊侯已唁於野井，不宜再唁。❷此皆無公　上文叔孫婼、宋公佐求納公而死，叔倪求納公亦死，故稱皆。無公，使魯該當無君也。❸鄆潰　鄆之民叛公潰散。自此昭公不能再返魯境，直至死，都在乾侯。❹惡　既指對魯國臣民背叛其君之憎惡，亦含對昭公不能修德從善之譏刺。

【語譯】*二十九年，春，魯公由乾侯返回，居住在鄆邑。

*齊侯派高張來弔問魯公。

弔問魯公不能進入魯國都城。

*魯公去往晉國，停留在乾侯。

*夏，四月庚子日，魯國叔倪死。

魯國季孫意如說：「叔倪又無病而死，這都說明魯國該當無君，是天命如此，不是我的罪過。」

*秋，七月。

*冬，十月，鄆之民叛公潰散。

潰的意思是說國君與臣民上下不相投合。上下不相投合既表示對臣民之憎惡，也是對魯公的譏刺。魯昭公出逃，民眾如同解除沉重負擔一樣。

*三十年，春，王正月，公在乾侯。

中國不存公❶，存公故❷也。

*夏，六月庚辰，晉侯去疾卒。

*秋，八月，葬晉頃公。

*冬，十有二月，吳滅徐，徐子章羽奔楚。

【注釋】❶中國不存公　昭公不在魯國境內。中國作國中，指魯境內。❷存公故　憐憫魯公遭遇變故。存，作存問憐憫解。

【語譯】*三十年，春，周曆正月，魯公在乾侯。

昭公不在魯國境內，書此以憐憫魯公遭遇變故。

*夏，六月庚辰日，晉侯去疾死。

*秋，八月，安葬晉頃公。

*冬，十二月，吳國滅亡了徐國，徐國君主章羽逃往楚國。

*三十有一年，春，王正月，公在乾侯。

*季孫意如會晉荀櫟于適歷❶。

*夏，四月丁巳，薛伯穀卒。

*晉侯使荀櫟唁公于乾侯。

唁公不得入於魯也。曰：「既為君言之矣，不可者意如也。」

*秋，葬薛獻公。

*冬，黑肱以濫來奔❷。

其不言邾黑肱，何也？別乎邾❸也。其不言濫子，何也？非天子所封也。來奔內不言叛也。

*十有二月辛亥朔，日有食之。

【注釋】❶適歷　晉地。❷黑肱以濫來奔　黑肱帶著濫邑來投奔。黑肱，邾臣，此不加邾，杜預以為史闕文。因重地，凡以地來奔者，雖身分低賤亦書名。濫，邾邑，在今山東省滕縣東南。❸別乎邾　把濫與邾國相區別。濫是黑肱先人封邑，世代相襲，如同封國，則黑肱如同濫君，故不加邾，以示區別。

【語譯】*三十一年，春，周曆正月，魯公住在乾侯。

*魯國季孫意如在適歷會見晉荀櫟。

*夏，四月丁巳日，薛伯穀死。

*晉侯派荀櫟在乾侯弔問魯公。

弔問魯公不得進入魯國。他說：「已經為國君向魯國言明此事，不肯接納者為季孫意如。」

*秋，安葬薛獻公。

*冬，黑肱帶著濫邑來投奔。

此不稱邾國黑肱，為什麼？是為把濫與邾國相區別。此不稱黑肱為「濫子」，為什麼？因為不是周天子所賜封之爵位。他投奔到魯國來，不稱為背叛。

*十二月辛亥日，初一，發生日蝕。

*三十有二年，春，王正月，公在乾侯。

*取闞❶。

*夏，吳伐越。

*秋，七月。

*冬，仲孫何忌會晉韓不信、齊高張、宋仲幾、衛太叔申、鄭國參、曹人、莒人、薛人、杞人、小邾人城成周❷。

天子微，諸侯不享覲❸，天子之在者惟祭與號❹，故諸侯之大夫相帥以城之，此變之正❺也。

*十有二月己未，公薨于乾侯。

【注 釋】❶取闞　杜預注曰：「公別居乾侯，遣人誘闞而取之，不用師徒。」闞為魯邑，已堙，故地在今山東省汶上縣西南旺湖中。❷城成周　修繕成周城牆。王子朝之亂雖平定，但其餘黨多在王城，敬王畏之，徙都成周，為自固計，請求諸侯協助修城自保，諸侯之大夫代行此職。❸享覲　供獻朝覲。指把祭品、珍品進獻給祖宗、鬼神或天子。覲為朝見，多指諸侯朝見天子之禮。❹祭與號　郊祀上帝之權和天子名號。❺變之正　變通常禮而合乎正道。

【語 譯】*三十二年，春，周曆正月，魯公住在乾侯。

*取得闞地。

*夏，吳國攻伐越國。

*秋，七月。

*冬，魯國仲孫何忌會同晉韓不信、齊高張、宋仲幾、衛太叔申、鄭國參、曹人、莒人、薛人、杞人、小邾人修繕成周城牆。

天子衰微，諸侯不來朝覲供獻，天子所存有的只剩郊祀上帝之權和天王名號，因此，諸侯之大夫能相率來修繕成周城牆，這是變通常禮之正道。

*十二月己未日，魯公死於乾侯。

定公

【題解】定公名宋，襄公子，昭公弟，在位十五年。

自西元前五四六年向戌弭兵以來，有較長一段相對和平時期，至此戰爭又開始頻繁起來。各諸侯國內部權力之爭更加激烈，而長期處於霸主地位的晉國和楚國，則急劇沒落，標誌這一歷史過程的即將終結。

晉國由於政出多門，實力派人物各自為政，互相掣肘，大大削弱自身的實力和在諸侯中的威望。元年，晉令諸侯城成周，宋國代表拒絕接受，齊國也消極抵制。四年，晉在蔡侯請求下，召集十八國諸侯會召陵，謀伐楚，只因晉執政荀寅向蔡索賄未得，便藉故不肯伐楚，使蔡投吳。接著鄭、衛、宋、魯也相繼叛晉，其霸主地位名存實亡。晉國內公室卑弱，范氏、中行氏、趙氏、知氏、韓氏、魏氏明爭暗鬥，矛盾重重，預示晉國的大分裂。

楚國與吳戰爭多處劣勢，終至柏舉之戰大敗，郢都陷落，幾至亡國。吳國與越國的矛盾也激化起來。

魯國由三家專政，進入「陪臣執國命」時期，三家之家臣開始控制魯政，或據邑以叛，嚴重威脅魯國的統一。

《穀梁》對吳國進入楚之郢都，「君居其君之寢，而妻其君之妻，大夫居其大夫之寢，而妻其大夫之妻」之類夷狄之行給予譴責。還對頰谷之會上，孔丘與齊侯鬥智鬥勇，為魯國爭得勝利，大加讚揚。對元年三月，晉人執宋大夫於京師，亦加指責，以維護傳統禮法。

*元年❶，春，王❷。

不言正月，定無正❸也。定之無正何也？昭公之終，非正終❹也，定之始❺，非正始也。昭無正終故定無正始。不言即位，喪在外也。

*三月，晉人執宋仲幾于京師。

此其大夫，其曰人何也？微之也。何為微之？不正其執人於尊者之所也，不與大夫之伯討⑥也。

*夏，六月癸亥，公之喪至，自乾侯。

*戊辰，公即位。

殯⑦然後即位也，定無正，見無以正⑧也。踰年⑨不言即位，是有故公⑩也。言即位，是無故公也。即位，授受之道⑪也，先君無正終，則後君無正始也；先君有正終，則後君有正始也。戊辰公即位，謹之也。定之即位，不可不察也。公即位，何以日也？戊辰之日，然後即位也。癸亥，公之喪至，自乾侯，何為戊辰⑫之日然後即位也？正君乎國⑬然後即位也。沈子⑭曰：「正棺乎兩楹之間⑮，然後即位也。」內之大事，日。即位，君之大事也，其不日何也？以年決者不以日決⑯也，此則其日何也？著之⑰也。何著焉？踰年即位，厲⑱也，於厲之中又有義⑲焉。未殯，雖有天子之命，猶不敢，況臨諸臣⑳乎！周人有喪，魯人有喪，周人弔，魯人不弔，周人曰：「固吾臣也，使人可也。」魯人曰：「吾君也，親之者也，使大夫則不可也。」故周人弔，魯人不弔，以其下成康為未久㉑也。君，至尊也，去父之殯而往弔猶不敢，況未殯而臨諸臣乎！

＊秋，七月癸巳，葬我君昭公。

＊九月，大雩。

雩月，雩之正也。秋大雩，非正也；冬大雩，非正也。秋大雩，雩之為非正，何也？毛澤未盡㉒，人力未竭㉓，未可以雩也。雩月，雩之正也。月之為雩之正，何也？其時窮㉔，人力盡，然後雩，雩之正也。何謂其時窮人力盡？是月不雨，則無及矣。是年不艾㉕，則無食矣，是謂其時窮人力盡也。雩之必待其時窮人力盡，何也？雩者為旱求者也，求者請也，古之人重請。何重乎請？人之所以為人者，讓㉖也，請道去讓也，則是舍其所以為人也，是以重之。焉請哉？請乎應上公㉗。古之神人有應上公者，通乎陰陽，君親帥諸大夫，道之而以請焉。夫請者，非可詒託㉘而往也，必親之者也，是以重也。

＊立煬宮㉙。

立者不宜立者也。

＊冬，十月，隕霜殺菽㉚。

未可以殺而殺㉛，舉重；可殺而不殺，舉輕。其曰菽，舉重也。

【注釋】❶元年　西元前五〇九年，周敬王十一年，晉定公三年，齊景公三十九年，衛靈公二十六年，蔡昭公十年，鄭獻公五年，曹隱公元年，陳惠公二十五年，杞悼公九年，宋景公八年，秦哀公二十八年，楚昭王七年，吳王闔廬六年，許男斯十四年。❷王　王下無正月，因定公即位在六月。❸定無正　定公不是在正月正常即位。❹非正終　不是合乎正禮之死。按禮諸侯應死於本國都城之正寢，而昭公長期流亡在外，死在晉國之乾侯，不合正禮。❺定之始　定公之開始為君。❻不與大夫之伯討　不贊許大夫像霸主一樣專擅討伐他國大夫之權。❼殯　停放靈柩。❽見無以正　表明其不是在正月即位。❾踰年　指君死次年正月。按慣例當書新君即位，此未書，另有原因。❿故公　指已故昭公之靈柩。⓫授受之道　先君與新君相互傳受之道。⓬戊辰　癸亥日，昭公靈柩運回，停棺五日，至第六日戊辰，乃即位。⓭正君乎國　把昭公靈柩安放在兩楹之間先君之位上。⓮沈子　《公羊傳》引作「子沈子」，或為當時治《春秋》或禮學之經師之名。⓯兩楹之間　殿堂中間。楹為堂前直柱。兩楹之間為人君聽治正坐之處，故安放昭公靈柩於此，代表先君授命新君也。⓰以年決者不以日決　新君即位日期由年決定，不由日決定。即是說確定即位之年，那一年即是新君元年，在那一年正月即位。⓱著之　昭示其即位與其他君主之不同處。⓲厲　危難。昭公死於外地，在其死次年六月才即位。⓳義　指先君殯五日而後即位。⓴臨諸臣　行即位禮，接受諸臣朝見。㉑下成康為未久　在成康之世下不久。成康，成王，康王，西周初年第二、三代君主。當時周道盛行，古禮猶存，無使人代弔之禮。㉒毛澤未盡　莊稼尚未乾枯。毛指大地生長之草木、莊稼，此指人們種植之莊稼。澤，潤澤，指植物中含有之水分。㉓人力未竭　耕耘之功尚未做完。㉔其時窮　其季節已到盡頭，即將錯過。意思是再不降雨，就要錯過生長季節，莊稼將要枯死絕收，在此時祈雨為正。㉕不艾　農事不治，沒有收成。㉖讓　禮讓；謙讓。推賢尚善為讓。㉗應上公　古之神人。又說即指應龍，黃帝時神龍，主降雨。㉘詒託　假託。㉙立煬宮　新建煬公之廟。煬公，魯公伯禽之子，伯禽死，子考公酉立，考公四年死，立弟熙，是為煬公。煬公為兄終弟繼代表，季孫令修煬公廟，為廢昭公子公衍而立其弟宋尋找根據。㉚隕霜殺菽　降霜凍死豆類作物。豆類耐寒，殺菽而其他作物遭害，不言而喻。㉛未可以殺而殺　不容易凍死的植物被凍死。

【語譯】＊元年，春，周曆。

不稱正月，定公不是在正月正常即位也。定公沒有在正月正常即位，為什麼？因為昭公之死，不是合乎正禮的死，定公之開始為君，也不是按正常慣例。昭公不是合乎正禮的死，所以定公也不是按正常慣例為君。沒有在此月稱即位，因為昭公之遺體還在外地。

＊三月，晉國人在京師拘捕宋國仲幾。

　這是指晉國大夫，此稱人，為什麼？為了要貶低他。為什麼要貶低他？認為他在天子居處之地擅自拘捕他人不合正道，不贊許大夫像霸主一樣專有討伐他國大夫之權。

＊夏，六月癸亥日，魯昭公之遺體由乾侯運回魯國。

＊戊辰日，定公即位。

　停放好靈柩而後即君位。定公不是在正月正常即位，這種記載顯現其不在正月即位。先君死次年正月不稱即位，是因昭公之靈柩在外地。稱即位，因昭公靈柩不在外地。即位，是先君與新君相互傳受之道，先君不是合乎正禮之死，則後君也不是合乎正禮的開始；先君有合乎正禮之死，則後君亦有合乎正禮的開始。戊辰日定公即君位，書此表示鄭重也。定公之即君位，不可不加以考察。定公即位為什麼要記日？那是表示戊辰那一天，定公即君位。癸亥日，昭公靈柩由乾侯運回，為什麼在戊辰日即位呢？為了把昭公靈柩安放在殿堂兩楹間之君位上，然後行即位典禮。沈子說：「把先君靈柩安放在兩楹之間，然後行即位典禮。」魯國國內之大事要記日。即位典禮是國君之大事，有不記日者，為什麼？因為新君即位日期由年決定，不由日決定。這裡記載即位之日，為什麼？用以昭示定公即位與其他君主之不同處。昭示其有什麼不同呢？他在先君死後次年六月才即位，是因為遭遇危難，在危難中即位又有其合乎道義之處。先君未殯葬之前，雖有天子之命相召，也不敢前往，何況是行即位禮接受諸臣朝見啊！周人有天子之喪事，魯人有國君之喪事，周人去弔唁天子，魯人則不去弔唁周天子。周人說：「魯君本來就是我們的臣子，魯君有自家喪事派別人來周弔唁也可以。」魯人說：「周天子是我們的君主，必須魯君親往弔唁，派大夫前往則不可以。」因此周人弔唁天子之喪，魯人則因自家喪事不往弔唁。這是在周成王、周康王以下不久的情形。周天子是至尊至貴的，放下未殯葬之父喪前往弔唁尚且不敢，何況是先君未殯葬而行即位之禮朝見群臣啊！

*秋，七月癸巳日，安葬我們君主昭公。

*九月，舉行祈雨大祭。

祈雨之祭而記載月份，表示此時祈雨是合乎正道的。秋季舉行祈雨大祭，不是正道；冬季舉行祈雨大祭，不是正道。秋季舉行祈雨大祭，祈雨為不合正道，為什麼？因為此時莊稼尚未乾枯，耕耘之功尚未做完，不可以舉行祈雨之祭。祈雨之祭而記載月份，表示此時祈雨合乎正道。記載祈雨之祭月份表明祈雨合乎正道，為什麼？因為此時季節已臨盡頭，耕耘之事已全部完成，然後舉行祈雨之祭，如此祈雨就是正道。什麼叫作此時季節已臨盡頭，農事已全部完成？因為此月如果不下雨，那就來不及了。這一年農事不治，沒有收成，人們就沒有吃的，這就叫季節已臨盡頭，農事已全部完成。祈雨必須等待季節已臨盡頭，農事已全部完成，為什麼？因為祈雨之祭是為乾旱求降雨，求就是請，古代人很重視請。為什麼重視請呢？因為人之所以為人，在於講禮讓，如果請求中去掉禮讓，就是丟棄了人之所以為人的準則，因此重視它。向誰請求呢？請求於應上公。古代神人有個叫應上公的，通於陰陽之道，國君要親自率領諸大夫，引導他們一同去請求。請求之人，不可以委託別人代往，必須親身前往，因此重視它。

*新建立煬公之廟。

稱建立，是表示不該建立。

*冬，十月，降霜凍死豆類作物。

不容易凍死的植物被凍死，這是列舉霜凍之重者；容易凍死的植物未被凍死，這是列舉霜凍之輕者。這裡稱豆類被凍死，就是列舉重者。

*二年，春，王正月。

*夏，五月壬辰，雉門及兩觀災[1]。

其不曰雉門災及兩觀，何也？災自兩觀始也。不以尊者親災❷也。先言雉門，尊尊也。

*秋，楚人伐吳。

*冬，十月，新作雉門及兩觀。

言新有舊也。作，為也，有加其度❸也。此不正，其以尊者親之，何也？雖不正也，於美猶可❹也。

【注釋】❶雉門及兩觀災　魯宮南門與兩闕發生火災。雉門，天子之應門，此指諸侯之雉門，即諸侯宮之南門。兩觀，在雉門兩側堆土為臺，臺上建瞭望樓，用以觀望，故稱觀。又懸法令於其上，供民觀看，故曰兩觀，亦稱象魏、闕。❷不以尊者親災　不言雉門先著火。尊者指雉門，雉門對兩觀而言，為尊者。❸加其度　加大規模高度。❹於美猶可　因其舊加以修飾，使之美好還是可以的。

【語譯】*二年，春，周曆正月。

*夏，五月壬辰日，魯宮南門與兩闕發生火災。

此不稱魯宮南門發生火災，延及兩闕，為什麼？因為火災從兩闕開始，故而不說魯宮南門先著火。經先書魯宮南門，表示尊重尊貴者。

*秋，楚國人攻伐吳國。

*冬，十月，重新建造魯宮南門及兩闕。

稱新是因為有舊的。作，建造也，又加大了它的規模高度。這是不合正道的，此處把高貴的雉門放在前面，為什麼呢？因為此雖不合正道，把舊物修飾美好還是可以的。

*三年，春，王正月，公如晉，至河乃復❶。

*三月辛卯，邾子穿卒。

*夏，四月。

*秋，葬邾莊公。

*冬，仲孫何忌及邾子盟于拔❷。

【注釋】❶至河乃復　定公去晉因何途中返回，三傳皆無說。❷拔　地名，不知所在。

【語譯】*三年，春，周曆正月，魯公去往晉國，至黃河邊就返回了。

*三月辛卯日，邾子穿死。

*夏，四月。

*秋，安葬邾莊公。

*冬，魯國仲孫何忌與邾子在拔地結盟。

*四年，春，王二月癸巳，陳侯吳卒。

*三月，公會劉子、晉侯、宋公、蔡侯、衛侯、陳子、鄭伯、許男、曹伯、莒子、邾子、頓子、胡子、滕子、薛伯、杞伯、小邾子、齊國夏于召陵❶，侵楚。

*夏，四月庚辰，蔡公孫姓帥師滅沈❷，以沈子嘉歸，殺之。

*五月，公及諸侯盟于皋鼬❸。

後而再會❹，公志於後會❺也，後，志疑❻也。

*杞伯成卒于會。

*六月，葬陳惠公。

*許遷于容城❼。

*秋，七月，公至自會。

*劉卷❽卒。

此不卒而卒者，賢之也。寰內諸侯❾也，非列土諸侯❿，此何以卒也？天王崩，為諸侯主⓫也。

*葬杞悼公。

*楚人圍蔡。

*晉士鞅、衛孔圄帥師伐鮮虞。

*葬劉文公。

*冬，十有一月庚午，蔡侯以吳子及楚人戰于伯舉⓬，楚師敗績。

吳其稱子何也？以蔡侯之以之⓭，舉其貴者也。蔡侯之以之，則其舉貴者何也？吳信中國而攘夷狄，吳進矣。其信中國而攘夷狄奈何？子胥父誅于楚⑭也，挾弓持矢而干闔廬⑮。闔廬曰：「大之甚⑯，勇之甚。」為是欲興師而伐楚。子胥諫曰：「臣聞之，君不為匹夫⑰興師，且事君猶事父也，虧君之義，復父之讎，臣弗為也。」於是止。蔡昭公朝於楚，有美裘，正是日⑱，囊瓦求之⑲，昭公不與，為是拘昭公於南郢⑳，數年然後得歸。乃用事乎漢㉑曰：「苟諸侯有欲伐楚者，寡人請為前列㉒焉。」楚人聞之而怒，為是興師而伐蔡。蔡請救于吳，子胥曰：「蔡非有罪，楚無道也。君若有憂中國之心，則若此時可矣。」為是興師而伐楚。何以不言救也？救，大也㉓。

＊楚囊瓦出奔鄭。庚辰，吳入楚㉔。

日入，易無楚㉕也。易無楚者，壞宗廟，徙陳器㉖，撻平王之墓㉗。何以不言滅也？欲存楚也。其欲存楚奈何？昭王之軍敗而逃，父老送之，曰：「寡人不肖㉘，亡先君之邑，父老反矣，何憂乎無君？寡人且用此入海㉙矣。」父老曰：「有君如此其賢也，以眾不如吳，以必死不如楚㉚。」相與擊之，一夜而三敗吳人，復立㉛。何以謂之吳也？狄之也。何謂狄之也？君居其君之寢，而妻其君之妻，大夫居其大夫之寢，而妻其大夫之妻。蓋有欲妻楚王之母者，不正，乘敗人之績而深為利，居人之國，故反其狄道也。

【注釋】❶召陵　在今河南省郾城縣東。❷沈　國名，在今安徽省阜陽市西北百二十里。因沈子不會召陵，晉人使蔡國伐而滅之。❸皋鼬　在今河南省臨潁縣南。參加此盟者，即召陵之會諸人，此總括言之。❹後而再會　召陵會後再次會見，兩會皆為伐楚事。據經載，前次為會，此次為盟，會談取得一致意見，於二個月後訂盟。盟須歃血誓神，訂盟約，會則無此，二者不同。❺公志於後會　魯公的意願在後面這個會。《穀梁》依據及字是「內為志」之例，認為此及字為代表魯公意願。實則前會後盟，都為伐楚，魯公對二者態度不應有別，不可拘泥「及」字例。❻志疑　標誌魯公害怕楚國報復的疑慮。❼容城　在今河南省魯山縣南稍東三十里。❽劉卷　周天子大夫，又稱劉子、劉文公、劉蚠。劉為采邑名，在今河南省偃師縣西南。❾寰內諸侯　周天子畿內大夫有采地者。❿列土諸侯　得到周天子分封土地的四方同姓、異姓諸侯。⓫天王崩為諸侯主　指魯昭公二十二年，周景王崩，劉卷曾代表王室主持接待前來弔唁之諸侯，作主祭人。⓬伯舉　《左傳》作「柏舉」。在今湖北省麻城縣東北。⓭以之　用之，借用吳之軍力。⓮子胥父誅于楚　伍子胥之父伍奢，為楚太子建之傅，受費無極陷害，與其長子尚皆為楚平王所殺，次子伍員字子胥，逃往吳國，待機復仇。見《左傳》昭公二十年傳等典籍。⓯干闔廬　求見吳王闔廬。干，求也。⓰大之甚　大得很；孝心很大。⓱匹夫　平民；無官職爵位之人。⓲正是日　當蔡昭侯朝見楚王那一日。⓳囊瓦求之　囊瓦向蔡侯索求那件華美的皮衣。囊瓦，字子常，楚國令尹。據《史記・管蔡世家》載，蔡侯有二件華美皮衣，送給楚王一件，另一件自穿，楚令尹子常求而不得，便把他拘楚三年，引起蔡侯復仇和楚國大禍。⓴南郢　楚國郡名。㉑用事乎漢　向漢水之神祭告。㉒前列　前鋒。㉓救大也　稱救蔡就把吳國此舉說得過高了。吳為夷狄之國，稱吳子已有獎進之意，不可再稱救蔡。㉔吳入楚　楚，《左傳》作「郢」，言十一月庚午，吳師敗楚師於柏舉，經五戰及郢，庚辰日入郢。㉕易無楚　輕易滅掉楚國。庚午至庚辰只十日，便進入郢都，可見其易。無楚，無有楚，滅掉楚也。㉖徙陳器　搬走宗廟內陳放之樂器。㉗撻平王之墓　《史記・吳太伯世家》及《吳越春秋》有掘墓鞭平王屍之記載，未必可信。㉘不肖　不賢德，為自謙之辭。㉙用此入海　由此進入海島隱居。㉚以必死不如楚　講必死之決心，吳國不如楚國。㉛復立　楚國又建立起來。

【語譯】＊四年，春，周曆二月癸巳日，陳侯吳死。

＊三月，魯公在召陵會見劉子、晉侯、宋公、蔡侯、衛侯、陳子、鄭伯、許男、曹伯、莒子、邾子、頓子、

胡子、滕子、薛伯、杞伯、小邾子、齊國夏，並侵犯楚國。

＊夏，四月庚辰日，蔡國公孫姓率軍滅亡沈國，把沈國君主嘉帶回去，殺掉。

＊五月，魯公與諸侯在皋鼬結盟。

召陵會後再次會見，魯公意願在後面之會，志在後會標誌魯公害怕楚國報復的疑慮。

＊杞伯成死在這次盟會上。

＊六月，安葬陳惠公。

＊許國遷徙到容城。

＊秋，七月，魯公由盟會返回。

＊劉卷死。

他的死按慣例不該記載而作了記載，這是認為他賢德。他是周天子王畿內的諸侯，不是得到天子封地的四方諸侯，這裡為什麼記載他的死？因為在周景王崩逝時，他曾代表周王室主持接待前來弔唁之諸侯，作主祭人。

＊安葬杞悼公。

＊楚國人包圍蔡國都城。

＊晉國士鞅、衛國孔圉率軍攻伐鮮虞。

＊安葬劉文公。

＊冬，十一月庚午日，蔡侯同吳子聯合與楚人在伯舉交戰，楚軍潰敗。

此處吳君稱子，為什麼？因為蔡侯借助了他的軍力，這裡就用尊貴的子爵稱他。蔡侯借助他的軍力，這裡就用尊貴的子爵稱他，為什麼？吳國為中原國家伸張正義，而鏟除夷狄之國，吳國進步了。吳國為中原國家伸張正義，鏟除夷狄之國，怎麼樣呢？伍子胥的父親被楚國屈殺，他挾弓持箭去求見吳王闔廬。闔廬說：「這個人孝心很大，勇氣很大。」為此想興兵為子胥復仇而攻伐楚國。子胥勸阻說：「臣聽說，國君不為一個平民復仇而興兵，而且事奉君主如同事奉父親，損害事君大義去為父復仇，臣不想這樣做。」於是停止伐楚。蔡昭公去楚國朝見，他有件華美的皮衣，當蔡侯朝見楚王那一天，囊瓦向蔡侯索求，蔡侯不給，為此拘留蔡侯於楚國之南郢，數年之後才得以歸國。蔡侯向漢水之神祭告說：「假如諸侯中有願攻伐楚國的，我請求作他的前鋒。」楚國人聽說此事很惱怒，為此興兵攻伐蔡國。蔡國向吳國求救，子胥說：「蔡國沒有罪，是楚國無道。君王如果有憂慮中原國家之心，如此時機正可以攻伐楚國。」為此興兵攻伐楚國。為什麼不稱援救蔡國？稱救蔡就把此次行動說得過高了。

＊楚國囊瓦出逃到鄭國。庚辰日，吳國人進入楚國。

記載入楚之日，表明輕易滅掉楚國。稱輕易滅掉楚國是指毀壞楚國之宗廟，搬走宗廟內陳放的樂器，鞭撻楚平王的墳墓。為什麼不稱滅亡楚國？是想保存楚國。想保存楚國怎麼樣呢？楚昭王因兵敗而出逃，父老們去送他，他說：「我這個人不賢德，丟失先君之城邑，父老們請回吧，不用擔憂楚國沒有君主，我將從此避入海島隱居。」父老們說：「國君是多麼賢明啊！講兵多，楚國不如吳國，講必死之決心，吳國不如楚國。」他們一起進攻吳軍，一夜之間三敗吳人，使楚國又建立起來。此處為什麼稱吳不稱吳子？這是把吳國作夷狄看待。為什麼說吳國是夷狄呢？因為入楚後吳國君主居住在楚國君主之寢室，以楚國君主之妻為己妻，吳國大夫居住在楚國大夫之寢室，以楚國大夫之妻為己妻。大概還有想以楚王之母為妻的人，不合正道，藉著打敗他人之功而大謀私利，居住他人之國，這些做法又使吳國返回夷狄之道了。

＊五年，春，王正月辛亥朔，日有食之❶。

＊夏，歸粟于蔡❷。

諸侯無粟，諸侯相歸粟，正也。孰歸之？諸侯也。不言歸之者，專辭❸也，義邇❹也。

*於越❺入吳。

*六月丙申，季孫意如卒。

*秋，七月壬子，叔孫不敢❻卒。

*冬，晉士鞅帥師圍鮮虞。

【注釋】❶五年四句　此次日蝕在三月，正月誤。❷歸粟于蔡　饋贈糧食給蔡國。歸，同「饋」。贈送之意。去年蔡為楚圍，饑荒嚴重，魯饋糧救急。《穀梁》以為饋粟者為諸侯，不專指魯。按經例，凡魯主之事皆不用主語，此當指魯。❸專辭　專指魯國之文辭。❹義邇　使合乎道義之事靠近魯國。❺於越　越國，於為發聲詞。或謂於越為方言，當地讀越為於越，或是之。❻叔孫不敢　魯大夫，叔孫婼之子，又稱叔孫成子。

【語譯】*五年，春，周曆正月辛亥日，初一，發生日蝕。

*夏，饋贈糧食給蔡國。

一個諸侯國沒有糧食，其他諸侯國以糧食相饋贈，合乎正道。誰贈送蔡國糧食？是眾諸侯國。不稱饋送之人，是專指魯國之文辭，使合乎道義之事靠近魯國。

*越國侵入吳國。

*六月丙申日，魯國季孫意如死。

*秋，七月壬子日，魯國叔孫不敢死。

*冬，晉國士鞅率軍包圍鮮虞。

*六年，春，王正月癸亥，鄭游速帥師滅許，以許男斯歸。

*二月，公侵鄭。公至自侵鄭。

*夏，季孫斯❶、仲孫何忌如晉。

*秋，晉人執宋行人樂祁犁。

*冬，城中城❷。

城中城者，三家張❸也。或曰非外民❹也。

*季孫斯、仲孫忌帥師圍鄆❺。

【注　釋】❶季孫斯　季孫意如之子，立為魯卿，自定公九年至哀公五年執魯政十年，又稱季桓子。❷城中城　修繕魯都內城牆。中城，內城。❸三家張　仲孫、叔孫、季孫三家勢力擴張，威脅公室，為此魯公修繕內城以自保。❹非外民　譏刺魯公恃城棄民，不務德政，不懂得民為邦本，而恃城自固。❺仲孫忌帥師圍鄆　仲孫忌，即仲孫何忌，不言何，史闕文。鄆，魯邑，為齊取去居魯昭公，後即歸齊。今魯告晉後出兵圍之。

【語　譯】*六年，春，周曆正月癸亥日，鄭國游速率軍滅亡了許國，把許國君主斯帶回去。

*二月，魯公侵犯鄭國。魯公由侵鄭返回。

*夏，魯國季孫斯、仲孫何忌去往晉國。

*秋，晉國人拘捕宋國行人樂祁犁。

*冬，修繕魯都內城城牆。

修繕曲阜內城城牆，因為三家勢力擴張，威脅公室。又有人說是譏刺魯公不務德政，恃城自固而棄民。

*魯國季孫斯、仲孫忌率軍包圍鄆邑。

*七年，春，王正月。

*夏，四月。

*秋，齊侯、鄭伯盟于鹹❶。

*齊人執衛行人北宮結以侵衛。

以，重辭❷也，衛人重北宮結。

*齊侯、衛侯盟于沙❸。

*大雩。

*齊國夏帥師伐我西鄙。

*九月，大雩。

*冬，十月。

【注釋】❶鹹 在今河南省濮陽縣東南六十里。❷以重辭 用以字，表示事態嚴重之文辭。❸沙 地名，在今河北省大名縣東。

【語譯】*七年，春，周曆正月。

*夏，四月。

*秋，齊侯、鄭伯在鹹地結盟。

*齊國人拘捕衛國行人北宮結以入侵衛國。用以字，表示事態嚴重之文辭。衛國人很重視北宮結被拘捕事件。

*齊侯、衛侯在沙地結盟。

*舉行祈雨大祭。

*齊國國夏率軍侵伐魯國西部邊境。

*九月，舉行祈雨大祭。

*冬，十月。

*八年，春，王正月，公侵齊。公至自侵齊。

*二月，公侵齊。

*三月，公至自侵齊。公如，往時致月❶，危致❷也；往月致時，危往也；往月致月，惡之❸也。

*曹伯露卒。

*夏，齊國夏帥師伐我西鄙。

*公會晉師于瓦❹。公至自瓦。

*秋，七月戊辰，陳侯柳卒。

*晉士鞅帥師侵鄭，遂侵衛。

*葬曹靖公。

*九月，葬陳懷公。

*季孫斯、仲孫何忌帥師侵衛。

*冬，衛侯、鄭伯盟于曲濮❺。

*從祀先公❻。

貴復正❼也。

*盜竊寶玉、大弓❽。

寶玉者，封圭❾也；大弓者，武王之戎弓❿也。周公受賜，藏之魯。非其所以與人而與人，謂之亡⓫；非其所取而取之，謂之盜。

【注釋】❶往時致月　前往時記載季節，歸來祭告祖廟時記載月份。❷危致　以危難告廟。❸惡之　表示對魯公此行之憎惡。本年兩次侵齊，皆往月致月，表示對魯公輕舉妄動之憎惡。《穀梁》於此所設之例，雖具體明確，而於史事卻多不能相合，不宜過分拘泥。❹瓦　在今河南省滑縣南之瓦崗集。❺曲濮　濮水轉彎處，其地或在今河南省滑縣與延津縣境，為衛地。❻從祀先公　理順祭祀先君次序。從，順也。先公即先君，此指閔公與僖公。按為君先後，閔公在先，但其在位不滿二年即被殺，其兄弟僖公繼之，在位三十三年死，其子文公即位。文公為抬高其父地位，而將僖公神主升至閔公之上，從而搞亂了昭穆之序，定公時又將其更正過來，使先君受祀之序得順。❼貴復正　褒美定公使先君受祀之序得復其正。❽盜竊寶玉大弓　盜賊竊去了寶玉和大弓。盜，指陽虎，為季氏家臣，身分低微，不得書名，稱之為盜。寶玉、大弓為魯國傳世之寶，陽虎殺季氏不成，為公斂處父所敗，竊二寶出逃。❾封圭　魯國始封時周公受賜於天子之玉圭。又說此寶玉為夏后氏之璜，即夏代傳下來的佩玉。❿武王之戎弓　周武王作戰時所用弓。又說此弓為封父之繁弱。《左傳》定公四年：「分魯公以大路、大旂，夏后氏之璜，封父之繁弱。」封父為夏代諸侯名，繁弱是寶弓名。⓫亡　遺失。

【語　譯】＊八年，春，周曆正月，魯公侵犯齊國。魯公由侵齊返回。

＊二月，魯公侵犯齊國。

＊三月，魯公由侵齊返回。

魯公去往外地，前往時記載季節，返回祭告祖廟時記載月份，表示以危難告廟；前往時記載月份，返回告廟記載季節，表示前往時有危險；前往時記載月份，返回告廟亦記月份，表示對魯公此行之憎惡。

＊曹伯露死。

＊夏，齊之國夏率軍攻伐魯國西部邊境。

＊魯公在瓦地會見晉國軍隊。魯公由瓦地返回。

＊秋，七月戊辰日，陳侯柳死。

＊晉國士鞅率軍侵犯鄭國，接著進犯衛國。

＊安葬曹靖公。

＊九月，安葬陳懷公。

＊魯國季孫斯、仲孫何忌率軍侵犯衛國。

＊冬，衛侯、鄭伯在曲濮結盟。

＊理順祭祀先君之次序。

褒美定公使先君受祀之序得復其正。

＊盜賊竊走了寶玉和大弓。

寶玉是說的封圭，大弓是周武王作戰所用弓。周公接受賜予，收藏在魯國。不是用來賜人之物而賜與人，叫作遺失；不是應該獲取之物而獲取它，叫作盜竊。

＊九年，春，王正月。

＊夏，四月戊申，鄭伯蠆卒。

＊得寶玉、大弓。

其不地何也？寶玉、大弓，在家則羞❶，不目，羞也❷。惡得之？得之堤下。

或曰陽虎以解眾❸也。

＊六月，葬鄭獻公。

＊秋，齊侯、衛侯次于五氏❹。

＊秦伯卒。

＊冬，葬秦哀公。

【注釋】❶在家則羞　國家寶物放在大夫之家，這是國家的恥辱。❷不目羞也　不言復得之地，是為國諱恥。❸解眾　使眾人鬆懈緩追，以利陽虎乘機逃走。解，作懈解。❹五氏　晉地，在今河北省邯鄲市西。

【語譯】＊九年，春，周曆正月。

＊夏，四月戊申日，鄭伯蠆死。

*得回寶玉、大弓。

這裡沒有記載地點，為什麼？因為寶玉、大弓是國寶，放在卿大夫之家，就是國家之羞恥，不言復得之地，是為國諱恥。在什麼地方得到寶物？在河堤下面。有人說這是陽虎用作使眾人鬆懈緩追之詭計。

*六月，安葬鄭獻公。

*秋，齊侯、衛侯駐兵於五氏。

*秦伯死。

*冬，安葬秦哀公。

*十年，春，王三月，及齊平。

*夏，公會齊侯于頰谷❶。

*公至自頰谷。

離會不致❷，何為致也？危之❸也。危之則以地致，何也？為危之也。其危奈何？曰：頰谷之會，孔子相焉❹。兩君就壇❺，兩相相揖，齊人鼓譟而起，欲以執魯君。孔子歷階而上，不盡一等❻，而視歸乎齊侯❼曰：「兩君合好，夷狄之民何為來為？」命司馬❽止之。齊侯逡巡❾而謝曰：「寡人之過也。」退而屬其二三大夫曰：「夫人率其君與之行古人之道，二三子獨率我而入夷狄之俗，何為？」罷會，齊人使優施❿舞於魯君之幕下，孔子曰：「笑君者⓫，罪當死。」

使司馬行法焉，首足異門而出⑫。齊人來歸鄆、讙、龜陰之田⑬者，蓋為此也。因是以見，雖有文事，必有武備，孔子於頰谷之會見之矣。

*晉趙鞅帥師圍衛。

*齊人來歸鄆、讙、龜陰之田。

*叔孫州仇、仲孫何忌帥師圍郈⑭。

*秋，叔孫州仇、仲孫何忌帥師圍郈。

*宋樂大心出奔曹。

*宋公子地出奔陳。

*冬，齊侯、衛侯、鄭游速會于安甫⑮。

*叔孫州仇如齊。

*宋公之弟辰暨宋仲佗、石彄出奔陳⑯。

【注釋】❶頰谷 《左傳》作「夾谷」，其地在今山東省萊蕪縣之夾谷峪。❷離會不致 二國會見返回時不祭告祖廟。離，作儷，兩也、耦也。❸危之 會見中充滿危險。❹孔子相焉 孔子作魯君之輔相。相，輔相，國君參加朝聘會盟皆有相，其地位很高，皆由卿擔當，輔佐國君處理大事，孔子非卿，由於當時陽處作亂，孔子得以破格任用。❺壇 在平地上用土築起的高臺，古代用作祭祀天神和祖宗之所。朝聘、會盟等大事亦立壇，表示鄭重。❻不盡一等 還差一級臺階未至臺上。表示對君的禮讓。❼視歸乎齊侯 目光向著齊侯。❽司馬 主兵之官。❾逡巡 遲疑徘徊、欲行又止的樣子。❿優施 叫施的俳優。俳優指古代以樂舞作諧戲的藝人。⑪笑君者　戲謔嘲弄國君的人。⑫首足異門而出　把優施的頭和足砍下，從不同門運出。⑬鄆讙龜陰之田　鄆、讙、龜陰皆魯地，在汶水以北，靠近齊國，因陽虎叛魯，以之歸齊。頰谷會後，齊將三邑歸還，以示和好。讙，在今山東省寧陽縣北。龜陰，在今山東省新泰縣西南、泗水縣東北。⑭郈　魯叔孫氏采邑，在今山東省東平縣東南。⑮安甫　或為齊地。⑯宋公之弟辰暨宋仲佗石彄出奔陳　暨，與也。辰因宋公寵向魋，不挽留公子地，而聽其出逃，因而相約仲佗、石彄出逃，三人皆卿。

【語　譯】＊十年，春，周曆三月，魯國與齊國講和。

＊夏，魯公在頰谷會見齊侯。

＊魯公由頰谷返回。

兩國會見返回時不祭告祖廟，為什麼此次告廟？因為會見中充滿危險。會見中充滿危險而以會見地點告廟，為什麼？就因為會見充滿危險。這危險是怎樣呢？回答說：頰谷之會，孔子為魯君輔相。兩國君主進入祭壇，兩國輔相相揖致禮，這時齊國人喧鬧起來，想抓住魯君。孔子沿臺階走上去，還差最後一級就到臺上時，目光注視齊侯說：「兩國君主合好，夷狄之民來幹什麼？」命令司馬制止他們。齊侯遲疑一下才致歉說：「這是寡人的過失。」隨後聚集他的諸位大夫說：「人家孔丘能引導他的國君一起奉行古人之道，諸位先生只帶領我入夷狄之習俗，為什麼呀？」會見結束，齊國人派優施在魯君帳幕下面跳舞，嘲弄魯君，孔子說：「嘲笑侮慢君主之人，罪當處死。」派司馬執行懲治，把優施的頭和足砍下，從不同門運出去。此後齊人能來歸還鄆、讙、龜陰之田的原因，大概就為此吧。由此可見，雖有文事，也必須有武力支持，孔子在頰谷之會上的作為，就可以見到。

＊晉國趙鞅率軍包圍衛國。

＊齊人來歸還鄆、讙、龜陰之田。

＊魯叔孫州仇、仲孫何忌率軍包圍郈邑。

＊秋，叔孫州仇、仲孫何忌率軍包圍郈邑。

*宋國樂大心出逃到曹國。

*宋國公子地出逃到陳國。

*冬，齊侯、衛侯、鄭游速在安甫會見。

*魯國叔孫州仇去往齊國。

*宋公之弟辰與宋國仲佗、石彄出逃到陳國。

*十有一年，春，宋公之弟辰，

未失其弟❶也。

*及仲佗、石彄、公子地

以尊及卑也。

*自陳

陳有奉焉爾。

*入于蕭❷以叛。

入者內弗受也，以者不以也，叛，直叛❸也。

*夏，四月。

*秋，宋樂大心自曹入于蕭。

*冬，及鄭平。

*叔還如鄭莅盟❹。

【注釋】❶未失其弟　沒有失掉為弟之道。表明過失在宋公。❷蕭　宋邑，在今安徽省蕭縣西北十五里。❸直叛　只是據邑反叛，沒有帶邑投奔他國。❹叔還如鄭莅盟　叔還去鄭國參加結盟。叔還，魯國大夫叔弓之曾孫。

【語譯】*十一年，春，宋公之弟辰，

稱宋公之弟辰，表明其沒有失掉為弟之道。

*與仲佗、石彄、公子地

表示由身分尊貴者及於身分較低下者。

*自陳

表示陳國對他們有所幫助。

*進入蕭邑，據地反叛。

入是表明所入之地不肯接受，以是表明不可以，叛即據地反叛，未帶邑投奔他國。

*夏，四月。

*秋，宋國樂大心由曹國進入蕭邑。

*冬，魯國與鄭國講和。

*魯國叔還去鄭國參加結盟。

*十有二年，春，薛伯定卒。

*夏，葬薛襄公。

*叔孫州仇帥師墮郈❶。

墮猶取❷也。

*衛公孟彄帥師伐曹。

*季孫斯、仲孫何忌帥師墮費❸。

*秋，大雩。

*冬，十月癸亥，公會齊侯，盟于黃❹。

*十有一月丙寅朔，日有食之❺。

*公至自黃。

*十有二月，公圍成❻。

非國言圍，圍成，大公也。

*公至自圍成。

何以致？危之也。何危爾？邊乎齊也。

【注釋】❶墮郈　毀壞郈邑之城牆。是年孔子弟子仲由為季氏宰，因當時三家之采邑皆為邑宰所把持，故提出墮三都。三都即季孫之費、叔孫之郈、孟孫之成，由三家出兵，分頭以武力毀三都之城牆，以避免邑宰據城反叛。❷墮猶取　毀壞城牆，使反叛之邑宰無險可守，也就如同取得此邑。❸費　季孫采邑。費在今山東省魚臺縣舊治西南。❹黃　在今山東省淄川鎮東北。❺十有一月二句　此次日蝕應在十月，此年有閏五月，經失一閏，誤作十一月。參王韜《春秋日食辨正》。❻成　孟孫氏采邑，在今山東省寧陽縣東北九里，在魯都稍西而北五十餘里。

【語　譯】＊十二年，春，薛伯定死。

＊夏，安葬薛襄公。

＊魯叔孫州仇率軍毀壞郈邑之城牆。

毀壞城牆如同取得此邑。

＊衛國公孟彄率軍攻伐曹國。

＊季孫斯、仲孫何忌率軍毀壞費邑之城牆。

＊秋，舉行祈雨大祭。

＊冬，十月癸亥日，魯公會見齊侯，在黃地結盟。

＊十一月丙寅日，初一，發生日蝕。

＊魯公由黃地返回。

＊十二月，魯公包圍成邑。

不是國都而稱圍，稱包圍成邑，用以尊崇魯公也。

＊魯公由圍成返回。

為什麼要祭告祖廟呢？因為此事很危險。有什麼危險？因成邑靠近齊國。

＊十有三年，春，齊侯次于垂葭❶。

＊夏，築蛇淵囿❷。

*大蒐于比蒲❸。

*衛公孟彄帥師伐曹。

*秋，晉趙鞅入于晉陽❹以叛。

以者不以者也。叛，直叛也。

*冬，晉荀寅、士吉射入于朝歌❺以叛。

*晉趙鞅歸于晉。

此叛也，其以歸言之何也？貴其以地反也。貴其以地反，則是大利也。非大利也，許悔過也。許悔過，則何以言叛也？以地正國❻也。以地正國，則何以言叛？其入無君命也。

*薛弒其君比。

【注釋】❶齊侯次于垂葭　《左傳》「齊侯」下有「衛侯」。垂葭，在今山東省巨野縣西南。❷蛇淵囿　苑囿名，其地當在今山東省肥城縣南汶水北岸。❸大蒐于比蒲　在比蒲舉行大規模閱兵禮。比蒲，地無考。❹晉陽　在今山西省太原市西南二十餘里。❺士吉射入于朝歌　士吉射，晉士鞅子，又稱范吉射、范昭子。范為其采邑，以邑為氏。朝歌，在今河南省淇縣治。❻以地正國　以晉陽之兵來治理晉國之亂。趙鞅率晉陽之兵，驅逐反叛的荀寅、士吉射，以清君側，安定公室。

【語譯】*十三年，春，齊侯駐軍於垂葭。

*夏，修建蛇淵囿。

*在比蒲舉行大規模閱兵習武典禮。

*衛國公孟彄率軍攻伐曹國。

*秋，晉國趙鞅進入晉陽，據城以叛。

稱以就是不可以的意思。叛，就是據城反叛，而沒有帶城邑投奔他國。

*冬，晉國荀寅、士吉射進入朝歌，據城反叛。

*晉國趙鞅回歸晉國。

此為反叛，這裡以歸稱他，為什麼？贊許他帶著地返回。贊許他帶地返回，就是看重利益了。還不是看重利益，而是允許他悔過。允許悔過，又為什麼稱他反叛呢？因為他以晉陽之兵治理晉國之亂。既然以晉陽之兵治理晉國之亂，又為什麼說他反叛？因為他之進入沒有得到君主的命令。

*薛國殺了它的國君比。

*十有四年，春，衛公叔戍來奔。

*晉趙陽❶出奔宋。

*二月辛巳，楚公子結、陳公孫佗人帥師滅頓，以頓子牂歸。

*夏，衛北宮結來奔。

*五月，於越敗吳于檇李❷。

*吳子光卒。

*公會齊侯、衛侯于牽❸。

*公至自會。

*秋，齊侯、宋公會于洮❹。

*天王使石尚來歸脤❺。

脤者何也？俎實❻也，祭肉也，生曰脤，熟曰膰。其辭石尚❼，士也。何以知其士也？天子之大夫不名，石尚欲書《春秋》，諫曰：「久矣！周之不行禮於魯也，請行脤。」貴復正也。

*衛世子蒯聵❽出奔宋。

*衛公孟彄出奔鄭。

*宋公之弟辰自蕭來奔❾。

*大蒐于比蒲。

*邾子來會公❿。

*城莒父及霄⓫。

【注釋】❶晉趙陽　《左傳》作「衛趙陽」。據毛奇齡《簡書刊誤》云：「趙陽，衛大夫趙氏名陽者，以其黨于公叔文子之子公叔戌，故衛侯並逐之。」此說可從。❷檇李　吳地，在今浙江省嘉興縣南四十五里，舊有檇李城。此役吳王闔廬受傷死，使兩國結下深仇。❸牽　地名，在今河南省浚縣北十餘里。❹洮　曹地，在今山東省鄄城縣西南。❺歸脤　饋送祭社之肉。天子賜給同姓諸侯，親兄弟之國，與之共享。❻俎實　俎上所盛之祭品。俎為陳放祭物的禮器，木製，漆飾。❼其辭石尚　此處所書之石尚。❽蒯聵　衛靈公太子，因殺靈公夫人南子不成，懼而出奔宋。❾宋公句　定公十一年，辰與仲佗、石彄、公子地入蕭以叛，今又來魯投奔。❿來會公　來比蒲與魯公會見。⓫城莒父及霄　在莒父和霄地築城。莒父，魯邑，在今山東省莒縣。霄，地名，亦在莒縣境。此年無冬，當為史之闕文。

【語　譯】＊十四年，春，衛國公叔戍來投奔。

＊晉趙陽出逃到宋國。

＊二月辛巳日，楚國公子結、陳國公孫佗人率軍滅亡了頓國，把頓國君主牂帶回去。

＊夏，衛國北宮結來投奔。

＊五月，越國在檇李打敗吳國。

＊吳子光死。

＊魯公在牽地會見齊侯、衛侯。

＊魯公由會返回。

＊秋，齊侯、宋公在洮地會見。

＊天王派石尚來魯饋送祭社之肉。

脤是什麼？就是俎上陳放之祭品，就是祭肉也，生的稱作脤，熟的稱作膰。此處所書之石尚，是天子之士也。怎麼知道他是天子之士呢？因為天子之大夫按慣例不書名，石尚想在史書上留下記載，就向周天子納諫說：「周王室不行禮儀於魯國，已經很久了，請向魯國饋送祭肉。」書此以貴其恢復正禮也。

＊衛國世子蒯聵出逃到宋國。

＊衛國公孟彄出逃到鄭國。

＊宋公之弟辰從蕭邑來投奔。

＊在比蒲舉行大規模習武閱兵典禮。

*邾子來比蒲會見魯公。

*在莒父和霄地建築城牆。

*十有五年，春，王正月，邾子來朝。

*鼷鼠食郊牛❶，牛死，改卜牛。

不敬莫大焉❷。

*二月辛丑，楚子滅胡❸，以胡子豹歸。

*夏，五月辛亥，郊❹。

*壬申，公薨于高寢❺。

高寢非正也。

*鄭罕達帥師伐宋。

*齊侯、衛侯次于渠蒢❻。

*邾子來奔喪❼。

喪急，故以奔言之。

*秋，七月壬申，弋氏卒❽。

妾辭❾也，哀公之母也。

*八月庚辰朔，日有食之。

*九月，滕子來會葬。

*丁巳，葬我君定公，雨，不克葬。

葬既有日，不為雨止，禮也。雨不克葬，喪不以制也。

*戊午，日下稷❿，乃克葬。

乃，急辭也，不足乎日⓫之辭也。

*辛巳，葬定弋⓬。

*冬，城漆⓭。

【注釋】❶鼷鼠食郊牛　鼷鼠咬傷郊祭之牛。鼷鼠，極細小的鼠類，參見成七年注❶。❷不敬莫大焉　對神的不恭敬莫大於此。郊祭之牛被鼷鼠咬傷致死，說明管理者失職，是對神的輕慢褻瀆。❸胡　國名，故址在今安徽省阜陽縣治。❹郊　郊祀，祭祀后稷以祈農事也。❺高寢　寢宮名。劉向《說苑・修文》：「《春秋》曰：『壬申，公薨于高寢。』《傳》曰：『高寢者何？正寢也。曷為或言高寢，或言路寢？曰：諸侯正寢三，一曰高寢，二曰左路寢，三曰右路寢。高寢者，始封君之寢也；二路寢者，繼體之君寢也。其二何？曰：子不居父之寢，故二寢。繼體君世世不可居高祖之寢，故有高寢名曰高也。』」定公為繼體之君，死在高寢，不合正禮。此傳文不見於今之三傳，或為劉向所見《穀梁傳》之舊傳文。❻渠蒢　所在無考。❼奔喪　身居外地，聞喪來奔之禮，多指對父母或五服內親屬之喪言，諸侯之間無奔喪之禮。❽弋氏卒　弋氏死。弋，《左傳》作「姒」。❾妾辭　稱卒不稱薨，不稱夫人，為記載妾死的文辭。但是，妾之死不書，此因弋氏為哀公母，母以子貴，故書。

⑩日下稷　稷，《左傳》引作「昃」，日偏西之時。日下稷指日偏斜接近落下之時。⑪不足乎日　沒有用一整天時間。⑫定弋　弋氏之謚號。⑬漆　地名，在今山東省鄒縣北。

【語譯】＊十五年，春，周曆正月，邾子來朝見。

＊鼷鼠咬傷郊祭之牛，牛受傷而死，又改卜另外用於郊祭之牛。

對神之不恭敬莫大於此了。

＊二月辛丑日，楚子滅亡了胡國，把胡國君主豹帶回去。

＊夏，五月辛亥日，舉行郊祀。

＊壬申日，魯公死於高寢。

死於高寢不合正禮。

＊鄭國罕達率軍攻伐宋國。

＊齊侯、衛侯駐軍於渠蒢。

＊邾子來魯國奔喪。

因喪事急促，所以用奔字稱邾子之來。

＊秋，七月壬申日，弋氏死。

此為記載妾死之文辭，弋氏為哀公之生母。

＊八月庚辰日，初一，發生日蝕。

＊九月，滕子來參加定公會合送葬之禮。

＊丁巳日，安葬我們國君定公，因為下雨，未能完成下葬。

葬禮既已確定日子，不該因下雨停止，這是禮制也。因為下雨不能完成下葬，就是治理喪事不按禮制。

＊戊午日，太陽快要落下時，才完成下葬。

用乃字，是急促之文辭，表示下葬未用一天時間。

*辛巳日，安葬定弋。

*冬，在漆地築城。

哀公

【題解】哀公名蔣，定公之子，在位二十七年，後去越未歸，不知所終。《公羊》、《穀梁》於哀公十四年春「西狩獲麟」而終。《左傳》則至哀公二十七年終，而十七年後，有傳無經。

在此時期，東南方的吳、越比較活躍。先是吳敗越於夫椒，兩國講和，吳開始向北爭霸。十一年，在艾陵之戰中大敗齊軍，接著聯絡魯、衛等國，發起黃池之會，使霸業達到頂峰。與此同時，越國經君臣臥薪嘗膽的努力經營，使國力大增，於哀公二十二年滅吳，亦開始向北方發展。

諸侯之間不斷進行新的分化組合，舊有的格局被打破，局勢更為錯綜複雜。魯、衛、宋、齊、楚等國都發生大亂。魯國三家與公室矛盾激化，迫使哀公二次去越，最後竟不歸。衛國蒯聵靠孔悝之助而復國，又逐孔悝和諸大夫，石圃等又逐衛侯，迎其子輒為君，輒又被逐。宋國先有桓魋之亂，繼有六卿與大尹之爭和三族六卿共政局面。楚國則有白公之亂。

齊國景公死後，陳氏驅逐國、高二氏，先後殺三君，完全控制齊國大權。晉國公室衰微，權力掌握在知、趙、韓、魏四家手中。到後期，知氏最強，三家受逼，聯合起來滅掉知氏，三分其地，晉國實際上已為三家分有。這些變化標誌春秋時代的終結和新的歷史時期的開始。

*元年❶，春，王正月，公即位。

*楚子、陳侯、隨侯❷、許男圍蔡。

*鼷鼠食郊牛角，改卜牛。

*夏，四月辛巳，郊。

此該❸之變而道之也。於變之中又有言焉。鼷鼠食郊牛角，改卜牛，志不敬也。郊牛日展觓角❹而知傷，展道盡矣。郊，自正月至于三月，郊之時也。夏四月郊，不時也。五月郊，不時也。夏之始可以承春，以秋之末承春之始，蓋不可矣。九月用郊❺，用者不宜用者也。郊三卜❻，禮也；四卜，非禮也；五卜，強也❼。卜免牲者，吉則免之，不吉則否。牛傷，不言傷之者，傷自牛作也，故其辭緩。全曰牲❽，傷曰牛，未牲曰牛，其牛一也，其所以為牛者異❾。有變而不郊❿，故免卜牛也。已牛矣，其尚卜免之，何也？禮與其亡也，寧有，嘗置之上帝⓫矣，故卜而後免之，不敢專也。卜之不吉，則如之何？不免。安置之？繫而待六月上甲始庀牲⓬，然後左右之⓭。子之所言者，牲之變也，而曰我一該郊之變而道之，何也？我以六月上甲始庀牲，十月上甲始繫牲，十一月十二月牲雖有變，不道也，待正月然後言牲之變，此乃所以該郊。郊享道⓮也，貴其時，大其禮，其養牲雖小不備可也。子不忘三月卜郊，何也？郊自正月至于三月，郊之時也，我以十二月下辛卜正月上辛，如不從，則以正月下辛卜二月上辛，如不從，則以二月下辛卜三月上辛，如不從，則不郊矣。

*秋，齊侯、衛侯伐晉。

*冬，仲孫何忌帥師伐邾。

【注　釋】❶元年　西元前四九四年，周敬王二十六年，晉定公十八年，齊景公五十四年，衛靈公四十一年，蔡昭公二十五年，鄭聲公七年，曹陽公八年，陳閔公八年，杞僖公十二年，宋景公二十三年，秦惠公七年，楚昭王二十二年，吳夫差二年，越句踐三年。❷隨侯　隨國君主。隨，姬姓國，在今湖北省隨縣南。❸該　包括。此為郊祀最後一次記載，故在此對郊祀之變禮作總括闡述。❹日展斛角　每天察看郊牛之角。❺用郊　行郊祀之禮，參見成十七年注❾。❻郊三卜　郊祀可以占卜三次以確定日期。❼強也　強制占卜符合自己意願。❽全曰牲　用作郊祭之牛，完好無損則稱之為牲。❾其所以為牛者異　三者都是牛，但稱之為牛的依據卻不同。❿有變而不郊　發生變故而不行郊祀之禮。⓫嘗置之上帝　曾經放置起來作為上帝的犧牲。⓬始庀牲　開始備辦犧牲。⓭左右之　支配它；處理它。⓮郊享道　郊祀為飲食之道。

【語　譯】*元年，春，周曆正月，魯哀公即君位。

*楚子、陳侯、隨侯、許男包圍蔡國。

*鼷鼠咬傷郊祭之牛的牛角，改卜他牛代替。

*夏，四月辛巳日，舉行郊祭。

這裡總括郊祀之變禮並加以說明。在變禮之中也有要解說之處。鼷鼠咬傷郊祭之牛的牛角，改卜他牛代替，書此表明對神之不恭敬。郊祭之牛每天都有人察看牛角而知其受傷，按時察看的職責是盡到了。郊祀，由正月到三月，是郊祀合宜時節。夏四月舉行郊祀，不合時節。五月份舉行郊祀，不合時節。在夏季之始可以承接春季，在秋季之末再接續春季行郊祀，大概就不可以了。九月份用郊祀，用就是不該用也。郊祀占卜三次以確定日期，合乎禮制；占卜四次，不合禮制；占卜五次，就是強制占卜符合自己意願。占卜可否免殺郊祭之犧牲，得吉則免殺，不吉則不免殺。郊祭之牛受傷害，如果不說傷害者為誰，就表明是牛自傷的，所以用辭舒緩。用作郊祭之牛完好無損叫作牲，受了傷叫牛，未占卜用作犧牲也叫牛，牠們都是牛，這是相同的，但稱其為牛的依據卻不同。因為發生變故而不行郊祀了，也就免去占卜用牛。已經受傷的郊牛，這裡還要占卜是否免殺，為什麼？對於禮制來說，與其不要占卜，寧願保留占卜，因為這牛曾經放置起來準備作上帝的犧牲，所以要占卜後確定是否免殺，不敢自行專斷。如果占卜不吉，又怎麼辦呢？不能免殺。放在那裡呢？拴起來等待六月上旬甲日開始備辦犧牲時，再決定如何處理牠。先生所說的，只是郊祭犧牲之變例，卻說我總括郊祀之變禮並加以說明，為什麼？回答說：我在六月上旬甲日開始備辦犧牲，十月上旬甲日開始繫養犧牲，十一月十二月期間，犧牲雖有變故，也不必去說，等待正月再說明犧牲之變化情況，這就總括了郊祀之變禮。郊祀為飲食之道，重視它的時節，尊崇它的禮儀，在飼養犧牲方面雖稍有不完備，也是可以的。先生不忘十二月、一月、二月占卜郊祀之日，為什麼？回答說：從正月到三月，這是郊祀合適季節，我在十二月下旬辛日占卜一月上旬辛日可否郊祀，如果不吉，則在正月下旬辛日占卜二月上旬辛日可否郊祀，如果不吉，則在二月下旬辛日占卜三月上旬辛日可否郊祀，如果不吉，就不舉行郊祀。

＊秋，齊侯、衛侯攻伐晉國。

＊冬，魯仲孫何忌率軍攻伐邾國。

＊二年，春，王二月，季孫斯、叔孫州仇、仲孫何忌帥師伐邾，取漷東田❶，漷東未盡❷也。

＊及沂西田❸。沂西未盡也。

*癸巳，叔孫州仇、仲孫何忌及邾子盟于句繹❹。三人伐而二人盟，何也？各盟其得❺也。

*夏，四月丙子，衛侯元卒。

*滕子來朝。

*晉趙鞅帥師納衛世子蒯聵于戚❻。納者內弗受也，帥師而後納者，有伐也。何用弗受也？以輒❼不受也。以輒不受父之命，受之王父也，信父而辭王父，則是不尊王父也。其弗受，以尊王父也。

*秋，八月甲戌，晉趙鞅帥師及鄭罕達帥師戰于鐵❽，鄭師敗績。

*冬，十月，葬衛靈公。

*十有一月，蔡遷于州來❾，蔡殺其大夫公子駟。

【注釋】❶取漷東田　取漷水以東之田。前此魯已取漷西之田，今又取漷東田。漷水，見襄十九年注❹。❷漷東未盡　魯取漷水以東部分邾田，未盡取也。❸沂西田　沂水以西之田。山東沂水有三，此沂水源出山東省曲阜縣東南之尼丘山，西流經曲阜、兗州合於泗水。《論語・先進》：「浴乎沂。」即指此。❹句繹　在今山東省鄒縣東南嶧山東南，其地距今鄒縣不足四十里。❺各盟其得　二人各得邾所賂之田，而與其結盟。為貪私利而盟，盟後又伐邾，不講信義。❻戚　在今河南省濮陽縣北。❼輒　蒯聵之子，衛靈公嫡孫。靈公死，因蒯聵被逐在外，乃立輒為君。晉人護送蒯聵返回，衛人以兵拒之，蒯聵入戚自保。❽鐵　在今濮陽縣西北五里。❾州來　在今安徽省鳳臺縣，又稱下蔡。蔡侯欲遷都州來，諸大夫有反對者，蔡侯因暗納吳師，殺掉反對遷都的公子駟，而遷州來。

【語譯】＊二年，春，周曆二月，魯國季孫斯、叔孫州仇、仲孫何忌率軍攻伐邾國，取得漷水以東之田，

取漷水東部分邾田，非盡取也。

＊和沂水以西之田。

取沂水西部分邾田，非盡取也。

＊癸巳日，魯叔孫州仇、仲孫何忌與邾子在句繹結盟。

三個人去攻伐邾國而兩個人與邾子結盟，為什麼呢？二人各得邾賂之田而與其結盟也。

＊夏，四月丙子日，衛侯元死。

＊滕子來朝見。

＊晉國趙鞅率軍護送衛國世子蒯聵到戚地。

稱護送是表示衛國不肯接受，率軍而後護送，是有攻伐衛國之行動。衛國為什麼不肯接受？因為衛君輒不同意接受。衛君輒不是受命於父親，而是受命於祖父，聽信父命而拒絕祖父之命，就是不尊重祖父。他的不肯接受，是為尊重祖父之命。

＊秋，八月甲戌日，晉國趙鞅統率之軍與鄭國罕達統率之軍在鐵地交戰，鄭軍潰敗。

＊冬，十月，安葬衛靈公。

＊十一月，蔡國遷至州來，蔡國殺了它的大夫公子駟。

＊三年，春，齊國夏、衛石曼姑帥師圍戚。

此衛事也，其先國夏何也？子不圍父也。不繫戚於衛者，子不有父❶也。

*夏，四月甲午，地震。

*五月辛卯，桓宮、僖宮災❷。言及則祖有尊卑，由我言之則一❸也。

*季孫斯、叔孫州仇帥師城啟陽❹。

*宋樂髡帥師伐曹。

*秋，七月丙子，季孫斯卒。

*蔡人放其大夫公孫獵于吳。

*冬，十月癸卯，秦伯卒。

*叔孫州仇、仲孫何忌帥師圍邾。

【注釋】❶子不有父　子不得統轄父。如果繫戚於衛，則是在衛君統治下，為子統轄其父也。❷桓宮僖宮災　桓公、僖公廟遭受火災。桓公為哀公八世祖，僖公為哀公六世祖，諸侯五廟，桓、僖之廟按禮皆應毀，之所以未毀，服虔以為季氏出自桓公，其立由僖公，出於私恩，不毀二廟。❸由我言之則一　由哀公而言，桓、僖皆遠祖，沒有尊卑之分，是同等的，故不用及字。❹啟陽　在今山東省臨沂縣北十五里之開陽故城。

【語譯】*三年，春，齊國國夏、衛國石曼姑率軍包圍戚邑。

這是衛國之事，此處把國夏放在前面，為什麼呢？因為兒子不可以包圍父親。不把戚邑繫屬於衛國，因為兒子不可以統轄父親。

*夏，四月甲午日，發生地震。

*五月辛卯日，桓公、僖公之廟發生火災。如果稱及就表示祖先有尊卑之分，由哀公而言桓公、僖公是一樣的，都為遠祖。

*魯國季孫斯、叔孫州仇率軍在啟陽築城。

*宋國樂髡率軍攻伐曹國。

*秋，七月丙子日，魯國季孫斯死。

*蔡國人把其大夫公孫獵放逐到吳國。

*冬，十月癸卯日，秦伯死。

*魯國叔孫州仇、仲孫何忌率軍包圍邾都。

*四年，春，王二月庚戌，盜弒蔡侯申。

稱盜以弒君，不以上下道道也❶。內其君而外弒者❷，不以弒道道也。《春秋》有三盜：微殺大夫謂之盜，非所取而取之謂之盜，辟中國之正道以襲利謂之盜。

*蔡公孫辰出奔吳。

*葬秦惠公。

*宋人執小邾子。

*夏，蔡殺其大夫公孫姓、公孫霍。

*晉人執戎蠻子赤歸于楚。

*城西郛❸。

*六月辛丑，亳社災❹。

亳社者，亳之社也。亳，亡國也，亡國之社以為廟屏❺，戒也。其屋❻，亡國之社，不得上達也。

*秋，八月甲寅，滕子結卒。

*冬，十有二月，葬蔡昭公。

*葬滕頃公。

【注　釋】❶不以上下道道也　不用君臣上下之道來記載此事。把弒君者視為比臣民更為低下的罪人，罪人不書名而稱為盜。❷內其君而外弒者　稱蔡侯申為內其君，稱盜不加國與名氏是外弒者，即不認為弒君者為蔡國人。❸城西郛　修繕曲阜西面外城城牆。❹亳社災　亳社發生火災。亳社即商社，古代建國必先立社，商都於亳故稱亳社。魯國有周社，為其國社，又因其封有商奄之地，治理殷商遺民，故又立亳社。❺廟屏　作魯國祖廟之屏障。❻其屋　社本無屋，使受霜露風雨，通天地之氣。對亡國之社，則築屋遮蓋之，不使通達天地之氣，只在北面開一窗，使通陰氣。亳社火災即由此屋引起。《禮記・郊特牲》：「天子大社必受霜露風雨，以達天地之氣也。是故喪國之社，屋之，不受天陽也。薄社北牖，使陰明也。」

【語　譯】*四年，春，周曆二月庚戌日，盜賊殺了蔡侯申。

稱盜賊把國君殺了，這是不用君臣上下之道來記敘此事。稱其君為內而稱弒者為外，這是不用弒君之道來記敘此事。《春秋》中講了三種盜：身分低微者殺死大夫叫作盜，不應該取得而取之叫作盜，違背中國之正道去竊取私利叫作盜。

＊蔡國公孫辰出逃到吳國。

＊安葬秦惠公。

＊宋國人拘捕小邾國君主。

＊夏，蔡國殺了它的大夫公孫姓、公孫霍。

＊晉國人拘捕戎蠻子赤，並把他送交楚國。

＊修繕曲阜西面外城城牆。

＊六月辛丑日，亳社發生火災。

亳社就是亳都之社。亳，為亡國之都城，把亡國之社作為魯國祖廟之屏障，讓後人引以為戒。亡國之社要建屋遮蔽，不使它得以上達天陽。

＊秋，八月甲寅日，滕子結死。

＊冬，十二月，安葬蔡昭公。

＊安葬滕頃公。

＊五年，春，城毗❶。

＊夏，齊侯伐宋。

＊晉趙鞅帥師伐衛。

＊秋，九月癸酉，齊侯杵臼卒。

*冬，叔還如齊。

*閏月❷，葬齊景公。

不正其閏❸也。

【注釋】❶毗　地名，所在無考。❷閏月　春秋時閏月皆放歲末，即閏十二月。❸不正其閏　在閏月下葬，不合正禮。喪事不數閏月，故閏月下葬不正。

【語譯】*五年，春，在毗地築城。

*夏，齊侯攻伐宋國。

*晉國趙鞅率軍攻伐衛國。

*秋，九月癸酉日，齊侯杵臼死。

*冬，魯國叔還去往齊國。

*閏月，安葬齊景公。

在閏月下葬不合正禮。

*六年，春，城邾瑕❶。

*晉趙鞅帥師伐鮮虞。

*吳伐陳。

*夏，齊國夏及高張來奔。

*叔還會吳于柤❷。

*秋，七月庚寅，楚子軫卒。

*齊陽生❸入于齊。

*齊陳乞弒其君荼❹。

陽生入而弒其君，以陳乞主之，何也？不以陽生君荼❺也。其不以陽生君荼何也？陽生正，荼不正❻。不正，則其曰君何也？荼雖不正，已受命矣。入者內弗受也，荼不正，何用弗受？以其受命，可以言弗受也。陽生其以國氏何也？取國于荼也。

*冬，仲孫何忌帥師伐邾。

*宋向巢帥師伐曹。

【注釋】❶邾瑕　在今山東省濟寧市南十里。原為邾邑，今已屬魯。❷柤　在今江蘇省邳縣北之加口。原為楚邑，今屬吳。❸齊陽生　齊景公庶子。去年景公死，國、高二氏遵先君遺願，立公子荼為君，陽生奔魯。今因陳乞等逐國、高二氏，迎陽生於魯，立為君，是為齊悼公。❹齊陳乞弒其君荼　陳乞，齊大夫。其收賦稅於民用小斗，售粟於民用大斗，以收買民心。景公死後，逐國夏、高張，殺荼立陽生為相，己專齊政，四年死，諡僖子。荼，齊景公幼子，寵妾所生。❺不以陽生君荼　不使陽生以荼為君。❻陽生正荼不正　陽生之母貴，為正出；荼之母賤，為庶出。故立陽生為正道，立荼不是正道。

【語譯】*六年，春，在邾瑕築城。

*晉國趙鞅率軍攻伐鮮虞。

*吳國攻伐陳國。

*夏，齊國之國夏與高張來投奔。

*魯國叔還在柤地會見吳人。

*秋，七月庚寅日，楚子軫死。

*齊國陽生由魯進入齊國。

*齊國陳乞殺了他的君主荼。

本為陽生入齊國殺掉他的國君，卻以陳乞為主弒之人，為什麼呢？是為了不使陽生把荼作為自己的國君。不使陽生把荼作為國君，為什麼呢？因為陽生為君是正道，荼為君不是正道。既然不是正道，這裡又稱他為君，為什麼？荼為君雖然不是正道，但他已接受先君立其為君的命令。稱入是表示齊國不肯接受之意。荼為君不合正道，又為什麼不肯接受陽生？因為荼已受命為君，可以說不接受陽生。陽生返國以齊為氏，為什麼？因為他是由荼那裡接受齊國的。

*冬，魯國仲孫何忌率軍攻伐邾國。

*宋國向巢率軍攻伐曹國。

*七年，春，宋皇瑗帥師侵鄭。

*晉魏曼多帥師侵衛。

*夏，公會吳于繒❶。

*秋，公伐邾。八月己酉入邾，以邾子益來。

以者，不以者也。益之名，惡❷也。《春秋》有臨天下之言❸焉，有臨一國之言焉，有臨一家之言焉。其言來者，有外魯之辭❹焉。

*宋人圍曹。

*冬，鄭駟弘帥師救曹。

【注釋】❶繒　故城在今山東省棗莊市東，蒼山縣西稍北。❷益之名惡　記載邾君益之名，表示對他憎惡。惡其被獲不能死社稷也。❸臨天下之言　撫治天下之言辭。❹外魯之辭　疏遠魯國之言辭。

【語譯】*七年，春，宋國皇瑗率軍侵犯鄭國。

*晉國魏曼多率軍侵犯衛國。

*夏，魯公在繒地會見吳人。

*秋，魯公攻伐邾國。八月己酉日，進入邾國都城，把邾君益帶回來。稱帶回來就是不該帶回來之意。記載邾君益的名字，是表示憎惡他。《春秋》中有天子撫治天下之言辭，有諸侯撫治邦國之言辭，有卿大夫撫治其家之言辭。此稱帶邾子益來，為疏遠魯國之言辭。

*宋國人包圍曹國。

*冬，鄭國駟弘率軍救援曹國。

*八年，春，王正月，宋公入曹，以曹伯陽歸。

*吳伐我。

*夏，齊人取讙及闡❶。

惡內❷也。

*歸邾子益于邾。

益之名，失國也。

*秋，七月。

*冬，十有二月癸亥，杞伯過卒。

*齊人歸讙及闡。

【注釋】❶取讙及闡　齊國取得魯之讙與闡二地。讙，在今山東省寧陽縣北。闡，今寧陽縣東北三十里有古剛城，闡在其北。❷惡內　書此表示憎惡魯國。據《左傳》，齊取二邑是因為魯不送季姬去齊，後送季姬，齊便歸還二邑。《公羊傳》則以為邾子益為齊甥，魯人邾執邾子，害怕齊國來伐，故以地賂之。二說相較，《左氏》更合實際。

【語譯】*八年，春，周曆正月，宋公進入曹國，把曹伯陽帶回去。

*吳國攻伐我國。

*夏，齊國人取得魯國讙和闡二地。

書此表示憎惡魯國。

*魯國把邾子益送回邾國。

記載益的名字，因為他失掉了邦國。

*秋，七月。

*冬，十二月癸亥日，杞伯過死。

*齊國人歸還讙與闡二地。

*九年，春，王二月，葬杞僖公。

*宋皇瑗帥師取鄭師于雍丘❶。取，易辭也。以師而易取，鄭病❷矣。

*夏，楚人伐陳。

*秋，宋公伐鄭。

*冬，十月。

【注釋】❶雍丘　在今河南省杞縣治。❷鄭病　鄭軍處在疾困之中。宋軍把鄭軍包圍起來，又打退鄭之援兵，截斷一切補給，使鄭軍困苦無援，士氣低下，故被輕易殲滅。

【語譯】*九年，春，周曆二月，安葬杞僖公。

*宋國皇瑗率軍在雍丘很輕易地消滅鄭國軍隊。稱取表示輕易消滅之辭。以眾多軍隊而被輕易消滅，因為鄭軍處在疾困之中。

*夏，楚人攻伐陳國。

*秋，宋公攻伐鄭國。

*冬，十月。

*十年，春，王二月，邾子益來奔。

*公會吳伐齊。

*三月戊戌，齊侯陽生卒。

*夏，宋人伐鄭。

*晉趙鞅帥師侵齊。

*五月，公至自伐齊。

*葬齊悼公。

*衛公孟彄自齊歸于衛。

*薛伯夷卒。

*秋，葬薛惠公。

*冬，楚公子結帥師伐陳，吳救陳。

【語譯】*十年，春，周曆二月，邾子益來投奔。

*魯公會同吳國攻伐齊國。

*三月戊戌日，齊侯陽生死。

*夏，宋國人攻伐鄭國。

*晉國趙鞅率軍侵犯齊國。

*五月，魯公由伐齊返回。

*安葬齊悼公。

*衛國公孟彄從齊國返回衛國。

*薛伯夷死。

*秋，安葬薛惠公。

*冬，楚國公子結率軍攻伐陳國，吳國援救陳國。

*十有一年，春，齊國書❶帥師伐我。

*夏，陳轅頗出奔鄭。

*五月，公會吳伐齊。甲戌，齊國書帥師及吳戰于艾陵❷，齊師敗績，獲齊國書。

*秋，七月辛酉，滕子虞母卒。

*冬，十有一月，葬滕隱公。

*衛世叔齊出奔宋。

【注釋】❶國書　齊國上卿，國夏子。❷艾陵　齊地，在今山東省萊蕪縣東北。此戰齊國慘敗，吳國俘獲國書等五大夫及革車八百乘，甲首三千，威鎮北方。

【語　譯】*十一年，春，齊國國書率軍攻伐我國。

*夏，陳國轅頗出逃到鄭國。

*五月，魯公會合吳軍攻伐齊國。甲戌日，齊國國書率軍與吳軍在艾陵交戰，齊軍潰敗，齊國國書被俘。

*秋，七月辛酉日，滕子虞母死。

*冬，十一月，安葬滕隱公。

*衛國世叔齊出逃到宋國。

*十有二年，春，用田賦❶。

古者公田什一❷，用田賦，非正也。

*夏，五月甲辰，孟子卒❸。

孟子者何也？昭公夫人也。其不言夫人何也？諱取同姓也。

*公會吳于橐皋❹。

*秋，公會衛侯、宋皇瑗于鄖❺。

*宋向巢帥師伐鄭。

*冬，十有二月，螽❻。

【注　釋】❶用田賦　實行按田畝徵收田稅軍賦制度。魯國於宣公十五年實行「初稅畝」，為田稅制度改革；成公元年實行「作丘甲」，是軍賦改革。現在實行「用田賦」，或兼具二者內容，在收稅標準上又有大幅度提高。孔子對此評論說：「君子之行也，度於禮，施取其厚，事舉其中，斂從薄。如是則以丘亦足矣。若不度於禮，而貪冒無厭，則雖以田賦，將又不足。」（《左傳》哀十一年）這段話反映孔子對新制度加重賦稅負擔的指責。關於此制度的具體規定已難確考，古今說解不少，多缺乏有力證據，故存而不論。❷古者公田什一　古代實行井田制，分公田、私田，概言之，公田約占十分之一。占有私田百畝之農戶耕公田十畝，其收成當作田稅上繳國家，實為國家對農民收取之勞役地租。其細節變化很多，概言之如此。❸孟子卒　孟子為昭公夫人，吳國之女，姬姓，按慣例國君夫人必繫以母家之姓，應稱吳姬或孟姬，這就違背同姓不婚之禮。稱孟子或吳孟子，是為君諱也。❹槖皋　吳地，即今安徽省巢縣西北六十里之拓皋鎮。❺鄖　或在今山東省莒縣南。❻螽　蝗蟲為災。蝗災多見於八、九月，此周曆十二月，相當農曆十月，據推算，此年閏九月，則十二月實為十一月，相當農曆九月，有蝗災不足為奇也。

【語譯】＊十二年，春，實行按田畝徵收田稅軍賦制度。

古時候公田占十分之一，農戶耕公田抵田稅，今實行按田畝徵收田稅軍賦制度，不合正道。

＊夏，五月甲辰日，孟子死。

孟子為何人？昭公之夫人也。這裡不稱她為夫人，為什麼？因為稱夫人必繫母家姬姓，如此記載是避諱君娶同姓女為夫人也。

＊魯公在槖皋會見吳國人。

＊秋，魯公在鄖地會見衛侯、宋皇瑗。

＊宋國向巢率軍攻伐鄭國。

＊冬，十二月，蝗蟲為災。

＊十有三年，春，鄭罕達帥師取宋師于嵒❶。

取，易辭也，以師而易取，宋病❷矣。

*夏，許男成卒。

*公會晉侯及吳子于黃池❸。

黃池之會，吳子進乎哉，遂子矣❹！吳，夷狄之國也，祝髮文身❺，欲因魯之禮，因晉之權，而請冠端❻，而襲其藉于成周❼，以尊天王，吳進矣。吳，東方之大國也，累累❽致小國以會諸侯，以合乎中國，吳能為之，則不臣乎❾？吳進矣。王，尊稱也；子，卑稱也。辭尊稱而居卑稱，以會乎諸侯，以尊天王。吳王夫差曰：「好冠來❿。」孔子曰：「大矣哉！夫差未能言冠，而欲冠也。」

*楚公子申帥師伐陳。

*於越入吳。

*秋，公至自會。

*晉魏曼多帥師侵衛。

*葬許元公。

*九月，螽。

*冬，十有一月，有星孛⓫于東方。

*盜殺陳夏區夫。

*十有二月，螽。

【注釋】❶嵒　宋、鄭之間隙地，其地在今河南省杞縣、通許縣、陳留鎮之間地帶。在鄭子產執政時期，與宋國達成協議，雙方都不單獨占有此地帶。後由於鄭國將宋國元、平之族來奔者安排此地，引起兩國軍事衝突。❷宋病　宋軍遭受疾困。指宋向巢之師被困於嵒，援軍向魋又中途逃回，致使宋軍被鄭國輕易擊敗。❸黃池　在今河南省封丘縣南，濟水故道南岸。黃池之會是吳國爭霸的頂峰，後數為越敗，終至滅亡。❹遂子矣　於是稱吳夫差為吳子。❺祝髮文身　剃掉頭髮，把皮膚紋成圖像。❻請冠端　請求戴玄冠，衣玄端，如中原諸侯視朝之服飾。冠指玄冠，朝服冠名。端即玄端，緇布衣，諸侯朝祭之禮服。❼襲其藉于成周　沿襲前例向成周進奉貢物。藉，貢獻之物。❽累累　屢屢；屢次；多次。❾則不臣乎　既然這樣，能說他不臣服於周嗎。用疑問語氣表達肯定意義。❿好冠來　把好的帽子拿來。吳夫差只知要好帽子，不懂冠服之等次及與身分之關係。⓫星孛　彗星。

【語譯】*十三年，春，鄭國罕達率軍在嵒地輕易滅掉宋軍。稱取，表示很容易之辭，以眾多軍隊而被輕易滅掉，因為宋軍遭受疾困之故啊。

*夏，許國君主成死。

*魯公在黃池會見晉侯與吳子。黃池之會，吳子有了進步，於是稱他為吳子啊！吳為夷狄之國，有斷髮紋身之俗，吳夫差想依賴魯國之禮儀，依賴晉國之威權，請求戴玄冠，衣玄端，如中原諸侯一樣，並沿襲前制向成周進奉貢物，以尊奉周天王，吳國進步了。吳國是東方大國，多次招致東方小國和諸侯會見，來與中原諸國會合，既然這樣，怎能說他不臣服於周呢？吳國進步了。王是一種尊稱，子是一種卑稱。吳夫差能辭去尊稱，甘居卑稱，以與諸侯會見，以尊奉周天王。吳王夫差說：「把好的帽子拿來。」孔子說：「見解弘大呀！夫差未能說出冠之等級差別，只想戴上冠。」

*楚國公子申率軍攻伐陳國。

*越國侵入吳國。

*秋，魯公由會返回。

*晉國魏曼多率軍侵犯衛國。

*安葬許元公。

*九月，蝗蟲為災。

*冬，十一月，有彗星出現在東方。

*盜賊殺了陳國的夏區夫。

*十二月，蝗蟲為災。

*十有四年，春，西狩獲麟❶。

引取之❷也。狩地不地，不狩❸也。非狩而曰狩，大獲麟，故大其適❹也。其不言來，不外麟於中國也。其不言有，不使麟不恆於中國也。

【注　釋】❶西狩獲麟　在魯國西部狩獵，獲取麒麟。麒麟為古代傳說中一種動物，其狀如鹿，獨角，牛尾，身披鱗甲，為一種祥瑞象徵。此物出而見獲，預示世道喪亂，故孔子說「吾道窮矣」。《公羊傳》、《穀梁傳》皆終於此。❷引取之　由孔子引來而被獲取之。孔子結束周遊，回到魯國，據魯史修《春秋》，書成而麟至，魯獲之，如引取也。❸不狩　狩獵必有地點。不記載地點就不是狩獵。《公羊傳》以為是「薪采者」，也就是打柴人得到的。❹大其適　尊大其如上述之規模。適，如也，如君主率群臣行狩禮而得之。

【語　譯】*十四年，春，在魯國西部狩獵，獲取麒麟。

由孔子引來而獲取之。狩獵不記載地點就不是狩獵。不是狩獵而稱狩獵，是尊大獲取麒麟也，把它尊大到如上述規模。此不稱來，是不把麟看成中國以外之禽獸。此不稱有，是為使麟永久留在中國。

古籍今注新譯叢書

【哲學類】

新譯四書讀本	謝冰瑩、邱燮友等編譯	
新譯學庸讀本	王澤應注譯	
新譯論語新編解義	胡楚生編著	
新譯孝經讀本	賴炎元、黃俊郎注譯	
新譯易經讀本	郭建勳注譯	黃俊郎校閱
新譯周易六十四卦經傳通釋	黃慶萱注譯	
新譯乾坤經傳通釋	黃慶萱注譯	
新譯易經繫辭傳解義	吳　怡著	
新譯禮記讀本	姜義華注譯	黃俊郎校閱
新譯儀禮讀本	顧寶田、鄭淑媛注譯	黃俊郎校閱
新譯孔子家語	羊春秋注譯	周鳳五校閱
新譯老子讀本	余培林注譯	
新譯帛書老子	趙　鋒注譯	
新譯老子解義	吳　怡著	
新譯莊子讀本	黃錦鋐注譯	
新譯莊子讀本	張松輝注譯	
新譯莊子本義	水渭松注譯	
新譯莊子內篇解義	吳　怡著	
新譯列子讀本	莊萬壽注譯	
新譯管子讀本	湯孝純注譯	李振興校閱
新譯墨子讀本	李生龍注譯	李振興校閱
新譯公孫龍子	丁成泉注譯	黃志民校閱
新譯晏子春秋	陶梅生注譯	葉國良校閱
新譯鄧析子	徐忠良注譯	劉福增校閱
新譯荀子讀本	王忠林注譯	
新譯尹文子	徐忠良注譯	黃俊郎校閱
新譯尸子讀本	水渭松注譯	陳滿銘校閱
新譯鶡冠子	趙鵬團注譯	
新譯鬼谷子	王德華等注譯	
新譯韓非子	賴炎元、傅武光注譯	
新譯呂氏春秋	朱永嘉、蕭　木注譯	黃志民校閱
新譯韓詩外傳	孫立堯注譯	
新譯淮南子	熊禮匯注譯	侯迺慧校閱
新譯春秋繁露	朱永嘉、王知常注譯	
新譯新書讀本	饒東原注譯	黃沛榮校閱
新譯新語讀本	王　毅注譯	黃俊郎校閱
新譯潛夫論	彭丙成注譯	陳滿銘校閱
新譯論衡讀本	蔡鎮楚注譯	周鳳五校閱
新譯申鑒讀本	林家驪、周明初注譯	周鳳五校閱
新譯人物志	吳家駒注譯	黃志民校閱
新譯張載文選	張金泉注譯	
新譯近思錄	張京華注譯	
新譯傳習錄	李生龍注譯	
新譯呻吟語摘	鄧子勉注譯	

新譯明夷待訪錄　李廣柏注譯　李振興校閱

【文學類】

新譯詩經讀本　滕志賢注譯
新譯楚辭讀本　林家驪注譯
新譯楚辭讀本　傅錫壬注譯
新譯文心雕龍　羅立乾注譯
新譯六朝文絜　蔣遠橋注譯
新譯世說新語　劉正浩、邱燮友等注譯
新譯昭明文選　周啟成等注譯
新譯古文觀止　謝冰瑩、邱燮友等注譯
新譯古文辭類纂　黃　鈞、葉幼明等注譯
新譯樂府詩選　溫洪隆、溫　強注譯
新譯古詩源　馮保善注譯
新譯千家詩　邱燮友、劉正浩注譯
新譯詩品讀本　程章燦、成　林注譯
新譯花間集　朱恒夫注譯
新譯南唐詞　劉慶雲注譯
新譯絕妙好詞　聶安福注譯
新譯唐詩三百首　邱燮友注譯
新譯宋詩三百首　陶文鵬注譯
新譯宋詞三百首　汪　中注譯
新譯宋詞三百首　劉慶雲注譯
新譯元曲三百首　賴橋本、林玫儀注譯
新譯明詩三百首　趙伯陶注譯

新譯清詩三百首　王英志注譯
新譯清詞三百首　陳水雲等注譯
新譯唐人絕句選　卞孝萱、朱崇才注譯　齊益壽校閱
新譯唐才子傳　戴揚本注譯
新譯拾遺記　石　磊注譯
新譯搜神記　黃　鈞注譯
新譯唐傳奇選　東　忱、張宏生注譯　侯迺慧校閱
新譯宋傳奇小說選　東　忱注譯
新譯明傳奇小說選　陳美林、皋于厚注譯
新譯容齋隨筆選　朱永嘉等注譯
新譯明散文選　周明初注譯
新譯明清小品文選　鄭　婷注譯
新譯人間詞話　馬自毅注譯
新譯白香詞譜　劉慶雲注譯
新譯幽夢影　馮保善注譯
新譯菜根譚　吳家駒注譯
新譯小窗幽記　馬美信注譯
新譯圍爐夜話　馬美信注譯
新譯郁離子　吳家駒注譯
新譯歷代寓言選　黃瑞雲注譯
新譯賈長沙集　林家驪注譯
新譯揚子雲集　葉幼明注譯
新譯曹子建集　曹海東注譯　蕭麗華校閱
新譯建安七子詩文集　韓格平注譯
新譯阮籍詩文集　林家驪注譯　簡宗梧、李清筠校閱

新譯嵇中散集　崔富章注譯　莊耀郎校閱
新譯陸機詩文集　王德華注譯
新譯陶淵明集　溫洪隆注譯　齊益壽校閱
新譯江淹集　羅立乾、李開金注譯
新譯庾信詩文選　歸　青注譯
新譯初唐四傑詩集　李福標注譯
新譯駱賓王文集　黃清泉注譯　陳全得校閱
新譯王維詩文集　陳鐵民注譯
新譯孟浩然詩集　楊　軍注譯
新譯李白詩全集　郁賢皓注譯
新譯李白文集　郁賢皓注譯
新譯杜甫詩選　張忠綱、趙睿才、綦　維注譯
新譯杜詩菁華　林繼中注譯
新譯高適岑參詩選　孫欽善、陳鐵民注譯
新譯昌黎先生文集　周啟成等注譯　陳滿銘等校閱
新譯劉禹錫詩文選　閻　琦注譯
新譯柳宗元文選　卞孝萱、朱崇才注譯
新譯白居易詩文選　陶　敏、魯　茜注譯
新譯元稹詩文選　郭自虎注譯
新譯李賀詩集　彭國忠注譯
新譯杜牧詩文集　張松輝注譯　陳全得校閱
新譯李商隱詩選　朱恒夫、姚　蓉等注譯
新譯范文正公選集　沈松勤、王興華注譯　葉國良校閱
新譯蘇洵文選　羅立剛注譯
新譯蘇軾文選　滕志賢注譯

新譯蘇軾詞選　鄧子勉注譯
新譯蘇轍文選　朱　剛注譯
新譯曾鞏文選　高克勤注譯
新譯王安石文選　沈松勤注譯
新譯唐宋八大家文選　鄧子勉注譯
新譯柳永詞集　侯孝瓊注譯
新譯李清照集　姜漢椿等注譯
新譯陸游詩文集　韓立平注譯　彭國忠校閱
新譯辛棄疾詞選　聶安福注譯
新譯歸有光文選　鄔國平注譯
新譯唐順之詩文選　馬美信注譯
新譯徐渭詩文選　周　群等注譯
新譯薑齋文集　平慧善注譯　周鳳五校閱
新譯顧亭林文集　劉九洲注譯　黃俊郎校閱
新譯納蘭性德詞　馮　乾注譯
新譯方苞文選　鄔國平等注譯
新譯鄭板橋集　朱崇才注譯
新譯袁枚詩文選　王英志注譯
新譯李慈銘詩文選　潘靜如注譯
新譯聊齋誌異選　任篤行等注譯　袁世碩校閱
新譯閱微草堂筆記　嚴文儒注譯
新譯浮生六記　馬美信注譯
新譯弘一大師詩詞全編　徐正綸編著

歷史類

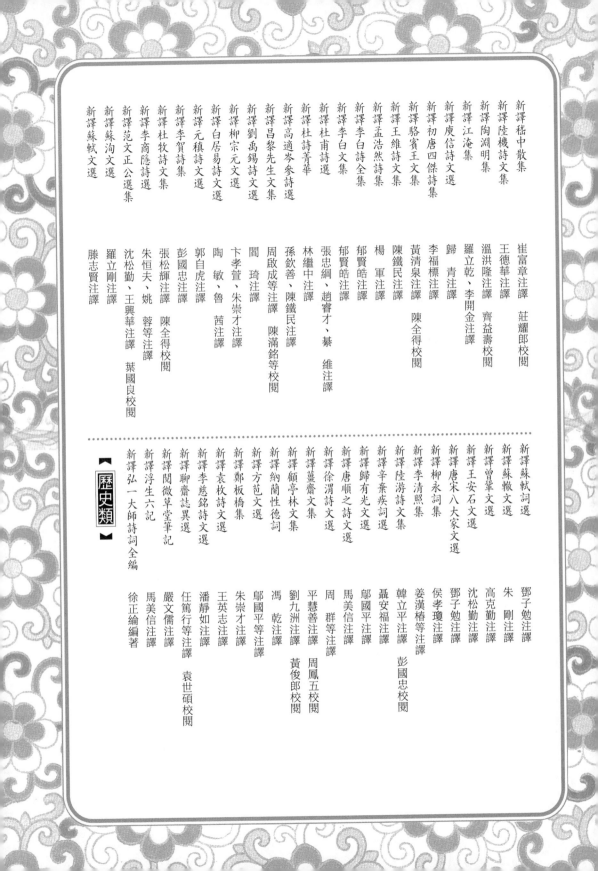

新譯史記　韓兆琦注譯
新譯漢書　吳榮曾等注譯
新譯後漢書　魏連科等注譯
新譯三國志　吳樹平等注譯
新譯資治通鑑　張大可、韓兆琦等注譯
新譯史記—名篇精選　韓兆琦注譯
新譯尚書讀本　吳　璵注譯
新譯尚書讀本　郭建勳注譯
新譯周禮讀本　賀友齡注譯
新譯逸周書　牛鴻恩注譯
新譯左傳讀本　郁賢皓等注譯　傅武光校閱
新譯公羊傳　雪　克注譯　周鳳五校閱
新譯穀梁傳　顧寶田注譯　葉國良校閱
新譯春秋穀梁傳　周　何注譯
新譯戰國策　溫洪隆注譯　陳滿銘校閱
新譯國語讀本　易中天注譯　侯迺慧校閱
新譯說苑讀本　左松超注譯
新譯說苑讀本　羅少卿注譯　周鳳五校閱
新譯新序讀本　葉幼明注譯　黃沛榮校閱
新譯吳越春秋　黃仁生注譯　李振興校閱
新譯西京雜記　曹海東注譯　李振興校閱
新譯列女傳　黃清泉注譯　陳滿銘校閱
新譯越絕書　劉建國注譯　黃俊郎校閱
新譯燕丹子　曹海東注譯　李振興校閱
新譯東萊博議　李振興、簡宗梧注譯
新譯唐六典　朱永嘉、蕭　木注譯
新譯唐摭言　姜漢椿注譯

【宗教類】

新譯金剛經　徐興無注譯　侯迺慧校閱
新譯高僧傳　朱恒夫、王學均等注譯　潘栢世校閱
新譯碧巖集　吳　平注譯
新譯百喻經　顧寶田注譯
新譯楞嚴經　賴永海、楊維中注譯
新譯梵網經　王建光注譯
新譯圓覺經　商海鋒注譯
新譯法句經　劉學軍注譯
新譯六祖壇經　李中華注譯　丁　敏校閱
新譯禪林寶訓　李中華注譯　潘栢世校閱
新譯維摩詰經　陳引馳、林曉光注譯
新譯經律異相　顏洽茂注譯
新譯阿彌陀經　蘇樹華注譯
新譯無量壽經　邱高興注譯
新譯無量壽經　蘇樹華注譯
新譯妙法蓮華經　張松輝注譯　丁　敏校閱
新譯景德傳燈錄　顧宏義注譯
新譯大乘起信論　韓廷傑注譯　潘栢世校閱
新譯釋禪波羅蜜　蘇樹華注譯
新譯八識規矩頌　倪梁康注譯
新譯永嘉大師證道歌　蔣九愚注譯
新譯華嚴經入法界品　楊維中注譯
新譯地藏菩薩本願經　李承貴注譯

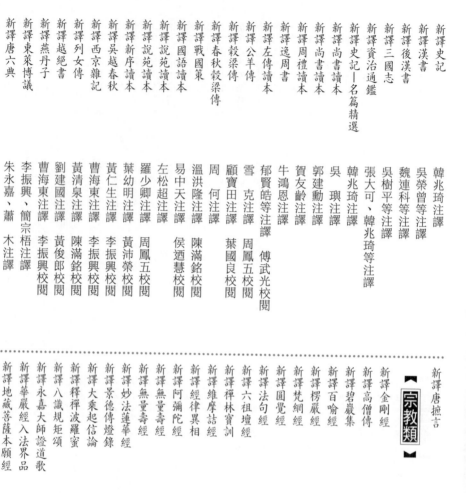

新譯悟真篇　劉國樑、連　遙注譯
新譯无能子　張松輝注譯
新譯坐忘論　張松輝注譯
新譯列仙傳　張金嶺注譯　陳滿銘校閱
新譯抱朴子　李中華注譯　黃志民校閱
新譯神仙傳　周啟成注譯
新譯性命圭旨　傅鳳英注譯
新譯老子想爾注　顧寶田、張忠利注譯　傅武光校閱
新譯周易參同契　劉國樑注譯　黃沛榮校閱
新譯道門觀心經　王　卡注譯　黃志民校閱
新譯養性延命錄　曾召南注譯　劉正浩校閱
新譯樂育堂語錄　戈國龍注譯
新譯沖虛至德真經　張松輝注譯　周鳳五校閱
新譯長春真人西遊記　顧寶田等注譯
新譯黃庭經・陰符經　劉連朋等注譯

軍事類

新譯司馬法　王雲路注譯
新譯尉繚子　張金泉注譯
新譯三略讀本　傅　傑注譯
新譯六韜讀本　鄔錫非注譯
新譯吳子讀本　王雲路注譯
新譯孫子讀本　吳仁傑注譯
新譯李衛公問對　鄔錫非注譯

教育類

新譯爾雅讀本　陳建初等注譯
新譯顏氏家訓　李振興、黃沛榮等注譯
新譯聰訓齋語　馮保善注譯
新譯曾文正公家書　湯孝純注譯　李振興校閱
新譯三字經　黃沛榮注譯
新譯百家姓　馬自毅、顧宏義注譯
新譯幼學瓊林　馬自毅注譯　陳滿銘校閱
新譯增廣賢文・千字文　馬自毅注譯　李清筠校閱
新譯格言聯璧　馬自毅注譯

政事類

新譯商君書　貝遠辰注譯　陳滿銘校閱
新譯鹽鐵論　盧烈紅注譯　黃志民校閱
新譯貞觀政要　許道勳注譯　陳滿銘校閱

地志類

新譯山海經　楊錫彭注譯
新譯水經注　陳橋驛、葉光庭注譯
新譯佛國記　楊維中注譯
新譯大唐西域記　陳　飛、凡　評注譯　黃俊郎校閱
新譯洛陽伽藍記　劉九洲注譯　侯迺慧校閱
新譯徐霞客遊記　黃　珅注譯　黃志民校閱
新譯東京夢華錄　嚴文儒注譯　侯迺慧校閱

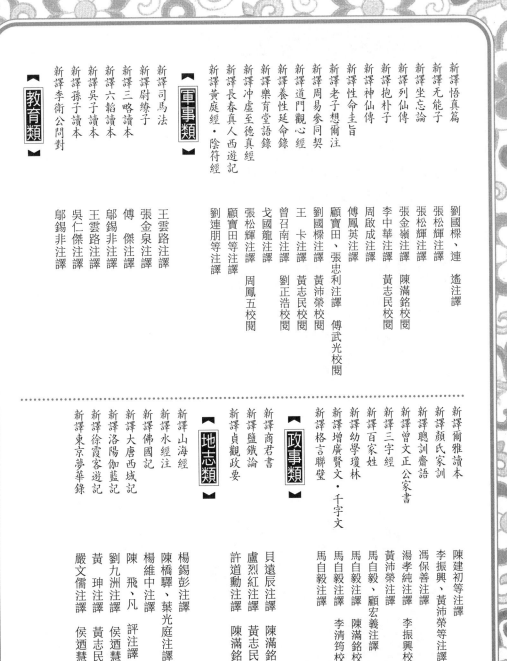

◎新譯春秋繁露

朱永嘉、王知常／注譯

董仲舒「罷黜百家，獨尊儒術」的建議獲得漢武帝的認同，開啟中國兩千年儒術獨尊的局面，同時影響歷代政治制度，甚至中國人的思維模式。如此影響深遠的儒者，其思想全部記載在《春秋繁露》之中。書中除闡述《春秋》一經的思想外，還引入當時廣泛流行的陰陽五行之說，完整呈現一代大儒的思想體系。本書除注解、語譯深入詳明外，更扣合漢代政治背景，探究字裡行間的言外之意，是今人研讀《春秋繁露》的最佳選擇。